普通高等教育『十三五』规划教材◇会计系列

主　编◇黄海燕
副主编◇王　力　胡　煜　严少斌

预算会计

立信会计出版社

图书在版编目(CIP)数据

预算会计 / 黄海燕主编. —上海：立信会计出版社,2017.4

普通高等教育十三五规划教材. 会计系列

ISBN 978-7-5429-5306-3

Ⅰ.①预… Ⅱ.①黄… Ⅲ.①预算会计—高等学校—教材 Ⅳ.①F810.6

中国版本图书馆CIP数据核字(2017)第004205号

策划编辑　赵新民　蔡伟莉　余　榕
责任编辑　黄成艮
封面设计　南房间

预算会计

Yusuan Kuaiji

出版发行	立信会计出版社		
地　　址	上海市中山西路2230号	邮政编码	200235
电　　话	(021)64411389	传　　真	(021)64411325
网　　址	www.lixinaph.com	电子邮箱	lxaph@sh163.net
网上书店	www.shlx.net	电　　话	(021)64411071
经　　销	各地新华书店		
印　　刷	常熟市梅李印刷有限公司		
开　　本	787毫米×1092毫米	1/16	
印　　张	24.75		
字　　数	610千字		
版　　次	2017年4月第1版		
印　　次	2017年4月第1次		
印　　数	1—3100		
书　　号	ISBN 978-7-5429-5306-3/F		
定　　价	46.00元		

如有印订差错,请与本社联系调换

前言 FOREWORD

预算会计是一门经济管理的应用科学，是现代会计中与企业会计相对应的另一分支。随着现代社会政治与经济繁荣发展，我国政府职能日益完善，预算会计也将越来越重要。为适应经济与社会的发展，深化我国公共财政体制改革和行政事业单位改革，促进行政事业单位更好地提供公共服务，各单位需要进一步规范其会计核算。财政部门和其他政府部门相继制定有关的会计规范，陆续颁布了《财政总预算会计管理基础工作规定》(2012)、《事业单位财务规则》(2012)、《事业单位会计准则》(2012)、《事业单位会计制度》(2012)、《行政事业单位内部控制规范(试行)》(2012)、《行政单位财务规则》(2012)、《行政单位会计制度》(2013)、《中华人民共和国预算法》(2014 年修正)、《政府会计准则》(2015)和《财政总预算会计制度》(2015 修订)，这些会计规范既有会计法律法规层面的，也有会计准则和会计制度层面的，标志着与我国政府相关的会计规范体系的日益完善。

本书以上述一系列会计规范为依据编写，分为三个部分：第一部分财政总预算会计(第二章至第五章)；第二部分行政单位会计(第六章至第十一章)；第三部分事业单位会计(第十二章至第十八章)。

全书在预算会计的基础理论与方法的基础上，采用最新的会计准则和会计制度对有关会计事项的核算处理和财务报告的编制方法进行了全面的阐述。本书的主要特点如下：

(1) 紧跟最新的会计规范，以最新的会计准则和会计制度为依据，以预算会计核算为核心内容，详细讲解预算会计的主要账务处理过程。

(2) 突出实用性，理论密切联系实际，以大量的例题或实例阐述预算会计实务，同时，每一章后编排了多类型的习题，旨在帮助本书使用者巩固对有关重难点问题的理解和掌握，从而提高实践操作能力。

(3) 内容体系完整，将会计准则、会计制度、财务规则、会计管理基础工作规定以及有关法律法规的内容和预算会计核算有机结合，本书不仅可以作为学生教材使用，也可以作为有关会计人员后续学习提高的参考资料，还可以用于相关会计人员对新准则、新制度、新法规的培训。

全书由黄海燕制定框架，黄海燕担任主编，王力、胡煜、严少斌担任副主编。各章编写分工如下：第一章由黄海燕编写；第二章、第四章由王力编写；第三章、

第五章由胡煜编写；第六章至第十八章由黄海燕编写；最后由黄海燕、严少斌对全书进行修改。

本书的编写参考财政部发布的有关会计准则与会计制度相关文件资料和其他专家学者的著作，本书的出版得到了立信会计出版社的支持与协助，在此一并表示感谢！

由于编写时间仓促，作者对新准则新制度的理解可能存在偏差，难免存在疏漏、不妥和错误之处，敬请专家学者和广大读者批评指正，帮助我们进行后续的充实与完善。

编者

2016年12月

目录 CONTENTS

第一章　总　　论

学习目的与要求

了解预算会计的概念与组成以及其会计规范体系。

掌握预算会计的会计要素与会计等式。

熟悉预算会计的会计核算方法。

熟悉政府集中采购和国库集中支付有关内容。

重点

我国的预算管理体制;预算会计核算体系;预算会计的会计要素与会计等式。

难点

政府采购与国库集中收付制度。

导读

预算是一个国家在一定的时间内,为了实现其职能,筹集所需资金以及利用这些资金的财政收支计划,是国家筹集、分配和管理财政资金的重要工具,它往往经过一定的法律程序,具有一定的法律地位,也是国家实现财政政策的重要手段之一。

预算会计是现代会计学中与企业会计相对应的另一分支。它是以预算(政府预算和单位预算)管理为中心,以经济和社会事业发展为目的,以预算收支核算为重点,用于核算社会再生产过程中属于分配领域中的各级政府部门、行政单位、事业单位预算资金运动过程和结果的会计体系。预算会计与企业会计相比,适用的主要会计规范不同,在会计主体、核算对象、核算原则、会计基础、会计等式、会计要素、会计账户设置、会计报告上存在着诸多不同。

我国的预算会计实行分级核算。预算会计的分级,是财政总预算会计与行政事业单位会计间的关系。我国的预算会计按照收支管理范围,分为总预算和部门预算,也称本级政府及所属部门的单位预算,从其内容构成看,主要包括财政总预算会计和单位预算会计,单位预算会计又包括行政单位会计和事业单位会计。财政总预算会计的分级与政府预算的分级是一致的,分为五级,每一级政府的总预算都在财政部门设立财政总预算会计。根据现行的行政、事业单位管理体制,预算拨款关系和单位财务收支计划的编报程序,单位预算会计分级共分为三级,即主管会计单位、二级会计单位、基层会计单位。

第一节　预算会计概述

预算会计是现代会计学中与企业会计相对应的另一分支。它是以预算(政府预算和单位预算)管理为中心,以经济和社会事业发展为目的,以预算收支核算为重点,用于核算社会再生产过程中属于分配领域中的各级政府部门、行政单位、事业单位预算资金运动过程和结果的会计体系。随着现代社会政治与经济的繁荣发展,我国政府职能日益完善,预算会计也将越来越重要。

一、预算会计的概念

预算会计是各级财政部门、行政单位、事业单位以货币作为主要计量单位对财政资金及其结果进行全面、连续、系统、综合的核算、反映和监督,以促进财政收支任务圆满实现的一种专门技术方法和专门管理活动。

二、预算会计的构成体系与分级

(一) 预算会计的构成体系

在我国,预算会计也可称为政府会计。预算会计体系由财政总预算会计、行政单位会计和事业单位会计构成。财政总预算会计是指各级财政部门核算和监督政府预算执行和各项财政性资金的专业会计。行政单位会计是指各级行政单位以货币为计量单位,对单位预算资金执行过程和结果进行全面、系统、连续的核算和监督的专业会计。我国行政机关包括各级党的机关、人大机关、行政机关、政协机关、审判机关、检察机关和各民主党派机关等。事业单位会计是指各类事业单位以货币为计量单位,对单位预算资金及经营资金收支过程和结果进行全面、系统、连续的核算和监督的专业会计。我国的事业单位包括教育、文化、卫生、体育、广播电视、信息服务等公共事业单位以及气象、水利、地震、计划生育、社会福利等公益事业单位。

(二) 预算会计的分级

预算会计的分级,是财政总预算会计与行政事业单位会计间的关系。我国的预算会计按照收支管理范围,分为总预算和部门预算,也称本级政府及所属部门的单位预算,从其内容构成看,主要包括财政总预算会计和单位预算会计,单位预算会计又包括行政单位会计和事业单位会计。

1. 财政总预算会计的分级

财政总预算会计的分级与政府预算的分级是一致的。我国政府预算分为五级,按照有一级政府就要建立一级总预算的原则,每一级政府的总预算都在财政部门设立财政总预算会计。我国各级预算级次与设置与政权体系的层级基本对应,分为中央预算和地方预算。中央政府财政部设立中央一级总预算会计,地方总预算会计包括四级:①省级政府(自治区、直辖市和计划单列市)的财政厅(局)设立省级总预算会计;②设区的市级政府(自治州)财政局设立市(州)级总预算会计;③县级政府(自治县、不设区的市、市辖区)财政局设县(市)级总预算会计;④乡(镇)政府的财政所设立乡(镇)总预算会计。

2. 单位预算会计的分级

根据现行的行政、事业单位管理体制,预算拨款关系和单位财务收支计划的编报程序,单位预算会计分级共分为三级,即主管会计单位、二级会计单位、基层会计单位。

主管会计单位(简称"主管单位"),即向财政部门领报经费,并发生预算管理关系,有所属会计单位的会计单位。也就是说,主管会计单位直接向财政部门领报经费,有所属会计单位,并向其所属会计单位转拨经费。

二级会计单位(简称"二级单位"),即向主管会计单位或上一级会计单位领报经费,并发生预算管理关系,有下一级会计单位的会计单位。也就是说,二级会计单位不直接向财政部门领报经费,而是向主管会计单位或上一级会计单位领报经费,有所属会计单位会计,并向其所属会计单位转拨经费。

三级会计单位(也称基层会计单位),即向上一级会计单位领报经费,并发生预算管理关系,没有下级会计单位的会计单位。向同级财政部门领报经费,没有下级会计单位的,视同基层会计单位。也就是说,不论是向财政部门领报经费,还是与主管会计单位或二级会计单位向上一级会计单位领报经费,只要没有所属会计单位的就是或者视同是基层会计单位。

以上的会计单位,都应建立独立的单位预算,实行比较完整的会计核算制度。不具备独立核算条件的,实行单据报账制度,作为"报账单位"管理。

需要指出的是,实行国库集中支付制度后,主管会计单位、二级会计单位、基层会计单位间的资金预算拨款关系发生变化,各单位经费不再层层转拨,而是划分为财政直接支付和财政授权支付。因此决定单位预算会计关系的主要是行政建制和财务收支计划的编报程序,预算拨款关系不再是决定性因素了。

第二节　预算会计规范体系

一、会计规范体系的构成

会计规范是指社会组织在从事会计核算及相关活动中应遵循的约束性行为准则。预算会计的会计规范体系包括法律规范、行政规章和会计准则与制度三个层次。

会计法律是指由全国人民代表大会及其常务委员会经过一定立法程序制定的有关会计工作的法律。《中华人民共和国会计法》是我国会计法律制度中层次最高的法律规范,是制定其他会计法规的依据,也是指导会计工作的最高准则。财政总预算会计、行政单位会计、事业单位会计还须遵从《中华人民共和国预算法》的规定。会计行政法规是指由国务院制定并发布,或者由国务院有关部门拟定、经国务院批准发布、调整某些方面会计关系的行政规范,如《政府会计准则》和《事业单位会计准则》等。会计制度是指财政部门制定的关于会计核算要求、会计确认计量方法、会计科目设置与使用方法、财务报表编制说明的具体规定,如《财政总预算会计制度》《行政单位会计制度》《事业单位会计制度》《行政事业单位内部控制规范(试行)》和行业事业单位会计制度等。

本节内容仅介绍涉及预算会计的会计准则与会计制度层面的有关会计规范。

(一)会计准则

会计准则是进行会计核算工作必须共同遵守的基本要求,体现了会计核算的基本规律。它是由会计核算的前提条件、一般原则、会计要素准则和会计报表准则组成,是对会计核算要求所作的原则性规定,具有覆盖面广、概括性强等特点。

目前我国颁布了《事业单位会计准则》和《政府会计准则》。它们分别为相应的单位或政府部门会计体系建立了统一的概念基础和框架,其内容包括财务报告目标、会计基本假设、会计信息质量要求、会计要素的确认与计量原则、财务报告编制要求等在内的基本问题,是制定相应的单位或政府部门会计制度的基础和依据。

(二)会计制度

会计制度是事业单位会计要素的确认、计量、记录与报告的操作性规范,其内容主要包括制度的适用范围、会计事项确认与计量的具体方法、会计科目设置及使用说明、会计报表格式及编制说明等。现行已颁布的《财政总预算会计制度》《行政单位会计制度》《事业单位会计制度》等进一步规范了政府与行政事业单位的会计核算,从而提高政府各单位会计信息质量,标志着我国预算会计规范体系已基本完善。

二、《政府会计准则》和《事业单位会计准则》的基本内容

《政府会计准则》包括六章内容。第一章为总则,明确了政府会计准则的适用范围、会计目标、会计假设和确认计量方法等基本事项;第二章为会计信息质量要求,阐述了政府会计信息质量特征;第三章阐述了预算会计要素,政府预算会计要素包括预算收入、预算支出与预算结余。第四章阐述了政府财务会计要素,分别阐述了资产、负债、净资产、收入和费用各会计要素的含义、内容、确认与计量的基本方法;第五章为政府决算报告和财务报告,阐述了政府决算报告和财务报告的构成内容;第六章为附则,说明了政府会计会计准则的施行时间。

《事业单位会计准则》包括九章内容。第一章为总则,明确了会计准则的适用范围、会计目标、会计假设、确认计量方法等基本事项;第二章为会计信息质量要求,阐述了事业单位的会计信息质量特征;第三章至第七章分别阐述了资产、负债、净资产、收入和支出(或费用)各会计要素的含义、内容、确认与计量的基本方法;第八章为财务会计报告,阐述了事业单位会计报告的构成内容;第九章为附则,说明了会计准则的施行时间。

三、预算会计制度的基本内容

预算会计的会计制度包括《财政总预算会计制度》《行政单位会计制度》《事业单位会计制度》。

这些会计制度总体上包括五部分内容:第一部分为总说明,明确了会计制度的适用范围,界定了会计要素和确认基础,提出了会计科目运用、财务报表编报的要求;第二部分为会

计科目名称和编号，以会计科目表的形式列出了会计科目的序号、编号和名称；第三部分为会计科目使用说明，详细说明了各会计科目的核算内容、明细科目设置和主要账务处理方法；第四部分为会计报表格式，规范了会计报表的编号、名称、编制期和表格式样；第五部分为财务报表编制说明，明确了会计报表各栏目、项目的内容和填列方法。

第三节　预算会计的核算方法体系

预算会计核算方法是用来核算和监督会计内容、完成预算单位会计任务和实现会计目标的基本手段。一套完整的会计核算方法体系包括：设置会计科目（账户）、确定记账方法、填制审核会计凭证、登记会计账簿和编制会计报表等。它们之间既相互联系、相互补充、相互制约，又各自独立发挥不同的作用。

一、预算会计的核算前提和一般核算原则

（一）预算会计的核算前提

会计的核算前提也称会计核算前提或会计假设、会计条件，指政府及各行政、事业单位为保证会计工作的正常进行和会计信息的质量，对会计核算的范围、内容、基本程序和方法所作的基本假定。在组织会计核算是须遵循的会计假设包括会计主体、持续经营、会计分期和货币计量。

1. 会计主体

是指预算会计为之服务的特定单位或组织，即会计核算的空间范围。预算会计的主体包括国家各级政府及行政单位和各类事业单位。财政总预算会计的主体是各级政府。行政单位会计的主体是行政单位。事业单位会计的主体是事业单位。

2. 持续经营

持续经营强调预算会计核算时间的界限，指会计主体的业务活动在可以预见的将来能够持续不断地运行下去。在持续经营前提下，会计确认、计量和报告应当以预算单位持续、正常的活动为前提。

3. 会计分期

会计分期指预算会计核算的时间尺度，即将会计主体持续运行的时间人为地划分为一个个连续的、长短相同的期间，以便分阶段结算账目、编制会计报表、及时向会计信息使用者提供会计信息。会计期间分为年度、季度和月份，我国会计年度、季度和月份的起讫日期采用公历日期。

4. 货币计量

货币计量是指在会计核算中要以货币为统一的主要的计量单位，记录和反映预算单位的各项业务活动。实际进行会计核算，除了应明确以货币作为主要计量尺度之外，还需要具体确定记账本位币，我国预算会计核算以人民币为记账本位币。

在货币计量属性方面区别于企业的是由于预算会计一般不计算盈亏，故一般只以历史成本作为计价基础，除非特殊情况，否则不要求采用类似于现行成本、现行市价的计量属性。

（二）预算会计的一般核算原则

预算会计的一般核算原则可划分为两大类：第一类是会计信息质量要求的原则；第二类是会计确认与计量的原则。

1. 会计信息质量要求的原则

(1) 可靠性。预算单位各会计主体应当以实际发生的经济业务或者事项为依据进行会计核算，如实地反映各项会计要素的情况和结果，保证会计信息真实可靠。

(2) 完整性。预算单位各会计主体应当将发生的各项经济业务或者事项统一纳入会计核算，确保会计信息能够全面反映各会计主体的预算执行情况、财务状况、运行情况、现金流量等。

(3) 及时性。预算会计各会计主体对于已经发生的经济业务或者事项，应当及时进行会计核算，不得提前或者延后。

(4) 相关性。预算会计各会计主体提供的会计信息应当与各会计主体受托责任履行情况的反映、会计信息使用者的管理、决策需要等相关，有助于会计信息使用者对各会计主体过去、现在或者未来的情况进行评价或者预测。

(5) 可比性。同一预算会计主体不同时期发生的相同或者相似的经济业务或者事项，应当采用一致的会计政策，不得随意变更。确需变更的，应当将变更的内容、理由及其影响在附注中予以说明。

不同预算会计主体发生的相同或者相似的经济业务或者事项，应当采用一致的会计政策，确保会计信息口径一致，相互可比。

(6) 可理解性。预算会计主体提供的会计信息应当清晰明了，便于会计信息使用者理解和使用。

(7) 实质重于形式。预算会计主体应当按照经济业务或者事项的经济实质进行会计核算，不限于以经济业务或者事项的法律形式为依据。

2. 会计确认与计量的原则

(1) 收付实现制原则和权责发生制原则。财政总预算会计和行政单位会计以收付实现制作为记账基础。事业单会计根据单位实际情况采用不同的记账基础，不进行经营活动的事业单位会计以收付现制作为记账基础；进行经营活动的事业单位会计对非营利活动以收付实现制作为记基础，对营利活动以权责发生制作为记账基础。

(2) 历史成本原则。预算会计以历史成本为主要计量方法，少量事项采用重置成本、可变现净值、现值以及公允价值等其他计量方法。

(3) 配比原则。配比原则是指在会计核算中所发生的费用应当与其相关的收入相配比，同一会计期间内的各项收入和与其相关的支出，应当在会计期间内确认。这项原则主要适用于进行经营活动的事业单位会计对其经营支出与相关的经营收入应当配比。

(4) 专款专用原则。专款专用原则是指由财政部门或上级单位拨入的有指定用途的资金，应当按照规定的用途使用，不得擅自改变用途。

预算会计必须根据国家法规、经费提供者的限定和要求，对专项经费的收支及结余情况进行单独核算、单独报告。

二、会计要素、会计科目与会计账户

（一）会计要素

会计要素就是会计对象的构成要素，是对会计对象的基本分类。按照我国现行的政府会计准则和事业单位会计准则。我们将预算会计的会计要素分为政府预算会计要素和政府财务会计要素。

1. 政府预算会计要素

政府预算会计要素包括预算收入、预算支出与预算结余。

预算收入是指政府会计主体在预算年度内依法取得的并纳入预算管理的现金流入。预算收入一般在实际收到时予以确认，以实际收到的金额计量。

预算支出是指政府会计主体在预算年度内依法发生并纳入预算管理的现金流出。预算支出一般在实际支付时予以确认，以实际支付的金额计量。

预算结余是指政府会计主体预算年度内预算收入扣除预算支出后的资金余额，以及历年滚存的资金余额。预算结余包括结余资金和结转资金。结余资金是指年度预算执行终了，预算收入实际完成数扣除预算支出和结转资金后剩余的资金。结转资金是指预算安排项目的支出年终尚未执行完毕或者因故未执行，且下年需要按原用途继续使用的资金。

2. 政府财务会计要素

政府财务会计要素包括资产、负债、净资产、收入和支出(或费用)。

1) 资产

资产是指预算会计主体过去的经济业务或者事项形成的，由预算会计主体控制的，预期能够产生服务潜力或者带来经济利益流入的经济资源。

服务潜力是指预算会计主体利用资产提供公共产品和服务以履行政府职能的潜在能力。经济利益流入表现为现金及现金等价物的流入，或者现金及现金等价物流出的减少。资产定义的经济资源，在同时满足以下条件时，确认为资产：①与该经济资源相关的服务潜力很可能实现或者经济利益很可能流入预算会计主体；②该经济资源的成本或者价值能够可靠地计量。

2) 负债

负债是指预算会计主体过去的经济业务或者事项形成的，预期会导致经济资源流出预算会计主体的现时义务。

现时义务是指预算会计主体在现行条件下已承担的义务。未来发生的经济业务或者事项形成的义务不属于现时义务，不应当确认为负债。

负债的确认需同时满足以下条件：①履行该义务很可能导致含有服务潜力或者经济利益的经济资源流出预算会计主体；②履行该义务的金额能够可靠地计量。

3) 净资产

净资产是指预算会计主体资产扣除负债后的净额。净资产金额取决于资产和负债的计量。预算会计主体的净资产与企业净资产要素的差别在于没有所有权归属的特定含义，预算会计主体的净资产不能用于分配，只能用于向社会公众、服务对象提供持续的服务或活动。

预算会计主体的净资产来源主要有三个途径：①按照预算、合同协议限定未支用的财务资源;②预算会计主体通过预算安排动用当期财务资源购置或者接受捐赠的长期资产对应形成的基金;③历年运营收支结果的积累。

4）收入

收入是指报告期内导致预算会计主体净资产增加的、含有服务潜力或者经济利益的经济资源的流入。收入的确认应当同时满足以下条件：①与收入相关的含有服务潜力或者经济利益的经济资源很可能流入预算会计主体;②含有服务潜力或者经济利益的经济资源流入会导致预算会计主体资产增加或者负债减少;③流入金额能够可靠地计量。

5）支出或者费用

支出或者费用是指预算会计主体开展业务及其他活动发生的资金耗费和损失。

支出或者费用的确认应当同时满足以下条件：①与支出或者费用相关的含有服务潜力或者经济利益的经济资源很可能流出预算会计主体;②含有服务潜力或者经济利益的经济资源流出会导致预算会计主体资产减少或者负债增加;③流出金额能够可靠地计量。

（二）会计科目

会计科目是会计要素的进一步分类,是对各项具体经济业务按其特征和经济管理要求进行归集、分类的类别名称。会计科目是建立账簿、开设账户、组织会计核算工作、实施会计监督、提供会计信息的基础。

预算会计科目按照其反映的经济内容或用途分为资产类、负债类、净资产类、收入类、支出或费用五大类,从横向反映各科目之间的关系;按照提供会计信息的详细程度分为总账科目和明细科目,从纵向反映各科目之间的关系。会计科目的设置和使用必须遵循相关的会计准则和会计制度,在不影响会计处理和编报财务报表的前提下,可以根据单位的特点和具体业务情况,自行增设、减少或合并某些明细科目。会计制度统一规定了会计科目的编号,以便于填制会计凭证、登记账簿、查阅账目,实行会计信息化管理,单位不得打乱重编。单位在填制会计凭证、登记会计账簿时,应当填列会计科目的名称,或者同时填列会计科目的名称和编号,不得只填列科目编号、不填列科目名称。

（三）会计账户

会计账户是根据会计科目开设的,具有一定结构的,用以归类、反映和监督会计对象,是提供各类会计核算资料的工具。会计账户可以按照不同的标准分类,按照经济内容和提供会计信息的详细程度,一般与上述会计科目的分类一样。为了正确地记录和反映各项经济业务所引起的资金收付结存情况,账户不但要有明确的核算内容,而且要有一定的结构。在借贷记账法下,每个总分类账户必须设置"借方""贷方"和"余额"来分别记录资产、负债、净资产、收入和费用的增减变化情况和结果。

三、会计等式

会计等式是会计要素所组成的,反映会计要素之间的平衡关系。会计等式的经济内容和数量上的等量关系是资金平衡的理论依据。而资金运动的形式有静态形式和动态形式,因此会计等式又分为静态的会计等式和动态的会计等式。

根据现行《政府会计准则》,政府财务会计的静态会计等式为:

$$资产＝负债＋净资产 \tag{1}$$

政府财务会计的动态会计等式为：

$$收入－支出(费用)＝结余 \tag{2}$$

由于预算单位一定会计期间的结余可以增加净资产，［当然，如果通过(1)式资产抵减负债后的结果为负数，则会发生相反的影响。］我们可以将上述两式连接起来表示如下：

$$资产＝负债＋净资产＋收入－支出(费用) \tag{3}$$

为简便起见，将这一公式进一步变形表述为：

$$资产＋支出(费用)＝负债＋净资产＋收入 \tag{4}$$

政府预算会计等式为：

$$预算收入－预算支出＝预算结余 \tag{5}$$

上述会计等式是预算会计主体编制会计报表的理论依据。

四、记账方法

记账方法就是根据一定的记账原理，运用一定的记账符号、记账规则、采用一定的计量单位利用文字和数字在账簿中记录经济业务活动的一种专门方法。预算会计采用借贷复式记账法。借贷复式记账法是以“借”和“贷”作为记账符号，以“有借必有贷、借贷必相等”为记账规则，对每一项经济业务所引起的会计要素的变化，都在有关的两个或两个以上账户中，以相等的金额全面地、相互联系地进行登记的一种复式记账方法。

五、会计凭证

会计凭证是记录经济业务、明确经济责任、作为记账依据的书面证明，是单位发生经济业务并据以登记账簿的凭据。单位的任何一项经济业务，如领、拨经费、支付费用、往来款项的结算等，都应取得或填制合法的会计凭证，会计账簿也必须根据审核后的会计凭证进行登记。因此，正确、严格地审核和填制会计凭证是会计工作中不可缺少的制度和手续，也是监督预算执行的一个重要环节。

会计凭证按其填制程序和用途的不同，可以分为原始凭证和记账凭证两种。

(一) 原始凭证

原始凭证是在经济业务发生或完成时取得和填制，载明经济业务具体内容和完成情况的书面证明，是进行会计核算的原始资料和重要依据。只有经过严格审核无误的原始凭证，才能作为编制记账凭证的依据。

从原始凭证的种类来看，财政总预算会计与事业、行政单位会计有所不同。

财政总预算会计的原始凭证包括：国库报来的各种收入日报表及其附件，如各种“缴款书”“收入退还书”“更正通知书”等；各种支付、拨款和转账收款凭证，如财政授权支付额度通知书、财政直接支付凭证、各种银行汇款凭证等；其他足以证明会计事项发生经过的凭证和文件等。

行政单位、事业单位会计的原始凭证包括：收款收据、借款凭证、预算拨款凭证，各种税票，材料出/入库单，固定资产出/入库单，开户行转来的收、付款凭证，资金到账通知，往来结算凭证，其他足以证明会计事项发生经过的凭证和文件等。

（二）记账凭证

记账凭证是由会计人员根据审核后的原始凭证，记载经济业务简明内容，确定会计分录并据以登记账簿的一种会计凭证。预算会计的记账凭证根据记载的经济业务内容的不同，通常分为收款凭证、付款凭证、转账凭证。

六、会计账簿

会计账簿是以会计凭证为依据，由具有一定格式而又相互联系的账页组成，用来全面、连续、系统地记录和反映经济业务的簿籍。设置和登记账簿是正确组织会计核算的一个重要环节。与企业会计一样，预算会计账簿也分为总账、明细账和日记账三种。会计账簿的格式也分为三栏式、多栏式、数量金额式。

总账是按照制度规定的会计科目设置的，它是用来记录资产、负债、净资产、收入、支出各类所属账户增减和结存情况的账簿。利用总账，能全面、系统和综合地反映一个单位资金活动情况，会计账簿是编制会计报表的主要依据。明细账是根据核算需要而设置，按照总账科目所属明细科目设置账户，是对总账科目内容进行明细分类核算的账簿。总账与明细账采用平行登记。日记账又称序时账，是按照业务发生或完成的时间先后顺序，逐日逐笔地进行连续登记，主要有现金日记账和银行存款日记账。

七、财务报告

根据现行的政府会计准则，我们将预算会计的财务报告分为政府决算报告与财务报告。

（一）政府决算报告和财务报告

政府决算报告是综合反映政府会计主体年度预算收支执行结果的文件。政府决算报告应当包括决算报表和其他应当在决算报告中反映的相关信息和资料。政府决算报告的编制主要以收付实现制为基础，以预算会计核算生成的数据为准。

政府财务报告是反映政府会计主体某一特定日期的财务状况和某一会计期间的运行情况和现金流量等信息的文件。政府财务报告应当包括财务报表和其他应当在财务报告中披露的相关信息和资料。政府财务报告包括政府综合财务报告和政府部门财务报告。政府综合财务报告是指由政府财政部门编制的，反映各级政府整体财务状况、运行情况和财政中长期可持续性的报告。政府部门财务报告是指政府各部门、各单位按规定编制的财务报告。

财务报表是对政府会计主体财务状况、运行情况和现金流量等信息的结构性表述。财务报表包括会计报表和附注。会计报表至少应当包括资产负债表、收入费用表和现金流量表。政府会计主体应当根据相关规定编制合并财务报表。资产负债表是反映政府会计主体在某一特定日期的财务状况的报表。收入费用表是反映政府会计主体在一定会计期间运行情况的报表。现金流量表是反映政府会计主体在一定会计期间现金及现金等价物流入和流出情况的报表。附注是对在资产负债表、收入费用表、现金流量表等报表中列示项目所作的进一步说明,以及对未能在这些报表中列示项目的说明。

政府财务报告的编制主要以权责发生制为基础,以财务会计核算生成的数据为准。

预算会计报表是用统一货币计量单位,以会计账簿为依据,按照规定的项目和编制方法,定期综合反映一定时期财务状况、资金活动情况及其结果的书面报告。

预算会计报表按编报按时间可划分为旬报、月报和年报(即决算)。

(二)会计报表的编制要求

会计报表的编制时必须做到"数字真实、计算准确、内容完整、报送及时"。

(1) 数字真实、计算准确。会计报表的数字必须真实可靠,必须根据核对无误的账簿记录和所属单位的报表编制、汇总,要做到账表相符。

(2) 内容完整。会计报表必须做到内容完整。要按照规定的报表种类、格式和项目认真填报,不能漏报、漏填,报表内容的格式、栏次、项目、代码都不能随意变动。要注意各种报表之间、各项目之间,凡有对应关系的数字,应该相互一致和相互衔接,以保证会计报表的逐级统一汇总。对有些项目和数据,还应该以附注加以说明。

(3) 报送及时。会计报表作为会计信息的书面报告,是上级部门了解情况、掌握政策、指导工作的主要依据,因此会计报表的上报有很强的时间限制,如果不能及时报送,就失去了利用的价值。所以,为了保证会计信息的有用性,会计人员要及时编制报表,并在规定时间内上报,才能有效地发挥报表的作用。

第四节　预算管理制度

预算单位财务资源主要来源于税收或者捐赠等非交换交易,必须按照国家法律法规、行政法令、合同协议规定或限定的用途使用。因此预算会计应当以预算为依据,组织财务收支活动、采用恰当的预算控制方法和手段,加强财务管理。

一、政府预算及其分类

政府预算是由政府按照一定的法律程序编制和执行的、由立法机构批准的一个国家或政府在一定期间的财政收支计划,反映一个国家或政府在财政年度内收支活动所应达到的各项收支指标和收支总额之间的平衡关系。是政府组织和规范财政分配活动的重要工具,在现代社会,它还是政府调节经济的重要杠杆。

政府预算可按照不同的标准进行分类,主要有以下几种:

按收支管理范围,政府预算可分为总预算和单位预算。总预算是各级政府的基本财政收支计划,它由各级政府的本级预算和下级政府总预算组成。单位预算是政府预算的基本组成部分,是各级政府的直属机关就其本身及所属行政事业单位的年度经费收支所汇编的预算,另外还包括企业财务收支计划中与财政有关的部分,它是机关本身及其所属单位履行其职责或事业计划的财力保证,是各级总预算构成的基本单位。

按照预算的级次,政府预算可分为中央政府预算和地方政府预算。中央政府预算是指经法定程序审查批准的,反映中央政府活动的财政收支计划。我国的中央政府预算由中央各部门的单位预算、企业财务收支计划和税收计划组成,财政部将中央各部门的单位预算和中央直接掌管的收支等,汇编成中央预算草案,报国务院审定后提请人民代表大会审查。中央预算主要承担国家的安全、外交和中央国家机关运转所需的经费,调整国民经济结构、协调地区发展、实施宏观调控的支出以及由中央直接管理的事业发展支出,因而在政府预算体系中占主导地位。地方政府预算是指经法定程序审查批准的,反映各级地方政府收支活动计划的总称。它是政府预算体系的有机组成部分,是组织、管理政府预算的基本环节,由省、地、县、乡(镇)预算组成。地方预算担负着地方行政管理和经济建设、文化教育、卫生事业以及抚恤等支出,它在政府预算中占有重要单位。

按照预算资金的来源和用途,政府预算可分为经常预算和资本预算两个部分。其中经常预算主要以税收为收入来源,以行政事业项目为支出对象;资本预算主要以国债为收入来源,用于经济建设支出及宏观调控。

按投入项目能否直接反映其经济效果,政府预算可分为项目预算和绩效预算。项目预算是指只反映项目的用途和支出金额,而不考虑其支出经济效果的预算。绩效预算是指根据成本—效益比较的原则,决定支出项目是否必要及其金额大小的预算形式。

按编制形式,政府预算可分为单式预算和复式预算。单式预算是传统的预算形式,其做法是在预算年度内,将全部的财政收入与支出汇集编入单一的总预算内,而不去区分各项财政收支的经济性质。复式预算是从单式预算组织形式演变而来的。其做法是在预算年度内,将全部的财政收入与支出按经济性质汇集编入两个或两个以上的收支对照表,从而编成两个或两个以上的预算。

按编制方法,政府预算可分为增量预算和零基预算。增量预算是指财政收支计划指标在以前财政年度的基础上,按新的财政年度的经济发展情况加以调整之后确定的。零基预算是指对所有的财政收支,完全不考虑以前的水平,重新以零为起点而编制的预算。零基预算的做法是,编制预算不只是对新的和扩充部分加以审核,而且要对所有正在进行的和新的计划的所有预算支出申请都重新审核,以提高资金使用效率,从而达到控制政府规模、提高政府工作效率的目的。

按照预算编制的基础,政府预算可分为功能预算和部门预算。功能预算是指按照政府支出所达到的目的或功能列示支出项目的预算;部门预算是政府各部门根据国家有关政策规定及其行使职能的需要,有基层预算单位编制,逐级上报、审核、汇总编制的部门收支的综合预算。

按预算编制的时间,政府预算可分为普通预算、临时预算和特别预算。普通预算是指政府依法对每年度预计的财政收支编制的正式预算,经立法机构批准后公布执行;临时预算是指财政年度正是预算尚未完成立法程序前编制的、作为开展财政活动依据的一种预算;特别预算是指国家面临天灾人祸等重大事件编制的对公共财政资金特别需要的一种预算。

按照预算作用的时间,政府预算可分为年度预算和中长期预算。年度预算是指预算有效期为一年的政府收支预算。这里指的预算年度是自公历 1 月 1 日起,至 12 月 31 日止。中长期预算,也称中长期财政计划,一般一年以上 10 年以下的计划称中期计划,10 年以上的计划称长期计划。

按照预算的审批程序,政府预算可分为拟定预算和法定预算。拟定预算是指政府行政当局根据支出需要和收入来源,拟定年度收支计划,呈送立法机关审议批准的预算,也称为行政预算;法定预算是指立法机关对政府行政当局的拟定预算进行审查批准,并按立法程序公布的预算,也称立法预算。

二、预算管理体制与预算管理体系

预算管理体制是财政管理体系的重要组成部分,它是一个国家中央财政和地方财政以及地方财政各级之间的财政关系的基本制度,是预算管理体制的核心,涉及各级预算主体的独立自主程度以及集权和分权的关系问题,是各级政府之间的收支划分。预算体制是国家预算编制、执行、决算以及实施预算监督的制度依据和法律依据,是财政管理体制的主导环节。

我国预算管理体制进行过多次改革,总体上是根据"统一领导、分级管理"原则,由高度集中管理体制,到逐步实行多种形式的分级管理体制。我国现行的预算管理体制是1994年起实行的分税制财政体制。

预算管理体系是根据国家政权结构、行政区域划分和财政管理体制要求确定的国家预算组织结构。我国的国家预算实行一级政府一级预算,设立中央,省、自治区、直辖市,设区的市、自治州,县、自治县、不设区的市、市辖区,乡、民族乡、镇五级预算。全国预算由中央预算和地方预算组成。中央预算由中央各部门(含直属单位)的预算组成;地方预算由各省、自治区、直辖市总预算组成。地方各级总预算由本级预算和汇总的下一级总预算组成。下一级只有本级预算的,下一级总预算即指下一级的本级预算;没有下一级预算的,总预算即指本级预算。各部门预算由本部门及其所属各单位预算组成。单位预算是指列入部门预算的国家机关、社会团体和其他单位的收支预算。

三、预算的内容

预算的内容由预算收入和预算支出组成。政府预算通常包括一个国家或地区在预算年度的各种收支活动。政府的全部收入和支出都应当纳入预算。

根据《中华人民共和国预算法》(2014年修订),我国的政府预算包括一般公共预算、政府性基金预算、国有资本经营预算、社会保险基金预算。各项预算应当保持完整、独立。政府性基金预算、国有资本经营预算、社会保险基金预算应当与一般公共预算相衔接。

(一)一般公共预算

一般公共预算是对以税收为主体的财政收入,安排用于保障和改善民生、推动经济社会发展、维护国家安全、维持国家机构正常运转等方面的收支预算。

一般公共预算分为中央一般公共预算和地方各级一般公共预算。中央一般公共预算包括中央各部门(含直属单位,下同)的预算和中央对地方的税收返还、转移支付预算。中央一般公共预算收入包括中央本级收入和地方向中央的上解收入。中央一般公共预算支出包括中央本级支出、中央对地方的税收返还和转移支付。地方各级一般公共预算包括本级各部门(含直属单位,下同)的预算和税收返还、转移支付预算。地方各级一般公共预算收入包括地方本级收入、上级政府对本级政府的税收返还和转移支付、下级政府的上解收入。地方各级一般公共预算支出包括地方本级支出、对上级政府的上解支出、对下级政府的税收返还和转移支付。

一般公共预算收入包括各项税收收入、行政事业性收费收入、国有资源(资产)有偿使用收入、转移性收入和其他收入。

一般公共预算支出按照其功能分类，包括一般公共服务支出，外交、公共安全、国防支出，农业、环境保护支出，教育、科技、文化、卫生、体育支出，社会保障及就业支出和其他支出。一般公共预算支出按照其经济性质分类，包括工资福利支出、商品和服务支出、资本性支出和其他支出。

（二）政府性基金预算

政府性基金预算是依照法律、行政法规的规定在一定期限内向特定对象征收、收取或者以其他方式筹集的资金，专项用于特定公共事业发展的收支预算。

政府性基金预算应当根据基金项目收入情况和实际支出需要，按基金项目编制，做到以收定支。

基金预算包括基金预算收入和基金预算支出。基金预算收入是政府设立的政府性基金所取得的收入。基金预算支出是用基金预算收入安排的支出。我国纳入政府性基金预算管理的基金共43项。按收入来源划分为向社会征收的基金和其他收入来源的基金，向社会征收的基金，包括铁路建设基金、民航基础设施建设基金、港口建设费、国家重大水利工程建设基金等。其他收入来源的基金，包括国有土地使用权出让收入、彩票公益金、政府住房基金等。按支出用途划分，包括用于公路、铁路、民航、港口等建设的基金；用于水利建设的基金；用于城市维护建设的基金；用于教育、文化、体育等事业发展的基金；用于移民和社会保障的基金；用于生态环境建设的基金以及用于其他方面的基金。按收入归属划分为中央收入的基金、地方收入的基金、中央与地方共享收入的基金三类。

（三）国有资本经营预算

国有资本经营预算是对国有资本收益作出支出安排的收支预算。它是政府以所有者身份依法取得国有资本收益，并对所得收益进行分配而发生的各项收支预算。

国有资本经营预算应当按照收支平衡的原则编制，不列赤字，并安排资金调入一般公共预算。

国有资本经营预算的基本内容包括收入预算和支出预算。国有资本经营预算收入包括从国家出资企业分得的利润、国有资产转让收入、从国家出资企业取得的清算收入和其他国有资本收入。国有资本经营预算支出主要用于国有经济和产业结构调整、中央企业灾后恢复生产重建、中央企业重大技术创新、节能减排、境外矿产资源权益投资以及改革重组补助支出等。

（四）社会保险基金预算

社会保险基金预算是对社会保险缴款、一般公共预算安排和其他方式筹集的资金，专项用于社会保险的收支预算。

社会保险基金预算应当按照统筹层次和社会保险项目分别编制，做到收支平衡。

现阶段，我国的社会保险基金预算收入包括：单位缴纳的社会保险费收入、职工个人缴纳的社会保险费收入、基金利息收入、财政补贴收入、转移收入、上级补助收入、下级上解收入和其他收入。上述基金收入项目按规定分别形成基本养老保险基金、基本医疗保险基金和失业保险基金。社会保险基金预算支出项目包括：社会保险待遇支出、转移支出、补助下级支出、解上级支出和其他支出。

四、政府预算的编制程序

现代政府预算的编制程序一般要经过政府行政部门编制草案、政府财政部门汇总审核、政府首长批准、议会审核四个阶段。我国政府预算的编制程序与前述四个阶段基本一致，但具体实行的是“两上两下”程序。

“一上”，是指基层预算单位编制本单位在预算年度的收支建议数，上报上级部门。上级部门根据国务院关于编制预算的指示和财政部下达的编制预算的具体要求，结合国家社会经济发展情况和本部门的具体情况，提出本部门预算年度的收支建议数，上报财政部门。

“一下”，是指财政部门根据政策要求和工作任务，认真审核各主管部门上报来的预算收支建议数，再根据征收部门报来的财政收入测算数，审核汇总成年度预算收支草案报政府批准。财政部门将政府批准的预算控制数下达到各主管部门，再层层下达到各基层预算单位。

“二上”，是指各主管部门按照下达的预算控制数，根据情况下达到所属下级预算单位，落实到具体项目，按照财政部门的要求编制本单位预算草案，由主管部门汇编成本部门汇编成本部门的部门预算草案上报财政部门。

“二下”，是指财政部门收到各主管部门报来的预算草案后，进行审核汇总，形成本级政府的总预算草案，报同级人民政府。政府批准之后，向人民代表大会提交政府预算草案。人民代表大会审议批准政府预算草案后，即成为具有法律效力的政府预算。财政部门在规定的时间内批复部门预算，主管部门接到财政部门批复的预算后，再在规定时间内批复所属单位预算。

五、政府预算的审批、执行和披露

（一）政府预算的审批

《中华人民共和国预算法》(2014 年修订)规定：中央预算由全国人民代表大会审查和批准。地方各级预算由本级人民代表大会审查和批准。

全国人民代表大会和地方各级人民代表大会对预算草案及其报告、预算执行情况的报告重点审查下列内容：①上一年预算执行情况是否符合本级人民代表大会预算决议的要求；②预算安排是否符合本法的规定；③预算安排是否贯彻国民经济和社会发展的方针政策，收支政策是否切实可行；④重点支出和重大投资项目的预算安排是否适当；⑤预算的编制是否完整，对下级政府的转移性支出预算是否规范、适当；⑥预算安排举借的债务是否合法、合理，是否有偿还计划和稳定的偿还资金来源；⑦与预算有关重要事项的说明是否清晰。

具体的审批程序需经过下列四个阶段：

(1) 财政部门审核阶段。财政部门对各主管部门报来的预算进行认真审核。其审核的主要内容是：年度预算收支是否有赤字、运用预算科目是否正确、预算收支测算是否准确、预算外收支是否平衡、与财政部门下达的预算支出控制指标是否一致、是否按规定编写预算说明。

(2) 行政首长审核阶段。各主管部门的预算编报完成并经财政部门审核之后，财政部门应将汇总的部门预算，连同各部门报来的部门预算，送行政首长审批。经行政首长批准之后，送人民代表大会初审。

(3) 人民代表大会审核阶段。人民代表大会对政府预算的审核主要分为两个阶段。第一个是初审阶段，财政部门根据行政首长的指示，将政府预算草案报人民代表大会财经委员会进行初步审核。财政部门根据人民代表大会财经委员会的意见修改后，报送行政首长批准。第二个是审议阶段，财政部门正式代表政府向人民代表大会提交预算草案。人民代表就政府预算和部门预算进行审议，最后通过预算草案。

(4) 政府预算的批复阶段。各级预算经本级人民代表大会批准后，本级政府财政部门应当在20日内向本级各部门批复预算。各部门应当在接到本级政府财政部门批复的本部门预算后15日内向所属各单位批复预算。

中央对地方的一般性转移支付应当在全国人民代表大会批准预算后30日内正式下达。中央对地方的专项转移支付应当在全国人民代表大会批准预算后90日内正式下达。

省、自治区、直辖市政府接到中央一般性转移支付和专项转移支付后，应当在30日内正式下达到本行政区域县级以上各级政府。

县级以上地方各级预算安排对下级政府的一般性转移支付和专项转移支付，应当分别在本级人民代表大会批准预算后的30日内和60日内正式下达。

对自然灾害等突发事件处理的转移支付，应当及时下达预算；对据实结算等特殊项目的转移支付，可以分期下达预算，或者先预付后结算。

(二) 政府预算的执行

各级预算由本级政府组织执行，具体工作由本级政府财政部门负责。

1. 预算收入的执行

我国预算收入的执行是由财政部门统一负责组织，并按各项预算收入的性质和征收方法，分别由财政机关、税务机关和海关负责征收与管理。国家金库负责预算收入资金的收纳与保管。

《中华人民共和国预算法》(2014年修订)规定：预算收入征收部门和单位，必须依照法律、行政法规的规定，及时、足额征收应征的预算收入。不得违反法律、行政法规规定，多征、提前征收或者减征、免征、缓征应征的预算收入，不得截留、占用或者挪用预算收入。各级政府不得向预算收入征收部门和单位下达收入指标。政府的全部收入应当上缴国家金库，任何部门、单位和个人不得截留、占用、挪用或者拖欠。对于法律有明确规定或者经国务院批准的特定专用资金，可以依照国务院的规定设立财政专户。

2. 预算支出的执行

预算支出的执行是在国家统一领导、统一计划下，由各支出机关具体负责执行。《中华人民共和国预算法》(2014年修订)规定：预算年度开始后，各级预算草案在本级人民代表大会批准前，可以安排下列支出：①上一年度结转的支出；②参照上一年同期的预算支出数额安排必须支付的本年度部门基本支出、项目支出，以及对下级政府的转移性支出；③法律规定必须履行支付义务的支出，以及用于自然灾害等突发事件处理的支出。

各级政府财政部门必须依照法律、行政法规和国务院财政部门的规定，及时、足额地拨付预算支出资金，加强对预算支出的管理和监督。各级政府、各部门、各单位的支出必须按照预算执行，不得虚假列支；不得擅自改变预算支出的用途；应当对预算支出情况开展绩效评价。

3. 预算执行的调整

预算调整是在预算执行过程中，通过改变预算收入来源和支出用途以及预算收支规模、组织新的预算平衡的方法。预算调整一般分为全局调整和局部调整。全局调整并不经常发生，只是在某些特殊情况下，国家对年度国民经济和社会发展计划做出重大调整时，国家预算才进行全局调整。而局部调整则可能经常发生。《中华人民共和国预算法》(2014 年修订)规定：经全国人民代表大会批准的中央预算和经地方各级人民代表大会批准的地方各级预算，在执行中出现下列情况之一的，应当进行预算调整：①需要增加或者减少预算总支出的；②需要调入预算稳定调节基金的；③需要调减预算安排的重点支出数额的；④需要增加举借债务数额的。在预算执行中，各级政府一般不制定新的增加财政收入或者支出的政策和措施，也不制定减少财政收入的政策和措施；必须作出并需要进行预算调整的，应当在预算调整方案中作出安排。

(三) 政府预算信息的披露

《中华人民共和国预算法》(2014 年修订)第十四条规定：经本级人民代表大会或者本级人民代表大会常务委员会批准的预算、预算调整、决算、预算执行情况的报告及报表，应当在批准后 20 日内由本级政府财政部门向社会公开，并对本级政府财政转移支付安排、执行的情况以及举借债务的情况等重要事项作出说明。

经本级政府财政部门批复的部门预算、决算及报表，应当在批复后 20 日内由各部门向社会公开，并对部门预算、决算机关运行经费的安排、使用情况等重要事项作出说明。各级政府、各部门、各单位应当将政府采购的情况及时向社会公开。但是涉及国家秘密的预算信息不在披露范围之内。

第五节　政府采购和国库集中收付制度

一、政府采购

(一) 政府采购的概念

政府采购，是指各级国家机关、事业单位和团体组织，使用财政性资金采购依法制定的集中采购目录以内的或者采购限额标准以上的货物、工程和服务的行为。政府采购不仅是指具体的采购过程，而且是采购政策、采购程序、采购过程及采购管理的总称，是一种对公共采购进行管理的制度，是一种政府行为。

为了了解政府采购的行为特征，需要明确区分下列几个基本概念：①采购人，是指使用财政性资金采购物资或者服务的国家机关、事业单位或其他社会组织；②政府采购机构，是指政府设立的负责本级财政性资金的集中采购和招标组织工作的专门机构；③招标代理机构，是指依法取得招标代理资格，从事招标代理业务的社会中介组织；④供应人，是指与采购人可能或者已经签订采购合同的供应商或者承包商。

(二) 政府采购的特点

1. 政府采购资金来源的公共性

一是政府采购的资金来源于政府财政收入，或需要由财政资金进行偿还的公共借款，这些资金最终来源于公众的纳税、公共事业服务和其他公共收入；二是政府采购的目标具有公共性，即政府采购的产品或服务是为了向社会提供公共服务。

2. 政府采购的强制性

为了规范政府采购行为，提高资金使用效益，维护国家利益和社会公共利益，我国颁布了《政府采购法》以及一系列相关法律法规。属于政府采购范围的项目采购计划方案、程序、方式及其资金使用等，必须严格按照有关法律、法规组织实施和规范管理。

3. 政府采购的政策性

政府采购有责任维护国家和社会公共利益，促进社会经济协调平衡发展，体现社会责任感。政府采购对于平衡社会有效需求和供给、推动经济产业结构调整升级、保护和扶持民族产业、促进地区经济发展、扶植中小企业发展、支持科技创新、支持环境生态保护和节约能源等社会经济、公益事业都能发挥显著的促进作用。

4. 政府采购的经济性和非盈利性

政府采购活动必须遵循市场经济规律，追求财政资金使用效益的最大化。同时，政府采购活动不以盈利为目标，而是以追求社会公共利益为最终目标。

（三）政府采购的方式

1. 公开招标

公开招标应作为政府采购的主要方式。使用财政性资金的政府采购工程，应纳入政府采购管理，适用《中华人民共和国招标投标法》和各省有关建设工程招标投标管理规定。政府采购公开招标活动应当遵循公开透明原则、公开竞争原则、公正原则和诚实信用原则。

公开招标采购适用范围：大型基础设施、公用事业等关系社会公共利益和公众安全的项目；全部或部分使用国有资金投资或者融资的项目；使用国际组织或者外国政府贷款、援助资金的项目。

2. 邀请招标

邀请招标又称选择性招标，是指招标人以投标邀请书的方式邀请特定的供应商投标的采购方式。

符合下列情形之一的货物或服务，可采用邀请招标方式采购：具有特殊性，只能从有限范围的供应商处采购；采用公开招标方式的费用占政府采购项目总价值的比例过大。

3. 竞争性谈判

什么是竞争性谈判

符合下列情形之一的货物或服务，可采用竞争性谈判方式采购：招标后没有供应商投标或没有合格标的或重新招标未能成立；技术复杂或性质特殊，不能确定详细规格或具体要求；采用招标所需时间不能满足用户紧急需要；不能事先计算出价格总额。

4. 单一来源采购

单一来源采购是指采购实体在适当的条件下向单一的供应商，承包商直接购买的采购方式。

符合下列情形之一的货物或服务，可采用单一来源方式采购：只能从唯一供应商处采购；发生了不可预见的紧急情况，不能从其他供应商处采购；必须保证原有采购项目一致性或服务配套的要求，需要继续从原供应商处添购，且添购资金总额不超过原合同采购金额的10%。

5. 询价

什么是询价

采购的货物规格、标准统一、现货货源充足且价格变化幅度小的政府采购项目，可以采用询价方式采购。

（四）政府采购的模式

政府采购模式分为集中采购和分散采购。

集中采购模式是指本级政府各部门及下级政府的采购由本级所设的集中采购机构统一实施。集中采购属于中央预算的政府采购项目，其集中采购目录由国务院确定并公布；属于地方预算的政府采购项目，其集中采购目录由省、自治区、直辖市人民政府或者其授权的机构确定并公布。纳入集中采购目录属于通用的政府采购项目的，应当委托集中采购机构代理采购；属于本部门、本系统有特殊要求的项目，应当实行部门集中采购；属于本单位有特殊要求的项目，经省级以上人民政府批准，可以自行采购。

分散采购是集中采购模式的对称，指采购由各采购需求单位自己进行。采购未纳入集中采购目录的政府采购项目，可以自行采购，也可以委托集中采购机构在委托范围内代理采购。

（五）政府采购资金的支付模式

政府采购资金实行财政直接拨付和单位支付相结合，统一管理，统一核算，专款专用。

政府采购资金财政直接拨付是指财政部门按照政府采购合同约定，将政府采购资金通过代理银行（国有商业银行）直接支付给中标供应商的拨款方式。

财政国库管理机构应当在代理银行按规定开设用于支付政府采购资金的专户（以下统称“政府采购资金专户”）。部门和单位原有专项用于采购资金支付的账户要相应撤销。任何部门（包括集中采购机关）都不得自行开设政府采购资金专户。

政府采购资金的财政直接拨付分为三种方式，即财政全额直接拨付方式（以下简称全额拨付方式）、财政差额直接拨付方式（以下简称差额拨付方式）和采购卡支付方式。

全额拨付方式是指财政部门和采购单位按照先集中后支付的原则，在采购活动开始前，采购单位必须先将单位自筹资金和预算外资金汇集到政府采购资金专户；需要支付资金时，财政部门根据合同履行情况，将预算资金和已经汇集的单位自筹资金和预算外资金，通过政府采购资金专户一并拨付给中标供应商的采购方式。

差额支付方式是指财政部门和采购单位按照政府采购拼盘项目合同中约定的各方负担的资金比例，分别将预算资金和预算外资金及单位自筹资金支付给中标供应商的采购方式。采购资金全部为预算资金的采购项目也实行这种支付方式。

采购卡支付方式是指采购机关使用选定的某家商业银行单位借记卡支付采购资金的行为。采购卡支付方式适用于采购机关经常性的零星采购项目。

二、国库集中收付制度

（一）国库集中收付制度的概念

国库集中收付制度是指政府将所有财政性资金都纳入国库单一账户体系管理，收入直接缴入国库或财政专户，支出通过国库单一账户体系支付到商品和劳务供应者或用款单位。

（二）国库集中收付制度的意义

国库集中支付制度是作为政府支出管理的重要手段和改革预算执行的必要保障，是市场经济国家适应市场经济体制的要求，解决政府财政资金分散支付所存在弊端的国际通用方式。实行国库集中支付制度具有以下意义：

(1) 从根本上解决了财政资金多环节拨付、多头管理、多户头存放的弊端，提高了财政资金使用效益。过去单位用款计划批准后，国库要一次将资金拨入单位银行账户，一方面形成财政资金结余多户头分散存放，另一方面造成国库资金不足，调度困难。实行国库集中支付后，实现了单位用款计划与资金拨付相分离，使单位形成的结余体现为用款计划指标结余，而实际资金结余却在国库或国库集中支付专户。

(2) 降低了财政资金运行成本。首先，实行国库集中支付后，单位未使用资金全部结余在国库，可减少短期借款或发行国债数量。其次，由过去向多个户头拨款变为向一个户头拨款，大大减少了在途资金量，从而降低了财政资金运行成本。

(3) 强化了财政预算的执行，推进了部门预算改革步伐。过去是将资金直接拨入预算单位银行账户，而单位是否按既定的预算执行，执行进度如何，只能在事后检查监督，容易形成预算和执行两张皮。现在每笔支出都处在相应预算指标控制之下，财政可随时掌握各项预算的实际支出进度，为制订更加合理的部门预算提供准确资料。

(4) 真实反映了财政资金的实际支出数，使财政部门对财经形势作出及时、准确的判断。实行国库集中支付后，财政总预算支出和单位支出实际上是同时形成的，财政总预算支出能真实反映财政资金的实际支出数，有利于财政部门对财经形势作出及时、准确的判断。

(5) 有效防止了对财政资金的挤占、挪用和截留，从源头上预防和遏制了腐败。实行国库集中支付后，所有财政资金不再预拨到预算单位账户，在预算执行前就对其进行审核，结余都以指标体现，所以挤占、挪用和截留财政资金的可能性大大降低，特别是截留财政资金已不可能。由于预算单位每笔支出均要通过财政的审核，随着部门预算改革的实施，预算更加细化，从而起到预防和遏制腐败的作用。

(6) 提高了资金到位速度。实行国库集中支付制度后，对各预算单位来说，省去了国库向单位拨款程序，国库在批准单位用款计划后，直接通过电子网络传送到会计中心，会计中心收到用款计划，单位即可使用资金，资金到位时间可提前3～5天。

(三) 国库单一账户体系

1. 国库单一账户体系的概念

国库单一账户体系是以财政国库存款账户为核心的各类财政性资金账户的集合，所有财政性资金的收入、支出、存储及资金清算活动均在该账户体系中进行。

财政部门是持有和管理国库单一账户体系的职能部门，任何单位不得擅自设立、变更或撤销国库单一账户体系中的各类银行账户。中国人民银行按照有关规定，加强对国库单一账户和代理银行的管理监督。这里所指的代理银行，是指由财政部门确定的、具体办理财政性资金支付业务的商业银行。

2. 国库单一账户体系的构成

国库单一账户体系由下列银行账户构成：

(1) 国库单一账户。国库单一账户为国库存款账户，用于记录、核算、反映财政预算资金和纳入预算管理的政府性基金的收入和支出。代理银行应当按日将支付的财政预算内资金和纳入预算管理的政府性基金与国库单一账户进行清算。

(2) 零余额账户。财政部门零余额账户用于财政直接支付和与国库单一账户清算。该账户每日发生的支付，于当日营业终了前与国库单一账户清算；营业中单笔支付额 5 000 万元人民币以上的(含 5 000 万元)，应当及时与国库单一账户清算。财政部门零余额账户在国库会计中使用，行政单位和事业单位会计中不设置该账户。

(3) 预算外资金财政专户。预算外资金财政专户用于记录、核算和反映预算外资金的收入和支出活动，并用于预算外资金日常收支清算。预算外资金财政专户在财政部门设立和使用。

(4) 特设专户。特设专户用于记录、核算和反映预算单位的特殊专项支出活动，并用于与国库单一账户清算。特设专户在按规定申请设置了特设专户的预算单位使用。

(四) 财政资金的收缴和支付方式与程序

1. 财政资金的收缴方式

财政资金的收缴方式分为三种，即直接缴库、集中汇缴和自收自缴。直接缴库是指由缴款单位或缴款人按有关法律法规规定，直接将应缴收入缴入国库单一账户或预算外资金财政专户；集中汇缴是指由征收机关(有关法定单位)按有关法律法规规定，将所收的应缴收入汇总缴入国库单一账户或预算外资金财政专户；自收自缴是尚未实行国库单一账户制度所使用的一种传统方式，即有关部门或单位将收到的款项存入银行，然后通过各自的银行汇缴国库。

2. 财政资金的收缴程序

(1) 直接缴库程序。直接缴库的税收收入，由纳税人或税务代理人提出纳税申报，经征收机关审核无误后，由纳税人通过开户银行将税款缴入国库单一账户。直接缴库的其他收入，比照上述程序缴入国库单一账户或财政专户。

(2) 集中汇缴程序。小额零散税收和法律另有规定的应缴收入，由征收机关于收缴收入的当日汇总缴入国库单一账户。非税收收入中的现金缴款，比照本程序缴入国库单一账户或财政专户。

财政资金的收缴流程图如图 1-1 和图 1-2 所示。

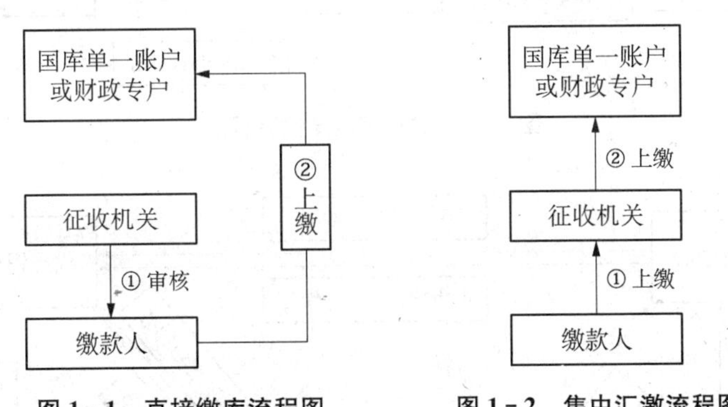

图 1-1　直接缴库流程图　　**图 1-2　集中汇激流程图**

(3) 自收自缴程序(略)

3. 财政资金的支付方式

财政资金的支付方式分财政直接支付和财政授权支付。

财政直接支付是指财政部门根据审核无误的单位申请，向代理银行签发支付令，通过财政零余额账户，将财政资金直接支付到收款人或用款单位账户。财政直接支付类型包括工资支出、政府采购、其他支出、基建支出、公务卡支出等。

财政授权支付是指单位经财政授权，在财政批准的资金使用额度内，自行开具银行结算凭证,通过财政为单位在代理银行开设的单位零余额账户,将财政资金支付到收款人或用款单位账户。财政授权支付适用于单位的零星支出,包括单件物品或单项服务购买额不足 10 万元人民币的购买支出;投资额不足 50 万元人民币的工程项目支出,以及特别紧急的支出。

4. 财政资金的支付程序

(1) 财政直接支付程序。预算单位按批复的部门预算和资金使用计划,向财政国库支付执行机构提出支付申请,财政国库支付执行机构根据批复的部门预算和资金使用计划及相关要求对支付申请审核无误后,向代理银行发出支付令,并通知中国人民银行国库部门,通过代理银行进入全国银行清算系统实时清算,财政资金从国库单一账户划拨到收款人的银行账户。

(2) 财政授权支付程序。预算单位按照批复的部门预算和资金使用计划,向财政国库支付执行机构申请授权支付的月度用款限额,财政国库支付执行机构将批准后的限额通知代理银行和预算单位,并通知中国人民银行国库部门。预算单位在月度用款限额内,自行开支付令,通过财政国库支付执行机构转由代理银行向收款人付款,并与国库单一账户清算。

财政资金的支付流程图如图 1－3 和图 1－4 所示。

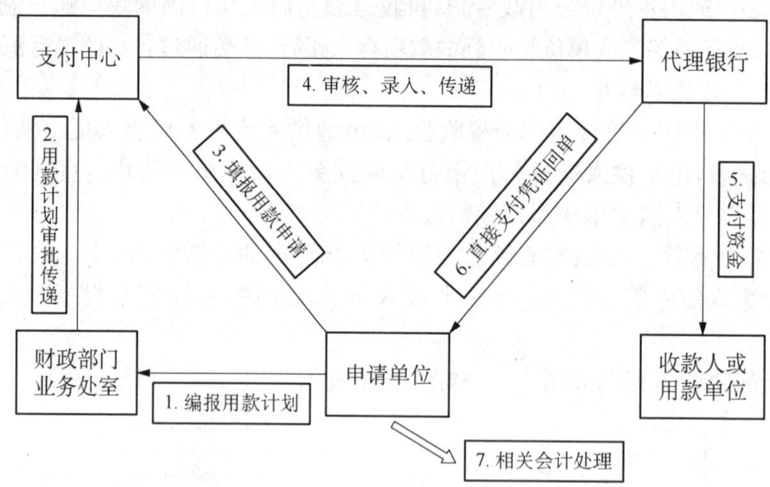

图 1－3 财政直接支付流程图

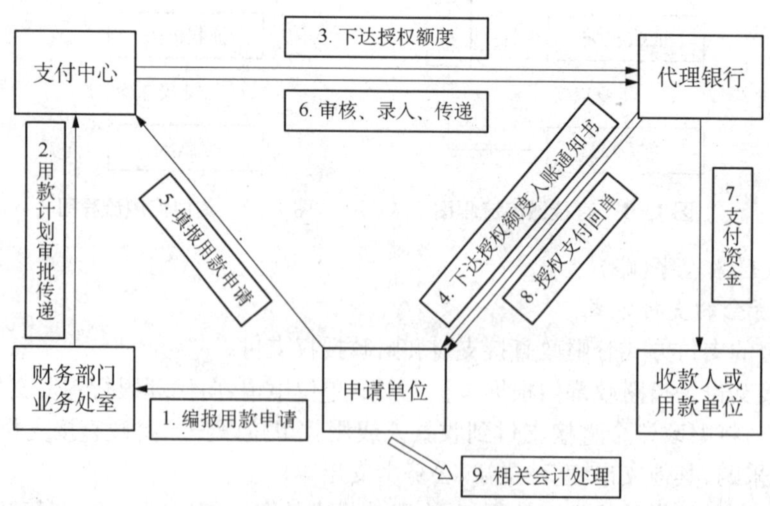

图 1－4 财政授权支付流程图

本章小结

预算会计是以货币作为主要计量单位对预算单位的经济活动或会计事项进行全面、连续、系统、综合地核算、反映和监督的一种专门技术方法和专门管理活动。

我国预算会计体系由财政总预算会计、行政单位会计、事业单位会计构成。我国各级预算级次与设置与政权体系的层级基本对应，分为中央预算和地方预算，其中地方预算又分四级。单位预算会计分级共分为三级，即主管会计单位、二级会计单位、基层会计单位。

我国现行已颁布的预算会计规范有《政府会计准则》《财政总预算会计制度》《行政单位会计制度》《事业单位会计准则》《事业单位会计制度》。预算会计核算方法是用来核算和监督会计内容、完成政府与非营利组织会计任务和实现会计目标的基本手段。一套完整的会计核算方法体系包括设置会计科目（账户）、确定记账方法、填制审核会计凭证、登记会计账簿和编制会计报表等。

预算会计的核算前提包括会计主体、持续经营、会计分期和货币计量。预算会计的一般核算原则可划分为两大类：第一类是会计信息质量要求的原则，主要有可靠性、完整性、及时性、可比性、相关性、可理解性原则；第二类是会计确认与计量的原则，主要有收付实现制原则和权责发生制原则、历史成本原则、配比原则、实质重于形式原则等。

预算会计将会计要素分为政府预算会计要素、政府财务会计要素。政府预算会计要素包括预算收入、预算支出与预算结余。政府财务会计要素包括资产、负债、净资产、收入和支出（费用）。预算会计科目按照其反映的经济内容或用途分为资产类、负债类、净资产类、收入类、支出（费用）五大类，从横向反映各科目之间的关系。按照提供会计信息的详细程度分为总账科目和明细科目，从纵向反映各科目之间的关系。预算会计的静态会计等式为：资产＝负债＋净资产；预算会计的动态会计等式为：收入－支出（费用）＝结余。

预算会计采用借贷复式记账法，日常的会计核算工作的主要环节有填制会计凭证、登记账簿、编制会计报表。

预算管理体制是财政管理体制的重要组成部分，它是一个国家中央财政和地方财政以及地方财政各级之间的财政关系的基本制度，预算管理体制的核心。我国预算管理体制的原则是“统一领导、分级管理”。

政府采购，是指各级国家机关、事业单位和团体组织使用财政性资金采购依法制定的集中采购目录以内的或者采购限额标准以上的货物、工程和服务的行为。政府采购具有强制性、政策性、经济性、非盈利性和资金来源的公共性等特点。政府采购有公开招标、邀请招标、竞争性谈判、单一来源采购、询价五种方式。政府采购模式分为集中采购和分散采购。政府采购资金实行财政直接拨付和单位支付相结合，统一管理，统一核算，专款专用。

国库集中收付制度是指政府将所有财政性资金都纳入国库单一账户体系管理，收入直接缴入国库或财政专户，支出通过国库单一账户体系支付到商品和劳务供应者或用款单位。国库集中支付制度是作为政府支出管理的重要手段和改革预算执行的必要保障。国库单一账户体系是以财政国库存款账户为核心的各类财政性资金账户的集合，所有财政性资金的收入、支出、存储及资金清算活动均在该账户体系中进行。国库单一账户体系由国库单一账户、零余额账户、预算外资金专户和特设专户构成。财政资金的收缴方式有直接缴库、集中汇缴和自收自缴三种方式，财政资金的支付方式有财政直接支付和财政授权支付两种方式。

关键术语

预算会计、政府预算会计、政府财务会计、财政总预算会计、行政单位会计、事业单位会计、预算管理体制、政府采购、国库集中收付制度、国库单一账户体系、财政直接支付、财政授权支付

复习思考题

1. 什么是预算会计？它由哪几部分组成？
2. 预算会计的会计规范体系包含哪些内容？
3. 预算会计的会计要素有哪些？
4. 预算会计的会计等式是什么？
5. 预算会计核算的记账基础是什么？
6. 预算会计日常核算工作有哪些环节？
7. 预算会计报表的编制有哪些要求？
8. 简述当前我国的预算管理体制。
9. 什么是政府采购？政府采购的方式和模式有哪些？
10. 政府采购采购资金的支付模式有哪些？
11. 什么是国库集中收付制度？
12. 国库单一账户体系由哪些部分构成？
13. 财政资金的收缴方式有哪些？
14. 财政资金的支付方式有哪些？不同的财政资金支付方式的支付流程是怎样的？

练 习 题

(一) 单项选择题

1. 预算会计是会计学的一大分支，另一分支是(　　)。
   A. 企业会计　B. 预算会计　C. 管理会计　D. 财务会计
2. 与企业会计相比，我国预算会计特有的会计原则是(　　)。
   A. 相关性原则　B. 客观性原则　C. 一贯性原则　D. 专款专用原则
3. 对于指定用途的资金，应按规定的用途使用并单独反映。这遵循的原则是(　　)。
   A. 真实性原则　B. 相关性原则　C. 一贯性原则　D. 专款专用原则
4. 财政总预算会计的主体是(　　)。
   A. 县级以上财政机关　B. 行政单位
   C. 事业单位　D. 各级政府财政部门
5. 行政事业单位会计划分为主管会计单位、二级会计单位和基层会计单位，这是根据(　　)划分的。
   A. 机构建制　B. 经费领报关系　C. 单位规模大小　D. 预算管理层次

6. 单位会计的分级中不包括(　　)。

A. 主管会计单位　B. 报销单位　C. 基层会计单位　D. 二级会计单位

7. 在预算会计体系中,我国行政单位会计属于(　　)。

A. 财政会计　B. 事业单位会计　C. 非营利组织会计　D. 政府会计

8. 预算会计的外部信息使用者对会计信息的要求是(　　)。

A. 反映受托责任履行情况　B. 反映内部管理情况

C. 反映盈利能力　D. 反映偿债能力

9. 预算会计成本核算的特点是(　　)。

A. 完全不要求成本核算　B. 要求全面成本核算

C. 部分预算单位会计要求成本核算　D. 政府会计要求成本核算

10. 我国行政单位会计的确认基础是(　　)。

A. 收付实现制　B. 以收付实现制为主

C. 权责发生制　D. 以权责发生制为主

11. 不属于预算会计核算的基本前提的是(　　)。

A. 现金计量　B. 会计分期　C. 持续经营　D. 会计主体

12. 下列不属于行政事业单位会计要素的是(　　)。

A. 资产　B. 净资产　C. 支出　D. 所有者权益

13. 企业会计与预算会计的会计等式不同,预算会计的会计等式是(　　)。

A. 资产=负债+所有者权益

B. 资产+支出=负债+净资产+收入

C. 资产+收入=负债+所有者权益+支出

D. 资产+成本费用=负债+所有者权益+损益

14. 会计凭证按(　　)分类,分为原始凭证和记账凭证。

A. 填制程序和用途　B. 用途

C. 填制程序　D. 填制方法

15. 实行财政直接支付的行政事业单位,应依据下列(　　)登记入账。

A. 财政直接支付凭证　B. 银行回单

C. 银行对账单　D. 财政直接支付入账通知书

16. 在财政预算体系中,负责预算收入的收纳、划分、报解和财政支出支拨工作的机构是(　　)。

A. 财政部门　B. 税务部门　C. 预算单位　D. 国库

17. 下列关于预算会计的说法,正确的是(　　)。

A. 预算会计中收入减去支出的差额为结余,因而结余是一个会计要素

B. 预算会计对所有经济业务的核算都采用收付实现制原则

C. 向上级单位领报经费,下面没有所属会计单位的为二级会计单位

D. 向同级财政请领经费的单位就是主管会计单位

18. 下列关于预算会计的说法,错误的是(　　)。

A. 预算会计随着国家和国家财政的产生而产生,随着国家和国家财政的发展而发展

B. 预算会计的核算主体是行政事业单位

C. 预算会计按年结账主要是为了按年考核预算收支的执行情况

D. 预算会计与企业会计构成两大会计体系

19. 政府在国库或国库指定的代理行开设账户，集中收纳和支付所有财政资金的制度是（　　）。

A. 政府采购制度　　B. 国库制度
C. 国库集中收付制度　　D. 会计集中核算制度

20. 财政授权支付程序不适用于以下哪种开支（　　）。

A. 工资支出　　B. 购买支出
C. 较小的工程采购支出　　D. 特别紧急支出

（二）多项选择题

1. 在我国下列单位中，执行《行政单位会计制度》的有（　　）。

A. 人大机关　　B. 行政机关　　C. 审判机关
D. 检察机关　　E. 政党组织

2. 下列单位中适用于行政单位会计制度的有（　　）。

A. 政府部门　　B. 高等学校　　C. 立法机构　　D. 国有企业

3. 下列专业会计中，属于事业单位会计的有（　　）。

A. 中小学校会计　　B. 人民法院会计　　C. 民办医院会计　　D. 社会福利院会计
E. 律师事务所会计

4. 预算会计的会计主体包括（　　）。

A. 各级政府财政部门　　B. 各个中小企业
C. 各类事业单位　　D. 各级行政单位

5. 预算会计的组成体系主要包括（　　）。

A. 财政总预算会计　　B. 行政单位会计
C. 事业单位会计　　D. 农业企业会计

6. 按国家政权结构和行政区域的不同，国家预算可分为（　　）。

A. 中央预算　　B. 财政总预算　　C. 单位预算　　D. 地方预算

7. 预算会计要素分为（　　）。

A. 资产、负债　　B. 净资产　　C. 收入、支出　　D. 利润

8. 财政总预算会计的原始凭证包括（　　）。

A. 国库报来的各种收入日报表及附件
B. 各种拨款和转账收款凭证
C. 主管部门报来的各种非包干专项拨款支出报表和基本建设支出月报
D. 其他足以证明会计事项发生经过的凭证和文件

9. 预算会计报表的编制原则有（　　）。

A. 正确　　B. 及时　　C. 完整　　D. 美观

10. 我国预算收入的征收机关可以是（　　）。

A. 财政机关　　B. 海关　　C. 税务机关　　D. 国家金库

11. 在国库集中收付制度下，财政支出的拨付方式包括（　　）。

A. 实拨资金　　B. 财政直接支付　　C. 财政授权支付
D. 财政转移支付　　E. 财政集中支付

12. 国库集中支付方式包括（　　）。

A. 财政直接支付　B. 财政授权支付　C. 财政拨款　D. 国库拨款

13. 财政授权支付程序适用于(　　)。

A. 工资支出

B. 年度财政投资不足50万元人民币的工程采购支出

C. 特别紧急的支出

D. 单件物品或单项服务购买额不足10万元人民币的购买支出

(三) 判断题

1. 预算会计的主体是各级政府及各类行政、事业单位。(　　)
2. 财政总预算会计核算的主体是各级财政机关。(　　)
3. 政府组织会计主体包括政权政府组织和政府组成机构两个层次。(　　)
4. 我国所有的学校、医院均属于事业单位,均为事业单位会计。(　　)
5. 我国的国有企业由政府投资举办,所以属于政府会计的范畴。(　　)
6. 预算单位存在着一定的限制性财务资源,要求实行专款专用原则。(　　)
7. 预算会计的计量方法主要是历史成本计量,不允许采用其他计量属性。(　　)
8. 预算会计主要核算预算的收支和余超,不涉及成本核算。(　　)
9. 事业单位会计核算一般采用收付实现制,但经营性收支业务核算可采用权责发生制。(　　)
10. 预算会计的要素分为五类,即除了不核算利润外,其余与企业会计相同。(　　)
11. 预算单位的核算一般采用收付实现制。(　　)
12. 预算会计的核算对象是政府预算的执行情况。(　　)
13. 国家金库是唯一执行政府预算的出纳机关。(　　)
14. 实行国库集中支付制度后,将实现会计集中核算,预算单位不再有会计核算。(　　)

第二章　财政总预算会计概述

学习目标与要求

了解财政总预算会计的概念、特点、基本任务。

熟悉财政总预算会计科目。

了解财政总预算会计账簿体系以及会计档案管理。

重点

财政总预算会计的概念和特点；财政总预算的会计要素与会计科目；财政总预算会计凭证与账簿。

难点

财政总预算的会计科目。

导读

财政总预算会计的会计要素包括资产、负债、净资产、收入和支出五个要素。共设置59个一级会计科目，根据需要设置各种总账和明细账账簿。各级财政部门应当根据登记完整、核对无误的会计账簿记录和其他有关资料，定期编制和汇总会计报告，做到数字真实、计算准确、内容完整、说明清楚。

第一节　财政总预算会计特点及任务

一、财政总预算会计的概念和特点

财政总预算会计是各级政府财政核算、反映、监督政府一般公共预算资金、政府性基金预算资金、国有资本经营预算资金、社会保险基金预算资金以及财政专户管理资金、专用基金和代管资金等资金活动的专业会计。

财政总预算会计主要特点：①服务于国家预算，对财政性资金进行核算和监督，为合理调度资金提供会计信息，并为宏观经济管理提供服务；②不需要进行成本核算，但随着财政改革的不断深化，应对预算执行情况进行绩效评价；③按照《预算法》的要求提供信息，以满足人民代表大会、上级财政部门及本级政府对财政管理的需要；④以收付实现制为会计基础。财政国库管理制度改革后，对因实施财政国库管理制度而形成的年终预算结余资金，各级总预算会计应按规定对个别事项采用权责发生制进行账务处理。

二、财政总预算会计的管理体制

财政总预算会计实行统一领导、分级管理的管理原则；每一级政府设立一级总预算，每一级总预算都设置相应的总预算会计。

三、财政总预算会计的任务

总会计的工作任务主要包括：①进行会计核算。办理政府财政各项收支、资产负债的会计核算工作，反映政府财政预算执行情况和财务状况；②严格财政资金收付调度管理。组织办理财政资金的收付、调拨，在确保资金安全性、规范性、流动性前提下，合理调度管理资金，提高资金使用效益；③规范账户管理。加强对国库单一账户、财政专户、零余额账户和预算单位银行账户等的管理；④实行会计监督，参与预算管理。通过会计核算和反映，进行预算执行情况分析，并对总预算、部门预算和单位预算执行实行会计监督；⑤协调预算收入征收部门、国家金库、国库集中收付代理银行、财政专户开户银行和其他有关部门之间的业务关系；⑥组织本地区财政总决算、部门决算编审和汇总工作；⑦组织和指导下级政府总会计工作。

第二节　财政总预算的会计要素与会计科目

财政总预算会计要素包括资产、负债、净资产、收入和支出五个要素。会计科目是对会计要素的进一步分类，是各级总预算会计设置账户、确定核算内容的依据。财政总预算的会计科目见表2-1。

表2-1　　财政总预算会计科目表

序号	科目编号	会计科目名称	序号	科目编号	会计科目名称
一、资产类			一、资产类		
1	1001	国库存款	10	1031	与下级往来
2	1003	国库现金管理存款	11	1036	其他应收款
3	1004	其他财政存款	12	1041	应收地方政府债券转贷款
4	1005	财政零余额账户存款	13	1045	应收主权外债转贷款
5	1006	有价证券	14	1071	股权投资
6	1007	在途款	15	1081	待发国债
7	1011	预拨经费	二、负债类		
8	1021	借出款项	16	2001	应付短期政府债券
9	1022	应收股利	17	2011	应付国库集中支付结余

（续表）

序号	科目编号	会计科目名称	序号	科目编号	会计科目名称
二、负债类			三、净资产类		
18	2012	与上级往来		308206	其他负债
19	2015	其他应付款	四、收入类		
20	2017	应付代管资金	36	4001	一般公共预算本级收入
21	2021	应付长期政府债券	37	4002	政府性基金预算本级收入
22	2022	借入款项	38	4003	国有资本经营预算本级收入
23	2026	应付地方政府债券转贷款	39	4005	财政专户管理资金收入
24	2027	应付主权外债转贷款	40	4007	专用基金收入
25	2045	其他负债	41	4011	补助收入
26	2091	已结报支出	42	4012	上解收入
三、净资产类			43	4013	地区间援助收入
27	3001	一般公共预算结转结余	44	4021	调入资金
28	3002	政府性基金预算结转结余	45	4031	动用预算稳定调节基金
29	3003	国有资本经营预算结转结余	46	4041	债务收入
30	3005	财政专户管理资金结余	47	4042	债务转贷收入
31	3007	专用基金结余	五、支出类		
32	3031	预算稳定调节基金	48	5001	一般公共预算本级支出
33	3033	预算周转金	49	5002	政府性基金预算本级支出
34	3081	资产基金	50	5003	国有资本经营预算本级支出
	308101	应收地方政府债券转贷款	51	5005	财政专户管理资金支出
	308102	应收主权外债转贷款	52	5007	专用基金支出
	308103	股权投资	53	5011	补助支出
	308104	应收股利	54	5012	上解支出
35	3082	待偿债净资产	55	5013	地区间援助支出
	308201	应付短期政府债券	56	5021	调出资金
	308202	应付长期政府债券	57	5031	安排预算稳定调节基金
	308203	借入款项	58	5041	债务还本支出
	308204	应付地方政府债券转贷款	59	5042	债务转贷支出
	308205	应付主权外债转贷款			

第三节　财政总预算会计凭证与账簿

一、会计凭证

各级总预算会计的原始凭证主要包括：国库报来的各种收入日报表及其附件，如各种“缴款书”“收入退还书”“更正通知书”等；各种拨款和转账收款凭证，如预算拨款凭证、各种银行汇款凭证等；主管部门报来的各种非包干专项拨款支出报表和基本建设支出月报；其他足以证明会计事项发生经过的凭证和文件。各级总预算会计的记账凭证主要包括收款凭证、付款凭证。

二、会计账簿

各级总预算会计应根据需要设置各种总账和明细账账簿。总账按一级会计科目名称设置，账户格式采用三栏式账簿。明细账是对以对总账有关科目进行明细核算。可选用三栏式账簿或多栏式账簿。各级总预算会计主要设置以下明细分类账簿：①收入明细账，包括一般预算收入明细账、基金预算收入明细账、专用基金收入明细账、上解收入明细账、财政周转金收入明细账等；②支出明细账，包括一般预算支出明细账、基金预算支出明细账、专用基金支出明细账、补助支出明细账、财政周转金支出明细账等；③往来款项明细账，包括与下级往来明细账、财政周转金明细账、借出财政周转金明细账等。

各级财政部门应当按照现行法律、法规和有关国家统一会计制度规定建立会计账册，进行会计核算，及时提供合法、真实、准确、完整的会计信息。

各级财政部门应当采用信息系统进行账务处理。会计核算人员收到财政资金收付凭证等原始单据（含电子数据）后应当及时审核，相关信息核对无误后，通过信息系统生成记账凭证；记账凭证复核无误后登记相应的会计账簿。会计核算人员不得直接在信息系统中更改登记有误的账簿信息，应当采取冲销法或补充登记法，重新填制调账记账凭证，复核无误后登记会计账簿。

会计核算人员应当按月进行会计结账，具体结账按《财政总预算会计制度》等相关规定办理。各级财政部门应当建立并严格执行对账制度，采取网上对账、交叉对账、后台对账等方式，确保账证相符、账账相符、账实相符、账表相符。各级财政部门内部国库机构要与业务管理机构核对资金账等；上下级财政部门要核对资金账；财政部门要与本级各预算单位核对资金账等，与征收机关核对资金账，与同级人民银行国库核对资金账，与财政专户开户银行通过后台对账方式核对专户资金账，有条件的地方要与开户银行的上级单位核对专户余额账。

各级财政部门应当根据登记完整、核对无误的会计账簿记录和其他有关资料，定期编制和汇总会计报告，做到数字真实、计算准确、内容完整、说明清楚。

三、财政总预算的会计报表

财政总预算会计报表是反映政府财政预算执行结果和财务状况的书面文件。是各级政府和上级财政部门了解情况、掌握政策、指导预算执行工作的重要资料，也是编制下年度预算的基础。

财政总预算会计报表包括资产负债表、收入支出表、一般公共预算执行情况表、政府性基金预算执行情况表、国有资本经营预算执行情况表、财政专户管理资金收支情况表、专用基金收支情况表等会计报表和附注。

财政总预算会计应当按照下列规定编制会计报表：

(1) 一般公共预算执行情况表、政府性基金预算执行情况表、国有资本经营预算执行情况表应当按旬、月度和年度编制，财政专户管理资金收支情况表和专用基金收支情况表应当按月度和年度编制，收入支出表按月度和年度编制，资产负债表和附注应当至少按年度编制。旬报、月报的报送期限及编报内容应当根据上级政府财政具体要求和本行政区域预算管理的需要办理。

(2) 总会计应当根据本制度编制并提供真实、完整的会计报表，切实做到账表一致，不得估列代编，弄虚作假。

(3) 总会计要严格按照统一规定的种类、格式、内容、计算方法和编制口径填制会计报表，以保证全国统一汇总和分析。汇总报表的单位，要把所属单位的报表汇集齐全，防止漏报。

四、财政总预算会计档案的保管

各级财政部门应当结合实际需要定期打印会计凭证、会计账簿和会计报表，装订成册，并由制单人员、记账人员、复核人员和会计机构负责人或会计主管人员等相关人员签名或盖章。各级财政部门应当指导本级预算单位做好日常会计管理工作，组织年度财政决算、部门决算的编审和汇总工作。各级财政部门对总预算会计凭证、会计账簿、会计报表和其他会计资料，应当建立档案由专人妥善保管。总预算会计档案建档要求、保管期限、销毁办法等依据《会计档案管理办法》规定执行。信息系统储存的财政总预算会计原始数据应当由专人定期备份至专用存储设备。保存电子会计数据的存储介质应当纳入容灾备份体系妥善保管。

本章小结

财政总预算会计是各级政府财政核算、反映、监督政府一般公共预算资金、政府性基金预算资金、国有资本经营预算资金、社会保险基金预算资金以及财政专户管理资金、专用基金和代管资金等资金活动的专业会计。

财政总预算会计主要特点有：服务于国家预算，对财政性资金进行核算和监督；不需要进行成本核算；按照《预算法》的要求提供信息，以满足人民代表大会、上级财政部门及本级政府对财政管理的需要；以收付实现制为会计基础。

财政总预算会计实行统一领导、分级管理的管理原则；每一级政府设立一级总预算，每一级总预算都设置相应的总预算会计。

总会计的工作任务主要包括：进行会计核算；严格财政资金收付调度管理；规范账户管理；实行会计监督，参与预算管理；协调预算收入征收部门、国家金库、国库集中收付代理银行、财政专户开户银行和其他有关部门之间的业务关系;组织本地区财政总决算、部门决算编审和汇总工作;组织和指导下级政府总会计工作。

财政总预算会计要素包括资产、负债、净资产、收入和支出五个要素。会计科目是对会计要素的进一步分类,是各级总预算会计设置账户、确定核算内容的依据。

财政总预算会计凭证包括各种原始凭证和收款凭证、付款凭证等记账凭证。各级总预算会计应根据需要设置各种总账和明细账账簿。财政总预算会计报表是反映政府财政预算执行结果和财务状况的书面文件。各级财政部门对总预算会计凭证、会计账簿、会计报表和其他会计资料,应当建立档案由专人妥善保管。

关键术语

财政总预算会计、财政总预算会计要素、总预算会计报表

思考题

1. 什么是财政总预算会计?
2. 财政总预算会计有哪些特点?
3. 我国财政总预算会计的管理体制是怎样的?
4. 财政总预算会计的基本任务有哪些?
5. 财政总预算会计档案有哪些?如何保管?

练习题

(略)

第三章 财政总预算资产与负债的核算

学习目标与要求

掌握财政总预算会计资产和负债的概念和内容。

掌握各项资产的管理和核算要求。

掌握各项资产和负债的核算方法，并能正确地进行资产和负债的核算业务。

重点

财政总预算会计资产和负债的会计核算。

难点

财政性存款、有价证券、暂付及应收款项、预拨经费等资产项目的账务处理，借入款项、与上级往来、应付代管资金、其他负债等负债项目的账务处理，“与上级往来”和“与下级往来”账户的定义及运用和相关账务处理。

导读

财政总预算会计所核算的资产，是指由一级财政所掌握或控制的能以货币计量的经济资源。由于财政是代表政府办理资金再分配的行政机关，不直接办理预算资金的支出使用，资产中也没有财产物资，因此，财政总预算会计所核算的资产，其表现形式只有货币资金和债权两种。包括财政性存款、有价证券、暂付及应收款项、预拨款项、财政周转金等。

财政总预算会计所核算的负债，是一级财政所承担的能以货币计量、需以资产偿付的债务。财政总预算会计所核算的负债并不是财政机关自身的负债，而是一级政府的负债，并且由于负债主体的特殊性，财政总预算会计核算的负债只能以减少资产的方式来偿还。除一般会计都核算的暂收、应付等往来款项外，还包括各级政府按法定程序和核定的预算数额所举借的债务。具体包括借入款、与上级往来、借入财政周转金、应付及暂收款项、应付长期政府债券、应付地方政府债券转贷款等。

第一节 财政总预算资产的核算

财政总预算会计资产是指政府财政占有或控制的，能以货币计量的经济资源。总会计核算的资产按照流动性，分为流动资产和非流动资产。流动资产是指预计在1年内（含1年）变现的资产；非流动资产是指流动资产以外的资产。具体包括财政存款、有价证券、应收股利、借出款项、暂付及应收款项、预拨经费、应收转贷款和股权投资等。

一、财政存款的管理与核算

（一）财政存款的管理原则

财政存款是指政府财政部门代表政府管理的国库存款、国库现金管理存款以及其他财政存款等。财政存款的支配权属于同级政府财政部门，并由总会计负责管理，统一在国库或选定的银行开立存款账户，统一收付，不得透支，不得提取现金。

（二）财政存款的核算

为了反映和监督财政性存款的增减及其结存情况，各级政府财政部门应设置“国库存款”“国库现金管理存款”“其他财政存款”账户。

二、国库存款的核算

（一）国库存款的含义

国库存款是各级总预算会计在国库的预算资金（一般预算和基金预算）存款。

（二）账户设置

财政部门设置“国库存款”账户，借方登记国库存款的增加数，贷方登记国库存款的减少数，余额在借方，反映国库存款的结存数。

该账户设置“一般预算存款”和“基金预算存款”明细账户。基金预算要按先收后支的原则拨付，收支专用性很强，“一般预算存款”和“基金预算存款”不能互相挪用。

（三）主要账务处理

(1) 收到预算收入时，根据国库报来的预算收入日报表入账。借记“国库存款”账户，贷记“一般预算收入”或“基金预算收入”账户。

【例3-1】 某市财政局2016年1月15日收到国库报来“预算收入日报表”，一般预算收入为30万，基金预算收入为20万。

借：国库存款——一般预算存款	300 000	
——基金预算存款	200 000	
贷：一般预算收入		300 000
基金预算收入		200 000

(2) 办理库款支付时，根据支付凭证回单，借记有关支出账户，贷记“国库存款”账户。

【例3-2】 某市财政部门向市教育局划拨教育经费100万。

借：一般预算支出	1 000 000	
贷：国库存款——一般预算存款		1 000 000

三、国库现金管理存款

（一）国库现金管理存款的含义

国库现金管理存款是核算政府财政实行国库现金管理业务存放在商业银行的款项。

（二）账户设置

设置“国库现金管理存款”账户，该账户借方登记国库现金管理存款的增加数，贷方登记国库现金管理存款的减少数。期末余额在借方，表示反映政府财政实行国库现金管理业务持有的存款。

（三）主要账务处理

（1）将库款转存商业银行时，借记“国库现金管理存款”账户，贷记“国库存款”账户。

【例3－3】 按照国库现金管理有关规定，将库款20万元转存建设银行。

借：国库现金管理存款	200 000
贷：国库存款	200 000

（2）国库现金管理存款收回国库时，按照实际收回的金额，借记“国库存款”账户，按照原存入商业银行的存款本金金额，贷记本账户，按照两者的差额，贷记“一般公共预算本级收入”账户。

【例3－4】 承上例，年末收回国库，实际收回金额为30万元。

借：国库存款	300 000
贷：国库现金管理存款	200 000
一般公共预算本级收入	100 000

四、其他财政存款的核算

（一）其他财政存款的含义

其他财政存款是各级总预算会计未列入“国库存款”“国库现金管理存款”账户反映的各项财政性存款，包括财政周转金、未设国库的乡（镇）财政在专业银行的预算资金存款以及部分由财政部指定存入专业银行的专用基金存款等。

（二）账户设置

设置“其他财政存款”账户，该账户借方登记其他财政存款的增加数，贷方登记其他财政存款的减少数。期末余额在借方，表示其他财政存款的结存数。

为便于分类管理，在“其他财政存款”总账账户下应按交存地点和资金性质分设明细账。

（三）主要账务处理

（1）收到未列入“国库存款”账户的财政性存款时，借记“其他财政存款”账户，贷记“专用基金收入”账户。

【例 3-5】 收到上级安排的粮食风险基金 20 万元。

借：其他财政存款——专用基金存款　　200 000
　贷：专用基金收入　　200 000

(2) 支付时，借记"基金预算支出""一般预算支出"等科目，贷记"其他财政存款"账户。

【例 3-6】 接[例 3-5]，开出付款通知，支付粮食风险基金。

借：基金预算支出　　200 000
　贷：其他财政存款——专用基金存款　　200 000

其他财政存款产生的利息收入，除规定作为专户资金收入外，其他利息收入都应缴入国库纳入一般公共预算管理。取得其他财政存款利息收入时，按照实际获得的利息金额，根据以下情况分别处理：

(3) 按规定作为专户资金收入的，借记本账户，贷记"应付代管资金"账户或有关收入科目。

【例 3-7】 接[例 3-5]，存款利息收入 2 000 元规定作为专户资金收入。

借：其他财政存款　　2 000
　贷：应付代管资金　　2 000

(4) 按规定应缴入国库的，借记本账户，贷记"其他应付款"账户。将其他财政存款利息收入缴入国库时，借记"其他应付款"账户，贷记本账户；同时，借记"国库存款"账户，贷记"一般公共预算本级收入"账户。

【例 3-8】 接[例 3-7]，存款利息收入 2 000 元规定应缴入国库。

借：其他财政存款　　2 000
　贷：其他应付款　　2 000
借：国库存款　　2 000
　贷：一般公共预算本级收入　　2 000

五、财政零余额账户存款的核算

(一) 财政零余额账户存款的含义

财政零余额账户存款是核算财政国库支付执行机构在代理银行办理财政直接支付的业务。财政国库支付执行机构未单设的地区不使用该科目。

(二) 账户设置

设置"财政零余额账户存款"账户核算财政国库支付执行机构在银行办理财政直接支付业务。借方登记当天国库单一账户存款划入的冲销数；贷方登记财政国库支付执行机构当天发生的直接支付数；当日资金结算后，余额为零。

(三) 主要账务处理

(1) 财政国库支付执行机构为预算单位直接支付款项时，借记"一般预算支出——财政直接支付""基金预算支出——财政直接支付"账户，贷记"财政零余额账户存款"账户。

【例3-9】 2016年3月5日某市财政局为市疾控中心支付疫苗款项，总金额100万元，从财政零余额账户中支付。

借：一般预算支出——财政直接支付　　　　1 000 000
　贷：财政零余额账户存款　　　　1 000 000

(2) 从国库向零余额账户划款，借记"财政零余额账户存款"账户，贷记"已结报支出——财政直接支付"账户。

【例3-10】 2016年3月5日当日资金支付业务终了后，将当日的支出业务汇总与国库划款凭证核对无误后，送总预算会计结算资金。

借：财政零余额账户存款　　　　1 000 000
　贷：已结报支出——财政直接支付　　　　1 000 000

(3) 年末，财政国库支付执行机构将预算支出与财政国库管理部门总预算会计等有关方面核对一致后冲账，借记"已结报支出"账户，贷记"一般预算支出""基金预算支出"等科目。

【例3-11】 2016年末，某市财政局国库处与预算处核对本年支出一致无误后，冲销国库支付执行机构会计的"已结报支出"账户。本年一般预算支出5亿元；基金预算支出8亿元。

借：已结报支出——财政直接支付　　　　1 300 000 000
　贷：一般预算支出　　　　500 000 000
　　　基金预算支出　　　　800 000 000

六、有价证券的核算

(一) 有价证券的含义和管理核算要求

有价证券是政府财政按照有关规定取得并持有的政府债券。

有价证券的管理与核算要求：

(1) 各级政府只能用各项财政结余(包括一般预算结余和基金预算结余)购买国家指定的有价证券，如国库券、国家重点建设债券等，但不能购买公司债券和股票。

(2) 支付购买有价证券的资金不能列作支出。

(3) 当期有价证券兑付的利息及转让有价证券取得的收入与账面成本的差额，应计入当期收入。按购入有价证券时的资金来源分别计入一般预算收入和基金预算收入。

(4) 有价证券(含债券收款单)要视同货币一样妥善保管。

(二) 账户设置

为了反映有价证券的购买、兑付情况，应设置"有价证券"账户。该账户是资产类账户，借方登记有价证券的购入数，贷方登记有价证券的兑付款，借方余额反映政府财政持有的有价证券金额。

本账户应当按照有价证券种类和资金性质进行明细核算。

(三) 主要账务处理

(1) 购入有价证券时，应按照取得时实际支付的价款入账，借记"有价证券"账户，贷记"国库存款""其他财政存款"等科目。

【例 3－12】 某市财政局 2016 年 6 月用一般预算结余购买有价证券 20 万元。

借：有价证券——一般预算结余购入　　200 000
　贷：国库存款——一般预算存款　　200 000

（2）转让或到期兑付有价证券时，按照实际收到的金额，借记"国库存款""其他财政存款"等科目，按照该有价证券的账面余额，贷记本账户，按其差额，贷记"一般公共预算本级收入"等科目。

【例 3－13】 上述国库券 1 年到期，收回本息 220 000 元。

借：国库存款——一般预算存款　　220 000
　贷：有价证券　　200 000
　　一般公共预算本级收入　　20 000

七、在途款的核算

（一）在途款的含义

在途款是核算决算清理期和库款报解整理期内发生的需要通过本账户过渡处理的属于上年度收入、支出等业务的资金数。

（二）账户设置

设置"在途款"账户，"在途款"账户借方登记发生数，贷方登记冲转数，本账户期末借方余额反映政府财政持有的在途款。

（三）主要账务处理

（1）决算清理期和库款报解整理期内收到属于上年度收入时，借记"在途款"账户，贷记"一般预算收入""补助收入"等收入科目。

【例 3－14】 某市财政局决算清理中，收到属于上年度的一般预算收入 5 万元。

在上年度账上记：

借：在途款　　50 000
　贷：一般预算收入　　50 000

（2）冲转在途款时，在本年度账务中，借记"国库存款"账户，贷记本账户。

【例 3－15】 接[例 3－14]，某市财政局决定冲转这笔在途款。

借：国库存款——一般预算存款　　50 000
　贷：在途款　　50 000

八、预拨经费的核算

（一）预拨经费的含义

预拨经费是政府财政预拨给预算单位尚未列为预算支出的款项。

预拨经费（不含预拨下年度预算资金）应在年终前转列支出或清理收回。

（二）账户设置

“预拨经费”账户，借方登记预拨的经费，贷方登记收回或转列支出的经费，期末余额在借方，反映政府财政年末尚未转列支出或尚待收回的预拨经费数。

该账户应当按照预拨经费种类、预算单位等进行明细核算。

（三）主要账务处理

(1) 预拨经费时，借记“预拨经费”账户，贷记“国库存款”账户。

【例 3－16】 某市财政局根据下年度计划和水利局申请，预拨给水利局下年度农田水利经费 50 万元。根据预算拨付款凭证回单，编制会计分录。

借：预拨经费——水利局　　500 000

　贷：国库存款　　500 000

(2) 转列支出或收回预拨款项时，借记“一般公共预算本级支出”“政府性基金预算本级支出”“国库存款”等科目，贷记本账户。

【例 3－17】 次年，预拨水利局的 50 万元经费转作支出。

借：一般公共预算本级支出　　500 000

　贷：预拨经费——水利局　　500 000

(3) 收到用款单位交回经费时，借记“国库存款”账户，贷记“预拨经费”账户。

【例 3－18】 某市财政局收到市教委缴回多余的预拨教育经费 50 000 元。根据国库转来的收款凭证编制会计分录。

借：国库存款　　50 000

　贷：预拨经费——市教委　　50 000

九、借出款项的核算

（一）借出款项的含义

借出款项是政府财政按照对外借款管理相关规定借给预算单位临时急用的，并需按期收回的款项。

（二）账户设置

设置“借出款项”账户，“借出款项”账户借方登记借出的款项，贷方登记收回数。本账户期末借方余额反映政府财政借给预算单位尚未收回的款项。

本账户应当按照借款单位等进行明细核算。

（三）主要账务处理

(1) 借出款项时，按照实际支付的金额，借记本账户，贷记“国库存款”等科目。

【例 3－19】 某市财政局暂借给教育局 50 万元，用于发放设备购置费。

借：借出款项——市教育局 500 000

贷：国库存款 500 000

(2) 收回款项时，借记“国库存款”“其他财政存款”等科目，贷记“借出款项”账户。

【例 3-20】 教育局将 50 万元暂借款还给财政局。

借：国库存款 500 000

贷：借出款项——市教育局 500 000

十、应收股利的核算

(一) 应收股利的含义

应收股利是政府因持有股权投资应当收取的现金股利或利润。

(二) 账户设置

“应收股利”账户借方登记应收股利数；贷方登记收到股利数。期末借方余额反映政府尚未收回的现金股利或利润。

本账户应当按照被投资主体进行明细核算。

(三) 主要账务处理

(1) 持有股权投资期间被投资主体宣告发放现金股利或利润的，按应上缴政府财政的部分，借记本账户，贷记“资产基金——应收股利”账户；按照相同的金额，借记“资产基金——股权投资”账户，贷记“股权投资(损益调整)”账户。

【例 3-21】 某市财政局投资的振光公司宣告发放现金股利 5 万元。

借：应收股利 50 000

贷：资产基金——应收股利 50 000

借：资产基金——股权投资 50 000

贷：股权投资(损益调整) 50 000

(2) 实际收到现金股利或利润，借记“国库存款”等科目，贷记有关收入科目；按照相同的金额，借记“资产基金——应收股利”账户，贷记本账户。

【例 3-22】 某市财政局收到 5 万现金股利。

借：国库存款 50 000

贷：一般公共预算本级收入 50 000

借：资产基金——应收股利 50 000

贷：应收股利 50 000

十一、与下级往来的核算

(一) 与下级往来的含义

与下级往来是本级政府财政与下级政府财政的往来待结算款项。

（二）账户设置

“与下级往来”账户，借方登记发生和增加的与下级往来的债权，贷方登记减少和清偿的与下级往来的款项，本账户期末借方余额反映下级政府财政欠本级政府财政的款项；期末贷方余额反映本级政府财政欠下级政府财政的款项。

（三）主要账务处理

（1）借给下级财政款项时，借记“与下级往来”账户，贷记“国库存款”账户。

【例 3－23】 某市财政局借给下属县财政局临时周转借款 80 万，已经办理了资金划拨手续。

借：与下级往来——县财政局　　800 000
　贷：国库存款　　800 000

（2）借款收回，转作补助支出或体制结算应补助下级财政时，借记“国库存款”“补助支出”等有关账户，贷记“与下级往来”账户。

【例 3－24】 某市财政局借给下属县财政局临时周转借款 80 万，经批准已转作补助款。

借：补助支出　　800 000
　贷：与下级往来——县财政局　　800 000

十二、其他应收款的核算

（一）其他应收款的含义

其他应收款是政府财政临时发生的其他应收、暂付、垫付款项。项目单位拖欠外国政府和国际金融组织贷款本息和相关费用导致相关政府财政履行担保责任，代偿的贷款本息，也通过本账户核算。

（二）账户设置

设置“其他应收款”账户，“其他应收款”账户借方登记应收数，贷方登记收到数。本账户应及时清理结算。年终，原则上应无余额。

本账户应当按照资金性质、债务单位等进行明细核算。

（三）主要账务处理

（1）发生其他应收款项时，借记本账户，贷记“国库存款”“其他财政存款”等科目。

【例 3－25】 某市财政局根据基本建设计划垫付财政学校基本建设资金 500 万元。

借：其他应收款　　5 000 000
　贷：国库存款　　5 000 000

（2）收回或转作预算支出时，借记“国库存款”“其他财政存款”或有关支出科目，贷记本账户。

【例 3－26】 某市财政局收回垫付的财政学校基本建设资金 500 万元。

借：国库存款　　5 000 000
　贷：其他应收款　　5 000 000

十三、应收地方政府债券转贷款

（一）应收地方政府债券转贷款的含义

应收地方政府债券转贷款是核算本级政府财政转贷给下级政府财政的地方政府债券资金的本金及利息。

（二）账户设置

“应收地方政府债券转贷款”账户借方登记应收数，贷方登记收到数。本账户下应当设置“应收地方政府一般债券转贷款”和“应收地方政府专项债券转贷款”明细账户，其下分别设置“应收本金”和“应收利息”两个明细账户，并按照转贷对象进行明细核算。本账户期末借方余额反映政府财政应收未收的地方政府债券转贷款本金和利息。

（三）主要账务处理

（1）向下级政府财政转贷地方政府债券资金时，按照转贷的金额，借记“债务转贷支出”账户，贷记“国库存款”账户；根据债务管理部门转来的相关资料，按照到期应收回的转贷本金金额，借记本账户，贷记“资产基金——应收地方政府债券转贷款”账户。

【例 3－27】 某市财政局 2014 年 3 月转贷县财政局地方政府债券资金 1 000 万元。

借：债务转贷支出　　10 000 000
　贷：国库存款　　10 000 000
借：应收地方政府债券转贷款　　10 000 000
　贷：资产基金——应收地方政府债券转贷款　　10 000 000

（2）期末确认地方政府债券转贷款的应收利息时，根据债务管理部门计算出的转贷款本期应收未收利息金额，借记本账户，贷记“资产基金——应收地方政府债券转贷款”账户。

【例 3－28】 年末，确认地方政府债券转贷款的应收利息 2 万元。

借：应收地方政府债券转贷款　　20 000
　贷：资产基金——应收地方政府债券转贷款　　20 000

（3）收回下级政府财政偿还的转贷款本息时，按照收回的金额，借记“国库存款”等科目，贷记“其他应付款”或“其他应收款”账户；根据债务管理部门转来的相关资料，按照收回的转贷款本金及已确认的应收利息金额，借记“资产基金——应收地方政府债券转贷款”账户，贷记本账户。

【例 3－29】 2016 年 3 月，县财政局偿还的转贷款本息 1 002 万元。

借：国库存款　　10 020 000
　贷：其他应收款　　10 020 000

借：资产基金——应收地方政府债券转贷款　　10 020 000

　　贷：应收地方政府债券转贷款　　10 020 000

十四、应收主权外债转贷款的核算

（一）应收主权外债转贷款的含义

应收主权外债转贷款核算本级政府财政转贷给下级政府财政的外国政府和国际金融组织贷款等主权外债资金的本金及利息。

（二）账户设置

设置"应收主权外债转贷款"账户，"应收主权外债转贷款"账户借方登记应收数；贷方登记收到数。期末，借方余额反映政府财政应收未收的主权外债转贷款本金和利息。

本账户下应当设置"应收本金"和"应收利息"两个明细账户，并按照转贷对象进行明细核算。

（三）主要账务处理

(1) 本级政府财政支付转贷资金时，根据转贷资金支付相关资料，借记"债务转贷支出"账户，贷记"其他财政存款"账户；根据债务管理部门转来的相关资料，按照实际持有的债权金额，借记本账户，贷记"资产基金——应收主权外债转贷款"账户。

【例3-30】 某市财政局支付转贷资金500万元。

借：债务转贷支出　　5 000 000

　　贷：其他财政存款　　5 000 000

借：应收主权外债转贷款　　5 000 000

　　贷：资产基金——应收主权外债转贷款　　5 000 000

(2) 期末确认主权外债转贷款的应收利息时，根据债务管理部门计算出转贷款的本期应收未收利息金额，借记本账户，贷记"资产基金——应收主权外债转贷款"账户。

【例3-31】 期末，认主权外债转贷款的应收利息5 000元。

借：应收主权外债转贷款　　5 000

　　贷：资产基金——应收主权外债转贷款　　5 000

(3) 收回转贷给下级政府财政主权外债的本息时，按照收回的金额，借记"其他财政存款"账户，贷记"其他应付款"或"其他应收款"账户；根据债务管理部门转来的相关资料，按照实际收回的转贷款本金及已确认的应收利息金额，借记"资产基金——应收主权外债转贷款"账户，贷记本账户。

【例3-32】 收回转贷给下级政府财政主权外债的本息共计5 005 000元。

借：其他财政存款　　5 005 000

　　贷：其他应付款　　5 005 000

借：资产基金——应收主权外债转贷款　　5 005 000

　　贷：应收主权外债转贷款　　5 005 000

十五、股权投资的核算

（一）股权投资的含义

股权投资核算政府持有的各类股权投资。包括国际金融组织股权投资、投资基金股权投资和企业股权投资等。股权投资一般采用权益法进行核算。

（二）账户设置

设置“股权投资”账户，“股权投资”账户借方登记投资数；贷方登记收回投资数。期末借方余额反映政府持有的各种股权投资金额。

本账户应当按照“国际金融组织股权投资”“投资基金股权投资”“企业股权投资”设置一级明细账户，在一级明细账户下，可根据管理需要，按照被投资主体进行明细核算。对每一被投资主体还可按“投资成本”“收益转增投资”“损益调整”“其他权益变动”账户进行明细核算。

（三）主要账务处理

(1) 政府财政对投资基金进行股权投资时，按照实际支付的金额，借记“一般公共预算本级支出”等科目，贷记“国库存款”等科目；根据股权投资确认相关资料，按照实际支付的金额，借记本账户（投资成本），按照确定的在被投资基金中占有的权益金额与实际支付金额的差额，借记或贷记本账户（其他权益变动），按照确定的在被投资基金中占有的权益金额，贷记“资产基金——股权投资”账户。

【例 3-33】 某市财政局进行股权投资，实际支付 100 万元。

借：一般公共预算本级支出　　1 000 000
　贷：国库存款　　1 000 000
借：股权投资　　1 000 000
　贷：资产基金——股权投资　　1 000 000

(2) 年末，根据政府财政在被投资基金当期净利润或净亏损中占有的份额，借记或贷记本账户（损益调整），贷记或借记“资产基金——股权投资”账户。

【例 3-34】 期末，某市财政局当期净利润为 5 000 元。

借：股权投资　　5 000
　贷：资产基金——股权投资　　5 000

(3) 收回转贷给下级政府财政主权外债的本息时，按照收回的金额，借记“其他财政存款”账户，贷记“其他应付款”或“其他应收款”账户；根据债务管理部门转来的相关资料，按照实际收回的转贷款本金及已确认的应收利息金额，借记“资产基金——应收主权外债转贷款”账户，贷记本账户。

【例 3-35】 收回转贷给下级政府财政主权外债的本息共计 5 005 000 元。

借：其他财政存款　　5 005 000
　贷：其他应付款　　5 005 000
借：资产基金——应收主权外债转贷款　　5 005 000

贷：应收主权外债转贷款 5 005 000

十六、待发国债的核算

（一）待发国债的含义

待发国债核算为弥补中央财政预算收支差额，中央财政预计发行国债与实际发行国债之间的差额。

（二）账户设置

设置“待发国债”账户，“待发国债”账户借方登记国债发行额度的增加数；贷方登记国债发行额度的减少数。期末借方余额反映中央财政尚未使用的国债发行额度。

（三）主要账务处理

(1) 年度终了，实际发行国债收入用于债务还本支出后，小于为弥补中央财政预算收支差额中央财政预计发行国债时，按两者的差额，借记本账户，贷记相关科目

【例3-36】 为弥补中央财政预算收支差额，中央财政预计发行国债1 000万元。

借：待发国债 10 000 000

贷：应付长期政府债券 10 000 000

(2) 当实际发行国债收入用于债务还本支出后，大于为弥补中央财政预算收支差额，中央财政预计发行国债时，按两者的差额，借记相关科目，贷记本账户。

【例3-37】 实际发行国债收入用于债务还本支出后，大于为弥补中央财政预算收支差额，中央财政预计发行国债，差额为100万元。

借：应付长期政府债券 1 000 000

贷：待发国债 1 000 000

第二节 财政总预算负债

财政总预算会计负债是政府财政承担的能以货币计量、需以资产偿付的债务。总会计核算的负债按照流动性，分为流动负债和非流动负债。流动负债是指预计在1年内（含1年）偿还的负债；非流动负债是指流动负债以外的负债。具体包括应付国库集中支付结余、暂收及应付款项、应付政府债券、借入款项、应付转贷款、其他负债、应付代管资金等。

一、应付短期政府债券的核算

（一）应付短期政府债券的含义

应付短期政府债券是核算政府财政部门以政府名义发行的期限不超过1年（含1年）的

国债和地方政府债券的应付本金和利息。

（二）账户设置

设置“应付短期政府债券”账户，“应付短期政府债券”账户，贷方登记发行债券的金额，借方登记偿还债券的金额，期末余额在贷方，反映政府财政尚未偿还的短期政府债券本金和利息。

该账户应当设置“应付国债”“应付地方政府一般债券”“应付地方政府专项债券”等一级明细账户，在一级明细账户下，再分别设置“应付本金”“应付利息”明细账户，分别核算政府债券的应付本金和利息。债务管理部门应当设置相应的辅助账，详细记录每期政府债券金额、种类、期限、发行日、到期日、票面利率、偿还本金及付息情况等。

（三）主要账务处理

（1）实际收到短期政府债券发行收入时，按照实际收到的金额，借记“国库存款”账户，按照短期政府债券实际发行额，贷记“债务收入”账户，按照发行收入和发行额的差额，借记或贷记有关支出科目；根据债券发行确认文件等相关债券管理资料，按照到期应付的短期政府债券本金金额，借记“待偿债净资产——应付短期政府债券”账户，贷记本账户。

【例3-38】 某市财政局按面值发行短期政府债券2 000万元，根据债券发行确认文件等相关债券管理资料，按照到期应付的短期政府债券本金金额为2 010万元。

借：国库存款　　20 000 000
　贷：债务收入　　20 000 000
借：待偿债净资产——应付短期政府债券　　20 100 000
　贷：应付短期政府债券　　20 100 000

（2）期末确认短期政府债券的应付利息时，根据债务管理部门计算出的本期应付未付利息金额，借记“待偿债净资产——应付短期政府债券”账户，贷记本账户。

【例3-39】 期末确认短期政府债券的应付利息10万元。

借：待偿债净资产——应付短期政府债券　　100 000
　贷：应付短期政府债券　　100 000

（3）实际支付本级政府财政承担的短期政府债券利息时，借记“一般公共预算本级支出”或“政府性基金预算本级支出”账户，贷记“国库存款”等科目；实际支付利息金额中属于已确认的应付利息部分，还应根据债券兑付确认文件等相关债券管理资料，借记本账户，贷记“待偿债净资产——应付短期政府债券”账户。

【例3-40】 实际支付本级政府财政承担的短期政府债券利息10万元，该笔利息属于债券兑付确认文件等相关债券管理资料中已确认的应付利息部分。

借：一般公共预算本级支出　　100 000
　贷：国库存款　　100 000
借：应付短期政府债券　　100 000
　贷：待偿债净资产——应付短期政府债券　　100 000

（4）实际偿还本级政府财政承担的短期政府债券本金时，借记“债务还本支出”账户，贷记“国库存款”等科目；根据债券兑付确认文件等相关债券管理资料，借记本账户，贷记“待偿债净资产——应付短期政府债券”账户。

【例 3-41】 债券到期，本级政府财政偿还短期政府债券本金 2 000 万元。

借：债务还本支出　　20 000 000
　贷：国库存款　　20 000 000
借：应付短期政府债券　　20 000 000
　贷：待偿债净资产——应付短期政府债券　　20 000 000

二、应付国库集中支付结余的核算

（一）应付国库集中支付结余的核算

应付国库集中支付结余核算政府财政采用权责发生制列支，预算单位尚未使用的国库集中支付结余资金。

（二）账户设置

“应付国库集中支付结余”账户贷方登记应支付国库集中支付结余，借方登记已支付的金额，期末贷方余额反映政府财政尚未支付的国库集中支付结余。本账户应当根据管理需要，按照政府收支分类账户等进行相应明细核算。

（三）主要账务处理

（1）按原结转预算科目支出的，借记本账户，贷记“国库存款”账户。

【例 3-42】 某市财政局结转预算科目支出 50 万元。

借：应付国库集中支付结余　　500 000
　贷：国库存款　　500 000

（2）调整支出预算科目的，应当按原结转预算科目作冲销处理，借记本账户，贷记有关支出科目。同时，按实际支出预算科目作列支账务处理，借记有关支出科目，贷记“国库存款”账户。

【例 3-43】 经省财政厅批准，市财政局调整补助支出预算 50 万元，实际补助支出预算为 100 万元。

借：应付国库集中支付结余　　500 000
　贷：补助支出　　500 000
借：补助支出　　1 000 000
　贷：国库存款　　1 000 000

三、与上级往来的核算

（一）与上级往来的核算

与上级往来是核算与上级财政的往来待结算款项。

（二）账户设置

设置“与上级往来”账户，“与上级往来”账户贷方登记向上级借入款或应上缴未缴款，借方登记偿还数、转作补助收入的数额，贷方余额，反映为本级财政欠上级财政的款项；如出现借方余额，则反映为上级财政欠本级财政的款项，在编制“资产负债表”时应以负数反映。

本账户应按往来款项的类别和项目设置明细账。

（三）主要账务处理

(1) 从上级财政借入款时，借记“国库存款”账户，贷记“与上级往来”账户。

【例 3－44】 某市财政局向省财政厅申请一笔 50 万元临时借款获得批准。

借：国库存款　　500 000
　贷：与上级往来　　500 000

(2) 归还借款，转作上级补助收入时，借记“与上级往来”账户，贷记“国库存款”“补助收入”等科目。

【例 3－45】 经省财政厅批准，将该项借入款转为对本市的补助。

借：与上级往来　　500 000
　贷：补助收入　　500 000

四、其他应付款的核算

（一）其他应付款的含义

其他应付款是来核算政府财政临时发生的暂收、应付和收到的不明性质款项。税务机关代征入库的社会保险费、项目单位使用并承担还款责任的外国政府和国际金融组织贷款，也通过本账户核算。

（二）账户设置

“其他应付款”账户贷方登记收到暂存的款项，借方登记暂存款项清理退还或转作收入。贷方余额，反映政府财政尚未结清的其他应付款项。

本账户应当按照债权单位或资金来源等进行明细核算。

（三）主要账务处理

(1) 收到暂存款项时，借记“国库存款”“其他财政存款”等科目，贷记本账户。

【例 3－46】 某市财政局收到某行政单位交来性质不明的款项 2 万元。

借：国库存款　　20 000
　贷：其他应付款　　20 000

(2) 冲转退还或转作收入时，借记“暂存款”账户，贷记“国库存款”“其他财政存款”或有关收入科目。

【例 3-47】 某市财政局经查明，上述性质不明的暂收款为应缴入预算外资金专户的非税收入，予以退还。

借：其他应付款　　20 000
　贷：国库存款　　20 000

五、应付代管资金的核算

（一）应付代管资金的含义

应付代管资金是来核算政府财政代为管理的、使用权属于被代管主体的资金。

（二）账户设置

“应付代管资金”账户贷方登记收到的代管款项，借方登记支付的代管款项。贷方余额，反映政府财政尚未支付的代管资金。

本账户应当根据管理需要进行相关明细核算。

（三）主要账务处理

（1）收到代管资金时，借记“其他财政存款”等科目，贷记本账户。

【例 3-48】 市财政局收到代管资金 1 000 万元。

借：其他财政存款　　10 000 000
　贷：应付代管资金　　10 000 000

（2）支付代管资金时，借记本账户，贷记“其他财政存款”等科目。

【例 3-49】 市财政局支付代管资金 1 000 万元。

借：应付代管资金　　10 000 000
　贷：其他财政存款　　10 000 000

六、应付长期政府债券的核算

（一）应付长期政府债券的含义

应付长期政府债券是来核算政府财政部门以政府名义发行的，期限超过 1 年的国债和地方政府债券的应付本金和利息。

（二）账户设置

“应付长期政府债券”账户贷方登记发行债券收到的款项，借方登记到期偿还的款项。贷方余额，反映政府财政尚未偿还的长期政府债券本金和利息。

本账户下应当设置“应付国债”“应付地方政府一般债券”“应付地方政府专项债券”等一级明细账户，在一级明细账户下，再分别设置“应付本金”“应付利息”明细账户，分别核算政府债券的应付本金和利息。债务管理部门应当设置相应的辅助账，详细记录每期政府债券金额、种类、期限、发行日、到期日、票面利率、偿还本金及付息情况等。

（三）主要账务处理

(1) 实际收到长期政府债券发行收入时，按照实际收到的金额，借记“国库存款”账户，按照长期政府债券实际发行额，贷记“债务收入”账户，按照发行收入和发行额的差额，借记或贷记有关支出科目；根据债券发行确认文件等相关债券管理资料，按照到期应付的长期政府债券本金金额，借记“待偿债净资产——应付长期政府债券”账户，贷记本账户。

【例 3－50】 财政部根据国家法律和有关规定，发行两年期国债 1 000 万元。

借：国库存款　　10 000 000
　贷：债务收入　　10 000 000
借：待偿债净资产——应付长期政府债券　　10 000 000
　贷：应付长期政府债券　　10 000 000

(2) 期末确认长期政府债券的应付利息时，根据债务管理部门计算出的本期应付未付利息金额，借记“待偿债净资产——应付长期政府债券”账户，贷记本账户。

【例 3－51】 期末，财政部计算出应支付国债利息 50 万元。

借：待偿债净资产——应付长期政府债券　　500 000
　贷：应付长期政府债券　　500 000

(3) 实际偿还本级政府财政承担的长期政府债券本金时，借记“债务还本支出”账户，贷记“国库存款”等科目；根据债券兑付确认文件等相关债券管理资料，借记本账户，贷记“待偿债净资产——应付长期政府债券”账户。

【例 3－52】 国债到期，财政部还本付息。

借：债务还本支出　　10 000 000
　贷：国库存款　　10 000 000
借：应付长期政府债券　　10 500 000
　贷：待偿债净资产——应付长期政府债券　　10 500 000

七、借入款项的核算

（一）借入款项的含义

借入款项是来核算政府财政部门以政府名义向外国政府和国际金融组织等借入的款项，以及经国务院批准的其他方式借入的款项。

（二）账户设置

设置“借入款项”账户，“借入款项”账户贷方登记举借债务收到的款项，借方登记到期偿还的款项。贷方余额，反映本级政府财政尚未偿还的借入款项本金和利息。

本账户下应当设置“应付本金”“应付利息”明细账户，分别对借入款项的应付本金和利息进行明细核算，还应当按照债权人进行明细核算。债务管理部门应当设置相应的辅助账，详细记录每笔借入款项的期限、借入日期、偿还及付息情况等。

（三）主要账务处理

（1）本级政府财政收到借入的主权外债资金时，借记“其他财政存款”账户，贷记“债务收入”账户；根据债务管理部门转来的相关资料，按照实际承担的债务金额，借记“待偿债净资产——借入款项”账户，贷记本账户。

【例 3－53】 财政部收到借入的主权外债资金 2 000 万元。

借：其他财政存款　　20 000 000
　贷：债务收入　　20 000 000
借：待偿债净资产——借入款项　　20 000 000
　贷：借入款项　　20 000 000

（2）期末确认借入主权外债的应付利息时，根据债务管理部门计算出的本期应付未付利息金额，借记“待偿债净资产——借入款项”账户，贷记本账户。

【例 3－54】 财政部计算出借入主权外债的应付利息为 100 万元。

借：待偿债净资产——借入款项　　1 000 000
　贷：借入款项　　1 000 000

（3）偿还本级政府财政承担的借入主权外债本金时，借记“债务还本支出”账户，贷记“国库存款”“其他财政存款”等科目；根据债务管理部门转来的相关资料，按照实际偿还的本金金额，借记本账户，贷记“待偿债净资产——借入款项”账户。

【例 3－55】 财政部偿还本金。

借：债务还本支出　　20 000 000
　贷：其他财政存款　　20 000 000
借：借入款项　　20 000 000
　贷：待偿债净资产——借入款项　　20 000 000

（4）偿还本级政府财政承担的借入主权外债利息时，借记“一般公共预算本级支出”等科目，贷记“国库存款”“其他财政存款”等科目；实际偿还利息金额中属于已确认的应付利息部分，还应根据债务管理部门转来的相关资料，借记本账户，贷记“待偿债净资产——借入款项”账户。

【例 3－56】 财政部偿还利息。

借：一般公共预算本级支出　　1 000 000
　贷：其他财政存款　　1 000 000
借：借入款项　　1 000 000
　贷：待偿债净资产——借入款项　　1 000 000

八、应付地方政府债券转贷款的核算

（一）应付地方政府债券转贷款的含义

应付地方政府债券转贷款是来核算地方政府财政从上级政府财政借入的地方政府债券转贷款的本金和利息。

（二）账户设置

设置“应付地方政府债券转贷款”账户，“应付地方政府债券转贷款”账户贷方登记接借的款项，借方登记偿还的款项。贷方余额，反映本级政府财政尚未偿还的地方政府债券转贷款的本金和利息。

本账户下应当设置“应付地方政府一般债券转贷款”和“应付地方政府专项债券转贷款”一级明细账户，在一级明细账户下再分别设置“应付本金”和“应付利息”两个明细账户，分别对应付本金和利息进行明细核算。

（三）主要账务处理

（1）收到上级政府财政转贷的地方政府债券资金时，借记“国库存款”账户，贷记“债务转贷收入”账户；根据债务管理部门转来的相关资料，按照到期应偿还的转贷款本金金额，借记“待偿债净资产——应付地方政府债券转贷款”账户，贷记本账户。

【例 3－57】 收到上级政府财政转贷的地方政府债券资金 500 万元。

借：国库存款　　5 000 000
　贷：债务转贷收入　　5 000 000
借：待偿债净资产——应付地方政府债券转贷款　　5 000 000
　贷：应付地方政府债券转贷款　　5 000 000

（2）期末确认地方政府债券转贷款的应付利息时，根据债务管理部门计算出的本期应付未付利息金额，借记“待偿债净资产——应付地方政府债券转贷款”账户，贷记本账户。

【例 3－58】 期末确认地方政府债券转贷款的应付利息 10 万元。

借：待偿债净资产——应付地方政府债券转贷款　　100 000
　贷：应付地方政府债券转贷款　　100 000

（3）偿还本级政府财政承担的地方政府债券转贷款本金时，借记“债务还本支出”账户，贷记“国库存款”等科目；根据债务管理部门转来的相关资料，按照实际偿还的本金金额，借记本账户，贷记“待偿债净资产——应付地方政府债券转贷款”账户。

【例 3－59】 偿还本级政府财政承担的地方政府债券转贷款本金 500 万元。

借：债务还本支出　　5 000 000
　贷：国库存款　　5 000 000
借：应付地方政府债券转贷款　　5 000 000
　贷：待偿债净资产——应付地方政府债券转贷款　　5 000 000

（4）偿还本级政府财政承担的地方政府债券转贷款的利息时，借记“一般公共预算本级支出”或“政府性基金预算本级支出”账户，贷记“国库存款”等科目；实际支付利息金额中属于已确认的应付利息部分，还应根据债务管理部门转来的相关资料，借记本账户，贷记“待偿债净资产——应付地方政府债券转贷款”账户。

【例 3－60】 偿还本级政府财政承担的借入主权外债利息 10 万元。

借：一般公共预算本级支出　　100 000

贷：国库存款 100 000

借：应付地方政府债券转贷款 100 000

贷：待偿债净资产——应付地方政府债券转贷款 100 000

九、应付主权外债转贷款的核算

（一）应付主权外债转贷款的含义

应付主权外债转贷款是来核算本级政府财政从上级政府财政借入的主权外债转贷款的本金和利息。

（二）账户设置

设置“应付主权外债转贷款”账户，“应付主权外债转贷款”账户贷方登记举借债务收到的款项，借方登记到期偿还的款项。贷方余额，反映本级政府财政尚未偿还的主权外债转贷款本金和利息。

本账户下应当设置“应付本金”和“应付利息”两个明细账户，分别对应付本金和利息进行明细核算。

（三）主要账务处理

（1）收到上级政府财政转贷的主权外债资金时，借记“其他财政存款”账户，贷记“债务转贷收入”账户；根据债务管理部门转来的相关资料，按照实际承担的债务金额，借记“待偿债净资产——应付主权外债转贷款”账户，贷记本账户。

【例 3－61】 收到上级政府财政转贷的主权外债资金 300 万元。

借：其他财政存款 3 000 000

贷：债务转贷收入 3 000 000

借：待偿债净资产——应付主权外债转贷款 3 000 000

贷：应付主权外债转贷款 3 000 000

（2）期末确认主权外债转贷款的应付利息时，按照债务管理部门计算出的本期应付未付利息金额，借记“待偿债净资产——应付主权外债转贷款”账户，贷记本账户。

【例 3－62】 期末确认主权外债转贷款的应付利息 8 万元。

借：待偿债净资产——应付主权外债转贷款 80 000

贷：应付主权外债转贷款 80 000

（3）偿还本级政府财政承担的借入主权外债转贷款的本金时，借记“债务还本支出”账户，贷记“其他财政存款”等科目；根据债务管理部门转来的相关资料，按照实际偿还的本金金额，借记本账户，贷记“待偿债净资产——应付主权外债转贷款”账户。

【例 3－63】 偿还本级政府财政承担的借入主权外债转贷款的本金 300 万元。

借：债务还本支出 3 000 000

贷：其他财政存款 3 000 000

借：应付主权外债转贷款 3 000 000

贷：待偿债净资产——应付主权外债转贷款　　3 000 000

（4）偿还本级政府财政承担的借入主权外债转贷款的利息时，借记“一般公共预算本级支出”等科目，贷记“其他财政存款”等科目；实际偿还利息金额中属于已确认的应付利息部分，还应根据债务管理部门转来的相关资料，借记本账户，贷记“待偿债净资产——应付主权外债转贷款”账户。

【例 3－64】 偿还本级政府财政承担的借入主权外债转贷款的利息 8 万元。

借：一般公共预算本级支出　　80 000

　贷：其他财政存款　　80 000

借：应付主权外债转贷款　　80 000

　贷：待偿债净资产——应付主权外债转贷款　　80 000

十、其他负债的核算

（一）其他负债的含义

其他负债是核算政府财政因有关政策明确要求其承担支出责任的事项而形成的应付未付款项。

（二）账户设置

其他负债贷方登记应付款项金额，借方登记已支付款金额，贷方余额反映政府财政承担的尚未支付的其他负债余额。

本账户应当按照债权单位和项目等进行明细核算。

（三）主要账务处理

（1）有关政策已明确政府财政承担的支出责任，按照确定应承担的负债金额，借记“待偿债净资产”账户，贷记本账户。

【例 3－65】 某市财政局有关政策已明确政府财政承担的支出责任，按照确定应承担的负债金额 20 万元。

借：待偿债净资产　　200 000

　贷：其他负债　　200 000

（2）实际偿还负债时，借记有关支出等科目，贷记“国库存款”等科目，同时，按照相同的金额，借记本账户，贷记“待偿债净资产”账户。

本章小结

财政总预算会计资产是指一级财政所掌管或控制的能以货币计量的经济资源，包括财政性存款、有价证券、暂付及应收款项、预拨款项和财政周转金等。财政总预算资产的会计核算应按照财政总预算会计制度规定的会计科目进行正确的会计处理。对于不同的财政资产项目,应注意其核算的不同特点。

财政总预算会计负债是一级财政所承担的能以货币计量,需以资产偿付的债务。包括借入款、与上级往来、借入财政周转金和应付及暂收款项等。对于不同的财政负债项目,应注意其核算的不同特点。

关键术语

财政性存款、有价证券、暂付及应收款项、预拨经费、借入款项、与上级往来、应付代管资金、其他负债、与上级往来、与下级往来。

思考题

1. 财政性存款的管理原则是什么?
2. 财政总预算会计核算的资产包括哪些内容?
3. 财政总预算会计管理和核算有价证券的要求是什么?
4. 总预算会计的负债包括哪些内容?
5. “与上级往来”和“与下级往来”这一对科目属于什么性质的科目?

练习题

(一)单项选择题

1. 财政总预算会计主要适用于(　　)。

A. 各级政府财政机关　　B. 各类预算执行机构
C. 各类政府行政机关　　D. 各类行政事业单位

2. 下列各项中,不属于财政总预算会计内容的是(　　)。

A. 预算收入和预算支出的核算　　B. 成本费用的核算
C. 专用基金的核算　　D. 预算结余的核算

3. 财政总预算会计在核算用预算外资金结余购买国库券时,应借记(　　)科目。

A. “其他财政存款”　B. “基金预算支出”　C. “一般预算支出”　D. “有价证券”

4. 财政机关预拨给行政、事业单位下年度的经费,应借记(　　)科目。

A. “基建拨款”　B. “一般预算支出”　C. “预拨经费”　D. “基金预算支出”

5. 财政部门借给所属预算单位急需款项时应借记(　　)科目。

A. “借出财政周转金”　　B. “预拨经费”
C. “财政周转金放款”　　D. “暂付款”

6. “在途款”账户属于(　　)账户。

A. 资产类　B. 负债类　C. 净资产类　D. 收入类

7. 财政部门借给下级财政部门预算资金时,会计核算的科目是(　　)。

A. “暂付款”　B. “与下级往来”　C. “预拨经费”　D. “借出款项”

8. “与下级往来”账户属于(　　)账户。

A. 资产类　　B. 负债类

C. 资产和负债双重性质　　D. 净资产类

9. 本级财政向上级财政部门借款时，应采用的会计科目是(　　)。

A. "借入款项"　B. "暂存款"　C. "与上级往来"　D. "预拨经费"

10. "与上级往来"属于(　　)账户。

A. 资产类　B. 负债类　C. 收入类　D. 双重性质

11. 财政部门与预算单位之间往来过程中发生的负债应采用的账户名称为(　　)。

A. "与上级往来"　B. "借入款项"　C. "暂付款"　D. "暂存款"

(二) 多项选择题

1. 下列会计科目中，属于资产类中债权科目的有(　　)。

A. "在途款"　B. "借出款项"　C. "与下级往来"　D. "预拨经费"

2. 财政总预算会计资产类会计要素包括的内容有(　　)。

A. 存货　B. 债权　C. 货币资金　D. 固定资产

3. 财政总预算会计核算的负债内容包括(　　)。

A. 按法定程序及核定的预算举借的债务　B. 应付款

C. 欠上级财政机关款、欠下级财政机关款　D. 收到性质不明的款项

4. 财政部门的负债要及时清理，一般不得跨年度，但下列(　　)的情况除外。

A. 收到预算单位性质不清的款项

B. 财政机关因资金调度困难向有关部门借款

C. 年终财政体制结算中欠上级财政的款项

D. 年终财政体制结算中欠下级财政的款项

5. "与上级往来"账户借方核算的内容包括(　　)。

A. 归还上级财政部门的借款　B. 退还预算单位多缴的款项

C. 转作"补助收入"数　D. 体制结算中应由上级补给的款项

6. 财政性存款包括(　　)。

A. 贵重金属　B. 国库存款　C. 其他财政存款　D. 有价证券

7. 各级财政购买有价证券，下列说法正确的有(　　)。

A. 用财政资金结余购买　B. 利息收入冲减相应支出

C. 购入有价证券时不能列作支出　D. 用基建拨款购买

8. 财政总预算会计无须设置的会计科目有(　　)。

A. "国库存款"　B. "银行存款"　C. "库存现金"　D. "固定资产"

(三) 判断题

1. 所有的预算资金都必须存入国库。(　　)

2. 购入有价证券时，财政总预算会计作支出处理。(　　)

3. 财政总预算会计发生的各种往来款项必须及时清理，一般不得跨年度，但对于年终决算发生的必须通过往来处理的款项除外。(　　)

4. "与下级往来"账户是一个双重性质的账户，当该账户出现贷方余额时，应把它作为负债类账户，编制资产负债表时，汇总在负债类。(　　)

5. 上下级财政的往来款项，可以通过"暂存款"账户来反映。(　　)

6. "借入款项"是核算财政部门向社会举借的债务以及向其他部门借入的款项。

(　　)

7. 在财政总预算会计中，不存在成本类会计科目。（　）

8. “待发国债”账户属于负债性质的会计科目。（　）

9. 财政总预算会计的“与上级往来”账户一定会出现贷方余额，而不可能出现借方余额。（　）

10. “应付代管资金”账户属于资产类。（　）

（四）业务处理题

请根据下列资料编制某市财政部门的会计分录。

1. 练习资产的核算

(1) 收到同级国库报来的“基金预算收入日报表”及其附表，列示当日收到基金预算收入5万元。

(2) 按规定通过本级预算支出安排取得专用基金8万元，存入其他财政存款账户。

(3) 用基金预算结余22万元购入年息为5%的1年期国库券。

(4) 1年后，收到该国库券的利息收入和本金。

(5) 市卫生局向国外订购的医疗卫生设备集中到货，向市财政局紧急借款20万元。市财政局总预算会计按照批准文件借给款项。

(6) 益阳县财政局向财政局申请临时借款50万元，用于该局下属单位的技术改造项目，经批准予以借款。

(7) 按用款计划向林业局预拨经费15万元，已收到国库预算拨款回单。

(8) 市财政局决算清理中，收到属于上年度的一般预算收入10万元。

(9) 某市财政局转贷县财政局地方政府债券资金2 000万元。

(10) 某市财政局支付转贷资金100万元。

(11) 某市财政局进行股权投资，实际支付200万元。

(12) 期末，某市财政局当期净利润为10 000元。

2. 练习负债的核算

(1) 某市财政局按面值发行短期政府债券1 000万元，根据债券发行确认文件等相关债券管理资料，按照到期应付的短期政府债券本金金额为1 010万元。

(2) 总预算会计向上级财政机关借入急需用款80万元，款项已存入国库存款户。

(3) 某市财政局结转预算科目支出10万元。

(4) 某市财政局收到某行政单位交来性质不明的款项5万元。

(5) 期末确认短期政府债券的应付利息10万元。

(6) 市财政局收到代管资金3 000万元。

(7) 财政部根据国家法律和有关规定，发行两年期国债5 000万元。

(8) 财政部收到借入的主权外债资金1 000万元。

(9) 收到上级政府财政转贷的地方政府债券资金200万元。

(10) 收到上级政府财政转贷的主权外债资金100万元。

(11) 某市财政局有关政策已明确政府财政承担的支出责任，按照确定应承担的负债金额10万元。

(12) 某市财政局偿还负债5万。

3. 要求：根据上述经济业务编制会计分录。

第四章　财政总预算收入、支出和净资产的核算

学习目标与要求

了解财政总预算的各项收入、支出和净资产包括的内容。

掌握财政总预算的各项收入、支出和净资产的会计核算方法。

重点

财政总预算的各项收入、支出和净资产的会计核算。

难点

一般公共预算本级收入、政府性基金预算本级收入、国有资本经营预算本级收入、财政专户管理资金收入、专用基金收入、转移性收入、债务收入、债务转贷收入一般公共预算本级支出、专用基金支出、政府性基金预算本级支出、补助支出、国有资本经营预算本级支出等业务的账务处理。

导读

财政总预算支出是指政府财政为实现政府职能，对财政资金的分配和使用，包括一般公共预算本级支出、政府性基金预算本级支出、国有资本经营预算本级支出、财政专户管理资金支出、专用基金支出、转移性支出、债务还本支出、债务转贷支出等。

财政总预算净资产是指政府财政资产减去负债的差额，包括一般公共预算结转结余、政府性基金预算结转结余、国有资本经营预算结转结余、财政专户管理资金结余、专用基金结余、预算稳定调节基金、预算周转金、资产基金和待偿债净资产。

第一节　财政收入概述

财政总预算收入也称为财政收入，是国家为实现其职能，根据法律和法规所取得的非偿还性资金，是一级财政的资金来源。会计核算的收入包括一般公共预算本级收入、政府性基金预算本级收入、国有资本经营预算本级收入、财政专户管理资金收入、专用基金收入、转移性收入、债务收入和债务转贷收入等。

一、财政收入的分类

(1) 按照政府取得的来源和性质,根据《政府预算收支分类》的规定,政府收入分为类、款、项、目四级。其中,类级科目设置情况包括:税收收入、社会保险基金收入、非税收入、贷款转贷回收本金收入、债务收入、转移性收入等。

(2) 按照纳入预算管理和资金核算的要求,财政收入分为:一般公共预算本级收入、政府性基金预算本级收入、国有资本经营预算本级收入、财政专户管理资金收入、专用基金收入等。

二、财政收入的收纳机构

1. 财政收入征收机构

财政收入的征收机构包括以下几类,每一类机构征收不同类型的财政收入。

(1) 税务机关:主要征收工商税收、企业所得税、能源交通建设税以及按规定由税务机关负责征收的其他预算收入。

(2) 海关:主要征收关税、进出口产品的消费税、增值税。

(3) 财政机关:主要征收国有企业上缴利润、农牧业税、耕地占用税、契税、国库券以及其他收入等。

(4) 其他征收单位:不属于上述范围的预算收入,以国家指定的负责征收单位为征收机构,如排污费由环保部门负责征收,水资源税由城建部门征收等。

2. 财政收入的收纳、划分和报解机关

国家金库是国家预算资金的唯一的收纳、划分和报解机关,是国家预算及其执行工作的重要组成部分。一切预算收入都必须缴入国库,一切预算支出都必须从国库支拨。我国的国库制度一向采用委托制,即国家金库由中国人民银行代理。

三、预算收入的收纳、划分和报解

(一) 预算收入的收纳

预算收入的收纳就是将预算收入足额缴纳入库。不同类型的财政收入,采用不同的缴库方式,使用不同的缴款凭证。

1. 缴库方式

预算收入的缴库方式分为以下几种:

(1) 就地缴库,是指就地缴库的税收收入,由纳税人或税务代理人提出纳税申报,经征收机关审核无误后,由纳税人通过其银行存款账户将税款直接缴入财政国库存款账户。这种方式适用于企业上缴的利润、承包费及各种税收收入。

(2) 集中缴库,是指由基层缴款单位将应缴预算收入,通过银行汇解到上级主管部门,再由主管部门汇总向国库或国库经收处缴纳。适用于少数实行主管部门统一核算的缴款单位,如铁道运输、邮电、保险总公司等。采用集中缴款方式必须经过同级财政部门同意。

(3) 自收汇缴，是指缴款个人或缴款单位直接向基层税务机关、海关缴纳税款，再由税务机关、海关将所收款项汇总缴入国库或国库经收处。对农村集贸市场、个体商贩及农民缴纳的小额税款，由基层税务机关或财政机关自收汇缴；对入境旅客、船员行李物品、邮递物品以及对边境贸易征收的进口税，海关查处走私违章案件的罚没收入，由海关自收汇缴等。

2. 缴款凭证

国库在办理收入缴库时，必须填制缴款凭证，即缴款书。它是国库办理收纳预算收入唯一合法的原始凭证，也是各级征收机关、国库、银行和缴款单位，进行记账、分析检查预算收入完成情况的重要依据。缴款凭证分为三类：第一类是工商税收专用缴款书，各级税收征收机关的各项税收，除涉外税收、国有企业所得税外，均使用工商税收专用缴款书；第二类是一般缴款书，实行利润承包的国有企业上缴利润等收入，各机关、事业单位上缴有关收入等使用一般缴款书；第三类是其他专用缴款书，如国有企业所得税专用缴款书、涉外税收专用缴款书、海关专用缴款书，其他不属于税收、利润和其他收入的缴款书等。

(二) 预算收入的划分

预算收入在中央和地方预算之间、地方各级预算之间进行划分，分为三类：一是中央预算固定收入，即所取得的财政收入全部归中央预算，地方预算不参与分成；二是地方预算固定收入，即所取得的财政收入全部归地方预算，中央预算不参与分成；三是中央与地方共享收入，即所取得的财政收入在中央和地方按照一定的方式进行分成，有总额分成收入与固定比例分成收入两种方式。

(三) 预算收入的报解

预算收入的报解是指基层国库每天向上级财政部门或上级国库报告预算收入情况，并将划分后属于上级财政的预算收入缴到相应总库、分库和中心支库。

所谓报解有两层含义："报"即国库要向各级财政机关报送预算收支的情况数字，以便各级财政机关掌握预算收入的进度和情况；"解"即各级国库在对各级预算收入进行划分之后，要将库款按其所属关系逐级上解到所属财政机关在银行的国库存款账户。

国库在划分和报解预算收入时，要根据"缴款书"编制"收入日报表"和"分成收入计算表"。经审核无误后连同"缴款书"回执联及时送财政部门。属于中央的预算收入，由收款国库层层报解中央总金库，增加其国库存款；属于上级地方预算收入，按规定手续划报上级地方金库；属于本级地方预算收入，则由收款金库按预算收入划分、报解和留成，分别报同级财政部门和上级地方金库。

四、预算收入的退库

预算收入的退库是指各级国库部门根据国家政策及有关规定，由财政部门或征收机关签发收入退库凭证，将已入库的预算收入款项退还给纳税单位或纳税人的行为。

(一) 退库的原则

预算收入的退库必须遵循以下几个原则：

(1) 各级预算收入退库的审批权属于本级政府财政部门。中央预算收入、中央和地方共享收入的退库，由财政部或财政部授权的机构批准。地方预算收入的退库，由地方政府财政部门或其授权的机构批准。

（2）预算收入库款的退付应按预算收入的级次办理。中央预算收入退库，从中央级库款中退付；地方各级预算固定收入的退库，从地方各级库款中退付；各种分成收入的退库（包括总额分成收入和共享收入的退库），按规定的分成比例，分别从上级和本级库款中退付。

（3）征收机关退付代征代扣税款手续费款项时，必须按照国家规定的退付比例和审批程序，通过国库办理退库，不得自行从税款中抵扣。

（4）办理预算收入退库，必须由申请退库的单位或个人向财政、征收机关提出书面申请，经财政部门或征收机关审查批准后填开收入退还书，报送国库退库。

（5）办理预算收入退库，必须按照国家规定直接退给申请单位或申请个人，任何部门、单位和个人不得截留、挪用退库款项。

（6）各级国库在办理退库时，必须有文件依据。

（7）各级预算收入的退库，原则上通过转账办理。对个别特殊情况，需付现金时，财政、征收机关应从严审核后，在收入退还书上加盖“退付现金”的戳记，由收款人持原缴款书复印件及身份证明，到原缴款国库办理退库。

（8）外资企业、中外合资企业和其他外籍人员，以外币缴纳税款的，因发生多缴或错缴需退库时，经征收机关审查批准，签发收入退还书时，应加盖“可退付外币”戳记。国库退库后，应将款项通过银行划给经收行，通过“外汇买卖”，按缴款人取款或转入缴款人账户时当天的卖出牌价，折成外币退给缴款人或转入缴款单位的外币存款账户。

（二）退库的范围

属于下列情况可以办理退库：

（1）由于工作疏忽而发生的技术性差错，如收入错缴、多缴，中央预算收入误缴入地方预算，地方预算收入误缴入中央预算等需要退库的。

（2）企业按计划缴入金库的收入，超过实际收入部分，需要退库的。

（3）根据批准的企业亏损计划，弥补企业单位的亏损。

（4）按照国家政策法令决定，需要办理收入退库的。如调整价格、修订税率、农业税灾情减免、提取工商各税代征手续费，以及企业支付费用需要冲减收入的部分等。

（三）退库凭证

预算收入的退库使用的退库凭证是收入退还书。收入退还书一式五联：第一联是报查联，由退款国库盖章后，退签发退还书的机关；第二联是付款凭证，由退款国库作借方传票；第三联是收入凭证，由收款单位开户行作贷方传票；第四联是收账通知，由开户行通知收款单位收账；第五联是付款通知，由国库随收入日报表送退款的财政机关。

（四）退库资金的支付形式

退库资金的支付可以采用现金和转账方式，错收的个人款项采用现金支付方式，其他退库资金采用转账方式。

五、预算收入错误的更正

在发现错误的当日，填制"更正通知书"，通知有关单位共同更正。错误类型不同，更正方法不同。

1. 预算级次错误

凡是将上级预算收入更正为本级预算收入的，应补作记账凭单，据以登账；凡是将本级预算收入更正为上级预算收入的，应作红字记账凭单，冲销错记本级的预算收入。

2. 预算科目错误

更正时先将原错误科目的预算收入冲销，再补记正确科目的收入。

第二节　财政总预算收入的核算

财政总预算的收入是国家为实现其职能，根据法令和法规取得的非偿还性财政资金，它是一级财政的资金来源，包括一般预算收入、基金预算收入、专用基金收入、资金调拨收入、财政周转金收入、债务收入。

一、一般公共预算本级收入

（一）一般公共预算本级收入的概念

一般公共预算本级收入是指政府财政筹集的纳入本级一般公共预算管理的税收收入和非税收入。

（二）主要账务处理

为了核算各级财政部门组织的纳入本级一般公共预算管理的各项收入，需设置"一般公共预算本级收入"账户。收到款项时，根据当日预算收入日报表所列一般公共预算本级收入数，借记"国库存款"等科目，贷记本账户。年终转账时，本账户贷方余额全数转入"一般公共预算结转结余"账户，借记本账户，贷记"一般公共预算结转结余"账户。结转后，本账户无余额。本账户平时贷方余额反映一般公共预算本级收入的累计数。

【例 4－1】 根据国库报来的"预算收入日报表"，当日税收收入共计 200 万元。

	借方	贷方
借：国库存款	2 000 000	
贷：一般公共预算本级收入		2 000 000

【例 4－2】 某市财政总会计收到国库报来的预算收入日报表，当日营业税收入 15 万元，个人所得税收入 10 万元，国有企业计划亏损补贴退库 28 万元，企业所得税退税 12 万元。

	借方	贷方
借：国库存款	650 000	
贷：一般公共预算本级收入——营业税		150 000

——个人所得税　　100 000
——国有企业计划亏损补贴　　280 000
——企业所得税退税　　120 000

【例 4-3】 年终，将“一般公共预算本级收入”账户贷方余额 265 万元转入“一般公共预算结转结余”账户。

借：一般公共预算本级收入　　2 650 000
　贷：一般公共预算结转结余　　2 650 000

二、政府性基金预算本级收入

（一）政府性基金预算本级收入的概念

政府性基金预算本级收入是指政府财政筹集的纳入本级政府性基金预算管理的非税收入。

（二）主要账务处理

为了核算各级财政部门组织的纳入本级一般公共预算管理的各项收入，需设置“政府性基金预算本级收入”账户。本账户核算政府财政筹集的纳入本级政府性基金预算管理的非税收入。本账户应当根据《政府收支分类科目》中“政府性基金预算收入科目”规定进行明细核算。

收到款项时，根据当日预算收入日报表所列政府性基金预算本级收入数，借记“国库存款”等科目，贷记本账户。年终转账时，本账户贷方余额全数转入“政府性基金预算结转结余”账户，借记本账户，贷记“政府性基金预算结转结余”账户。结转后，本账户无余额。本账户平时贷方余额反映政府性基金预算本级收入的累计数。

【例 4-4】 根据国库报来的“政府性基金预算本级收入”账户当日收入共计 300 万元。

借：国库存款　　3 000 000
　贷：政府性基金预算本级收入　　3 000 000

【例 4-5】 年终，将“政府性基金预算本级收入”账户贷方余额 300 万元转入“政府性基金预算结转结余”账户。

借：政府性基金预算本级收入　　3 000 000
　贷：政府性基金预算结转结余　　3 000 000

三、国有资本经营预算本级收入

（一）国有资本经营预算本级收入的概念

国有资本经营预算本级收入是指政府财政筹集的纳入本级国有资本经营预算管理的非税收入。

（二）主要账务处理

为了核算各级财政部门组织的纳入本级一般公共预算管理的各项收入，需设置“国有资本经营预算本级收入”账户。本账户应当根据《政府收支分类科目》中“国有资本经营预算收入科目”规定进行明细核算。

收到款项时，根据当日预算收入日报表所列国有资本经营预算本级收入数，借记“国库存款”等科目，贷记本账户。年终转账时，本账户贷方余额全数转入“国有资本经营预算结转结余”账户，借记本账户，贷记“国有资本经营预算结转结余”账户。结转后，本账户无余额。本账户平时贷方余额反映国有资本经营预算本级收入的累计数。

【例4-6】 根据国库报来的“国有资本经营预算本级收入”账户当日收入共计100万元。

借：国库存款　　1 000 000

　贷：国有资本经营预算本级收入　　1 000 000

【例4-7】 年终，将“国有资本经营预算本级收入”账户贷方余额100万元转入“国有资本经营预算结转结余”账户。

借：国有资本经营预算本级收入　　1 000 000

　贷：国有资本经营预算结转结余　　1 000 000

四、财政专户管理资金收入

（一）财政专户管理资金收入的概念

财政专户管理资金收入是指政府财政纳入财政专户管理的教育收费等资金收入。

（二）会计核算

为了核算各级财政部门组织的纳入本级一般公共预算管理的各项收入，需设置“财政专户管理资金收入”账户。本账户核算政府财政纳入财政专户管理的教育收费等资金收入。本账户应当按照《政府收支分类科目》中收入分类科目规定进行明细核算。同时，根据管理需要，按部门（单位）等进行明细核算。

收到财政专户管理资金时，借记“其他财政存款”账户，贷记本账户。年终转账时，本账户贷方余额全数转入“财政专户管理资金结余”账户，借记本账户，贷记“财政专户管理资金结余”账户。结转后，本账户无余额。本账户平时贷方余额反映财政专户管理资金收入的累计数。

【例4-8】 根据国库报来的“财政专户管理资金收入”账户当日收入共计120万元。

借：其他财政存款　　1 200 000

　贷：财政专户管理资金收入　　1 200 000

【例4-9】 年终，将“财政专户管理资金收入”账户贷方余额120万元转入“财政专户管理资金结余”账户。

借：财政专户管理资金收入　　1 200 000

　贷：财政专户管理资金结余　　1 200 000

五、专用基金收入

（一）专用基金收入的概念和管理

1. 概念

专用基金收入是指财政总预算会计管理的各项具有专门用途的资金收入，如粮食风险基金收入。它是由财政部门按照规定设置的，或由上级财政部门拨入的具有专门用途的基金构成的。

2. 管理要求

专用基金与基金预算收入相似，在管理上同样要求专款专用，不得随意改变用途，同时也要做到先收后支，量入为出。与基金预算收入不同的是，专用基金收入是在基金预算收入之外单独管理的资金，并不要求缴入国库，而是应该在专业银行设立专户。

（二）主要账务处理

取得专用基金时，借记"国库存款""其他财政存款"账户，贷记本账户；退回专用基金时，借记本账户，贷记"其他财政存款"账户；年终转账时，借记本账户，贷记"专用基金结余"账户。平时贷方余额表示专用基金收入的累计数。

【例 4-10】 收到市财政安排的专用基金收入 20 000 元。

借：其他财政存款　　20 000

　贷：专用基金收入　　20 000

【例 4-11】 某市财政年终将"专用基金收入"账户的贷方余额 20 000 元转入"专用基金结余"账户。

借：专用基金收入　　20 000

　贷：专用基金结余　　20 000

六、转移性收入

（一）转移性收入的概念及分类

1. 概念

转移性收入是指在各级政府财政之间进行资金调拨以及在本级政府财政不同类型资金之间调剂所形成的收入，包括补助收入、上解收入、调入资金和地区间援助收入等。

2. 分类

转移性收入根据资金调拨的关系可分为上下级财政之间预算资金调拨（上级补助、下级上解）和同级财政预算内外资金调拨（调入资金）。

（二）补助收入的核算

补助收入是上级财政按财政管理体制规定或因专项需要而补助本级财政的款项，包括税收返还、上级的财政补助、专项补助、临时性补助等。

设置"一般预算补助、基金预算补助"两个明细科目。收到上级拨入的补助款时，借记"国库存款"账户，贷记本账户；从"与上级往来"账户转入时，借记"与上级往来"账户，贷记本账户；退还上级补助时，借记本账户，贷记"国库存款"等科目；年终转账时，本账户贷方余额应根据不同资金性质分别转入对应的结转结余科目，借记本账户，贷记"一般公共预算结转结余""政府性基金预算结转结余"等科目。结转后，本账户无余额。本账户平时贷方余额反映补助收入的累计数。

【例 4－12】 某市收到上级拨入的一般预算补助款 6 万元和基金预算补助款 10 万元，并按规定存入指定银行。

借：国库存款　　60 000

　贷：补助收入　　60 000

借：其他财政存款　　100 000

　贷：补助收入　　100 000

（三）上解收入的核算

上解收入是按财政管理体制规定，由下级财政解缴给本级财政的款项，包括直接划解款项、下级财政结算后补交款项和各项专项上解款项。

设置"一般预算上解收入、基金预算上解收入"两个明细科目。收到下级上解款时，借记"国库存款"账户，贷记本账户；退还款项时，借记本账户，贷记"国库存款"等科目；年终转账时，本账户贷方余额应根据不同资金性质分别转入对应的结转结余科目，借记本账户，贷记"一般公共预算结转结余""政府性基金预算结转结余"等科目。结转后，本账户无余额。本账户平时贷方余额反映上解收入的累计数。

【例 4－13】 某市收到所属县财政上交的上解收入 30 万元。

借：国库存款　　300 000

　贷：上解收入　　300 000

（四）调入资金的核算

调入资金是各级财政部门为平衡一般预算收支从基金预算和其他渠道调入预算内资金以及为平衡基金预算从一般预算资金结余中调入基金预算的资金。

设"一般公共预算调入资金""政府性基金预算调入资金"等明细科目。调入时，借记"调出资金"账户，贷记本账户，同时调整"国库存款"账户的明细科目。乡（镇）财政收到由预算外资金财政专户拨付的自筹资金，视同调入资金处理，调入时，借记"国库存款"账户，贷记本账户；同时借记"调出资金"账户，贷记"其他财政存款"账户。年终转账时，本账户贷方余额分别转入相应的结转结余科目，借记本账户，贷记"一般公共预算结转结余""政府性基金预算结转结余"等科目。结转后，本账户无余额。本账户平时贷方余额反映调入资金的累计数。

【例 4－14】 某市财政 2016 年 3 月从地方财政附加税费结余中调入资金 10 万元，用于平衡预算收支。

借：国库存款　　100 000

　贷：调入资金　　100 000

借：调出资金　　100 000

　贷：国库存款　　100 000

（五）地区间援助收入的核算

地区间援助收入是指受援方政府财政收到援助方政府财政转来的可统筹使用的各类援助、捐赠等资金收入。

应当按照援助地区及管理需要进行相应的明细核算。收到援助方政府财政转来的资金时，借记“国库存款”账户，贷记本账户。年终转账时，本账户贷方余额全数转入“一般公共预算结转结余”账户，借记本账户，贷记“一般公共预算结转结余”账户。结转后，本账户无余额。本账户平时贷方余额反映地区间援助收入的累计数。

【例 4-15】 某市财政 2016 年 7 月收到援助方政府财政转来的资金 10 万元。

借：国库存款　　100 000

　贷：地区间援助收入　　100 000

（六）动用预算稳定调节基金的核算

动用预算稳定调节基金是指政府财政为弥补本年度预算资金的不足，调用的预算稳定调节基金。

调用预算稳定调节基金时，借记“预算稳定调节基金”账户，贷记本账户。年终转账时，本账户贷方余额全数转入“一般公共预算结转结余”账户，借记本账户，贷记“一般公共预算结转结余”账户。结转后，本账户无余额。本账户平时贷方余额反映动用预算稳定调节基金的累计数。

【例 4-16】 某市财政 2016 年 10 月政府财政为弥补本年度预算资金的不足，调用预算稳定调节基金 15 万元。

借：预算稳定调节基金　　150 000

　贷：动用预算稳定调节基金　　150 000

七、债务收入

（一）债务收入的含义和特点

1. 含义

债务收入是指政府财政根据法律法规等规定，通过发行债券、向外国政府和国际金融组织借款等方式筹集的纳入预算管理的资金收入。

2. 特点

债务收入是中央政府以国家信用的方式取得的一种收入。债务收入具有有偿性、自愿性、灵活性和广泛性等特点，在弥补财政赤字、调节经济运行等方面发挥着十分重要的作用。

债务收入通常是国家为弥补财政赤字或调节经济运行而采取的一种特殊的筹集财政资金的形式。由于债务收入是国家凭借国家信用方式筹集的，所以它不具有税收的无偿性特征，而是一种必须偿还的收入。这样，债务收入就不应作为政府的正常财政收入来看待。目前国家公布的财政收入数字一般不包括债务收入。

（二）主要账务处理

为核算债务收入业务，财政总预算会计应设置“债务收入”总账科目。省级以上政府财政收到政府债券发行收入时，按照实际收到的金额，借记“国库存款”账户，按照政府债券实际发行额，贷记本账户，按照发行收入和发行额的差额，借记或贷记有关支出科目；根据债务管理部门转来的债券发行确认文件等相关资料，按照到期应付的政府债券本金金额，借记“待偿债净资产——应付短期政府债券/应付长期政府债券”账户，贷记“应付短期政府债券”“应付长期政府债券”等科目。

政府财政向外国政府、国际金融组织等机构借款时，按照借入的金额，借记“国库存款”“其他财政存款”等科目，贷记本账户；根据债务管理部门转来的相关资料，按照实际承担的债务金额，借记“待偿债净资产——借入款项”账户，贷记“借入款项”账户。

本级政府财政借入主权外债，且由外方将贷款资金直接支付给用款单位或供应商时，应根据以下情况分别处理：

（1）本级政府财政承担还款责任，贷款资金由本级政府财政同级部门（单位）使用的，本级政府财政根据贷款资金支付相关资料，借记“一般公共预算本级支出”账户，贷记本账户；根据债务管理部门转来的相关资料，按照实际承担的债务金额，借记“待偿债净资产——借入款项”账户，贷记“借入款项”账户。

（2）本级政府财政承担还款责任，贷款资金由下级政府财政同级部门（单位）使用的，本级政府财政根据贷款资金支付相关资料及预算指标文件，借记“补助支出”账户，贷记本账户；根据债务管理部门转来的相关资料，按照实际承担的债务金额，借记“待偿债净资产——借入款项”账户，贷记“借入款项”账户。

（3）下级政府财政承担还款责任，贷款资金由下级政府财政同级部门（单位）使用的，本级政府财政根据贷款资金支付相关资料，借记“债务转贷支出”账户，贷记本账户；根据债务管理部门转来的相关资料，按照实际承担的债务金额，借记“待偿债净资产——借入款项”账户，贷记“借入款项”账户；同时，借记“应收主权外债转贷款”账户，贷记“资产基金——应收主权外债转贷款”账户。

年终转账时，本账户下“专项债务收入”明细科目的贷方余额应按照对应的政府性基金种类分别转入“政府性基金预算结转结余”相应明细科目，借记本账户（专项债务收入明细科目），贷记“政府性基金预算结转结余”账户；本账户下其他明细科目的贷方余额全数转入“一般公共预算结转结余”账户，借记本账户（其他明细科目），贷记“一般公共预算结转结余”账户。结转后，本账户无余额。本账户平时贷方余额反映债务收入的累计数。

【例 4-17】 某省财政收到人民银行国库报来的公共财政预算收入日报表，当日共收到债券发行收入 300 000 元。

借：国库存款　　300 000

　贷：债务收入　　300 000

八、债务转贷收入

（一）债务转贷收入的含义

债务转贷收入是指本级政府财政收到上级政府财政转贷的债务收入。

（二）主要账务处理

本账户核算省级以下（不含省级）政府财政收到上级政府财政转贷的债务收入。本账户下应当设置“地方政府一般债务转贷收入”“地方政府专项债务转贷收入”明细科目。

（1）省级以下（不含省级）政府财政收到地方政府债券转贷收入时，按照实际收到的金额，借记“国库存款”账户，贷记本账户；根据债务管理部门转来的相关资料，按照到期应偿还的转贷款本金金额，借记“待偿债净资产——应付地方政府债券转贷款”账户，贷记“应付地方政府债券转贷款”账户。

（2）省级以下（不含省级）政府财政收到主权外债转贷收入的具体账务处理如下。

本级财政收到主权外债转贷资金时，借记“其他财政存款”账户，贷记本账户；根据债务管理部门转来的相关资料，按照实际承担的债务金额，借记“待偿债净资产——应付主权外债转贷款”账户，贷记“应付主权外债转贷款”账户。

年终转账时，本账户下“地方政府一般债务转贷收入”明细科目的贷方余额全数转入“一般公共预算结转结余”账户，借记本账户，贷记“一般公共预算结转结余”账户。本账户下“地方政府专项债务转贷收入”明细科目的贷方余额按照对应的政府性基金种类分别转入“政府性基金预算结转结余”相应明细科目，借记本账户，贷记“政府性基金预算结转结余”账户。结转后，本账户无余额。本账户平时贷方余额反映债务转贷收入的累计数。

【例 4－18】 某省政府财政收到地方政府财政转贷的债务收入 400 000 元。

借：国库存款	400 000	
贷：债务转贷收入		400 000

第三节　财政支出概述

一、财政总预算会计支出的分类

（1）按照政府活动的不同功能和政策目标，根据《2014 年政府预算收支分类》的规定，政府支出分为类、款、项 3 级。其中，类级科目设置情况如下：一般公共服务、外交、国防、公共安全、教育、科学技术、文化体育与传媒、社会保障和就业、社会保险基金支出、医疗卫生、环境保护、城乡社区事务、农林水事务、交通运输、工业商业金融等事务、其他支出、转移性支出 17 类。

（2）按照预算管理和资金核算的要求，财政支出分为：一般公共预算本级支出、政府性基金预算本级支出、专用基金支出、转移性支出、债务还本支出等。

二、预算支出的管理与核算要求

预算支出的管理与核算要求如下：按预算拨款、按时拨款、根据预算管理要求和拨款的实际情况，分“款”“项”核算，列报当期预算支出、主管会计单位应按计划控制用款，不得改变资金用途。

三、预算支出的列报基础

列报基础是预算支出核算时计量的依据，具体如下：

(1) 实行限额管理的基本建设支出按用款单位的银行支出数列报支出。不实行限额管理的基本建设支出按拨付用款单位的拨款数列报支出。

(2) 对行政事业单位的非包干性支出和专项支出，平时按财政拨款数列报支出，清理结算收回拨款时，再冲销已列支出。对于收回以前年度已列支出的款项，除财政支出另有规定者外，应冲销当年支出。

(3) 除以上两款以外的其他各项支出均以财政拨款数列报支出。

(4) 凡是拨款以后各期的经费，不得直接按预拨数列作本期支出，而应作为预拨款项处理。到期后，再按上述1～3的列报基础转列支出。

第四节　财政总预算支出的核算

财政总预算支出是指政府财政为实现政府职能，对财政资金的分配和使用。

总会计核算的支出包括一般公共预算本级支出、政府性基金预算本级支出、国有资本经营预算本级支出、财政专户管理资金支出、专用基金支出、转移性支出、债务还本支出、债务转贷支出等。

一、一般公共预算本级支出

（一）一般公共预算本级支出的含义

一般公共预算本级支出是指政府财政管理的由本级政府使用的列入一般公共预算的支出。

（二）主要账务处理

为了核算一般公共预算本级支出，财政总预算会计应设置“一般公共预算本级支出”账户。该科目核算政府财政管理的由本级政府使用的列入一般公共预算的支出。本账户应当根据《政府收支分类科目》中支出功能分类科目设置明细科目。同时，根据管理需要，按照支出经济分类科目、部门等进行明细核算。

实际发生一般公共预算本级支出时，借记本账户，贷记“国库存款”“其他财政存款”等科目。年度终了，对纳入国库集中支付管理的、当年未支而需结转下一年度支付的款项（国库集中支付结余），采用权责发生制确认支出时，借记本账户，贷记“应付国库集中支付结余”账户。年终转账时，本账户借方余额应全数转入“一般公共预算结转结余”账户，借记“一般公共预算结转结余”账户，贷记本账户。结转后，本账户无余额。本账户平时借方余额反映一般公共预算本级支出的累计数。

【例4-19】 经财政主管业务机构核准，发生政府财政管理的由本级政府使用的列入一般公共预算的支出 50 万元。

借：一般公共预算本级支出　　500 000
　贷：国库存款　　500 000

【例 4 - 20】 某市财政总预算会计在年终将“一般公共预算本级支出”账户的借方余额 500 000 元全部转入“一般公共预算结转结余”账户。

借：一般公共预算结转结余　　500 000
　贷：一般公共预算本级支出　　500 000

二、政府性基金预算本级支出

（一）政府性基金预算本级支出的含义

政府性基金预算本级支出是指政府财政管理的由本级政府使用的列入政府性基金预算的支出。

（二）主要账务处理

为了核算政府性基金预算本级支出，财政总预算会计应设置“政府性基金预算本级支出”账户，核算政府财政管理的由本级政府使用的列入政府性基金预算的支出。该科目应当按照《政府收支分类科目》中支出功能分类科目设置明细科目。同时，根据管理需要，按照支出经济分类科目、部门等进行明细核算。

实际发生政府性基金预算本级支出时，借记本账户，贷记“国库存款”账户。年度终了，对纳入国库集中支付管理的、当年未支而需结转下一年度支付的款项（国库集中支付结余），采用权责发生制确认支出时，借记本账户，贷记“应付国库集中支付结余”账户。年终转账时，本账户借方余额应全数转入“政府性基金预算结转结余”账户，借记“政府性基金预算结转结余”账户，贷记本账户。结转后，本账户无余额。本账户平时借方余额反映政府性基金预算本级支出的累计数。

【例 4 - 21】 经财政主管业务机构核准，发生政府性基金预算本级支出 40 万元。

借：政府性基金预算本级支出　　400 000
　贷：国库存款　　400 000

【例 4 - 22】 某市财政总预算会计在年终将“政府性基金预算本级支出”账户的借方余额 400 000 元全部转入“政府性基金预算结转结余”账户。

借：政府性基金预算结转结余　　400 000
　贷：政府性基金预算本级支出　　400 000

三、国有资本经营预算本级支出

（一）国有资本经营预算本级支出的含义

国有资本经营预算本级支出是指政府财政管理的由本级政府使用的列入国有资本经营

预算的支出。

（二）主要账务处理

为了核算国有资本经营预算本级支出，财政总预算会计应设置“国有资本经营预算本级支出”账户，核算政府财政管理的由本级政府使用的列入国有资本经营预算的支出。该科目应当按照《政府收支分类科目》中支出功能分类科目设置明细科目。同时，根据管理需要，按照支出经济分类科目、部门等进行明细核算。

实际发生国有资本经营预算本级支出时，借记本账户，贷记“国库存款”账户。年度终了，对纳入国库集中支付管理的、当年未支而需结转下一年度支付的款项（国库集中支付结余），采用权责发生制确认支出时，借记本账户，贷记“应付国库集中支付结余”账户。年终转账时，本账户借方余额应全数转入“国有资本经营预算结转结余”账户，借记“国有资本经营预算结转结余”账户，贷记本账户。结转后，本账户无余额。本账户平时借方余额反映国有资本经营预算本级支出的累计数。

【例 4－23】 经财政主管业务机构核准，发生国有资本经营预算本级支出 32 万元。

借：国有资本经营预算本级支出　　　　320 000
　贷：国库存款　　　　320 000

【例 4－24】 某市财政总预算会计在年终将“国有资本经营预算本级支出”账户的借方余额 320 000 元全部转入“政府性基金预算结转结余”账户。

借：国有资本经营预算结转结余　　　　320 000
　贷：国有资本经营预算本级支出　　　　320 000

四、财政专户管理资金支出

（一）财政专户管理资金支出的含义

财政专户管理资金支出是指政府财政用纳入财政专户管理的教育收费等资金安排的支出。

（二）主要账务处理

为了核算财政专户管理资金支出，财政总预算会计应设置“财政专户管理资金支出”账户，核算政府财政用纳入财政专户管理的教育收费等资金安排的支出。该科目应当按照《政府收支分类科目》中支出功能分类科目设置相应明细科目。同时，根据管理需要，按照支出经济分类科目、部门（单位）等进行明细核算。

发生财政专户管理资金支出时，借记本账户，贷记“其他财政存款”等有关账户。年终转账时，本账户借方余额全数转入“财政专户管理资金结余”账户，借记“财政专户管理资金结余”账户，贷记本账户。结转后，本账户无余额。本账户平时借方余额反映财政专户管理资金支出的累计数。

【例 4－25】 经财政主管业务机构核准，发生财政专户管理资金支出 46 万元。

借：财政专户管理资金支出　　　　460 000
　贷：国库存款　　　　460 000

【例 4－26】 某市财政总预算会计在年终将“财政专户管理资金支出”账户的借方余额460 000元全部转入“政府性基金预算结转结余”账户。

借：财政专户管理资金结余　　460 000

　贷：财政专户管理资金支出　　460 000

五、专用基金支出

（一）专用基金支出的含义

专用基金支出是指政府财政用专用基金收入安排的支出。

（二）主要账务处理

总预算会计设置“专用基金支出”账户，核算政府财政用专用基金收入安排的支出。该科目应当根据专用基金的种类设置明细科目。同时，根据管理需要，按部门等进行明细核算。发生专用基金支出时，借记本账户，贷记“其他财政存款”等有关账户。退回专用基金支出时，做相反的会计分录。年终转账时，本账户借方余额全数转入“专用基金结余”账户，借记“专用基金结余”账户，贷记本账户。结转后，本账户无余额。本账户平时借方余额反映专用基金支出的累计数。

【例 4－27】 某市财政根据相关文件，发生专用基金支出63万元。

借：专用基金支出——粮食风险基金　　630 000

　贷：其他财政存款——专用基金存款　　630 000

【例 4－28】 年终，某市财政将“专用基金支出”账户的借方余额800 000元全部转入“专用基金结余”账户。

借：专用基金结余　　800 000

　贷：专用基金支出　　800 000

六、转移性支出

（一）转移性支出的含义

转移性支出是指在各级政府财政之间进行资金调拨以及在本级政府财政不同类型资金之间调剂所形成的支出，包括补助支出、上解支出、调出资金、地区间援助支出等。

（二）补助支出的核算

补助支出是指本级政府财政按财政体制规定或因专项需要补助给下级政府财政的款项，包括对下级的税收返还、转移支付等。应当按照不同资金性质设置“一般公共预算补助支出”“政府性基金预算补助支出”等明细科目，同时还应当按照补助地区进行明细核算。

发生补助支出或从“与下级往来”账户转入时，借记本账户，贷记“国库存款”“其他财政存款”“与下级往来”等科目。专项转移支付资金实行特设专户管理的，本级政府财政应当根据本级政府财政下达的预算文件确认补助支出，借记本账户，贷记"国库存款""与下级往来"等科目。有主权外债业务的财政部门，贷款资金由下级政府财政同级部门（单位）使用，且贷款最终还款责任由本级政府财政承担的，本级政府财政部门支付贷款资金时，借记本账户，贷记"其他财政存款"账户；外方将贷款资金直接支付给用款单位或供应商时，借记本账户，贷记"债务收入""债务转贷收入"等科目；根据债务管理部门转来的相关外债转贷管理资料，按照实际支付的金额，借记"待偿债净资产"账户，贷记"借入款项""应付主权外债转贷款"等科目。年终与下级政府财政结算时，按照尚未拨付的补助金额，借记本账户，贷记"与下级往来"账户。退还或核减补助支出时，借记"国库存款""与下级往来"等科目，贷记本账户。

年终转账时，本账户借方余额应根据不同资金性质分别转入对应的结转结余科目，借记"一般公共预算结转结余""政府性基金预算结转结余"等科目，贷记本账户。结转后，本账户无余额。本账户平时借方余额反映补助支出的累计数。

【例 4-29】 按文件规定向所属县财政局拨付税收返还款项 38 万元。

借：补助支出——一般公共预算补助支出　　380 000
　贷：国库存款　　380 000

（三）上解支出的核算

上解支出是指按照财政体制规定由本级政府财政上交给上级政府财政的款项。

该科目下应当按照不同资金性质设置"一般公共预算上解支出""政府性基金预算上解支出"等明细科目。发生上解支出时，借记本账户，贷记"国库存款""与上级往来"等科目。年终与上级政府财政结算时，按照尚未支付的上解金额，借记本账户，贷记"与上级往来"账户。退还或核减上解支出时，借记"国库存款""与上级往来"等科目，贷记本账户。年终转账时，本账户借方余额应根据不同资金性质分别转入对应的结转结余科目，借记"一般公共预算结转结余""政府性基金预算结转结余"等科目，贷记本账户。结转后，本账户无余额。本账户平时借方余额反映上解支出的累计数。

【例 4-30】 按规定向上级财政上解某专项资金 50 万元。

借：上解支出　　500 000
　贷：国库存款　　500 000

（四）调出资金的核算

调出资金是指政府财政为平衡预算收支从某类资金向其他类型预算调出的资金。本账户下应当设置"一般公共预算调出资金""政府性基金预算调出资金"和"国有资本经营预算调出资金"等明细科目。

从一般公共预算调出资金时，按照调出的金额，借记本账户（一般公共预算调出资金），贷记"调入资金"相关明细科目。从政府性基金预算调出资金时，按照调出的金额，借记本账户（政府性基金预算调出资金），贷记"调入资金"相关明细科目。从国有资本经营预算调出资金时，按照调出的金额，借记本账户（国有资本经营预算调出资金），贷记"调入资金"相关明细科目。年终转账时，本账户借方余额分别转入相应的结转结余科目，借记"一般公共预算结转结余""政府性基金预算结转结余"和"国有资本经营预算结转结余"等科目，贷记本账户。结转后,本账户无余额。本账户平时借方余额反映调出资金的累计数。

【例 4-31】 某市财政在年终决算的时候,发现预算支出大于预算收入,出现赤字,为平衡一般预算,经批准从基金预算结余中调出资金 30 万元弥补一般预算赤字。

借:调出资金　　300 000

　贷:调入资金　　300 000

(五)地区间援助支出的核算

地区间援助支出是指援助方政府财政安排用于受援方政府财政统筹使用的各类援助、捐赠等资金支出。本账户应当按照受援地区及管理需要进行相应明细核算。

发生地区间援助支出时,借记本账户,贷记"国库存款"账户。年终转账时,本账户借方余额全数转入"一般公共预算结转结余"账户,借记"一般公共预算结转结余"账户,贷记本账户。结转后,本账户无余额。本账户平时借方余额反映地区间援助支出的累计数。

【例 4-32】 2016 年 1 月发生地区间援助支出 50 万元。

借:地区间援助支出　　500 000

　贷:国库存款　　500 000

(六)安排预算稳定调节基金

安排预算稳定调节基金是指政府财政按照有关规定安排的预算稳定调节基金。

补充预算稳定调节基金时,借记本账户,贷记"预算稳定调节基金"账户。年终转账时,本账户借方余额全数转入"一般公共预算结转结余"账户,借记"一般公共预算结转结余"账户,贷记本账户。结转后,本账户无余额。本账户平时借方余额反映安排预算稳定调节基金的累计数。

【例 4-33】 2016 年 6 月补充预算稳定调节基金 36 万元。

借:安排预算稳定调节基金　　360 000

　贷:预算稳定调节基金　　360 000

七、债务转贷支出

(一)债务转贷支出的含义

债务转贷支出是指本级政府财政向下级政府财政转贷的债务支出。

(二)主要账务处理

为了核算债务转贷支出,应设置"债务转贷支出"账户,核算本级政府财政向下级政府财政转贷的债务支出。该科目下应当设置"地方政府一般债务转贷支出""地方政府专项债务转贷支出"明细科目,同时还应当按转贷地区进行明细核算。

本级政府财政向下级政府财政转贷地方政府债券资金时,借记本账户,贷记"国库存款"账户;根据债务管理部门转来的相关资料,按照到期应收回的转贷款本金金额,借记"应收地方政府债券转贷款"账户,贷记"资产基金——应收地方政府债券转贷款"账户。

本级政府财政向下级政府财政转贷主权外债资金，且主权外债最终还款责任由下级政府财政承担的，相关账务处理如下：

(1) 本级政府财政支付转贷资金时，根据转贷资金支付相关资料，借记"债务转贷支出"账户，贷记"其他财政存款"账户；根据债务管理部门转来的相关资料，按照实际持有的债权金额，借记"应收主权外债转贷款"账户，贷记"资产基金——应收主权外债转贷款"账户。

(2) 外方将贷款资金直接支付给用款单位或供应商时，本级政府财政根据转贷资金支付相关资料，借记本账户，贷记"债务收入""债务转贷收入"账户；根据债务管理部门转来的相关资料，按照实际持有的债权金额，借记"应收主权外债转贷款"账户，贷记"资产基金——应收主权外债转贷款"账户；同时，借记"待偿债净资产"账户，贷记"借入款项""应付主权外债转贷款"等科目。

年终转账时，本账户下"地方政府一般债务转贷支出"明细科目的借方余额全数转入"一般公共预算结转结余"账户，借记"一般公共预算结转结余"账户，贷记"债务转贷支出(地方政府一般债务转贷支出)"账户。本账户下"地方政府专项债务转贷支出"明细科目的借方余额全数转入"政府性基金预算结转结余"账户，借记"政府性基金预算结转结余"账户，贷记"债务转贷支出(地方政府专项债务转贷支出)"账户。结转后，本账户无余额。本账户平时借方余额反映债务转贷支出的累计数。

【例 4－34】 某省财政通过本级政府财政向下级政府财政转贷的债务支出共计600 000元。

借：债务转贷支出	600 000	
贷：国库存款		600 000

八、债务还本支出

(一) 债务还本支出的含义

债务还本支出是指政府财政偿还本级政府承担的债务本金支出。

(二) 主要账务处理

为了核算政府财政偿还本级政府承担的债务本金支出，应设置"债务还本支出"账户，该科目应当根据《政府收支分类科目》中"债务还本支出"有关规定设置明细科目。

偿还本级政府财政承担的政府债券、主权外债等纳入预算管理的债务本金时，借记本账户，贷记"国库存款""其他财政存款"等科目；根据债务管理部门转来相关资料，按照实际偿还的本金金额，借记"应付短期政府债券""应付长期政府债券""借入款项""应付地方政府债券转贷款""应付主权外债转贷款"等科目，贷记"待偿债净资产"账户。偿还截至2014年12月31日本级政府财政承担的存量债务本金时，借记本账户，贷记"国库存款""其他财政存款"等科目。年终转账时，本账户下"专项债务还本支出"明细科目的借方余额应按照对应的政府性基金种类分别转入"政府性基金预算结转结余"相应明细科目，借记"政府性基金预算结转结余"账户，贷记本账户(专项债务还本支出)。本账户下其他明细科目的借方余额全数转入"一般公共预算结转结余"账户，借记"一般公共预算结转结余"账户，贷记本账户(其他明细科目)。结转后，本账户无余额。本账户平时借方余额反映本级政府财政债务还本支出的累计数。

【例 4-35】 某省财政通过财政国库向中央财政上缴由本级政府承担的地方政府债券还本资金共计 400 000 元。

借：债务还本支出　　400 000
　贷：国库存款　　400 000

第五节　财政总预算会计净资产的核算

一、净资产的概念和内容

净资产是指政府财政资产减去负债的差额。总会计核算的净资产包括一般公共预算结转结余、政府性基金预算结转结余、国有资本经营预算结转结余、财政专户管理资金结余、专用基金结余、预算稳定调节基金、预算周转金、资产基金和待偿债净资产。

二、一般公共预算结转结余的核算

一般公共预算结转结余是指一般公共预算收支的执行结果。年终转账时，将一般公共预算的有关收入科目贷方余额转入本账户的贷方，借记"一般公共预算本级收入""补助收入——一般公共预算补助收入""上解收入——一般公共预算上解收入""地区间援助收入""调入资金——一般公共预算调入资金""债务收入(一般债务收入)""债务转贷收入(地方政府一般债务转贷收入)""动用预算稳定调节基金"等科目，贷记本账户；将一般公共预算的有关支出科目借方余额转入本账户的借方，借记本账户，贷记"一般公共预算本级支出""上解支出——一般公共预算上解支出""补助支出——一般公共预算补助支出""地区间援助支出""调出资金——一般公共预算调出资金""安排预算稳定调节基金""债务转贷支出(地方政府一般债务转贷支出)""债务还本支出(一般债务还本支出)"等科目。设置和补充预算周转金时，借记本账户，贷记"预算周转金"账户。本账户年终贷方余额反映一般公共预算收支相抵后的滚存结转结余。

【例 4-36】 某市财政局年终有关收入账户的余额为：一般公共预算本级收入 2 000 000 000元，补助收入——一般公共预算补助收入 96 000 000 元，上解收入——一般公共预算上解收入 16 000 000 元，地区间援助收入 6 000 000 元；支出账户余额：一般公共预算本级支出 300 000 000 元，补助支出——一般公共预算补助支出 6 600 000 元，债务还本支出(一般债务还本支出)2 000 000 元。

借：一般公共预算本级收入　　2 000 000 000
　　补助收入——一般公共预算补助收入　　96 000 000
　　上解收入——一般公共预算上解收入　　16 000 000
　　地区间援助收入　　6 000 000
　贷：一般公共预算结转结余　　2 118 000 000

将有关支出的各账户余额，转入"一般公共预算结转结余"账户。应编制会计分录：

借：一般公共预算结转结余　　308 600 000
　贷：一般公共预算本级支出　　300 000 000
　　补助支出——一般公共预算补助支出　　6 600 000
　　债务还本支出　　2 000 000

三、政府性基金预算结转结余的核算

政府性基金预算结转结余是指政府性基金预算收支的执行结果。应当根据管理需要，按照政府性基金的种类进行明细核算。

年终转账时，应将政府性基金预算的有关收入科目贷方余额按照政府性基金种类分别转入本账户下相应明细科目的贷方，借记“政府性基金预算本级收入”“补助收入——政府性基金预算补助收入”“上解收入——政府性基金预算上解收入”“调入资金——政府性基金预算调入资金”“债务收入——专项债务收入”“债务转贷收入——地方政府专项债务转贷收入”等科目，贷记本账户；将政府性基金预算的有关支出科目借方余额按照政府性基金种类分别转入本账户下相应明细科目的借方，借记本账户，贷记“政府性基金预算本级支出”“上解支出——政府性基金预算上解支出”“补助支出——政府性基金预算补助支出”“调出资金——政府性基金预算调出资金”“债务还本支出——专项债务还本支出”“债务转贷支出——地方政府专项债务转贷支出”等科目。本账户年终贷方余额反映政府性基金预算收支相抵后的滚存结转结余。

【例 4－37】 某市财政局年终有关收入账户的余额为：政府性基金预算本级收入 1 000 000 000元，补助收入——政府性基金预算补助收入 36 000 000 元，上解收入——政府性基金预算上解收入 18 000 000 元，债务收入——专项债务收入 6 000 000 元；支出账户余额：政府性基金预算本级支出 200 000 000 元，补助支出——政府性基金预算补助支出 6 600 000 元，债务转贷支出——地方政府专项债务转贷支出 1 000 000 元。

借：政府性基金预算本级收入　　1 000 000 000
　补助收入——政府性基金预算补助收入　　36 000 000
　上解收入——政府性基金预算上解收入　　18 000 000
　债务收入——专项债务收入　　6 000 000
　贷：政府性基金预算结转结余　　1 060 000 000

将有关支出的各账户余额，转入“政府性基金预算结转结余”账户。应编制会计分录：

借：政府性基金预算结转结余　　207 600 000
　贷：政府性基金预算本级支出　　200 000 000
　　补助支出——政府性基金预算补助支出　　6 600 000
　　债务转贷支出——地方政府专项债务转贷支出　　1 000 000

四、国有资本经营预算结转结余的核算

国有资本经营预算结转结余是指国有资本经营预算收支的执行结果。

年终转账时，应将国有资本经营预算的有关收入科目贷方余额转入本账户贷方，借记

“国有资本经营预算本级收入”等科目，贷记本账户；将国有资本经营预算的有关支出科目借方余额转入本账户借方，借记本账户，贷记“国有资本经营预算本级支出”“调出资金——国有资本经营预算调出资金”等科目。本账户年终贷方余额反映国有资本经营预算收支相抵后的滚存结转结余。

【例 4－38】 某市财政局年终有关收入账户的余额为：国有资本经营预算本级收入 1 000 000 000 元；支出账户余额：国有资本经营预算本级支出 200 000 000 元，调出资金——国有资本经营预算调出资金 1 000 000 元。

借：国有资本经营预算本级收入　　1 000 000 000
　贷：国有资本经营预算结转结余　　1 000 000 000

将有关支出的各账户余额，转入“国有资本经营预算结转结余”账户。应编制会计分录：

借：国有资本经营预算结转结余　　201 000 000
　贷：国有资本经营预算本级支出　　200 000 000
　　调出资金——国有资本经营预算调出资金　　1 000 000

五、财政专户管理资金结余的核算

财政专户管理资金结余是指纳入财政专户管理的教育收费等资金收支的执行结果。应当根据管理需要，按照部门（单位）等进行明细核算。

年终转账时，将财政专户管理资金的有关收入科目贷方余额转入本账户贷方，借记“财政专户管理资金收入”等科目，贷记本账户；将财政专户管理资金的有关支出科目借方余额转入本账户借方，借记本账户，贷记“财政专户管理资金支出”等科目。年终贷方余额反映政府财政纳入财政专户管理的资金收支相抵后的滚存结余。

【例 4－39】 某市财政局年终有关收入账户的余额为：财政专户管理资金收入 1 500 000 000元；支出账户余额：国有资本经营预算本级支出 210 000 000 元。

借：财政专户管理资金收入　　1 500 000 000
　贷：财政专户管理资金结余　　1 500 000 000

将有关支出的各账户余额，转入“财政专户管理资金结余”账户。应编制会计分录：

借：财政专户管理资金结余　　210 000 000
　贷：财政专户管理资金支出　　210 000 000

六、专用基金结余的核算

专用基金结余是各级财政总预算会计管理的专用基金收支的年终执行结果。

年终转账时，将“专用基金收入”账户贷方余额转入本账户贷方，借记“专用基金收入”账户，贷记“专用基金结余”；将“专用基金支出”账户借方余额转入本账户借方，借记“专用基金结余”账户，贷记“专用基金支出”账户；期末余额在贷方，表示本年专用基金滚存结余，转入下年度。

【例 4－40】 某市财政局年终有关收入类账户余额为专用基金收入 2 000 000 元；支出

账户余额为专用基金支出 1 800 000 元。

借：专用基金收入　　　　2 000 000

　贷：专用基金结余　　　　2 000 000

借：专用基金结余　　　　1 800 000

　贷：专用基金支出　　　　1 800 000

七、预算稳定调节基金的核算

预算稳定调节基金是指政府财政安排用于弥补以后年度预算资金不足的储备资金。

使用超收收入或一般公共预算结余补充预算稳定调节基金时，借记“安排预算稳定调节基金”账户，贷记本账户。将预算周转金调入预算稳定调节基金时，借记“预算周转金”账户，贷记本账户。调用预算稳定调节基金时，借记本账户，贷记“动用预算稳定调节基金”账户。本账户期末贷方余额反映预算稳定调节基金的规模。

【例 4－41】 某市财政局使用一般公共预算结余补充预算稳定调节基金 200 000 元；调用预算稳定调节基金 1 600 000 元。

借：安排预算稳定调节基金　　　　200 000

　贷：预算稳定调节基金　　　　200 000

借：预算稳定调节基金　　　　1 600 000

　贷：动用预算稳定调节基金　　　　1 600 000

八、预算周转金的核算

预算周转金是指政府财政为调剂预算年度内季节性收支差额，保证及时用款而设置的库款周转资金。预算周转金应根据《中华人民共和国预算法》的要求设置。

设置和补充预算周转金时，借记“一般公共预算结转结余”账户，贷记本账户。将预算周转金调入预算稳定调节基金时，借记本账户，贷记“预算稳定调节基金”账户。本账户期末贷方余额反映预算周转金的规模。

【例 4－42】 为了增强预算资金调度，用预算结余增加预算周转金 16 万元。

借：一般公共预算结转结余　　　　160 000

　贷：预算周转金　　　　160 000

【例 4－43】 将预算周转金调入预算稳定调节基金 20 万元。

借：预算周转金　　　　200 000

　贷：预算稳定调节基金　　　　200 000

九、资产基金的核算

资产基金是指政府财政持有的债权和股权投资等资产（与其相关的资金收支纳入预算管理）在净资产中占用的金额。

本账户核算政府财政持有的应收地方政府债券转贷款、应收主权外债转贷款、股权投资和应收股利等资产（与其相关的资金收支纳入预算管理）在净资产中占用的金额。本账户下应当设置“应收地方政府债券转贷款”“应收主权外债转贷款”“股权投资”“应收股利”等明细科目进行明细核算。资产基金的账务处理参见“应收地方政府债券转贷款”“应收主权外债转贷款”“股权投资”和“应收股利”等科目的使用说明。本账户期末贷方余额，反映政府财政持有应收地方政府债券转贷款、应收主权外债转贷款、股权投资和应收股利等资产（与其相关的资金收支纳入预算管理）在净资产中占用的金额。

十、待偿债净资产的核算

待偿债净资产是指政府财政承担应付短期政府债券、应付长期政府债券、借入款项、应付地方政府债券转贷款、应付主权外债转贷款、其他负债等负债（与其相关的资金收支纳入预算管理）而相应需在净资产中冲减的金额。

本账户下应当设置“应付短期政府债券”“应付长期政府债券”“借入款项”“应付地方政府债券转贷款”“应付主权外债转贷款”“其他负债”等明细科目进行明细核算。待偿债净资产的账务处理参见“应付短期政府债券”“应付长期政府债券”“借入款项”“应付地方政府债券转贷款”“应付主权外债转贷款”和“其他负债”等科目的使用说明。本账户期末借方余额，反映政府财政承担应付政府债券、借入款项、应付地方政府债券转贷款、应付主权外债转贷款和其他负债等负债（与其相关的资金收支纳入预算管理）而相应需冲减净资产的金额。

本章小结

本章主要学习财政总预算收入、支出和净资产。财政总预算收入也称为财政收入，是国家为实现其职能，根据法令和法规所取得的非偿还性资金，是一级财政的资金来源，包括一般公共预算本级收入、政府性基金预算本级收入、国有资本经营预算本级收入、财政专户管理资金收入、专用基金收入、转移性收入、债务收入、债务转贷收入等。支出是指政府财政为实现政府职能，对财政资金的分配和使用，包括一般公共预算本级支出、政府性基金预算本级支出、国有资本经营预算本级支出、财政专户管理资金支出、专用基金支出、转移性支出、债务还本支出、债务转贷支出等。净资产是指政府财政资产减去负债的差额，包括一般公共预算结转结余、政府性基金预算结转结余、国有资本经营预算结转结余、财政专户管理资金结余、专用基金结余、预算稳定调节基金、预算周转金、资产基金和待偿债净资产。

关键术语

国家金库、财政总预算收入、一般公共预算本级收入、政府性基金预算本级收入、国有资本经营预算本级收入、财政专户管理资金收入、专用基金收入、转移性收入、债务收入、债务转贷收入一般公共预算本级支出、专用基金支出、政府性基金预算本级支出、补助支出、国有资本经营预算本级支出。

思 考 题

1. 财政总预算会计核算的收入包括哪些内容？
2. 什么是一般公共预算本级收入？
3. 什么是政府性基金预算本级收入？
4. 什么是专用基金收入？它与政府性基金预算本级收入有何不同？
5. 什么是一般公共预算本级支出？
6. 什么是政府性基金预算本级支出？它如何分类？其核算管理的要求是什么？
7. 什么是资金转移支出？它包括哪些内容？
8. 财政总预算会计核算的净资产包括哪些内容？
9. 什么是资产基金？它包括哪些具体内容？
10. 什么是预算周转金？各级财政为什么要设置预算周转金？其来源渠道是什么？

练 习 题

(一) 单选题

1. “调入资金——一般预算调入资金”账户的年终余额转入(　　)账户。
   A. “基金预算结余” B. “预算结余” C. “专用基金结余” D. “一般预算收入”
2. “专用基金支出”账户的年终余额应转入(　　)账户。
   A. “专用基金收入” B. “基金预算结余” C. “专用基金结余” D. “预算结余”
3. “调出资金——基金预算调出资金”账户年终余额应转入(　　)账户。
   A. “调入资金” B. “基金预算支出” C. “基金预算结余” D. “预算结余”
4. 财政总预算会计核算的结余不包括(　　)。
   A. 一般预算结余　B. 基金预算结余
   C. 债务结余　D. 国有资本经营预算结余
5. 可以转入“基金预算结余”账户的有关账户不包括(　　)账户。
   A. “一般预算收入” B. “上解收入” C. “基金预算收入” D. “调出资金”
6. 转移性收支账户余额不会转入(　　)账户。
   A. “国有资本经营预算结余”　B. “转移性结余”
   C. “基金预算结余”　D. “一般预算结余”

(二) 多选题

1. 年终转入“基金预算结余”账户的有(　　)账户。
   A. “基金预算收入”　B. “基金预算支出”
   C. “调出资金”　D. “补助支出——基金预算补助支出”
2. 下列收入中，可以列入“上解收入”账户的有(　　)。
   A. 体制规定由下级预算收入划给本级预算收入的款项
   B. 体制结算后由下级财政补缴给本级财政的款项
   C. 下级财政的各种专项上解款项
   D. 税收的返还收入

3. 下列项目中,在"补助支出"账户中核算的有(　　)。

A. 税收返还支出

B. 专项补助下级财政的支出

C. 拨给某预算单位的经费

D. 年终结算应补拨给下级财政的自然灾害救济款

(三) 判断题

1. 财政总预算会计的净资产是指财政总预算会计核算的资产减去负债后的差额,也即财政总预算会计的所有者权益。(　　)

2. 在财政总预算会计中,结余是指收入减去费用后的差额。(　　)

3. 财政总坝算会计移核算的结余包括一般预算结余、基金预算结余、国有资本经营预算结余和专用基金结余等种类。各类结余相对独立,不能混淆。(　　)

(四) 业务处理题

根据以下经济业务,编制会计分录。

1. 练习财政总预算收入的核算

(1) 根据国库报来的"预算收入日报表"当日税收收入共计100万元。

(2) 根据国库报来的"政府性基金预算本级收入"当日收入共计200万元。

(3) 根据国库报来的"国有资本经营预算本级收入"当日收入共计300万元。

(4) 根据国库报来的"财政专户管理资金收入"当日收入共计20万元。

(5) 收到市财政安排的专用基金收入120 000元。

(6) 某市收到上级拨入的一般预算补助款16万元和基金预算补助款5万元,并按规定存入指定银行。

(7) 某市收到所属县财政上交的上解收入25万元。

(8) 某市财政2015年5月从地方财政附加税费结余中调入资金8万元,用于平衡预算收支。

(9) 某市财政2015年8月收到援助方政府财政转来的资金12万元。

(10) 某市财政2015年11月政府财政为弥补本年度预算资金的不足,调用预算稳定调节基金25万元。

(11) 某省政府财政收到地方政府财政转贷的债务收入300 000元。

2. 练习财政总预算支出的核算

(1) 经财政主管业务机构核准,发生政府财政管理的由本级政府使用的列入一般公共预算的支出350万元。

(2) 经财政主管业务机构核准,发生政府性基金预算本级支出42万元。

(3) 经财政主管业务机构核准,发生国有资本经营预算本级支出30万元。

(4) 经财政主管业务机构核准,发生财政专户管理资金支出36万元。

(5) 某市财政根据相关文件,发生专用基金支出48万元。

(6) 按文件规定向所属县财政局拨付税收返还款项36万元。

(7) 2015年11月发生地区间援助支出45万元。

(8) 某省财政通过本级政府财政向下级政府财政转贷的债务支出共计570 000元。

(9) 某省财政通过财政国库向中央财政上缴由本级政府承担的地方政府债券还本资金共计360 000元。

3. 练习财政总预算净资产的核算

(1) 某市财政局年终有关收入账户的余额为：一般公共预算本级收入 3 000 000 000 元，补助收入——一般公共预算补助收入 56 000 000 元，上解收入——一般公共预算上解收入 15 000 000 元，地区间援助收入 8 000 000 元；支出账户余额：一般公共预算本级支出 200 000 000 元，补助支出——一般公共预算补助支出 3 600 000 元，债务还本支出(一般债务还本支出)1 000 000 元。

(2) 某市财政局年终有关收入账户的余额为：政府性基金预算本级收入 3 000 000 000 元，补助收入——政府性基金预算补助收入 16 000 000 元，上解收入——政府性基金预算上解收入 24 000 000 元，债务收入——专项债务收入 5 000 000 元；支出账户余额：政府性基金预算本级支出 100 000 000 元，补助支出——政府性基金预算补助支出 5 600 000 元，债务转贷支出——地方政府专项债务转贷支出 2 000 000 元。

(3) 某市财政局年终有关收入账户的余额为：国有资本经营预算本级收入 3 000 000 000 元；支出账户余额：国有资本经营预算本级支出 150 000 000 元，调出资金——国有资本经营预算调出资金 1 600 000 元。

(4) 某市财政局年终有关收入账户的余额为：财政专户管理资金收入 2 500 000 000 元；支出账户余额：国有资本经营预算本级支出 110 000 000 元。

(5) 为了增强预算资金调度，用预算结余增加预算周转金 12 万元。

(6) 将预算周转金调入预算稳定调节基金 24 万元。

第五章　财政总预算财务报告

学习目标与要求

了解财政总预算会计年度报表编制的基础工作——年终清理和年终结账。

掌握资产负债表、预算执行情况表的含义和编制方法。

重点

资产负债表、预算执行情况表的编制方法。

难点

资产负债表、预算执行情况表的编制业务处理。

导读

财政总预算会计报表是中央政府预算和地方政府预算收支执行情况及其结果的定期报表，是财政机关了解情况、掌握政策、分析预算执行情况的主要依据，同时也是设计和制定下年度预算的重要参考资料。

各级财政总会计必须定期汇编总预算会计报表，地方各级财政机关要定期向同级人民政府和上级财政机关报告本地区的预算收支执行情况。汇总编成的总预算会计报表，地方各级财政机关要及时地报送同级人民政府和上级财政机关；财政部要及时地向国务院汇报中央预算和地方预算收支的执行情况。

第一节　财政总预算会计报表概述

总会计报表是反映政府财政预算执行结果和财务状况的书面文件。总会计报表包括资产负债表、收入支出表、一般公共预算执行情况表、政府性基金预算执行情况表、国有资本经营预算执行情况表、财政专户管理资金收支情况表、专用基金收支情况表等会计报表和附注。

一、会计报表的编制要求

一般公共预算执行情况表、政府性基金预算执行情况表、国有资本经营预算执行情况表应当按旬、月度和年度编制，财政专户管理资金收支情况表和专用基金收支情况表应当按月度和年度编制，收入支出表按月度和年度编制，资产负债表和附注应当至少按年度编制。旬报、月报的报送期限及编报内容应当根据上级政府财政具体要求和本行政区域预算管理的需要办理。

总会计应当根据本制度编制并提供真实、完整的会计报表，切实做到账表一致，不得估列代编，弄虚作假。

总会计要严格按照统一规定的种类、格式、内容、计算方法和编制口径填制会计报表，以保证全国统一汇总和分析。汇总报表的单位，要把所属单位的报表汇集齐全，防止漏报。

二、会计报表的编报程序

财政会计报表由乡(镇)、县(市)、市(设区的市)、省(自治区、直辖市)以及计划单列市财政机关，根据统一的总会计账户、统一的编制口径、统一的报送时间，从基层单位开始，逐级汇总编报。单位预算会计报表是同级总预算会计报表的组成部分，由各级事业行政单位逐级汇总，各主管部门向同级财政机关报送；此外，参与国家预算执行的国家金库和建设银行、农业银行以及办理和监督中央级限额拨款的国家银行也要分别向同级财政机关报送预算收入和预算支出的各种报表，这些报表也是总预算会计报表的组成部分。逐级汇总编成定期的国家预算收支情况报表，由财政部报送国务院。

三、财政总预算会计报表的编制

财政总预算会计报表就是各级政府的财政总决算。国家财政决算是对国家预算执行的全面总结，反映年度国家预算收支的最终结果，也是国民经济和社会事业发展在财政上的集中反映。因此，每年年度终了，各级财政部门都应当按照上级颁发的决算编报办法的要求，在认真进行年终清理和年终结账的基础上，正确、完整、及时地编好年度决算报表。

财政总预算会计报表编制的步骤如下。

1. 年终清理

年终清理，是指年终时，总预算会计对年度预算收支及有关经济业务进行的全面清理、核对和结算。这是保证年报编制质量的一项重要准备工作。年终清理的主要事项有：

(1) 核对年度预算收支。预算收支数字是考核决算收支完成情况和办理收支结算的重要依据。年终前，各级财政总预算会计，应配合预算管理部门，把各级财政总预算之间、各级财政总预算和各单位预算之间的全年预算数核对清楚。追加追减、上划下划数字，必须在年度终了前核对完毕。

(2) 清理本年预算收支款项。凡属本年的一般预算收入，要认真清理，年终前必须如数交入国库。督促国库在年终库款报解整理期内，迅速报齐当年预算收入。凡属应当在本年预算支领报销的款项，非特殊原因也要在年终办理完毕。清理基金预算收支和专用基金收支。凡属应列入本年的收入，应及时催收，并缴入国库或指定的银行账户。

(3) 清理各项预算往来款项。各级财政总预算会计在年终前对暂收暂付等往来款项，要在年终前认真清理核算，做到人欠收回，欠人归还，应转作预算收入或预算支出的款项，要及时转入本年预算收支账内。

(4) 组织征收机关、监交机关和国库进行年度对账。各级国库要按年度决算对账办法，编制决算收入对账单，分送同级财政机关、征收机关和监交机关核对签章，保证预算收入数字一致。

(5) 清理核对当年拨款支出。各级财政会计对本级各单位的经费拨款支出应与单位的拨款收入核对清楚。

(6) 清理财政周转金收支。各级财政预算部门或周转金管理机构应对财政周转金收支款项，上下级财政之间的财政周转金借入借出款项进行清理。同时，对于各项财政周转金贷款进行清理。财政周转金明细账由财政业务部门核算的，预算部门和周转金管理机构应与业务部门的明细账进行核对，做到账账相符。

2. 年终结账

财政总预算会计经过年终清理结算，把各项结算收支记入旧账后，即可办理年终结账。年终结账包括年终转账、结清旧账和记入新账三个环节。

(1) 年终转账。年终转账是将资产负债表的收入和支出类账户余额都结转入相关结余科目，收入和支出类账户的年末余额结转为零，从而使旧账自然过渡到新账。

(2) 结清旧账。在结清旧账环节，首先结出各个账户的借方和贷方的全年合计数，并在下面画双红线，表示该账户已全部结清；对于有余额的账户，结清旧账时应在账户的“摘要”栏内注明“结转下年”字样，表明旧账结束，转入新账。

(3) 记入新账。在计入新账环节，应根据本年度总账账户和明细账账户年终转账后余额编制年终决算资产负债表和有关明细表，将各账户余额直接计入新年度有关总账和明细账账户预留空行的余额栏内，并在“摘要”栏内注明“上年结转”字样。

第二节 资产负债表

一、资产负债表的含义

在财政总预算会计中，资产负债表是反映本级财政在某一特定日期财务状况的报表。按照编报的时间，资产负债表分为月报和年报两种。

二、资产负债表的格式与内容

资产负债表是反映政府财政在某一特定日期财务状况的报表。资产负债表应当按照资产、负债和净资产分类、分项列示。具体格式见表5-1。

表5-1 财政总预算资产负债表

编制单位：　　　　　　　　________年____月____日　　　　　　　　单位：元

资产	年初余额	期末余额	负债和净资产	年初余额	期末余额
流动资产：			流动负债：		
国库存款			应付短期政府债券		
国库现金管理存款			应付利息		
其他财政存款			应付国库集中支付结余		

（续表）

资产	年初余额	期末余额	负债和净资产	年初余额	期末余额
有价证券			与上级往来		
在途款			其他应付款		
预拨经费			应付代管资金		
借出款项			一年内到期的非流动负债		
应收股利			流动负债合计		
应收利息			非流动负债：		
与下级往来			应付长期政府债券		
其他应收款			借入款项		
流动资产合计			应付地方政府债券转贷款		
非流动资产：			应付主权外债转贷款		
应收地方政府债券转贷款			其他负债		
应收主权外债转贷款			非流动负债合计		
股权投资			**负债合计**		
待发国债			一般公共预算结转结余		
非流动资产合计			政府性基金预算结转结余		
			国有资本经营预算结转结余		
			财政专户管理资金结余		
			专用基金结余		
			预算稳定调节基金		
			预算周转金		
			资产基金		
			减：待偿债净资产		
			净资产合计		
资产总计			**负债和净资产总计**		

三、资产负债表的编制说明

本表“年初余额”栏内各项数字，应当根据上年末资产负债表“期末余额”栏内数字填列。如果本年度资产负债表规定的各个项目的名称和内容同上年度不相一致，应对上年年末资产负债表各项目的名称和数字按照本年度的规定进行调整，填入本表“年初余额”栏内。

本表“期末余额”栏各项目的内容和填列方法。

1. 资产类项目

(1)“国库存款”项目，反映政府财政期末存放在国库单一账户的款项金额。本项目应当根据“国库存款”账户的期末余额填列。

(2)“国库现金管理存款”项目,反映政府财政期末实行国库现金管理业务持有的存款金额。本项目应当根据“国库现金管理存款”账户的期末余额填列。

(3)“其他财政存款”项目,反映政府财政期末持有的其他财政存款金额。本项目应当根据“其他财政存款”账户的期末余额填列。

(4)“有价证券”项目,反映政府财政期末持有的有价证券金额。本项目应当根据“有价证券”账户的期末余额填列。

(5)“在途款”项目,反映政府财政期末持有的在途款金额。本项目应当根据“在途款”账户的期末余额填列。

(6)“预拨经费”项目,反映政府财政期末尚未转列支出或尚待收回的预拨经费金额。本项目应当根据“预拨经费”账户的期末余额填列。

(7)“借出款项”项目,反映政府财政期末借给预算单位尚未收回的款项金额。本项目应当根据“借出款项”账户的期末余额填列。

(8)“应收股利”项目,反映政府期末尚未收回的现金股利或利润金额。本项目应当根据“应收股利”账户的期末余额填列。

(9)“应收利息”项目,反映政府财政期末尚未收回应收利息金额。本项目应当根据“应收地方政府债券转贷款”账户和“应收主权外债转贷款”账户下“应收利息”明细科目的期末余额合计数填列。

(10)“与下级往来”项目,正数反映下级政府财政欠本级政府财政的款项金额;负数反映本级政府财政欠下级政府财政的款项金额。本项目应当根据“与下级往来”账户的期末余额填列,期末余额如为借方则以正数填列;如为贷方则以“—”号填列。

(11)“其他应收款”项目,反映政府财政期末尚未收回的其他应收款的金额。本项目应当根据“其他应收款”账户的期末余额填列。

(12)“应收地方政府债券转贷款”项目,反映政府财政期末尚未收回的地方政府债券转贷款的本金金额。本项目应当根据“应收地方政府债券转贷款”账户下“应收本金”明细科目的期末余额填列。

(13)“应收主权外债转贷款”项目,反映政府财政期末尚未收回的主权外债转贷款的本金金额。本项目应当根据“应收主权外债转贷款”账户下的“应收本金”明细科目的期末余额填列。

(14)“股权投资”项目,反映政府期末持有的股权投资的金额。本项目应当根据“股权投资”账户的期末余额填列。

(15)“待发国债”项目,反映中央政府财政期末尚未使用的国债发行额度。本项目应当根据“待发国债”账户的期末余额填列。

2. 负债类项目

(1)“应付短期政府债券”项目,反映政府财政期末尚未偿还的发行期限不超过1年(含1年)的政府债券的本金金额。本项目应当根据“应付短期政府债券”账户下的“应付本金”明细科目的期末余额填列。

(2)“应付利息”项目,反映政府财政期末尚未支付的应付利息金额。本项目应当根据“应付短期政府债券”“借入款项”“应付地方政府债券转贷款”“应付主权外债转贷款”账户下的“应付利息”明细科目期末余额,以及属于分期付息到期还本的“应付长期政府债券”的“应付利息”明细科目期末余额计算填列。

(3)“应付国库集中支付结余”项目,反映政府财政期末尚未支付的国库集中支付结余金额。本项目应当根据“应付国库集中支付结余”账户的期末余额填列。

(4)“与上级往来”项目,正数反映本级政府财政期末欠上级政府财政的款项金额;负数反映上级政府财政欠本级政府财政的款项金额。本项目应当根据“与上级往来”账户的期末余额填列,如为借方余额则以“-”号填列。

(5)“其他应付款”项目,反映政府财政期末尚未支付的其他应付款的金额。本项目应当根据“其他应付款”账户的期末余额填列。

(6)“应付代管资金”项目,反映政府财政期末尚未支付的代管资金金额。本项目应当根据“应付代管资金”账户的期末余额填列。

(7)“一年内到期的非流动负债”项目,反映政府财政期末承担的1年以内(含1年)到偿还期的非流动负债。本项目应当根据“应付长期政府债券”“借入款项”“应付地方政府债券转贷款”“应付主权外债转贷款”“其他负债”等科目的期末余额及债务管理部门提供的资料分析填列。

(8)“应付长期政府债券”项目,反映政府财政期末承担的偿还期限超过1年的长期政府债券的本金金额及到期一次还本付息的长期政府债券的应付利息金额。本项目应当根据“应付长期政府债券”账户的期末余额分析填列。

(9)“应付地方政府债券转贷款”项目,反映政府财政期末承担的偿还期限超过1年的地方政府债券转贷款的本金金额。本项目应当根据“应付地方政府债券转贷款”账户下“应付本金”明细科目的期末余额分析填列。

(10)“应付主权外债转贷款”项目,反映政府财政期末承担的偿还期限超过1年的主权外债转贷款的本金金额。本项目应当根据“应付主权外债转贷款”账户下“应付本金”明细科目的期末余额分析填列。

(11)“借入款项”项目,反映政府财政期末承担的偿还期限超过1年的借入款项的本金金额。本项目应当根据“借入款项”账户下“应付本金”明细科目的期末余额分析填列。

(12)“其他负债”项目,反映政府财政期末承担的偿还期限超过1年的其他负债金额。本项目应当根据“其他负债”账户的期末余额分析填列。

3. 净资产类项目

(1)“一般公共预算结转结余”项目,反映政府财政期末滚存的一般公共预算结转金额。本项目应当根据“一般公共预算结转结余”账户的期末余额填列。

(2)“政府性基金预算结转结余”项目,反映政府财政期末滚存的政府性基金预算结转结余金额。本项目应当根据“政府性基金预算结转结余”账户的期末余额填列。

(3)“国有资本经营预算结转结余”项目,反映政府财政期末滚存的国有资本经营预算结转结余金额。本项目应当根据“国有资本经营预算结转结余”账户的期末余额填列。

(4)“财政专户管理资金结余”项目,反映政府财政期末滚存的财政专户管理资金结余金额。本项目应当根据“财政专户管理资金结余”账户的期末余额填列。

(5)“专用基金结余”项目,反映政府财政期末滚存的专用基金结余金额。本项目应当根据“专用基金结余”账户的期末余额填列。

(6)“预算稳定调节基金”项目,反映政府财政期末预算稳定调节基金的余额。本项目应当根据“预算稳定调节基金”账户的期末余额填列。

(7)“预算周转金”项目,反映政府财政期末预算周转金的余额。本项目应当根据“预算周转金”账户的期末余额填列。

(8)“资产基金”项目,反映政府财政期末持有的应收地方政府债券转贷款、应收主权外债转贷款、股权投资和应收股利等资产在净资产中占用的金额。本项目应当根据“资产基金”账户的期末余额填列。

(9)“待偿债净资产”项目,反映政府财政期末因承担应付短期政府债券、应付长期政府债券、借入款项、应付地方政府债券转贷款、应付主权外债转贷款、其他负债等负债相应需在净资产中冲减的金额。本项目应当根据“待偿债净资产”账户的期末借方余额以“-”号填列。

第三节 收入支出表

一、收入支出表的含义

收入支出表是反映政府财政在某一会计期间各类财政资金收支余情况的报表。收入支出表根据资金性质按照收入、支出、结转结余的构成分类、分项列示。具体格式见表5-2。

表5-2 **收入支出表**

编制单位: ________年____月 单位:元

项目	一般公共预算		政府性基金预算		国有资本经营预算		财政专户管理资金		专用基金	
	本月数	本年累计数	本月数	本年累计数	本月数	本年累计数	本月数	本年累计数	本月数	本年累计数
年初结转结余										
收入合计										
本级收入										
其中:来自预算安排的收入	—	—	—	—	—	—	—	—		
补助收入					—	—	—	—	—	—
上解收入					—	—	—	—	—	—
地区间援助收入			—	—	—	—	—	—	—	—
债务收入					—	—	—	—	—	—
债务转贷收入					—	—	—	—	—	—
动用预算稳定调节基金			—	—	—	—	—	—	—	—
调入资金					—	—	—	—	—	—
支出合计										
本级支出										

（续表）

项目	一般公共预算		政府性基金预算		国有资本经营预算		财政专户管理资金		专用基金	
	本月数	本年累计数	本月数	本年累计数	本月数	本年累计数	本月数	本年累计数	本月数	本年累计数
其中：权责发生制列支							—	—	—	—
预算安排专用基金的支出			—	—	—	—	—	—	—	—
补助支出					—	—	—	—	—	—
上解支出					—	—	—	—	—	—
地区间援助支出			—	—	—	—	—	—	—	—
债务还本支出					—	—	—	—	—	—
债务转贷支出					—	—	—	—	—	—
安排预算稳定调节基金			—	—	—	—	—	—	—	—
调出资金							—	—	—	—
结余转出			—	—	—	—	—	—	—	—
其中：增设预算周转金			—	—	—	—	—	—	—	—
年末结转结余										

注：表中有“—”的部分不必填列。

二、收入支出表编制说明

本表“本月数”栏反映各项目的本月实际发生数。在编制年度收入支出表时，应将本栏改为“上年数”栏，反映上年度各项目的实际发生数；如果本年度收入支出表规定的各个项目的名称和内容同上年度不一致，应对上年度收入支出表各项目的名称和数字按照本年度的规定进行调整，填入本年度收入支出表的“上年数”栏。

本表“本年累计数”栏反映各项目自年初起至报告期末止的累计实际发生数。编制年度收入支出表时，应当将本栏改为“本年数”。

本表“本月数”栏各项目的内容和填列方法：

（1）“年初结转结余”项目，反映政府财政本年初各类资金结转结余金额。其中，一般公共预算的“年初结转结余”应当根据“一般公共预算结转结余”账户的年初余额填列；政府性基金预算的“年初结转结余”应当根据“政府性基金预算结转结余”账户的年初余额填列；国有资本经营预算的“年初结转结余”应当根据“国有资本经营预算结转结余”账户的年初余额填列；财政专户管理资金的“年初结转结余”应当根据“财政专户管理资金结余”账户的年初余额填列；专用基金的“年初结转结余”应当根据“专用基金结余”账户的年初余额填列。

（2）“收入合计”项目，反映政府财政本期取得的各类资金的收入合计金额。其中，一般公共预算的“收入合计”应当根据属于一般公共预算的“本级收入”“补助收入”“上解收入”“地区间援助收入”“债务收入”“债务转贷收入”“动用预算稳定调节基金”和“调入资金”各行项目金额的合计填列；政府性基金预算的“收入合计”应当根据属于政府性基金预算的“本级收入”“补助收入”“上解收入”“债务收入”“债务转贷收入”和“调入资金”各行项目金额的合计填列；国有资本经营预算的“收入合计”应当根据属于国有资本经营预算的“本级收入”项目的金额填列；财政专户管理资金的“收入合计”应当根据属于财政专户管理资金的“本级收入”项目的金额填列；专用基金的“收入合计”应当根据属于专用基金的“本级收入”项目的金额填列。

(3)“本级收入”项目，反映政府财政本期取得的各类资金的本级收入金额。其中，一般公共预算的“本级收入”应当根据“一般公共预算本级收入”账户的本期发生额填列；政府性基金预算的“本级收入”应当根据“政府性基金预算本级收入”账户的本期发生额填列；国有资本经营预算的“本级收入”应当根据“国有资本经营预算本级收入”账户的本期发生额填列；财政专户管理资金的“本级收入”应当根据“财政专户管理资金收入”账户的本期发生额填列；专用基金的“本级收入”应当根据“专用基金收入”账户的本期发生额填列。

(4)“补助收入”项目，反映政府财政本期取得的各类资金的补助收入金额。其中，一般公共预算的“补助收入”应当根据“补助收入”账户下的“一般公共预算补助收入”明细科目的本期发生额填列；政府性基金预算的“补助收入”应当根据“补助收入”账户下的“政府性基金预算补助收入”明细科目的本期发生额填列。

(5)“上解收入”项目，反映政府财政本期取得的各类资金的上解收入金额。其中，一般公共预算的“上解收入”应当根据“上解收入”账户下的“一般公共预算上解收入”明细科目的本期发生额填列；政府性基金预算的“上解收入”应当根据“上解收入”账户下的“政府性基金预算上解收入”明细科目的本期发生额填列。

(6)“地区间援助收入”项目，反映政府财政本期取得的地区间援助收入金额。本项目应当根据“地区间援助收入”账户的本期发生额填列。

(7)“债务收入”项目，反映政府财政本期取得的债务收入金额。其中，一般公共预算的“债务收入”应当根据“债务收入”账户下除“专项债务收入”以外的其他明细科目的本期发生额填列；政府性基金预算的“债务收入”应当根据“债务收入”账户下的“专项债务收入”明细科目的本期发生额填列。

(8)“债务转贷收入”项目，反映政府财政本期取得的债务转贷收入金额。其中，一般公共预算的“债务转贷收入”应当根据“债务转贷收入”账户下“地方政府一般债务转贷收入”明细科目的本期发生额填列；政府性基金预算的“债务转贷收入”应当根据“债务转贷收入”账户下的“地方政府专项债务转贷收入”明细科目的本期发生额填列。

(9)“动用预算稳定调节基金”项目，反映政府财政本期调用的预算稳定调节基金金额。本项目应当根据“动用预算稳定调节基金”账户的本期发生额填列。

(10)“调入资金”项目，反映政府财政本期取得的调入资金金额。其中，一般公共预算的“调入资金”应当根据“调入资金”账户下“一般公共预算调入资金”明细科目的本期发生额填列；政府性基金预算的“调入资金”应当根据“调入资金”账户下“政府性基金预算调入资金”明细科目的本期发生额填列。

(11)“支出合计”项目，反映政府财政本期发生的各类资金的支出合计金额。其中，一般公共预算的“支出合计”应当根据属于一般公共预算的“本级支出”“补助支出”“上解支出”“地区间援助支出”“债务还本支出”“债务转贷支出”“安排预算稳定调节基金”和“调出资金”各行项目金额的合计填列；政府性基金预算的“支出合计”应当根据属于政府性基金预算的

"本级支出""补助支出""上解支出""债务还本支出""债务转贷支出"和"调出资金"各行项目金额的合计填列；国有资本经营预算的"支出合计"应当根据属于国有资本经营预算的"本级支出"和"调出资金"项目金额的合计填列；财政专户管理资金的"支出合计"应当根据属于财政专户管理资金的"本级支出"项目的金额填列；专用基金的"支出合计"应当根据属于专用基金的"本级支出"项目的金额填列。

(12)"补助支出"项目，反映政府财政本期发生的各类资金的补助支出金额。其中，一般公共预算的"补助支出"应当根据"补助支出"账户下的"一般公共预算补助支出"明细科目的本期发生额填列；政府性基金预算的"补助支出"应当根据"补助支出"账户下的"政府性基金预算补助支出"明细科目的本期发生额填列。

(13)"上解支出"项目，反映政府财政本期发生的各类资金的上解支出金额。其中，一般公共预算的"上解支出"应当根据"上解支出"账户下的"一般公共预算上解支出"明细科目的本期发生额填列；政府性基金预算的"上解支出"应当根据"上解支出"账户下的"政府性基金预算上解支出"明细科目的本期发生额填列。

(14)"地区间援助支出"项目，反映政府财政本期发生的地区间援助支出金额。本项目应当根据"地区间援助支出"账户的本期发生额填列。

(15)"债务还本支出"项目，反映政府财政本期发生的债务还本支出金额。其中，一般公共预算的"债务还本支出"应当根据"债务还本支出"账户下除"专项债务还本支出"以外的其他明细科目的本期发生额填列；政府性基金预算的"债务还本支出"应当根据"债务还本支出"账户下的"专项债务还本支出"明细科目的本期发生额填列。

(16)"债务转贷支出"项目，反映政府财政本期发生的债务转贷支出金额。其中，一般公共预算的"债务转贷支出"应当根据"债务转贷支出"账户下"地方政府一般债务转贷支出"明细科目的本期发生额填列；政府性基金预算的"债务转贷支出"应当根据"债务转贷支出"账户下的"地方政府专项债务转贷支出"明细科目的本期发生额填列。

(17)"安排预算稳定调节基金"项目，反映政府财政本期安排的预算稳定调节基金金额。本项目根据"安排预算稳定调节基金"账户的本期发生额填列。

(18)"调出资金"项目，反映政府财政本期发生的各类资金的调出资金金额。其中，一般公共预算的"调出资金"应当根据"调出资金"账户下"一般公共预算调出资金"明细科目的本期发生额填列；政府性基金预算的"调出资金"应当根据"调出资金"账户下"政府性基金预算调出资金"明细科目的本期发生额填列；国有资本经营预算的"调出资金"应当根据"调出资金"账户下"国有资本经营预算调出资金"明细科目的本期发生额填列。

(19)"增设预算周转金"项目，反映政府财政本期设置和补充预算周转金的金额。本项目应当根据"预算周转金"账户的本期贷方发生额填列。

(20)"年末结转结余"项目，反映政府财政本年末的各类资金的结转结余金额。其中，一般公共预算的"年末结转结余"应当根据"一般公共预算结转结余"账户的年末余额填列；政府性基金预算的"年末结转结余"应当根据"政府性基金预算结转结余"账户的年末余额填列；国有资本经营预算的"年末结转结余"应当根据"国有资本经营预算结转结余"账户的年末余额填列；财政专户管理资金的"年末结转结余"应当根据"财政专户管理资金结余"账户的年末余额填列；专用基金的"年末结转结余"应当根据"专用基金结余"账户的年末余额填列。

本章小结

财政总预算会计报表是各级财政部门预算收支执行情况及结果的书面报表，是各级领导和上级财政部门了解情况，指导预算执行工作的重要资料，也是编制下年度预算的基础。

财政总预算会计报表包括资产负债表、收入支出表、一般公共预算执行情况表、政府性基金预算执行情况表、国有资本经营预算执行情况表、财政专户管理资金收支情况表、专用基金收支情况表等会计报表和附注。这些报表按编报时间可分为月报、季报和年报。年报的编制，需要做好两项基础工作即年终清理和年终结账。年终清理结算时，应做到核对年度预算收支、清理本年预算收支、清理往来款项、组织征收机关、监交机关和国库进行年度对账、清理核对当年拨款支出、清理财政周转金收支以及年终结算。年终结账工作一般分为年终转账、结清旧账和记入新账三个环节。

关键术语

年终清理、财政总预算会计资产负债表、收入支出表

思考题

1. 在会计年度结束前，各级财政总预算会计进行年终清理结算的主要事项包括哪些？
2. 年终结账工作一般有哪三个环节？
3. 什么是财政总预算会计报表？主要包括哪些？
4. 财政总预算会计资产负债表的月报采用的什么平衡公式？资产负债表的年报采用的什么平衡公式？为什么？
5. 财政总预算会计的资产负债表与企业的资产负债表有何区别？
6. 什么是财政总预算会计的收入支出表？

练习题

（一）单项选择题

1. 为了便于年终清理，本年预算的追加追减和企事业单位的上划下划，一般截至(　　)为止。

A. 2月25日　　B. 12月20日　　C. 11月底　　D. 12月30日

2. 财政总预算会计资产负债表采用(　　)格式编制。

A. 报告式　　B. 账户式　　C. 财务状况式　　D. 借贷式

3. 财政总预算会计资产负债表的项目，按(　　)排列，采用左右平衡对照的结构。

A. 资产、负债、所有者权益　　B. 收入、费用、利润

C. 资产、支出、负债、净资产、收入　　D. 以上都不是

4. 财政总预算会计报表的审核一般包括(　　)。

A. 政策性审核　　B. 技术性审核

C. 预算收支审核　　D. 政策性审核和技术性审核

5. 财政总预算资产负债表的平衡公式是(　　)。

A. 资产+负债=所有者权益+收入+利润

B. 资产+负债=收入+支出

C. 资产+支出=所有者权益+收入

D. 资产+支出=负债+净资产+收入

(二) 多项选择题

1. 在财政总预算会计报表中,预算执行情况表包括(　　)。

A. 主要会计报表　B. 附表　C. 年报　D. 月报

2. 财政总预算会计年报主要有(　　)。

A. 资产负债表　B. 预算执行情况表　C. 各种明细表　D. 附表

3. 属于年终清理的事项有(　　)

A. 核对年度预算　　B. 清理本年预算收支

C. 年度对账　　D. 清理往来款项

4. 年终结账工作一般可以分为(　　)

A. 年终转账　B. 结清旧账　C. 计入新账　D. 更正错误

(三) 判断题

1. 要求月报编报的报表有资产负债表、预算执行情况表。　(　　)

2. 为了便于年终清理,各项预算拨款一般截至12月25日为止。　(　　)

3. 从全年预算执行结果来看,结余越多,就说明预算执行情况越好。　(　　)

4. 财政总预算会计资产负债表反映本级财政特定日期财务状况的财务报告。　(　　)

5. 各级财政总预算会计对本级各主管部门和下级财政部门的会计报表必须先进行汇总,再进行审核,以保证报表的质量。　(　　)

第六章 行政单位会计概述

学习目标与要求

了解行政单位会计的含义和特点。

了解行政单位会计确认和计量方法。

掌握行政单位的会计要素。

熟悉行政单位的会计科目。

重点

行政单位会计的含义和特点，行政单位会计要素与会计科目。

难点

行政单位会计科目。

导读

行政单位会计核算的目标是向会计信息使用者提供与行政单位财务状况、预算执行等有关的会计信息，反映行政单位受托责任的履行情况，有助于会计信息使用者进行管理、监督和决策。行政单位会计信息使用者包括人民代表大会、政府及其有关部门、行政单位自身和其他会计信息使用者。行政单位会一般采用收付实现制；特殊经济业务或者事项应当按照本制度的规定采用权责发生制核算。行政单位的会计要素包括资产、负债、净资产、收入、支出或者费用，共设置会计科目34个。行政单位财务管理的主要内容包括预算管理、收入管理、支出管理、结转和结余管理、资产管理、负债管理、财务报告和财务分析、财务监督等。

第一节 行政单位会计的概念和特点

一、行政单位会计的概念

行政单位会计是反映和监督各级各类国家机关、政党组织财务状况、预算执行情况及其结果的专业会计。

行政单位是行使国家权力、管理国家事务的各级政府机构，其主要活动是进行国家行政管理、组织经济建设和文化建设、维护社会公共秩序。行政单位包括国家权力机关、政府机关、审判机关、检察机关以及政党组织、接受预算拨款的人民团体等。行政单位依法设立,活动经费由国家财政供给。按照管理层次,行政单位分为中央行政单位和地方行政单位。中央行政单位由中央财政拨款,包括党中央各部门、全国人大机构、中央人民政府机构、政协全国委员会、最高人民法院机构、最高人民检察院机构、各民主党派和工商联中央机关。地方行政单位是由地方财政拨款,是国家机关、政党组织的地方分支机构,包括省(自治区、直辖市)、市(设区的市、自治州)、县(自治县、不设区的市、市辖区)和乡(镇)四个级次。

二、行政单位会计的特点

行政单位会计是我国预算会计的范畴,是政府会计的重要组成部分,以部门预算资金为会计核算对象,反映行政单位预算资金的收支情况和结果。行政单位会计要向会计信息使用者提供财务状况,预算执行情况等有关会计信息,反映行政单位受托责任的履行情况,为加强经济管理、监督资金的使用和作出经济决策服务。行政单位会计的特点,主要体现在以下几个方面:

(1) 资金来源的单一性和无偿性。行政单位是政府公共服务部门,为社会提供公共产品服务,具有明显的非营利性,其活动经费来源于财政拨款,不需要偿还。

(2) 收支核算服从预算管理的要求。财政部门对行政单位实行收支统一管理,定额、定项拨款,超支不补,结转和结余按规定使用的预算管理办法。行政单位应当严格执行预算,按照收支平衡的原则,合理安排各项资金,不得超出预算安排支出。预算在执行中原则上不予调整。因特殊情况确需要调整预算的,行政单位应当按照规定程序报送审批。

(3) 不需要进行成本核算。行政单位的业务活动目标是行使政府职能,不要求进行成本核算。由于行政单位的业务活动不是以盈利为目的,所以,在会计确认和计量方面与企业会计核算原则不同,诸如不采用谨慎性、划分收益性支出与资本性支出和配比原则等。

(4) 会计核算基础为收付实现制。行政单位一般不从事经营性业务活动,所以行政单位会计核算一般只采用“收付实现制”记账基础。特殊经济业务和事项应当按照《行政单位会计制度》的规定采用权责发生制核算。

(5) 行政单位会计分级组织核算。根据行政单位的隶属关系和预算管理层级,行政单位会计分为主管会计单位、二级会计单位和基层会计单位三级。向财政部门申报预算,并发生预算管理关系的,为主管会计单位。向主管会计单位或上一级会计单位申报预算,并发生预算管理关系,有下一级会计单位的,为二级会计单位。向上一级会计单位申报预算,并发生预算管理关系,没有下级会计单位的,为基层会计单位。主管会计单位、二级会计单位和基层会计单位实行独立会计核算,负责组织管理本部门、本单位的全部会计工作。不具备独立核算条件的行政单位,实行单据报账制度,作为“报销单位”管理。

第二节　行政单位会计的目标

一、行政单位会计信息使用者

确定行政单位会计的具体目标,首先需要明确会计信息使用者及其需要。行政单位会计信息使用者包括人民代表大会、政府及其有关部门、行政单位自身和其他会计信息使用者。

不同的会计信息使用者对行政单位会计信息有着不同的需求。内部会计信息使用者，要求提供对组织内部管理有用的会计信息，侧重于反映预算收支情况及结果，为财政预算管理和行政单位的财务管理服务。外部会计信息使用者，要求提供反映社会受托责任的会计信息，以便进行业绩评价与考核，为合理配置社会资源进行经济决策服务。因此，行政单位会计不但要为财政预算管理服务，还要为行政单位的财务管理服务；不但要反映行政单位受托责任履行情况，还要提供有助于作出经济决策的信息。

二、行政单位会计的目标

《行政单位会计准则》规定："行政单位会计核算的目标是向会计信息使用者提供与行政单位财务状况、预算执行等有关的会计信息，反映行政单位受托责任的履行情况，有助于会计信息使用者进行管理、监督和决策。"

行政单位提供的会计信息应当与反映行政单位受托责任的履行情况、满足财务报告使用者的决策需要相关，符合国家宏观经济管理、预算管理和对行政单位加强财务管理的要求，有助于财务报告使用者对行政单位过去、现在或者未来的情况进行评价或者预测。

行政单位会计核算目标应当反映受托责任，同时兼顾决策有用性。应当在兼顾财务管理需求的同时，体现财政预算管理的信息需求。行政单位会计核算的目标兼顾了行政单位财务、预算、资产、成本等方面管理的需要，促使行政单位的财务状况、预算执行情况得到更为全面、真实、合理的反映，对于提高行政单位会计信息质量、深化公共财政管理改革、提升行政单位的财务管理水平发挥积极作用。

第三节　行政单位会计科目及核算内容

一、行政单位的会计确认基础

《行政单位会计制度》规定："行政单位会一般采用收付实现制；特殊经济业务或者事项应当按照本制度的规定采用权责发生制核算"。

二、行政单位会计要素与会计科目

行政单位的会计要素包括资产、负债、净资产、收入、支出或者费用。根据《行政单位会计制度》的规定，行政单位会计共设置会计科目 34 个。其中：资产类科目 17 个，负债类科目 8 个，净资产类科目 5 个，收入类科目 2 个，支出类科目 2 个。行政单位的会计科目表如表 6－1 所示。

表 6-1　　行政单位会计科目表

序号	科目编号	科目名称	序号	科目编号	科目名称
		一、资产类	21	2301	应付账款
1	1001	库存现金	22	2302	应付政府补贴款
2	1002	银行存款	23	2305	其他应付款
3	1011	零余额账户用款额度	24	2401	长期应付款
4	1021	财政应返还额度	25	2901	受托代理负债
	102101	财政直接支付			三、净资产类
	102102	财政授权支付	26	3001	财政拨款结转
5	1212	应收账款	27	3002	财政拨款结余
6	1213	预付账款	28	3101	其他资金结转结余
7	1215	其他应收款	29	3501	资产基金
8	1301	存货		350101	预付款项
9	1501	固定资产		350111	存货
10	1502	累计折旧		350121	固定资产
11	1511	在建工程		350131	在建工程
12	1601	无形资产		350141	无形资产
13	1602	累计摊销		350151	政府储备物资
14	1701	待处理财产损溢		350152	公共基础设施
15	1801	政府储备物资	30	3502	待偿债净资产
16	1802	公共基础设施			四、收入类
17	1901	受托代理资产	31	4001	财政拨款收入
		二、负债类	32	4011	其他收入
18	2001	应缴财政款			五、支出类
19	2101	应缴税费	33	5001	经费支出
20	2201	应付职工薪酬	34	5101	拨出经费

三、行政单位的财务管理

（一）行政单位财务管理的原则和任务

行政单位财务管理的基本原则是：量入为出，保障重点，兼顾一般，厉行节约，制止奢侈浪费，降低行政成本，注重资金使用效益。

行政单位财务管理的主要任务是：科学、合理编制预算，严格预算执行，完整、准确、及时编制决算，真实反映单位财务状况；建立健全财务管理制度，实施预算绩效管理，加强对行政单位财务活动的控制和监督；加强资产管理，合理配置、有效利用、规范处置资产，防止国有资产流失；定期编制财务报告，进行财务活动分析；对行政单位所属并归口行政财务管理的单位的财务活动实施指导、监督；加强对非独立核算的机关后勤服务部门的财务管理，实行内部核算办法。

（二）行政单位财务管理的内容

行政单位财务管理的主要内容包括预算管理、收入管理、支出管理、结转和结余管理、资产管理、负债管理、财务报告和财务分析、财务监督等。满足财务管理的要求，是行政单位会计的一项重要任务。行政单位财务人员应当熟悉行政单位财务管理的各项要求，监督单位的财务活动，为加强单位财务管理提供有用的会计信息。

本章小结

行政单位会计是反映和监督各级各类国家机关、政党组织财务状况、预算执行情况及其结果的专业会计。行政单位会计是我国预算会计的范畴，是政府会计的重要组成部分，以部门预算资金为会计核算对象，反映行政单位预算资金的收支情况和结果。行政单位会计要向会计信息使用者提供财务状况，预算执行情况等有关会计信息，反映行政单位受托责任的履行情况，为加强经济管理、监督资金的使用和作出经济决策服务。行政单位会一般采用收付实现制；特殊经济业务或者事项应当按照本制度的规定采用权责发生制核算。行政单位的会计要素包括资产、负债、净资产、收入、支出或者费用。行政单位财务管理的主要内容包括预算管理、收入管理、支出管理、结转和结余管理、资产管理、负债管理、财务报告和财务分析、财务监督等。

关键术语

行政单位会计、行政单位会计目标、行政单位会计要素、行政单位会计科目

思考题

1. 什么是行政单位会计？
2. 行政单位会计有哪些特点？
3. 行政单位会计目标是什么？
4. 行政单位的会计要素有哪些？
5. 行政单位会计的确认基础是什么？
6. 行政单位会计计量方法如何选择？

练习题

（一）单项选择题

1. 下列选项中，不属于行政单位会计信息质量要求的是（　　）。

A. 可靠性原则　　B. 相关性原则　　C. 可比性原则　　D. 可理解性原则

2. 下列选项中，不属于行政单位会计科目的是(　　)。

A. “库存现金”　　B. “财政直接支付”

C. “待处置资产损溢”　　D. “财政应返还额度”

3. 下列不属于行政单位的是(　　)。

A. 国家权力机关　　B. 行政机关　　C. 学校　　D. 政党组织

4. 行政单位会计信息使用者不包括(　　)。

A. 企业管理者　　B. 人民代表大会

C. 政府及其有关部门　　D. 行政单位自身

5. 会计工作提供信息的目的是为了满足会计信息使用者的决策需要，因此，就应该做到内容真实、数字准确、资料可靠，体现的会计信息质量要求是(　　)。

A. 相关性　　B. 可靠性　　C. 可比性　　D. 及时性

6. 下列不属于行政单位会计的基本要素的是(　　)。

A. 资产　　B. 负债　　C. 所有者权益　　D. 收入

7. 零余额账户用款额度属于行政单位会计的(　　)。

A. 资产　　B. 负债　　C. 净资产　　D. 收入

8. 行政单位会计核算方法采用(　　)。

A. 收付记账法　　B. 借贷记账法

C. 增减记账法　　D. 上述三项中任选一项

9. 行政单位在运用会计科目时，应按(　　)方法进行。

A. 使用会计科目的名称

B. 使用会计科目的编号

C. 同时使用会计科目的名称和编号

D. 按单位需要，选择使用会计科目的名称或编号

(二) 多项选择题

1. 行政单位会计基本假设包括(　　)。

A. 会计主体　　B. 持续经营　　C. 会计分期　　D. 货币计量

2. 下列属于行政单位会计核算目标的有(　　)。

A. 向会计信息使用者提供与行政单位财务状况、预算执行情况等有关的会计信息

B. 反映行政单位受托责任的履行情况

C. 有助于会计信息使用者进行管理、监督和决策

D. 有助于财务报告使用者作出经济决策

3. 行政单位会计要素包括(　　)。

A. 资产、负债　　B. 收入、支出　　C. 暂存、暂付款　　D. 净资产

(三) 判断题

1. 行政单位会计是各级各类政府机关、政党组织等行政单位核算和监督国家预算资金的取得、使用及其结果的一种预算会计。(　　)

2. 行政单位不以营利为目的，所以只能采用收付实现制作为会计核算基础。(　　)

3. 行政单位会计是各级各类政府机关、政党组织等行政单位核算和监督国家预算资金的取得、使用及其结果的一种预算会计。(　　)

4. 按行政单位会计制度规定，行政单位会计核算一般采用收付实现制，特殊经济业务和事项应当按照本制度的规定采用权责发生制核算。 ( )

5. 行政单位提供的会计信息应当具有可比性。这要求同一行政单位不同时期发生的相同或者相似的经济业务或者事项，应当采用一致的会计政策，不得变更。 ( )

6. 一般情况下，行政单位所有原始凭证都先应经过会计审核，然后由有关领导审批。 ( )

第七章　行政单位资产的核算

学习目标与要求

了解行政单位资产的概念与分类。

掌握行政单位货币资金、存货、固定资产、在建工程、无形资产、公共服务和受托代理资产等的概念与核算内容以及核算所运用的科目。

熟悉并掌握行政单位资产核算中有关会计科目的运用及具体的账务处理。

重点

行政单位货币资金、存货、固定资产、在建工程、无形资产、公共服务和受托代理资产等的概念与核算内容以及核算所运用的科目;行政单位资产核算的账务处理。

难点

零余额账户用款额度的会计核算,财政应返还额度的会计核算,存货的会计核算,无法收回的应收账款、其他应收款的会计核算,固定资产的会计核算,在建工程的会计核算,无形资产的会计核算,政府储备物资的核算,公共基础设施的核算,受托代理资产的核算,"待处置资产损溢"账户的运用。

导读

行政单位的资产是指行政单位占有或者使用的能以货币计量的经济资源。它包括流动资产、非流动资产和公共服务与受托资产。行政单位资产的计量以历史成本为主,适当引入了历史成本以外的计量属性,强调资产计量的可靠性。资产的核算包括初始确认、计量和会计分录处理以及后续计量和会计分录处理。

第一节　行政单位资产概述

一、资产的含义与内容

(一) 资产的含义

行政单位的资产是指行政单位占有或者使用的能以货币计量的经济资源。

行政单位的资产具有以下特征:①资产是行政单位的一项经济资源,是其开展业务活动的物质基础,可以为行政单位正常运行和完成日常工作任务、特定任务提供或创造条件,预期能够为行政单位带来经济潜能或服务潜力。如果一项经济资源不能为行政单位带来利益、则不能确认其为资产。②资产能够以货币进行计量。③资产为行政单位占有或使用。占有,是指行政单位对经济资源拥有法律上的占有权。行政单位工作中占有或使用的物资、用品、房屋建筑物、设备等均为行政单位核算的资产。由行政单位直接支配,供社会公众使用的政府储备物资、公共基础设施等,也属于行政单位核算的资产。行政单位将一项经济资源确认为资产,应当符合资产的定义,并同时满足上述三个特征。

(二) 资产的内容

行政单位的资产包括流动资产、非流动资产和公共服务与受托资产。其中,流动资产、非流动资产是行政单位自用的资产,公共服务与受托资产是行政单位非自用的资产。流动资产是指可以在 1 年以内(含 1 年)变现或者耗用的资产,包括库存现金、银行存款、零余额账户用款额度、财政应返还额度、应收及预付款项、存货等。非流动资产是指行政单位不能或者不准备在 1 年内变现或耗用的资产,包括固定资产、在建工程、无形资产等。公共服务与受托资产是指行政单位直接负责管理的为社会提供公共服务的资产和接受委托方委托代为管理的资产,包括政府储备物资、公共基础设施和受托代理资产。

行政单位对符合资产定义的经济资源,应当在取得对其相关的权利并且能进行货币计量时确认。符合资产定义并确认的资产项目,应当列入资产负债表。

二、资产的计量

行政单位资产的计量以历史成本为主,适当引入了历史成本以外的计量属性,强调资产计量的可靠性。资产的计量包括初始计量、后续计量。

(一) 初始计量

行政单位的资产应当按照取得时的实际成本进行计量。除国家另有规定外,行政单位不得自行调整其账面价值。取得资产的实际成本,应当区分支付对价和不支付对价两种方式:

(1) 以支付对价方式取得的资产,应当按照取得资产时支付的现金或者现金等价物的金额,或者按照取得资产时所付出的非货币性资产的评估价值等金额计量。

(2) 取得资产时没有支付对价的(如接受捐赠、行政划拨等),可分为四种情况:一是有相关凭据的(如发票、报关单据等),其计量金额应当按照有关凭据载明的金额加上相关税费、运输费等确定;二是没有取得相关凭据的,但依法经过资产评估的,其计量金额应当按照评估价值加上相关税费、运输费等确定;三是没有取得相关凭据的,也没有进行资产评估的,其计量金额比照同类或者类似资产的市场价格加上相关税费、运输费等确定;四是没有相关凭据,也没有进行资产评估,其同类或类似资产的市场价格也无法可靠取得的,所取得的资产应当按照名义金额入账,名义金额一般为人民币 1 元。

(二) 后续计量

行政单位不需对各项资产进行减值测试计提减值准备,后续计量包括在固定资产折旧和无形资产摊销与公共基础设施的折旧和应收及预付款项的核销。行政单位应当按规定对固定资产、公共基础设施计提折旧、对无形资产进行摊销。逾期 3 年或以上，有确凿证据表明无法收回的应收账款、预付账款、其他应收款的账面余额按规定报经批准后予以核销。

三、行政单位资产的财务管理

行政单位占有或使用的资产属于国有资产，根据《行政单位财务规则》要求，行政单位应当建立健全单位资产管理制度，加强和规范资产配置、使用和处置管理，维护资产安全完整。加强资产的配置管理，行政单位应当按照科学规范、从严控制、保障事业发展需要的原则合理配置资产。加强资产的使用管理，行政单位应当加强资产日常管理工作，做好资产建账、核算和登记工作，定期者不定期进行清查盘点，保证账账相符、账实相符；行政单位应当按照国家有关规定实行资源共享、装备共建，提高资产使用效率。行政单位资产处置应当遵循公开、公平、公正和竞争、择优的原则，严格履行相关审批程序。

第二节　行政单位流动资产的核算

行政单位流动资产是指可以在 1 年内变现或者耗用的资产，包括库存现金、银行存款、零余额账户用款额度、财政应返还额度、应收及预付款项、存货等。

一、货币资金的核算

货币资金是行政单位资产的重要形式，包括库存现金、银行存款、零余额账户用款额度。

（一）库存现金的核算

1. 库存现金的含义

库存现金是指行政单位留存在单位的现金。

2. 账户设置

行政单位设置“库存现金”账户，核算库存现金的收付及结存情况。“库存现金”账户借方登记库存现金的增加数，贷方登记减少数，期末余额在借方，反映事业单位实际持有的库存现金。

行政单位应当设置“现金日记账”，由出纳人员根据收付款凭证，按照业务发生顺序逐日逐笔登记。每日终了，应当计算当日的现金收入合计数、现金支出合计数和结余数，并将结余数与实际库存数核对，做到账款相符。有外币现金的行政单位，应当分别按人民币、各种外币设置“现金日记账”进行明细核算。有关外币现金业务处理参见“银行存款”账户的相关规定。

3. 主要账务处理

1）存取现金

从银行等金融机构提取现金，按照实际提取的金额，借记“库存现金”账户，贷记“银行存款”“零余额账户用款额度”等账户；将现金存入银行等金融机构，借记“银行存款”，贷记“库存现金”账户；将现金退回单位零余额账户，借记“零余额账户用款额度”等账户，贷记“库存现金”账户。

【例7-1】 某行政单位开出现金支票，从开户银行提取3 000元。

借：库存现金 3 000

贷：银行存款 3 000

【例7-2】 某行政单位从零余额账户中提取现金5 000元。

借：库存现金 5 000

贷：零余额账户用款额度 5 000

2）借出现金

因支付内部职工出差等原因所借的现金，借记“其他应收款”账户，贷记“库存现金”账户；出差人员报销差旅费时，按照应报销的金额，借记有关账户，按照实际借出的现金金额，贷记“其他应收款”账户，按照其差额，借记或贷记“库存现金”账户。

【例7-3】 某行政单位职工丁某公务出差预借差旅款6 000元，以现金支付。

借：其他应收款——丁某 6 000

贷：库存现金 6 000

【例7-4】 丁某出差回来报销，实际支出5 300元，多余款项缴回。

借：经费支出 5 300

库存现金 700

贷：其他应收款——丁某 6 000

3）现金收支

因开展业务或其他事项收到现金，借记“库存现金”账户，贷记有关账户；因购买服务、商品或其他事项支出现金，借记有关账户，贷记“库存现金”账户。

【例7-5】 某行政单位出售旧报纸，取得收入20元。

借：库存现金 20

贷：其他收入 20

【例7-6】 某行政单位购买零星办公用品共计350元，以库存现金支付，办公用品当即使用。

借：经费支出 350

贷：库存现金 350

4）受托代理业务

收到受托代理的现金时，借记“库存现金”账户，贷记“受托代理负债”账户；支付受托代理的现金时，借记”受托代理负债”账户，贷记“库存现金”账户。

【例7-7】 某行政单位受甲公司委托，代甲公司管理一笔公益善款，收到现金10万元。

借：库存现金 100 000

贷：受托代理负债 100 000

【例7-8】 依据委托代理协议，该行政单位使用上述受托代理资金向某希望小学支付现金20 000元。

借：受托代理负债　　　　20 000
　贷：库存现金　　　　20 000

5）现金盘查

每日终了结算现金收支，核对库存现金时发现有待查明原因的现金短缺或溢余，通过“待处理财产损溢”账户核算。属于现金短缺的，应当按照实际短缺的金额，借记“待处理财产损溢”账户，贷记“库存现金”账户；属于现金溢余的，应当按照实际溢余的金额，借记“库存现金”账户，贷记“待处理财产损溢”账户。待查明原因后做如下处理：

（1）如为现金短缺，属于应由责任人赔偿或向有关人员追回的部分，借记“其他应收款”账户，贷记“待处理财产损溢”账户。

【例 7-9】 某行政单位盘点现金，发现短缺现金 100 元。

借：待处理财产损溢——现金短缺　　　　100
　贷：库存现金　　　　100

【例 7-10】 经查明，该笔资金短缺为出纳的个人工作失误造成，现收到由责任人赔偿的现金 100 元。

借：库存现金　　　　100
　贷：待处理财产损溢——现金短缺　　　　100

（2）如为现金溢余，属于应支付给有关人员或单位的，借记“待处理财产损溢”账户，贷记“其他应付款”账户。

【例 7-11】 某行政单位盘点现金，发现溢余现金 200 元。

借：库存现金　　　　200
　贷：待处理财产损溢——现金溢余　　　　200

【例 7-12】 经查明，该笔资金为应该支付给某职工报销的交通费，现予支付。

借：待处理财产损溢——现金溢余　　　　200
　贷：库存现金　　　　200

6）现金外币业务

行政单位有外币现金的，应当分别按照人民币、外币种类设置“现金日记账”进行明细核算。有关外币现金业务的账务处理参见“银行存款”账户的相关规定。

【例 7-13】 某行政单位收到一笔捐款为 10 000 美元的现金，当日的美元与人民币兑换比率为 1∶6.27。

借：库存现金——美元　　　　62 700
　贷：其他收入　　　　62 700

（二）银行存款的核算

1. 银行存款的定义

银行存款是指行政单位存入银行或其他金融机构的各种存款。

2. 账户设置

行政单位设置"银行存款"账户，核算存入银行及其他金融机构的各种存款。本账户借方登记银行存款的增加数，贷方登记减少数，期末余额在借方，反映行政单位实际存放在银行或其他金融的款项。

行政单位应当按开户银行或其他金融机构、存款种类及币种等，分别设置"银行存款日记账"，由出纳人员根据收付款凭证，按照业务的发生顺序逐日逐笔登记，每日终了结出余额。"银行存款日记账"应定期与"银行对账单"核对，至少每月核对一次。月度终了，行政单位账面余额与银行对账单余额之间如有差额，必须逐笔查明原因并进行处理，按月编制"银行存款余额调节表"，调节相符。

行政单位应当严格按照国家有关支付结算办法的规定办理银行存款收支业务，并按照《行政单位会计制度》规定核算银行存款的各项收支业务。

3. 主要账务处理

1）款项的存取

行政单位将款项存入银行或其他金融机构时，借记"银行存款"账户，贷记"库存现金"等有关账户；提取和支出存款时，借记"库存现金"等有关账户，贷记"银行存款"账户。

【例 7－14】 某行政单位将 20 000 元现金存入银行。

借：银行存款　　20 000
　贷：库存现金　　20 000

【例 7－15】 某行政单位开出转账支票，购买 A 材料一批，价款 20 000 元，材料已验收入库。

借：经费支出——基本支出　　20 000
　贷：银行存款　　20 000

同时：

借：存货——A 材料　　20 000
　贷：资产基金——存货　　20 000

2）存款利息和手续费

收到银行存款利息，借记"银行存款"账户，贷记"其他收入"等账户；支付银行手续费扣收罚金等时，借记"经费支出"账户，贷记"银行存款"账户。

【例 7－16】 某行政单位收到本月银行存款利息收入 2 432 元。

借：银行存款　　2 432
　贷：其他收入　　2 432

【例 7－17】 某行政单位购买银行票据，发生费用 50 元，以银行存款支付。

借：经费支出　　50
　贷：银行存款　　50

3）受托代理业务

收到受托代理的银行存款时，借记"银行存款"账户，贷记"受托代理负债"账户；支付受托代理的存款时，借记“受托代理负债”账户，贷记“银行存款”账户。

【例 7-18】 某行政单位受乙公司委托，代乙公司管理一笔 50 万元公益善款，该款项已存入银行。

借：银行存款　　500 000
　贷：受托代理负债　　500 000

【例 7-19】 依据委托代理协议，该行政单位开出转账支票一张，使用上述受托代理资金向某养老院支付资金 30 000 元。

借：受托代理负债　　30 000
　贷：银行存款　　30 000

4) 外币业务

行政单位发生外币业务的，应当按照业务发生当日或当期期初的即期汇率，将外币金额折算为人民币金额记账，并登记外币金额和汇率。期末，各种外币账户的期末余额，应当按照期末的即期汇率折算为人民币，作为外币账户期末余额。调整后的各种外币账户人民币余额与原账面余额的差额，作为汇兑损损益计入当期支出。

(1) 以外币购买物资、劳务等，按照购入当日或当期期初的即期汇率将收取的外币或应支付的外币折算为人民币金额，借记有关账户，贷记“银行存款”账户、“应付账款”等账户的外币账户。

【例 7-20】 某行政单位以美元向外国专家支付劳务费用 5 000 美元，当日的美元兑换人民币的比率是 1∶6.50。

借：经费支出　　32 500
　贷：银行存款　　32 500

(2) 以外币收取相关款项等，按照收入确认当日或当期期初的即期汇率将收取的外币或应收取的外币折算为人民币金额，借记“银行存款”账户、“应收账款”等账户的外币账户，贷记有关账户。

【例 7-21】 某行政单位接受捐赠收入 1 000 美元，取得外币的当日，美元兑换人民币的比率是 1∶6.27。

借：银行存款　　6 270
　贷：其他收入　　6 270

(3) 期末，根据各外币账户按期末汇率调整后的人民币余额与原账面人民币余额的差额，作为汇兑损益，借记或贷记“银行存款”账户、“应收账款”“应付账款”等账户，贷记或借记“经费支出”等账户。

【例 7-22】 月末，某行政单位“银行存款——美元户”账户的外币余额为 15 000 美元，以人民币计量的账面余额是 95 250 元，而月末美元兑换人民币的比率是 1∶6.5。

汇兑损益＝15 000×6.5－95 250＝2 250(元)

借：银行存款——美元户　　2 250
　贷：经费支出——其他资金支出　　2 250

（三）零余额账户用款额度的核算

1. 零余额账户用款额度的定义

零余额账户用款额度是在国库集中收付制度下，财政部门授权行政单位使用的资金额度。

2. 账户设置

行政单位设置“零余额账户用款额度”账户，核算实行国库集中支付的行政单位根据财政部门批复的用款计划收到和支用的零余额账户用款额度。该科目借方登记财政核定给预算单位的用款额度和因特殊原因退回该科目的额度资金；贷方登记预算单位支用的额度和年终未用的注销的额度。本账户期末借方余额，反应行政单位尚未支用的零余额账户用款额度。年度终了注销单位零余额账户用款额度后，本账户应无余额。

3. 主要账务处理

1）授权额度到账

行政单位收到“授权支付额度到账通知书”时，根据通知书所列数额，借记“零余额账户用款额度”账户，贷记“财政拨款收入”账户。

【例 7－23】 某行政单位收到银行签章的“授权支付额度到账通知书”，财政部门为本单位核定的零余额账户用款额度为 200 000 元。

借：余额账户用款额度　　200 000

　贷：政拨款收入——财政授权支付——基本支出拨款　　200 000

2）使用授权支付额度

行政单位按规定支用额度时，借记“经费支出”等账户，贷记“零余额账户用款额度”账户。从零余额账户提取现金时，借记“库存现金”账户，贷记“零余额账户用款额度”账户。

【例 7－24】 某行政单位开出转账支票，从零余额账户中支付本月电费 4 000 元。

借：经费支出——财政拨款支出——基本支出　　4 000

　贷：零余额账户用款额度　　4 000

【例 7－25】 某行政单位开出现金支票，从零余额账户提取现金 5 000 元。

借：库存现金　　5 000

　贷：零余额账户用款额度　　5 000

3）年末注销与年初恢复

依据国库集中支付制度的规定，行政单位的财政授权支付额度要在年底注销，第二年初再予以恢复。具体处理参见“财政应返还额度”的核算。

二、财政应返还额度的核算

（一）财政应返还额度的内容

财政应返还额度是指行政单位年终注销的，需在次年恢复的年度未实现的用款额度。

行政单位的财政应返还额度包括财政应返还直接额度和财政应返还授权额度。前者是财政直接支付额度本年预算指标与当年财政实际支付数的差额；后者是财政授权支付额度本年预算指标与当年行政单位实际支付数的差额，包括两个部分：一是未下达的授权额度，是指当年预算已经安排，但财政部门当年没有下达到行政单位代理银行的授权额度，即授权额度的本年预算指标数与当年实际下达数之间的差额；二是未使用的授权额度，是指财政部门已经将授权额度下达到代理银行，但行政单位当年尚未完成实际支付的数额，即授权额度的本年下达数与当年实际使用数之间的差额。

（二）账户设置

行政单位设置“财政应返还额度”账户，核算实行国库集中支付的行政单位应收财政返还的资金额度，本账户借方登记财政返还额度的增加额，贷方登记返还额度的减少额，期末借方余额，反映行政单位应收财政返还的资金额度。

本账户应当设置“财政直接支付”“财政授权支付”两个明细账户进行明细核算。

（三）主要账务处理

1. 年末注销

1）财政直接支付

年末，行政单位根据本年度财政直接支付预算指标数与财政直接支付实际支出数的差额，借记“财政应返还额度——财政直接支付”账户，贷记“财政拨款收入”账户。

【例 7-26】 年末，某行政单位收到财政部门的“预算单位年终结余数额通知书”，单位本年度的财政直接支付预算指标数与当年财政直接支付出数的差额为 150 000 元。

借：财政应返还额度——财政直接支付　　150 000
　贷：财政拨款收入——基本支出拨款　　150 000

2）财政授权支付

年末，根据代理银行提供的对账单作银行注销额度的相关账务处理，借记“财政应返还额度——财政授权支付”账户，贷记“零余额账户用款额度”账户。如单位本年度财政授权支付预算指标数大于财政授权支付额度下达数，根据两者间的差额，借记“财政应返还额度——财政授权支付”账户，贷记“财政拨款收入”账户。

【例 7-27】 年末，某行政单位有 20 000 元的财政授权支付额度未支用，依据代理银行提供的对账单作相关注销额度的会计账务处理。

借：财政应返还额度——财政授权支付　　20 000
　贷：零余额账户用款额度　　20 000

【例 7-28】 经与财政部门核实，某行政单位财政授权支付预算指标数为 150 万元，实际下达的零余额账户用款额度数为 130 万元，已经实际使用了的授权额度为 128 万元。

需要注销未实现的授权额度为：150－128＝22 万元，其中未下达的授权额度为 20 万元，未使用的授权额度为 2 万元。

借：财政应返还额度——财政授权支付　　220 000
　贷：零余额账户用款额度　　20 000

财政拨款收入——基本支出拨款　　200 000

2. 年初恢复

1) 财政直接支付

对于恢复财政直接支付额度，收到恢复预算额度通知时不冲销“财政应返还额度——财政直接支付”账户，只进行预算记录。待年度预算执行过程中，财政部门使用以前年度的财政直接支付额度发生支出时再确认。

2) 财政授权支付

下年度年初，行政单位根据代理银行提供的额度恢复通知书作恢复额度的相关账务处理，借记“零余额账户用款额度”账户，贷记“财政应返还额度——财政授权支付”账户。

【例7-29】 第二年年初，该行政单位收到代理银行提供的“财政授权支付额度恢复到账通知书”，上年注销的授权额度22万元已经全额恢复，并且已经下达到代理银行。

借：零余额账户用款额度　　220 000
　贷：财政应返还额度——财政授权支付　　220 000

3. 使用上年用款额度

1) 财政直接支付

行政单位使用以前年度财政直接支付额度发生支出时，借记“经费支出”账户，贷记“财政应返还额度——财政直接支付”账户。

【例7-30】 次年，某行政单位使用上年度的财政直接支付结余资金购买设备一台，设备总价款63 000元，不需要安装。

借：固定资产　　63 000
　贷：资产基金——固定资产　　63 000

同时：

借：经费支出——其他资本性支出——办公设备购置　　63 000
　贷：财政应返还额度——财政直接支付　　63 000

2) 财政授权支付

在下年度恢复财政授权支付用款额度后，发生实际支出时，借记“经费支出”等账户，贷记“零余额账户用款额度”账户。

【例7-31】 某行政单位使用恢复的上年财政授权支付额度，支付一笔培训材料印刷费4 000元。

借：经费支出——商品和服务支出——印刷费　　4 000
　贷：零余额账户用款额度　　4 000

三、应收及预付款项的核算

行政单位应收及预付款项包括应收账款、预付账款、其他应收款等。

(一) 应收账款的核算

1. 应收账款的定义

应收账款是行政单位出租资产、出售物资等应当收取的款项。

2. 账户设置

行政单位设置"应收账款"账户,核算行政单位出租资产、出售物资等应当收取的款项,行政单位收到的商业汇票,也通过本账户核算。本账户的借方登记应收账款的发生数,贷方登记应收账款的减少数,期末余额在借方,反映行政单位尚未收回的应收账款。

本账户应当按照购货、接受服务单位(或个人)或开出、承兑商业汇票的单位等进行明细核算。

应收账款应当在资产已出租或物资已出售,且尚未收到款项时确认。

3. 主要账务处理

1) 出租资产发生的应收账款

(1) 出租资产尚未收到款项时,按照应收未收金额,借记"应收账款"账户,贷记"其他应付款"账户。

【例 7-32】 某行政单位向某培训中心出租会议室,月租金 8 000 元,款项尚未收到。

借:应收账款——某培训中心	8 000	
贷:其他应付款		8 000

(2) 收回应收账款时,借记"银行存款"等账户,贷记"应收账款"账户;同时借记"其他应付款"账户,按照应缴的税费,贷记"应缴税费"账户,按照扣除应缴税费后的净额,贷记"应缴财政款"账户。

【例 7-33】 单位收到租金 8 000 元,并存入银行。按照规定应缴相关税费,其中,营业税税率 5%,城市维护建设税税率 7%,教育费附加 3%。

营业税:8 000×5%=400(元)

城市维护建设税:400×7%=28(元)

教育费附加:400×3%=12(元)

借:银行存款	8 000	
贷:应收账款——某培训中心		8 000

同时,

借:其他应付款	8 000	
贷:应缴财政款		7 560
应缴税费——应缴营业税		400
——应缴城市维护建设税		28
——应缴教育费附加		12

2) 出售物资发生的应收账款

(1) 物资已发出并到达约定状态且尚未收到款项时,按照应收未收金额,借记"应收账款"账户,贷记"待处理财产损溢"账户。

【例 7-34】 某行政单位向丙企业出售一批不需用材料,协议价格 7 500 元,物资已发出，尚未收到款项。

借：应收账款——丙企业　　　　7 500
　贷：待处理财产损溢——处理净收入　　　　7 500

(2) 收回应收账款时，借记"银行存款"等账户，贷记"应收账款"账户。

【例 7-35】 某行政单位收回丙企业欠款 7 500 元，并存入银行。

借：银行存款　　　　7 500
　贷：应收账款——M 企业　　　　7 500

3) 收到商业汇票

(1) 出租资产收到商业汇票，按照商业汇票的票面金额，借记"应收账款"账户，贷记"其他应付款"账户。出售物资收到商业汇票，按照商业汇票的票面金额，借记"应收账款"账户，贷记"待处理财产损溢"账户。

【例 7-36】 某行政单位向丁企业出租仓库，租金协议价格 50 000 元，丁企业开出银行承兑汇票，期限 1 个月，无息。

借：应收账款——丁企业　　　　50 000
　贷：其他应付款　　　　50 000

【例 7-37】 某行政单位对戊公司销售工程余料一批，协议价格 10 000 元，应缴增值税，共计 10 600 元，开出银行承兑商业汇票，期限 3 个月，无息。

借：应收账款——戊公司　　　　10 600
　贷：待处理财产损溢——处理净收入　　　　10 600

(2) 商业汇票到期收回款项时，借记"银行存款"等账户，贷记"应收账款"账户。其中，出租资产收回款项的，还应当同时借记"其他应付款"账户，按照应缴的税费，贷记"应缴税费"账户，按照扣除应缴税费后的净额，贷记"应缴财政款"。

行政单位应当设置"商业汇票备查簿"，逐笔登记每一笔应收商业汇票的种类、号数、出票日期、到期日、票面金额、交易合同号等相关信息资料。商业汇票到期结清票款或退票后，应当在备查簿内逐笔注销。

【例 7-38】 丁企业开具的 50 000 元银行承兑汇票到期，某行政单位已收款人账。按照规定应缴相关税费，其中，营业税税率 5%，城市维护建设税税率 7%，教育费附加 3%。

营业税：50 000×5%＝2 500(元)

维护建设税：2 500×7%＝175(元)

教育费附加：2 500×3%＝75(元)

借：银行存款　　　　50 000
　贷：应收账款——丁企业　　　　50 000

同时，

借：其他应付款　　　　50 000
　贷：应缴财政款　　　　47 250
　　应缴税费——应缴营业税　　　　2 500

——应缴城市维护建设税　　175

——应缴教育费附加　　75

【例7-39】 戊公司开具的银行承兑汇票到期，某行政单位收到10 600元，并存入银行。

借：银行存款　　10 600

　贷：应收账款——戊公司　　10 600

4）坏账的核销

逾期3年或以上、有确凿证据表明确实无法收回的应收账款，按照规定报经批准后予以核销。核销的应收账款应在备查簿中保留登记。

(1) 转入待处理财产损溢时，按照待核销的应收账款金额，借记“待处理财产损溢”账户，贷记“应收账款”账户。

【例7-40】 某行政单位有一笔3年以上甲企业的欠款30 000元无法收回，转入待核销资产，并同时上报财政部门审批。

借：待处理财产损溢——处理应收账款　　30 000

　贷：应收账款——甲企业　　30 000

(2) 已核销的应收账款在以后期间收回的，借记“银行存款”账户，贷记“应缴财政款”等账户。

【例7-41】 某行政单位上年已经报批核销的50 000元在本月收回。

借：银行存款　　50 000

　贷：应缴财政款　　50 000

（二）预付账款的核算

1. 预付账款的定义

预付账款是行政单位按照购货、服务合同规定预付给供应单位(或个人)的款项。

2. 账户设置

行政单位设置“预付账款”账户，核算行政单位按照购货、服务合同规定预付给供应单位(或个人)的款项。行政单位依据合同规定支付的定金，也通过本账户核算。行政单位支付可以收回的订金，不通过本账户核算，应当通过“其他应收款”账户核算。本账户借方登记预付账款的增加数，贷方登记减少数，期末余额在借方，反映行政单位实际预付但尚未结算的款项。

本账户应当按照供应单位(或个人)进行明细核算。预付账款应当在已支付款项且尚未收到物资或服务时确认。

3. 主要账务处理

(1) 发生预付账款时，借记“预付账款”账户，贷记“资产基金——预付款项”账户；同时，借记“经费支出”账户，贷记“财政拨款收入”“零余额账户用款额度”“银行存款”等账户。

【例7-42】 某行政单位向A企业预订会议中心场地，预付场地租金定金5 000元，款项通过零余额账户支付。

借：预付账款——A 企业　　5 000
　贷：资产基金——预付款项　　5 000

同时，

借：经费支出——财政拨款支出——基本支出　　5 000
　贷：零余额账户用款额度　　5 000

(2) 收到所购物资或服务时，按照相应预付账款金额，借记“资产基金——预付款项”账户，贷记“预付账款”账户；发生补付款项的，按照实际补付的款项，借记“经费支出”账户，贷记“财政拨款收入”“零余额账户用款额度”“银行存款”账户。收到物资的，同时按照收到所购物资的成本，借记有关资产账户，贷记“资产基金”及相关明细账户。

【例 7-43】 接[例 7-42]，按照合同规定的场地租金为 30 000 元，某行政单位在开完会议后，以银行存款补付余额 25 000 元。

借：资产基金——预付款项　　5 000
　贷：预付账款——A 企业　　5 000

同时，

借：经费支出——基本支出　　25 000
　贷：银行存款　　25 000

(3) 当年预付账款退回的，借记“资产基金——预付款项”账户，贷记“预付账款”账户；同时借记“财政拨款收入”“零余额账户用款额度”“银行存款”等账户，贷记“经费支出”账户。

发生以前年度预付账款退回的，借记“资产基金——预付款项”账户，贷记“预付账款”账户；同时，借记“财政应返还额度”“零余额账户用款额度”“银行存款”等账户，贷记“财政拨款结转”“财政拨款结余”“其他资金结转结余”等账户。

【例 7-44】 某行政单位当年预付给某培训中心的劳务款 20 000 元，经协商解除协议并退回预付款，存入银行。

借：资产基金——预付款项　　20 000
　贷：预付账款——某培训中心　　20 000

同时，

借：银行存款　　20 000
　贷：经费支出——财政拨款支出——基本支出　　20 000

【例 7-45】 某行政单位上年度通过财政直接支付方式预付给乙公司的专项工程物资款 200 000 元，因对方原因无法提供，现解除合同，款项原渠道退回。

借：资产基金——预付款项　　200 000
　贷：预付账款——乙公司　　200 000

同时，

借：财政应返还额度　　200 000
　贷：财政拨款结转　　200 000

(4) 逾期3年或以上、有确凿证据表明确实无法收到所购物资和服务，且无法收回的预付账款，按照规定报经批准后予以核销。核销的预付账款应在备查簿中保留登记。

其一，转入待处理财产损溢时，按照待核销的预付账款金额，借记"待处理财产损溢"账户，贷记"预付账款"账户。

【例7-46】 单位在3年前向某机构预付的一笔10 000元款项，因对方原因无法继续履行合同，按照规定报批核销。

借：待处理财产损溢——处理预付账款	10 000	
贷：预付账款——某机构		10 000

其二，已核销的预付账款在以后期间又收回的，借记"零余额账户用款额度""银行存款"等账户，贷记"财政拨款结转""财政拨款结余""其他资金结余"等账户。

【例7-47】 某行政单位上年度已经核销的15 000元预付款项本月又收回，并存入银行。

借：银行存款	15 000	
贷：财政拨款结余		15 000

（三）其他应收款的核算

1. 其他应收款的定义

其他应收款是行政单位除应收账款、预付账款以外的其他各项应收及暂付款，如职工预借的差旅费、拨付给内部有关部门的备用金、应向职工收取的各种垫付款项等。

2. 账户设置

行政单位设置"其他应收款"账户，核算除应收账款、预付账款以外的其他各项应收及暂付款。本账户借方登记其他应收款的增加数，贷方登记减少数，期末余额在借方，反映行政单位尚未收回的其他应收款。

本账户应当按照其他应收款的类别以及债务单位(或个人)进行明细核算。

3. 主要账务处理

(1) 发生其他应收及暂付款项时，借记"其他应收款"账户，贷记"零余额账户用款额度""银行存款"等账户。

【例7-48】 某行政单位为职工李某因公出差，预借差旅费5 000元，单位以现金支付。

借：其他应收款——李某	5 000	
贷：库存现金		5 000

(2) 收回或转销上述款项时，借记"银行存款""零余额账户用款额度"或有关支出等账户，贷记"其他应收款"账户。

【例7-49】 接[例7-48]，李某出差回来报销差旅费6 000元，报销差额1 000元以现金补付。

借：经费支出——基本支出——日常公用经费	6 000	
贷：库存现金		1 000
其他应收款——李某		5 000

(3) 行政单位内部实行备用金制度的，有关部门使用备用金以后应当及时到财务部门报销并补足备用金。财务部门核定并发放备用金时，借记“其他应收款”账户，贷记“库存现金”等账户。根据报销数用现金补足备用金定额时，借记“经费支出”账户，贷记“库存现金”等账户，报销数和拨补数都不再通过本账户核算。

【例 7－50】 某行政单位内部实行备用金制度，财务部门核定某业务部门申请，发放备用金 2 000 元。

借：其他应收款——某业务部门	2 000	
贷：库存现金		2 000

(4) 逾期 3 年或以上、有确凿证据表明确实无法收回的其他应收款，按规定报经批准后予以核销。核销的其他应收账款应在备查账簿中保留登记。

其一，转入待处理财产损溢时，按照待核销的其他应收款金额，借记“待处理财产损溢”账户，贷记“其他应收款”账户。

【例 7－51】 某行政单位临时工王某 3 年前因病住院，经申请批准，向财务部门预借了 5 000 元医疗费，后因王某去外地无法联系上而没有归还这笔借款，报经批准，将此款项转入待核销资产。

借：待处理理财产损溢——处理其他应收款	5 000	
贷：其他应收款——王某		5 000

其二，已核销的其他应收款在以后期间又收回的，如属于在核销年度内收回的，借记“银行存款”等账户，贷记“经费支出”账户；如属于在核销年度以后收回的，借记“银行存款”等账户，贷记“财政拨款结转”“财政拨款结余”“其他收入”等账户。

【例 7－52】 单位已经核销了为王某垫款的 1 年以后，王某向该行政单位归还借款，单位收现金 5 000 元。

借：库存现金	5 000	
贷：其他资金结转结余		5 000

四、存货的核算

1. 存货的定义

行政单位的存货是指行政单位在开展业务活动及其他活动中为耗用而储存的各种物资，包括材料、燃料、包装物和低值易耗品及未达到固定资产标准的家具、用具、装具等。在工作中为耗用而储存的资产，包括材料、燃料、包装物、低值易耗品等。

2. 账户设置

行政单位设置“存货”账户，核算在开展业务活动及其他活动中为耗用而储存的各种物资的实际成本，本账户借方登记存货的增加数，贷方登记减少数，期末余额在借方，反映行政单位存货的实际成本。

本账户应当按照存货的种类、规格和保管地点等进行明细核算。行政单位有委托加工存货业务的，应当在本账户下设置“委托加工存货成本”账户。出租、出借的存货，应当设置备查簿进行登记。

行政单位接受委托人指定受赠人的转赠物资，应当通过“受托代理资产”账户核算，不通过本账户核算。行政单位随买随用的零星办公用品等，可以在购进时直接列作当期支出，不通过本账户核算。

行政单位应当在存货到达存放地点并验收时确认。

3. 主要账务处理

1) 存货的取得

存货在取得时，应当按照其实际成本入账。取得存货的方式有购入、置换、接受捐赠、无偿调入和委托加工等。

(1) 购入的存货，其成本包括购买价款、相关税费、运输费、装卸费、保险费以及其他使得存货达到目前场所和状态所发生的支出。

购入的存货验收入库，按照确定的成本，借记“存货”账户，贷记“资产基金——存货”账户；同时，按照实际支付的金额，借记“经费支出”账户，贷记“财政拨款收入”“零余额账户用款额度”“银行存款”等账户；对于尚未付款的，应当按照应付未付的金额，借记“待偿债净资产”账户，贷记“应付账款”账户。

【例 7－53】 某行政单位购入 10 箱打印纸，每箱 500 元，运输费 200 元，共计 5 200 元，以零余额账户用款额度支付，货物验收入库。

借：存货——打印纸　　5 200

　贷：资产基金——存货　　5 200

同时，

借：经费支出——财政拨款支出——基本支出　　5 200

　贷：零余额账户用款额度　　5 200

【例 7－54】 某行政单位向 A 企业购入一批赈灾物资，该批物资价格 200 000 元，向对方支付增值税 34 000 元，运输费 1 000 元，装卸费 300 元，保险费 200 元，共 235 500 元。通过零余额账户支付 5 500 元，尚有 230 000 元余款没有支付。采购所用的资金为财政性资金。货物已验收入库。

借：存货——赈灾物资　　235 500

　贷：资产基金——存货　　235 500

同时，

借：经费支出——财政拨款支出——基本支出　　5 500

　贷：零余额账户用款额度　　5 500

应付未付部分：

借：待偿债净资产　　230 000

　贷：应付账款——A 企业　　230 000

(2) 置换换入的存货，其成本按照换出资产的评估价值，加上支付的补价或减去收到的补价，加上为换人存货支付的其他费用(运输费等)确定。

换入的存货验收入库，按照确定的成本，借记“存货”账户，贷记“资产基金——存货”账户;同时,按实际支付的补价、运输费等金额,借记"经费支出"账户,贷记"财政拨款收入""零余额账户用款额度""银行存款"等账户。

【例 7-55】 某行政单位与 B 单位协商置换耗材一批,评估价值 8 000 元,并向对方支付补价 2 000 元,发生运输费用 100 元,款项通过零余额账户支付,换入材料验收入库。

借:存货——耗材　　10 100
　贷:资产基金——存货　　10 100

同时,

借:经费支出——财政拨款支出——基本支出　　2 100
　贷:零余额账户用款额度　　2 100

(3) 接受捐赠、无偿调入的存货其成本按照有关凭据注明的金额加上相关税费、运输费等确定;没有相关凭据可供取得,但依法经过资产评估的,其成本应当按照评估价值加上相关税费、运输费等确定;没有相关凭据可供取得也未经评估的,其成本比照同类或类似存货的市场价格加上相关税费、运输费等确定;没有相关凭据也未经评估,其同类或类似存货的市场价格无法可靠取得,该存货按照名义金额入账。

接受捐赠、无偿调人的存货验收入库,按照确定的成本,借记"存货"账户,贷记"资产基金——存货"账户;同时,按实际支付的相关税费、运输费等金额,借记"经费支出"账户,贷记"财政拨款收入""零余额账户用款额度""银行存款"等账户。

【例 7-56】 某行政单位接受捐赠电脑耗材一批,经过资产评估,评估价值为 52 000 元。发生运输费 400 元,以现金支付。

借:存货——电脑耗材　　52 000
　贷:资产基金——存货　　52 000

同时:

借:经费支出——财政拨款支出——基本支出　　400
　贷:库存现金　　400

(4) 委托加工的存货,其成本按照未加工存货的成本加上加工费用和往返运费等确定。

委托加工的存货出库,借记"存货"账户下的"委托加工存货成本"明细账户,贷记"存货"账户下的相关明细账户。支付加工费用和相关运输费等时,借记"经费支出"账户,贷记"财政拨款收入""零余额账户用款额度""银行存款"等账户;同时,按相同的金额,借记"存货"账户下的"委托加工存货成本"明细账户,贷记"资产基金——存货"账户。委托加工完成的存货验收入库时,按照委托加工存货的成本,借记"存货"账户下的相关明细账户,贷记"存货"账户下的"委托加工存货成本"明细账户。

【例 7-57】 某行政单位对外委托加工材料一批,该批材料账面价值 16 000 元,材料已出库。

借:存货——委托加工存货成本　　16 000
　贷:存货——××材料　　16 000

【例 7-58】 该单位开出转账支票,支付上述材料的加工费用 8 500 元。

借：经费支出——财政拨款支出——基本支出　　8 500
　贷：银行存款　　8 500

同时，

借：存货——委托加工存货成本　　8 500
　贷：资产基金——存货　　8 500

【例 7－59】 该批委托加工存货完工，运回并验收入库，并以现金支付运输的费用 200 元。

借：存货——××材料　　24 500
　贷：存货——委托加工存货成本　　24 500

同时，

借：经费支出——财政拨款支出——基本支出　　200
　贷：库存现金　　200

2）存货的发出

存货发出时，应当根据实际情况采用先进先出法、加权平均法或个别计价法确定发出存货的实际成本。计价方法一经确定，不得随意变更。

（1）开展业务活动等领用、发出存货，按照领用、发出存货的实际成本，借记“资产基金——存货”账户，贷记“存货”账户。

【例 7－60】 某行政单位的业务部门领用 E 材料一批，采用先进先出法确认该批材料的价值为 5 400 元。

借：资产基金——存货　　5 400
　贷：存货——E 材料　　5 400

（2）经批准对外捐赠、无偿调出存货时，按照对外捐赠、无偿调出际成本，借记“资产基金——存货”账户”，贷记“存货”账户。

对外捐赠、无偿调出存货发生由行政单位承担的运输费等支出，借记“经费支出”账户，贷记“财政拨款收入”“零余额账户用款额度”“银行存款”等账户。

【例 7－61】 某行政单位无偿调出耗材一批，该批耗材的实际成本为 5 000 元，并以现金支付运费 200 元。

借：资产基金——存货　　5 000
　贷：存货——耗材　　5 000

同时，

借：经费支出——财政拨款支出——基本支出　　200
　贷：库存现金　　200

（3）经批准对外出售、置换换出的存货，应当转入待处理财产损溢，按照相关存货的实际成本，借记“待处理财产损溢——待处理财产价值”账户，贷记“存货”账户。实现出售、置换换出时，借记“资产基金——存货”账户，贷记“待处理财产损溢——待处理财产价值”账户。出售、置换换出存货过程中收到价款、补价等收入，借记“库存现金”“银行存款”“应收账款”等账户，贷记“待处理财产损溢——处理净收入”账户；出售、置换换出存货过程中发生相关费用，借记“待处理财产损溢——处理净收入”账户，贷记“库存现金”“银行存款”“应缴税费”等账户。出售、置换换出完毕并收回相关的应收账款后，按照处置收入扣除相关税费后的净收入，借记“待处理财产损溢——处理净收入”账户，贷记“应缴财政款”。如果处置收入小于相关税费的，按照相关税费减去处置收入后的净支出，借记“经费支出”账户，贷记“待处理财产损溢——处理净收入”账户。

【例 7-62】 经批准，某行政单位对外出售不需用物资一批，该批物资的实际成本为 8 400 元，按评估价值确定的销售价格为 7 000 元，销售该物资应交增值税 210 元。

经批准后将该物资转入待处理财产损溢：

借：待处理财产损溢——待处理财产价值　　8 400
　贷：存货——××物资　　8 400

实现销售时：

借：资产基金——存货　　8 400
　贷：待处理财产损溢——待处理财产价值　　8 400

同时，

借：银行存款　　7 000
　贷：待处理财产损溢——处理净收入　　7 000

计算应交增值税时：

借：待处理财产损溢——处理净收入　　210
　贷：应交税费——应交增值税　　210

存货出售结束后，将处理净收入转入应缴财政款。

借：待处理财产损溢——处理净收入　　6 790
　贷：应缴财政款　　6 790

3）存货的报废、毁损

报废、毁损的存货，应当转入待处理财产损溢，按照相关存货的账面价值，借记“待处理财产损溢——待处理财产价值”账户，贷记“存货”账户。报经批准予以核销时，借记“资产基金——存货”账户，贷记“待处理财产损溢——待处理财产价值”账户。毁损、报废存货的处置过程中取得的残值变价收入、发生相关费用，通过“待处理财产损溢——处理净收入”账户核算。处置完成后，若“待处理财产损溢”账户余额在贷方，则借记“待处理财产损溢——处理净收入”账户，贷记“应缴财政款”账户；若“待处理财产损溢”账户余额在借方，则借记“经费支出”账户，贷记“待处理财产损溢——处理净收入”账户。

【例 7-63】 某行政单位一批材料因保管不当，发生毁损，其账面余额为 4 500 元，经批准予以报废。处理过程中发生清理费用 500 元，以现金支付；取得变价收入 300 元，存入银行。

将该材料转入待处理财产损溢时：

借：待处理财产损溢——待处理财产价值 4 500

贷：存货——××材料 4 500

报经批准予以核销时：

借：资产基金——存货 4 500

贷：待处理财产损溢——待处理财产价值 4 500

支付清理费用时：

借：待处理财产损溢——处理净收入 500

贷：库存现金 500

收到变价款时：

借：银行存款 300

贷：待处理财产损溢——处理净收入 300

清理损溢转出：

借：经费支出——财政拨款支出——基本支出 200

贷：待处理财产损溢——处理净收入 200

4）存货的清查盘点

行政单位的存货应当定期进行清查盘点，每年至少盘点一次。对于发生存货盘盈、盘亏，应当及时查明原因，按规定报经批准后进行账务处理。

（1）盘盈的存货，按照取得同类或类似存货的实际成本确定入账；没有同类或类似存货的实际成本，按照同类或类似存货的市场价格确定入账；同类或类似存货的实际成本或市场价格无法可靠取得，按照名义金额入账。盘盈的存货，按照确定的入账价值，借记"存货"账户，贷记"待处理财产损溢——待处理财产价值"账户。报经批准予以处理时，借记"待处理财产损溢——待处理财产价值"账户，贷记"资产基金——存货"账户。

【例 7-64】 某行政单位对存货进行年末盘点，盘盈 F 材料一批，同类材料的市场价格 6 600 元。报经批准后入账。

将材料转入待处理财产损溢时：

借：存货——F 材料 6 600

贷：待处理财产损溢——待处理财产价值 6 600

报经批准后入账时：

借：待处理财产损溢——待处理财产价值 6 600

贷：资产基金——存货 6 600

（2）盘亏的存货，转入待处理财产损溢时，按照其账面余额，借记"待处理财产损溢——待处理财产价值"账户，贷记"存货"账户。报经批准予以核销时，借记"资产基金——存货"账户，贷记"待处理财产损溢——待处理财产价值"。

【例 7-65】 某行政单位对存货进行年末盘点，盘亏 G 材料一批，同类材料的市场价格为 5 000 元。报经批准后予以核销。

将材料转入待处理财产损溢时：

借：待处理财产损溢——待处理财产价值　　5 000

　贷：存货——G 材料　　5 000

报经批准后予以核销时：

借：资产基金——存货　　5 000

　贷：待处理财产损溢——待处理财产价值　　5 000

第三节　固定资产的核算

一、固定资产的定义和分类

（一）固定资产的定义

固定资产是指使用期限超过 1 年(不含 1 年)、单位价值在规定标准(一般设备价值为 1 000 元,专用设备单位价值为 1 500 元)以上,并在使用过程中基本保持原有物质形态的资产。单位价值虽未达到规定标准但是耐用时间超过 1 年(不含 1 年)的大批同类物资,应当作为固定资产核算。

（二）固定资产的分类

固定资产一般分为 6 类：房屋及构筑物；通用设备；专用设备；文物和陈列品；图书、档案；家具、用具、装具及动植物。

行政单位应当根据固定资产定义和有关主管部门对固定资产的统一分类,结合本单位的具体情况,制定适合本单位的固定资产目录和具体分类方法,作为进行固定资产核算的依据。

二、账户设置

行政单位设置“固定资产”账户,核算各类固定资产的原价。本账户借方登记固定资产的增加数,贷方登记减少数。期末余额在借方,反映行政单位固定资产的原价。

行政单位应当设置“固定资产登记簿”和“固定资产卡片”,按照固定资产类别、项目和使用部门等进行明细核算。出租、出借的固定资产,应当设置备查账簿进行登记。

固定资产的核算应当注意以下几点：

(1) 固定资产的各组成部分具有不同的使用寿命、适用不同折旧率的,应当分部分确认为单项固定资产。

(2) 购入需要安装的固定资产,应当先通过“在建工程”账户核算,安装完毕交付使用时再转入本账户核算。

(3) 行政单位的软件，如果其构成相关硬件不可缺少的组成部分，应当将该软价值包括在所属的硬件价值中，一并作为固定资产，通过本账户进行核算；如果其不构成相关硬件不可缺少的组成部分，应当将该软件作为无形资产，通过"无形资产"账户核算。

(4) 行政单位购建房屋及构筑物不能够分清支付价款中的房屋及构筑物与土地使用权部分的，应当全部作为固定资产，通过本账户核算；能够分清支付价款中的房屋及建筑物与土地使用权部分的，应当将其中的房屋及构筑物部分作为固定资产，通过本账户核算，将其中的土地使用权部分作为无形资产，通过"无形资产"账户核算；境外行政单位购买具有所有权的土地，作为固定资产，通过本账户核算。

(5) 行政单位借入、以经营租赁方式租人的固定资产，不通过本账户核目核算，应当设置备查簿进行登记。

三、固定资产的确认

固定资产应当按照以下条件确认：购入、换入、无偿调入、接受捐赠不需安装的固定资产，在固定资产验收合格时确认；购入、换入、无偿调入、接受捐赠需要安装的固定资产，在固定资产完成交付使用时确认；自行建造、改建、扩建的固定资产，在建造完成交付使用时确认。取得的固定资产，应按照其成本入账。

四、主要账务处理

(一) 固定资产的取得

1. 购入的固定资产

购入的固定资产，其成本包括实际支付的购买价款、相关税费和使用固定资产交付使用前所发生的可归属于该项资产的运输费、装卸费、安装费和专业人员服务费等。

以一笔款项购入多项没有单独标价的固定资产，按照各项固定资产同类或类似固定资产市场价格的比例对总成本进行分配，分别确定各项固定资产的入账价值。

购入不需安装的固定资产，按照确定的固定资产成本，借记"固定资产"账户，贷记"资产基金——固定资产"账户；同时，按照实际支付的金额，借记"经费支出"账户，贷记"财政拨款收入""零余额账户用款额度""银行存款"等账户。

购入需要安装的固定资产，先通过"在建工程"账户核算。安装完工，交付使用时，借记"固定资产"账户，贷记"资产基金——固定资产"账户；同时，借记"资产基金——在建工程"账户，贷记"在建工程"账户。

购入固定资产分期付款或扣留质量保证金的，在取得固定资产时，按固定资产的成本，借记"固定资产"账户(不需安装)或"在建工程"账户(需要安装)，贷记"资产基金——固定资产""在建工程"账户；同时，按照已实际支付的价款，借记"经费支出"账户，贷记"财政拨款收入""零余额账户用款额度""银行存款"账户；按照应付未付的款项或扣留的质量保证金等金额，借记"待偿债净资产"账户，贷记"应付账款"或"长期应付款"账户。

【例 7-66】 某行政单位以 500 000 元的款项购入 3 台没有单独标价的机器设备——A 设备、B 设备和 C 设备，这 3 台设备市场价格的比例为 1∶1.5∶2.5，以财政直接支付方式付款。设备不需要安装，经验收投入使用。

A设备实际成本：500 000×1/5=100 000(元)

B设备实际成本：500 000×1.5/5=150 000(元)

C设备实际成本：500 000×2.5/5=250 000(元)

借：固定资产——A设备　100 000

　　　　　　——B设备　150 000

　　　　　　——C设备　250 000

　贷：资产基金——固定资产　500 000

同时，

借：经费支出——财政拨款支出——基本支出　500 000

　贷：财政拨款收入——基本支出拨款　500 000

【例7-67】 某行政单位购入需要安装的设备一台，设备价款60 000元，运输费600元，装卸费200元，共计60 800元，通过零余额账户支付50 800元，余额10 000元作为扣留质量保证金。设备运抵单位。

借：在建工程——××设备　60 800

　贷：资产基金——在建工程　60 800

同时，

借：经费支出——财政拨款支出——基本支出　50 800

　贷：零余额账户用款额度　50 800

扣留质量保证金部分：

借：待偿债净资产　10 000

　贷：应付账款——××企业　10 000

【例7-68】 单位支付上述设备安装费6 000元，专业人员服务费5 000元，以零余额账户用款额度支付。

借：在建工程　11 000

　贷：资产基金——在建工程　11 000

同时，

借：经费支出——财政拨款支出——基本支出　11 000

　贷：零余额账户用款额度　11 000

【例7-69】 上述设备安装完工交付使用。

借：固定资产——××设备　71 800

　贷：资产基金——固定资产　71 800

同时，

借：资产基金——在建工程　71 800

贷：在建工程——××设备　　71 800

2. 自行建造的固定资产

自行建造的固定资产，其成本包括建造该项资产至交付使用前所发生的全部必要支出。

固定资产的各组成部分需要分别核算的，按照各组成部分固定资产造价确定其成本；没有各组成部分固定资产造价的，按照各组成部分固定资产同类或类似资产市场造价的比例对总造价进行分配确定各组成部分固定资产的成本。

工程完工交付使用时，按照自行建造过程中发生的实际支出，借记"固定资产"账户，贷记"资产基金——固定资产"账户；同时，借记"资产基金——在建工程"账户，贷记"在建工程"账户；已交付使用但尚未办理竣工决算手续的固定资产，按照估计价值入账，待确定实际成本后再进行调整。

【例 7－70】 某行政单位自行建造一台实验设备，支付材料费 56 000 元，人工费 26 650 元，以零余额账户用款额度支付。

借：在建工程——××设备　　82 650

　贷：资产基金——在建工程　　82 650

同时，

借：经费支出——财政拨款支出——基本支出　　82 650

　贷：零余额账户用款额度　　82 650

【例 7－71】 自行建造的实验设备完工，发生建造费用共计 125 000 元，验收并交付使用。

借：固定资产——××设备　　125 000

　贷：资产基金——固定资产　　125 000

同时，

借：资产基金——在建工程　　125 000

　贷：在建工程——××设备　　125 000

3. 自行繁育的动植物

自行繁育的动植物，其成本包括在达到可使用状态前所发生的全部必要支出。

(1) 购入需要繁育的动植物，按照购入的成本，借记"固定资产——未成熟动植物"账户，贷记"资产基金——固定资产"账户；同时，按照实际支付的金额，借记"经费支出"账户，贷记"财政拨款收入""零余额账户用款额度""银行存款"等账户。

【例 7－72】 某行政单位购入一批桂树幼苗用于培育实验，价款 5 000 元，以零余额账户用款额度支付。

借：固定资产——未成熟动植物　　5 000

　贷：资产基金——固定资产　　5 000

同时，

借：经费支出——财政拨款支出——基本支出　　5 000

　贷：零余额账户用款额度　　5 000

(2) 发生繁育费用，按照实际支付的金额，借记“固定资产——未成熟动植物”账户，贷记“资产基金——固定资产”账户；同时，借记“经费支出”账户，贷记“财政拨款收入”“零余额账户用款额度”“银行存款”等账户。

【例 7－73】 该单位以现金支付培育桂树幼苗人工费 2 800 元。

借：固定资产——未成熟动植物　　2 800
　贷：资产基金——固定资产　　2 800

同时，

借：经费支出——财政拨款支出——基本支出　　2 800
　贷：库存现金　　2 800

(3) 动植物达到可使用状态时，借记“固定资产——成熟动植物”账户，贷记“固定资产——未成熟动植物”账户。

【例 7－74】 桂树长成，达到可使用状态，发生的各种培育费用共计 12 000 元。

借：固定资产——成熟动植物　　12 000
　贷：固定资产——未成熟动植物　　12 000

4. 改建、扩建、修缮的固定资产

在原有固定资产基础上进行改建、扩建、修缮的固定资产，其成本按照原固定资产的账面价值(“固定资产”账户账面余额减去“累计折旧”账户账面余额后的净值)加上改建、扩建、修缮发生的支出，再扣除固定资产拆除部分账面价值后的金额确定。

将固定资产转入改建、扩建、修缮时，按照固定资产的账面价值，借记“在建工程”账户，贷记“资产基金——在建工程”账户；同时，按照固定资产的账面价值，借记“资产基金——固定资产”账户，按照固定资产已计提折旧，借记“累计折旧”账户，按照固定资产的账面余额，贷记“固定资产”账户。

工程完工交付使用时，按照确定的固定资产成本，借记“固定资产”账户，贷记“资产基金——固定资产”账户；同时，借记“资产基金——在建工程”账户，贷记“在建工程”账户。

【例 7－75】 某行政单位对一栋办公楼进行改扩建，该楼的固定资产账面净值为 7 000 000 元，已计提折旧 1 400 000 元；发生改扩建费用共计 1 064 300 元，通过财政直接方式付款。大楼改扩建完工交付使用。

改扩建时转入在建工程：

借：在建工程——办公楼改扩建工程　　7 000 000
　贷：资产基金——在建工程　　7 000 000

同时，

借：资产基金——固定资产　　7 000 000
　　累计折旧　　1 400 000
　贷：固定资产——办公楼　　8 400 000

发生改扩建费用时：

借：在建工程——办公楼改扩建工程　　1 064 300

贷：资产基金——在建工程　　　　　　　　　　　　1 064 300

同时，

借：经费支出——财政拨款支出——基本支出　　　　1 064 300
　贷：财政拨款收入——基本支出拨款　　　　　　　　1 064 300

交付使用时：

借：固定资产——办公楼　　　　　　　　　　　　8 064 300
　贷：资产基金——固定资产　　　　　　　　　　　8 064 300

同时，

借：资产基金——在建工程　　　　　　　　　　　8 064 300
　贷：在建工程——办公楼改扩建工程　　　　　　　8 064 300

5. 置换取得的固定资产

置换取得的固定资产，其成本按照换出资产的评估价值加上支付的补价或减去收到的补价，加上为换入固定资产支付的其他费用（运输费等）确定，借记"固定资产"账户（不需安装）或"在建工程"账户（需安装），贷记"资产基金——固定资产""资产基金——在建工程"账户；按照实际支付的补价、相关运输费等，借记"经费支出"账户，贷记"财政拨款收入""零余额账户用款额度""银行存款"等账户。

【例 7-76】 某行政单位将一台不需用的A设备与其他单位B设备，换出设备的资产估值52 000元，向对方支付补价3 000元，以银行存款支付。换入设备不需要安装，验收后投入使用。

借：固定资产——B设备　　　　　　　　　　　　55 000
　贷：资产基金——固定资产　　　　　　　　　　　55 000

同时，

借：经费支出　　　　　　　　　　　　　　　　3 000
　贷：银行存款　　　　　　　　　　　　　　　　3 000

（注：上述会计分录仅对换入的B设备进行了会计处理，对换出A设备的会计处理见本节"固定资产的处置"的有关内容。）

6. 接受捐赠、无偿调入的固定资产

接受捐赠、无偿调入的固定资产，其成本按照有关凭据注明的金额加上相关税费、运输费等确定；没有相关凭据可供取得，但依法经过资产评估的，其成本应当按照评估价值加上相关税费、运输费等确定；没有相关凭据可供取得也未经评估的，其成本比照同类或类似固定资产的市场价格加上相关税费、运输费确定；没有相关凭据也未经评估，其同类或类似固定资产的市场价格无法可靠取得，所取得的固定资产应当按照名义金额入账。

接受捐赠、无偿调入的固定资产，按照确定的成本，借记"固定资产"账户（不需安装）或"在建工程"账户（需要安装），贷记"资产基金——固定资产""资产基金——在建工程"账户；按照实际支付的相关税费、运输费等，借记"经费支出"账户，贷记"财政拨款收入""零余额账户用款额度""银行存款"等账户。

【例 7－77】 某行政单位无偿调入 10 台电脑，有关凭据注明金额 38 000 元，发生运输费用 500 元，以现金支付。

借：固定资产——电脑　　38 500
　　贷：资产基金——固定资产　　38 500

同时，

借：经费支出　　500
　　贷：库存现金　　500

（二）固定资产的折旧

1. 行政单位固定资产计提折旧的范围与要求

行政单位应该对固定资产、公共基础设施计提折旧，在固定资产、公共基础设施预计使用寿命内，按照确定的方法对应折旧金额进行系统分摊。

1）计提折旧的范围

行政单位固定资产折旧的范围主要包括：房屋及建筑物，通用设备、专用设备，家具、用具、装具等。不计提折旧的固定资产包括：文物及陈列品；图书、档案；动植物；以名义金额入账的固定资产；境外行政单位持有的能够与房屋及构筑物区分、拥有所有权的土地。

2）计提折旧的方法及要求

（1）行政单位应当根据固定资产、公共基础设施的性质和实际使用情况，合理确定其折旧年限。省级以上财政部门、主管部门对行政单位固定资产、公共基础设施年限作出规定的，从其规定。

（2）行政单位一般应当采用年限平均法或工作量法计提固定资产、公共基础设施折旧。

（3）行政单位固定资产、公共基础设施的应折旧金额为其成本，计提固定资产、公共基础设施折旧不考虑预计净残值。

（4）行政单位一般应当按月计提固定资产、公共基础设施折旧。当月增加的固定资产、公共基础设施，当月不提折旧，从下月起计提折旧；当月减少的固定资产、公共基础设施，当月照提折旧，从下月起不提折旧。

（5）固定资产、公共基础设施提足折旧后，无论能否继续使用，均不再计提折旧；提前报废的固定资产、公共基础设施，也不再补提折旧；已提足折旧的固定资产、公共基础设施，可以继续使用的，应当继续使用，规范管理。

（6）固定资产、公共基础设施因改建、扩建或修缮等原因而提高使用效能或延长使用年限的，应当按照重新确定的固定资产、公共基础设施成本以及重新确定的折旧年限，重新计算折旧额。

2. 账户设置

行政单位设置“累计折旧”账户，核算固定资产、公共基础设施计提的累计折旧，本账户贷方登记计提数，借方登记冲销、转出数，期末余额在贷方，反映行政单位计提的固定资产、公共基础设施折旧累计数。

本账户应当按照固定资产、公共基础设施的类别、项目等进行明细核算。占有公共基础设施的行政单位，应当在本账户下设置“固定资产累计折旧”和“公共基础设施累计折旧”两个一级明细账户，分别核算对固定资产和公共基础设施计提的折旧。

3. 主要账务处理

(1) 按月计提固定资产、公共基础设施折旧时，按照应计提折旧金额，借记“资产基金——固定资产”“资产基金——公共基础设施”科目，贷记“累计折旧”账户。

【例 7-78】 月末，某行政单位计提折旧，其中，机器设备类折旧 4 520 元，房屋建筑类折旧 29 780 元。

借：资产基金——固定资产　　34 300

　贷：累计折旧——机器设备类　　4 520

　　　　　　——房屋建筑类　　29 780

(2) 固定资产、公共基础设施处置时，按照所处置固定资产、公共基础设施的账面价值，借记“待处理财产损溢”账户(出售、置换换出、报废、毁损、盘亏)或“资产基金——固定资产”“资产基金——公共基础设施”(无偿调出、对外捐赠)，按照固定资产、公共基础设施已计提折旧，借记“累计折旧”账户，按照固定资产、公共基础设施的账面余额，贷记“固定资产”“公共基础设施”账户。

【例 7-79】 某行政单位将一台不需用的 A 设备与其他单位置换 B 设备，换出 A 设备的账面余额为 120 000 元，累计折旧为 55 000 元，对 A 设备进行账务处理。

借：待处理财产损溢——待处理资产价值　　65 000

　　累计折旧　　55 000

　贷：固定资产——A 设备　　120 000

同时，

借：资产基金——固定资产　　65 000

　贷：待处理财产损溢——待处理资产价值　　65 000

【例 7-80】 某行政单位无偿调出一台安防仪器，账面余额 24 000 元，已提折旧 8 000 元。

借：资产基金——固定资产　　16 000

　　累计折旧——安防仪器　　8 000

　贷：固定资产　　24 000

(三) 固定资产的后续支出

固定资产的后续支出是指固定资产在投入使用以后期间发生的与固定资产使用效能、使用状态直接相关的各种支出，如固定资产的改建、扩建、修缮、改良、修理、重装等事项发生的支出。与固定资产有关的后续支出，应分以下情况分别处理：

(1) 为增加固定资产使用效能或延长其使用寿命而发生的改建、扩建或修缮等后续支出，应当计入固定资产成本，通过“在建工程”账户核算，完工交付使用时转入“固定资产”账户。

(2) 为维护固定资产正常使用而发生的日常修理等后续支出，应当计入当期支出但不计入固定资产成本，借记“经费支出”账户，贷记“财政拨款收入”“零余额账户用款额度”“银行存款”等账户。

【例 7－81】 某行政单位对信息中心的网络设备进行了升级改造，提升网络带宽至100M，增加接入用户的数量。工程已完工通过验收。“在建工程——网络设备升级工程”账户的借方余额为 36 210 元。

借：资产基金——在建工程　　36 210
　贷：在建工程——网络设备升级工程　　36 210

同时，

借：固定资产——网络设备　　36 210
　贷：资产基金——固定资产　　36 210

【例 7－82】 某行政单位对供暖设备进行了维护，保证了供暖设备运行的稳定性，发生维护费 2 246 元，款项通过零余额账户支付。

借：经费支出——财政拨款支出——商品和服务支出——维护费　　2 246
　贷：零余额账户用款额度　　2 246

（四）固定资产的处置

行政单位固定资产的处置包括出售、置换换出、无偿调出、对外捐赠、报损等。行政单位处置固定资产应当按照国家有关规定办理，并经主管部门审核同意后报同级财政部门审批。

1. 转出待处置资产

（1）出售、置换换出固定资产。经批准出售、置换换出的固定资产转入待处理财产损益时，按照固定资产的账面价值，借记“待处理财产损溢”账户，按照已计提折旧，借记“累计折旧”账户，按照固定资产的账面余额，贷记“固定资产”账户。

（2）无偿调出、对外捐赠固定资产。经批准无偿调出、对外捐赠固定资产时，按照固定资产的账面价值，借记“资产基金——固定资产”账户，按照已计提折旧，借记“累计折旧”账户，按照固定资产的账面余额，贷记“固定资产”账户。无偿调出、对外捐赠固定资产发生由行政单位承担的拆除费用、运输费等，按照实际支付的金额，借记“经费支出”账户，贷记“财政拨款收入”“零余额账户用款额度”“银行存款”等账户。

（3）报废、毁损固定资产。报废、毁损的固定资产转入待处理财产损溢时，按照固定资产的账面价值，借记“待处理财产损溢”账户，按照已计提折旧，借记“累计折旧”账户，按照固定资产的账面余额，贷记“固定资产”账户。

2. 冲销待处理资产

实现固定资产的出售、置换换出，或毁损、报废的固定资产经批准予以核销时，按照待处置固定资产的账面价值，借记“资产基金——固定资产”账户，贷记“待处理财产损溢——待处理资产价值”账户。

3. 处置收入与费用的处理

处置资产过程中收到的价款（包括出售价款、补价收入、残值变价收入等），按照实际收到的金额，借记“库存现金”“银行存款”等账户，贷记“待处理财产损溢——处理净收入”账户。出售过程中发生的相关税费，按照实际发生的金额，借记“待处理财产损溢——处理净收入”账户，贷记“库存现金”“银行存款”“应缴税费”等账户。

4. 处置净损溢的处理

处置完毕并收回相关的应收账款后，按照处置收入扣除相关税费后的净收入，借记“待处理财产损溢——处理净收入”账户，贷记“应缴财政款”账户。处置收入小于相关税费的，按照相关税费减去处置收入后的净支出，借记“经费支出”账户，贷记“待处理财产损溢——处理净收入”账户。

【例 7-83】 经批准，某行政单位对外出售不需用设备一台，该设备的账面余额为 48 800 元，已计提折旧 23 600 元，销售该设备取得价款 28 000 元，出售该设备应缴税费为 1 400 元。出售过程发生的款项收付均以银行转账方式进行。

经批准后将该物资转入待处理财产损溢：

借：待处理财产损溢——待处理财产价值　　25 200
　　累计折旧——××设备　　23 600
　贷：固定资产——××设备　　48 800

实现销售时：

借：资产基金——固定资产　　25 200
　贷：待处理财产损溢——待处理财产价值　　25 200

同时，

借：银行存款　　28 000
　贷：待处理财产损溢——处理净收入　　28 000

计算应缴税费时：

借：待处理财产损溢——处理净收入　　1 400
　贷：应交税费——应交增值税　　1 400

存货出售结束后，将处理净收入转入应缴财政款。

借：待处理财产损溢——处理净收入　　26 600
　贷：应缴财政款　　26 600

（五）固定资产的清查盘点

行政单位的固定资产应当定期进行清查盘点，每年至少盘点一次，对于固定资产发生盘盈、盘亏的，应当及时查明原因，按照规定报经批准后进行账务处理。

1. 盘盈的固定资产

盘盈的固定资产，按照取得同类或类似固定资产的实际成本确定入账价值；没有同类或类似固定资产的实际成本，按照同类或类似固定资产的市场价格确定入账；同类或类似固定资产的实际成本或市场价格无法可靠取得，按照名义金额入账。

盘盈的固定资产，按照确定的入账价值，借记“固定资产”账户，贷记“待处理财产损溢——待处理财产价值”账户。报经批准予以处理时，借记“待处理财产损溢——待处理财产价值”账户，贷记“资产基金——固定资产”账户。

【例 7-84】 某行政单位进行年末清点，盘盈多年前购入、目前尚可使用的设备一台，按照目前的同类产品市场价格 5 500 元入账。

借：固定资产——××设备　　5 500
　贷：待处理财产损溢——待处理财产价值　　5 500

报经批准后入账时：

借：待处理财产损溢——待处理财产价值　　5 500
　贷：资产基金——固定资产　　5 500

2. 盘亏的固定资产

盘亏的固定资产，按照盘亏固定资产的账面价值，借记“待处理财产损溢——待处理财产价值”账户，按照已计提折旧，借记“累计折旧”账户，按照固定资产账面余额，贷记“固定资产”账户。报经批准予以处理时，借记“资产基金——固定资产”账户，贷记“待处理财产损溢——待处理财产价值”账户。

【例 7-85】 年末，某行政单位对固定资产进行盘点，盘亏设备一台，账面余额 85 000 元，已计提折旧 55 000 元。

借：待处理财产损溢——待处理财产价值　　30 000
　　累计折旧　　55 000
　贷：固定资产——××设备　　85 000

报经批准后予以核销时：

借：资产基金——固定资产　　30 000
　贷：待处理财产损溢——待处理财产价值　　30 000

第四节　在建工程的核算

一、在建工程的内容

在建工程是指行政单位已经发生必要支出，但尚未交付使用的建设工程。行政单位的在建工程包括建筑工程、设备安装工程和信息系统建设工程。

二、账户设置

行政单位设置“在建工程”账户，核算已经发生必要支出，但尚未完工交付使用的各种建筑（包括新建、改建、扩建、修缮等）、设备安装工程和信息系统建设工程的实际成本，本账户借方登记在建工程的增加额，贷方登记在建工程的减少额。期末余额在借方，反映行政单位尚未完工的在建工程的实际成本。

本账户应当按照具体工程款项目等进行明细核算；需要分摊计入不同工程项目的间接

工程成本，应当通过本账户下设置的“待摊投资”明细账户核算。

不能够增加固定资产、公共基础设施使用效能或延长其使用寿命的修缮、维护等，不通过本账户核算。

行政单位的基本建设投资应当按照国家有关规定单独建账、单独核算，同时按照《行政单位会计制度》的规定至少按月并入本账户及其他相关账户反映。行政单位应当在本账户下设置“基建工程”明细账户，核算由基建账套并入的在建工程成本。

在建工程应当在属于在建工程的成本发生时确认。

三、主要账务处理（非基本建设项目）

（一）建筑工程

建筑工程是指为新建、改建、扩建、修缮房屋建筑物和附属构筑物设施而进行的工程项目。具体账务处理如下：

（1）将固定资产转入改建、扩建或修缮等时，按照固定资产的账面价值，借记“在建工程”账户，贷记“资产基金——在建工程”账户；同时，按照固定资产的账面价值，借记“资产基金——固定资产”账户，按照固定资产已计提折旧，借记“累计折旧”账户，按照固定资产的账面余额，贷记“固定资产”账户。

【例 7－86】 某行政单位对服务中心大楼进行修缮，该楼的账面余额 8 800 000 元，已计提折旧 6 500 000 元。

	借方	贷方
借：在建工程——服务中心楼修缮工程	2 300 000	
贷：资产基金——在建工程		2 300 000

同时，

	借方	贷方
借：资产基金——固定资产	2 300 000	
累计折旧	6 500 000	
贷：固定资产——服务中心楼		8 800 000

（2）将改建、扩建或修缮的建筑部分拆除时，按照拆除部分的账面价值（没有固定资产拆除部分的账面价值的，比照同类或类似固定资产的实际成本或市场价格及其拆除部分占全部固定资产价值的比例确定），借记“资产基金——在建工程”，贷记“在建工程”账户。

改建或修缮的建筑部分拆除获得残值收入时，借记“银行存款”等账户，贷记“经费支出”账户；同时，借记“资产基金——在建工程”账户，贷记“在建工程”账户。

【例 7－87】 上述大楼修缮时需先拆除该大楼的附属建筑和设施，附属建筑和设施估值 670 000 元，变卖残值收入 2 000 元，并存入银行。

拆除附属建筑和设施时：

	借方	贷方
借：资产基金——在建工程	670 000	
贷：在建工程——服务中心楼修缮工程		670 000

收到残值变价款时：

	借方	贷方
借：银行存款	2 000	

贷：经费支出　　2 000

同时，

借：资产基金——在建工程　　2 000

贷：在建工程——服务中心楼修缮工程　　2 000

(3) 根据工程进度支付工程款时，按照实际支付的金额，借记"经费支出"账户，贷记"政拨款收入""零余额账户用款额度""银行存款"等账户；同时，按照相同的金额，借记"在建工程"账户，贷记"资产基金——在建工程"账户。

根据工程价款结算账单与施工企业结算工程价款时，按照工程价款结算账单上列明的金额（扣除已支付的金额），借记"在建工程"账户，贷记"资产基金——在建工程"账户，同时，按照实际支付的金额，借记"经费支出"账户，贷记"财政拨款收入""零余额账户用款额度""银行存款"等账户，按照应付未付的金额，借记"待偿债净资产"账户，贷记"应付账款"账户。

【例 7－88】 上述修缮工程，根据工程进度支付工程款 250 000 元，以财政直接支付方式付款。

借：经费支出——财政拨款支出——项目支出　　250 000

贷：政拨款收入——项目支出拨款　　250 000

同时，

借：在建工程——服务中心楼修缮工程　　250 000

贷：资产基金——在建工程　　250 000

【例 7－89】 根据工程价款结算账单与施工企业结算工程价款，向对方支付工程款 650 000 元，以财政直接支付方式付款。

借：在建工程——服务中心楼修缮工程　　650 000

贷：资产基金——在建工程　　650 000

同时，

借：经费支出——财政拨款支出——项目支出　　650 000

贷：财政拨款收入——项目支出拨款　　650 000

(4) 支付工程价款结算账单以外的款项时，借记"在建工程"账户，贷记"资产基金——在建工程"账户；同时，借记"经费支出"账户，贷记"财政拨款收入""零余额账户用款额度""银行存款"等账户。

【例 7－90】 通过政府采购购买一批修缮工程合同账单中的建筑材料，并投入使用，价款 320 000 元，以财政直接支付方式支付。

借：在建工程——服务中心楼修缮工程　　320 000

贷：资产基金——在建工程　　320 000

同时，

借：经费支出——财政拨款支出——项目支出　　320 000

贷：财政拨款收入——项目支出拨款　　320 000

(5) 工程项目结束,需要分摊间接工程成本的,按照应当分摊到该项目的间接工程成本,借记“在建工程——××项目”账户,贷记“在建工程——待摊投资”账户。

【例 7-91】 某行政单位与修缮服务中心大楼同时进行的还有另一办公楼装修改造,施工期间,单位支付装修施工人员费用共计 152 000 元,项目完工,分摊间接工程成本,服务中心大楼和办公楼的分摊比例是 7∶3。

借:在建工程——办公楼装修　　45 600
　　　　　　——服务中心楼修缮　　106 400
　贷:在建工程——待摊投资　　152 000

(6) 建筑工程项目完工交付使用时,按照交付使用工程的实际成本,借记“资产基金——在建工程”账户,贷记“在建工程”账户;同时,借记“固定资产”“无形资产”账户(交付使用的工程项目中有能够单独区分成本的无形资产),贷记“资产基金——固定资产”“资产基金——无形资产”账户。

【例 7-92】 前述服务中心大楼修缮工程完工,工程的实际成本 2 954 400 元,现交付使用。

借:资产基金——在建工程　　2 954 400
　贷:在建工程——服务中心楼修缮　　2 954 400

同时,

借:固定资产——服务中心楼　　2 954 400
　贷:资产基金——固定资产　　2 954 400

(7) 建筑工程项目完工交付使用时扣留质量保证金的,按照扣留的质量保证金金额,借记“待偿债净资产”账户,贷记“长期应付款”等账户。

【例 7-93】 该行政单位对完工交付使用的服务中心大楼修缮工程扣留质量保证金 120 000 元。

借:待偿债净资产　　120 000
　贷:长期应付款　　120 000

(8) 为程项目配套而建成的、产权不归属本单位的专用设施,将专用设施产权移交其他单位时,按照应当交付专用设施的实际成本,借记“资产基金——在建工程”账户,贷记“在建工程”账户。

【例 7-94】 为修缮该行政单位的服务中心大楼配套建设的变电站,现将设施产权移交给产权单位市电业局,专用设施的实际成本为 151 000 元。

借:资产基金——在建工程　　151 000
　贷:在建工程——变电站　　151 000

(9) 工程完工但不能形成资产的项目,应当按照规定报经批准后予以核销。转入待处理财产损溢时,按照不能形成资产的工程项目的实际成本,借记“待处理财产损溢”账户,贷记“在建工程”账户。

【例 7-95】 某行政单位的新建一栋办公楼,实际成本 150 000 000 元,工程完工,但在交付验收前就发生严重爆炸事故，经权威专家鉴定，该办公楼无法使用，不能形成资产，按照规定报经批准后予以核销。

转入待处理财产时：

借：待处理财产损溢——待处理财产价值　　150 000 000
　贷：在建工程——办公楼　　150 000 000

报经批准后予以核销时：

借：资产基金——在建工程　　150 000 000
　贷：待处理财产损溢——待处理财产价值　　150 000 000

（二）设备安装

（1）购入需要安装的设备，按照购入的成本，借记“在建工程”账户，贷记“资产基金——在建工程”账户；同时，按照实际支付的金额，借记“经费支出”账户，贷记“财政拨款收入”“零余额账户用款额度”“银行存款”等账户。

【例 7－96】 某行政单位购入一台需要安装的设备，设备价款 120 000 元，运输费1 000，用零余额账户用款额度支付。

借：在建工程——设备安装工程　　121 000
　贷：资产基金——在建工程　　121 000

同时，

借：经费支出——财政拨款支出——项目支出　　121 000
　贷：零余额账户用款额度　　121 000

（2）发生安装费用时，按照实际支付的金额，借记“在建工程”账户，贷记“资产基金——在建工程”账户；同时，借记“经费支出”账户，贷记“财政拨款收入”“零余额账户用款额度”“银行存款”等账户。

【例 7－97】 安装设备发生人工费 5 000 元，以零余额账户用款额度支付。

借：在建工程——设备安装工程　　5 000
　贷：资产基金——在建工程　　5 000

同时，

借：经费支出——财政拨款支出——项目支出　　5 000
　贷：零余额账户用款额度　　5 000

（3）设备安装完工交付使用时，按照交付使用设备的实际成本，借记“资产基金——在建工程”账户，贷记“在建工程”账户；同时，借记“固定资产”“无形资产”账户（交付使用的设备中有能够单独区分成本的无形资产），贷记“资产基金——固定资产”“资产基金——无形资产”账户。

【例 7－98】 上述设备安装完工交付使用。

借：资产基金——在建工程　　126 000

贷：在建工程　　126 000

同时，

借：固定资产　　126 000

　贷：资产基金——固定资产　　126 000

（三）信息系统建设

(1) 发生各项建设支出时，按照实际支付的金额，借记"在建工程"账户，贷记"资产基金——在建工程"账户；同时，借记"经费支出"账户，贷记"财政拨款收入""零余额账户用款额度""银行存款"等账户。

【例 7-99】 某行政单位通过政府采购，购入大型计算机 10 台用于公共信息系统建设，每台价款 50 000 元，保险费 5 000 元，运输费 4 000 元，以财政直接支付方式付款。

借：在建工程——信息系统建设工程　　509 000

　贷：资产基金——在建工程　　509 000

同时，

借：经费支出——财政拨款支出——项目支出　　509 000

　贷：财政拨款收入——项目拨款支出　　509 000

【例 7-100】 通过政府采购，支付该信息系统建设软件开发、专业安装、调试费共计 150 000 元。该软件为构成相关硬件不可缺少的组成部分，不能单独区分。

借：在建工程——信息系统建设工程　　150 000

　贷：资产基金——在建工程　　150 000

同时，

借：经费支出——财政拨款支出——项目支出　　150 000

　贷：财政拨款收入——项目拨款支出　　150 000

(2) 信息系统建设完成交付使用时，按照交付使用信息系统的实际成本，借记"资产基金——在建工程"账户，贷记"在建工程"账户；同时，借记"固定资产""无形资产"账户（交付的信息系统中能够单独区分成本的部分，确认为无形资产），贷记"资产基金——固定资产""资产基金——无形资产"账户。

【例 7-101】 上述信息系统建设完成交付使用，工程成本总计为 659 000 元。

借：资产基金——在建工程　　659 000

　贷：在建工程——信息系统建设工程　　659 000

同时，

借：固定资产——信息系统　　659 000

　贷：资产基金——固定资产　　659 000

第五节　无形资产的核算

一、无形资产的定义

无形资产是指不具有实物形态而能为行政单位提供某种权利的非货币性资产，包括著作权、土地使用权、专利权、非专利技术等。

二、账户设置

行政单位设置“无形资产”账户，核算各项无形资产的原价。行政单位购入的不构成相关硬件不可缺少组成部分的软件，应当作为无形资产核算。

本账户借方登记无形资产的增加额，贷方登记减少额，期末余额在借方，反映行政单位无形资产的原价。

本账户应当按照无形资产的类别、项目等进行明细核算。

无形资产应当在完成对其权属的规定登记或其他证明单位取得无形资产时确认。

三、主要账务处理

（一）无形资产的取得

取得无形资产时，应当按照其实际成本入账。

(1) 外购的无形资产，其成本包括实际支付的购买价款、相关税费以及可归属于该项资产达到预定用途所发生的其他支出。

购入的无形资产，按照确定的成本，借记“无形资产”账户，贷记“资产基金——无形资产”账户；同时，按照实际支付的金额，借记“经费支出”账户，贷记“财政拨款收入”“零余额账户用款额度”“银行存款”等账户。

购入无形资产尚未付款的，取得无形资产时，按照确定的成本，借记“无形资产”账户，贷记“资产基金——无形资产”账户；同时，按照应付未付的款项金额，借记“待偿债净资产”账户，贷记“应付账款”账户。

【例 7 - 102】 某行政单位通过政府采购购入计算机软件，价款 200 000 元，该软件不构成相关硬件的组成部分。款项以财政直接支付方式支付。

借：无形资产——计算机软件　　200 000
　贷：资产基金——无形资产　　200 000

同时，

借：经费支出——财政拨款支出——项目支出　　200 000
　贷：财政拨款收入——项目拨款支出　　200 000

(2) 委托软件公司开发软件，视同外购无形资产进行处理。

其一，软件开发前按照合同约定预付开发费用时，借记"预付账款"账户，贷记"资产基金——预付款项"账户；同时，借记"经费支出"账户，贷记"财政拨款收入""零余额账户用款额度""银行存款"等账户。

【例 7-103】 某行政单位委托软件公司开发一项专用系统软件。预付开发费用 30 000 元，通过零余额账户支付。

借：预付账款——软件公司　　30 000
　贷：资产基金——预付款项　　30 000

同时，

借：经费支出——财政拨款支出——项目支出　　30 000
　贷：零余额账户用款额度　　30 000

其二，软件开发完成交付使用，并支付剩余或全部软件开发费用时，按照软件开发费用总额，借记"无形资产"账户，贷记"资产基金——无形资产"账户；按照实际支付的金额，借记"经费支出"账户，贷记"财政拨款收入""零余额账户用款额度""银行存款"等账户；按照冲销的预付开发费用，借记"资产基金——预付款项"账户，贷记"预付账款"账户。

【例 7-104】 接[例 7-103]，软件开发完成交付使用，补付软件开发费用 70 000 元，通过零余额账户支付。

借：无形资产——××软件　　100 000
　贷：资产基金——无形资产　　100 000

同时，

借：经费支出——财政拨款支出——项目支出　　70 000
　贷：零余额账户用款额度　　70 000

同时，

借：资产基金——预付款项　　30 000
　贷：预付账款——软件公司　　30 000

(3) 自行开发并按法律程序申请取得的无形资产，按照依法取得时发生的注册费、聘请律师费等费用确定成本。

取得无形资产时，按照确定的成本，借记"无形资产"账户，贷记"资产基金——无形资产"；同时，按照实际支付的金额，借记"经费支出"账户，贷记"财政拨款收入""零余额账户用款额度""银行存款"等账户。

依法得前所发生的研究开发支出，应当于发生时直接计入当期支出，不计入无形资产的成本。借记"经费支出"账户，贷记"财政拨款收入""零余额账户用款额度""财政应返还额度""银行存款"等账户。

【例 7-105】 某行政单位自行研发一项专利技术，领用材料价值 10 000 元，支付研发人员薪资 30 000 元，以银行存款支付。

借：经费支出——财政拨款支出——项目支出拨款　　40 000

贷：存货——××材料　　10 000
银行存款　　30 000

【例 7－106】 研发成功，按法律程序申请取得专利权，注册费 10 000 元，聘请律师费 10 000 元，以银行存款支付。

借：无形资产——××专利权　　20 000
贷：资产基金——无形资产　　20 000

同时，

借：经费支出——财政拨款支出——项目支出拨款　　20 000
贷：银行存款　　20 000

(4) 置换取得的无形资产，其成本按照换出资产的评估价值加上支付的补价或减去收到的补价，加上为换入无形资产支付的其他费用（登记费等）确定。

置换取得的无形资产，按照确定的成本，借记"无形资产"账户，贷记"资产基金——无形资产"账户；按照实际支付的补价、相关税费等，借记"经费支出"账户，贷记"财政拨拨款收入""零余额账户用款额度""银行存款"等账户。

【例 7－107】 某行政单位用新取得的 A 专利权与乙单位置换专利技术 B，换出的专利权 A 估值 120 000 元，收到对方补价 30 000 元并存入银行，支付过户费用等 10 000 元以银行存款支付。

借：无形资产——B 专利技术　　100 000
贷：资产基金——无形资产　　100 000

同时，

借：银行存款　　20 000
贷：经费支出　　20 000

(5) 接受捐赠、无偿调入的无形资产，其成本按照有关凭据注明的金额加上相关税费确定；没有相关凭据可供取得，但依法经过资产评估的，其成本应当按照评估价值加上相关税费确定；没有相关凭据可供取得，也未经评估的，其成本比照同类或类似资产的市场价格加上相关税费确定；没有相关凭据也未经评估，其同类或类似无形资产的市场价格无法可靠取得，所取得的无形资产应当按照名义金额入账。

接受捐赠、无偿调入无形资产时，按照确定的无形资产成本，借记"无形资产"账户，贷记"资产基金——无形资产"账户；按照发生的相关税费，借记"经费支出"账户，贷记"零余额账户用款额度""银行存款"等账户。

【例 7－108】 某行政单位接受捐赠一项非专利技术，该项技术估值 100 000 元，以银行存款支付相关费用 1 000 元。

借：无形资产——非专利技术　　101 000
贷：资产基金——无形资产　　101 000

同时，

借：经费支出　　1 000

贷：银行存款　　1 000

（二）无形资产的摊销

为真实反映无形资产的价值，行政单位应当建立无形资产摊销制度，对无形资产进行后续计量。摊销是指在无形资产使用寿命内，按照确定的方法对应摊销金额进有系统分摊。

1. 摊销的方法

1）摊销的范围

除以名义金额计量的无形资产外，行政单位应当按照规定分期摊销无形资产的成本。

2）摊销年限的确定

行政单位应当按照以下原则确定无形资产的摊销年限：法律规定了有效年限的，按照法律规定的有效年限作为摊销年限；法律没有规定有效年限的，按照相关合同或单位申请书中的受益年限为摊销年限；法律没有规定有效年限、相关合同或单位申请书也没有规定受益年限的按照不少于 10 年的期限摊销；非大批量购入、单价小于 1 000 元的无形资产，可以于购买的当期，一次性将成本全部摊销。

3）摊销的方法

行政单位应当采用年限平均法计提无形资产摊销。

4）应摊销金额的确定

行政单位无形资产的应摊销金额为其成本。因发生后续支出而增加无形资产成本的，应当按照重新确定的无形资产成本，重新计算摊销额。

5）摊销的起止时间

行政单位应当自无形资产取得当月起，按月计提摊销；无形资产减少的当月，不再计提摊销。无形资产提足摊销后，无论能否继续带来服务潜力或经济利益，均不再计提摊销；核销的无形资产，如果未提足摊销，也不再补提摊销。

2. 账户设置

行政单位设置“累计摊销”账户，核算无形资产计提的累计摊销。本账户贷方登记无形资产累计摊销增加额，借方登记减少额，期末余额在贷方，反映行政单位计提的无形资产摊销累计数。

本账户应当按照无形资产的类别、项目等进行明细核算。

3. 主要账务处理

（1）按月计提无形资产摊销时，按照应计提摊销金额，借记“资产基金——无形资产”账户，贷记“累计摊销”账户。

【例 7－109】 月末，某行政单位计提无形资产摊销。单位共有 3 项无形资产，著作权的账面余额 120 000 元，法律规定的有效年限 20 年；专利权的账面余额 180 000 元，法律没有规定有效年限，单位申请书中的受益年限为 15 年；非专利技术的账面余额 60 000 元，法律没有规定有效年限，相关合同或单位申请也没有规定受益年限。

著作权每月摊销额为：120 000÷20÷12＝500(元)

专利权每月摊销额为：180 000÷15÷12＝1 000(元)

非专利技术每月摊销额为：60 000÷10÷12＝500(元)

借：资产基金——无形资产　　2 000

贷：累计摊销——著作权　　500
　　——专利权　　1 000
　　——非专利技术　　500

(2) 无形资产处置时，按照所处置无形资产的账面价值，借记"待处理财产损溢"账户(出售、置换换出、核销)或"资产基金——无形资产"账户(无偿调出、对外捐赠)，按照已计提摊销，借记"累计摊销"账户，按照无形资产的账面余额，贷记"无形资产"账户。

【例 7-110】 某行政单位无偿调出土地使用权，账面余额 320 000 元，已计提摊销 80 000 元。

借：资产基金——无形资产　　240 000
　　累计摊销　　80 000
　贷：无形资产——土地使用权　　320 000

(三) 无形资产的后续支出

无形资产的后续支出是指无形资产使用以后的期间发生的与无形资产使用效能、使用状态直接相关的支出，如对无形资产进行升级改造、技术维护支出或扩展其功能等所发生的支出。

(1) 为增加无形资产使用效能而发生的后续支出，如对软件进行升级改造或扩展其功能等所发生的支出，应当计入无形资产的成本，借记"无形资产"账户，贷记"资产基金——无形资产"账户；同时，借记"经费支出"账户，贷记"财政拨款收入""零余额账户用款额度""银行存款"等账户。

【例 7-111】 某行政单位对软件进行升级改造，支付升级费用 16 000 元，通过零余额账户支付。

借：无形资产　　16 000
　贷：资产基金——无形资产　　16 000

同时，

借：经费支出——财政拨款支出——基本支出　　16 000
　贷：零余额账户用款额度　　16 000

(2) 为维护无形资产的正常使用而发生的后续支出，如对软件进的漏洞修补、技术维护等所发生的支出，应当计入当期支出但不计入无形资产的成本，借记"经费支出"账户，贷记"财政拨款收入""零余额账户用款额度""银行存款"等账户。

【例 7-112】 某行政单位对软件进行技术维护，支付维护费用 3 000 元，以银行存款支付。

借：经费支出　　3 000
　贷：银行存款　　3 000

(四) 无形资产的处置

(1) 报经批准出售、置换换出无形资产转入待处理财产损溢时，按照待出售、置换换出无形资产的账面价值，借记“待处理财产损溢”账户，按照已计提摊销，借记“累计摊销”账户，按照无形资产的账面余额，贷记“无形资产”账户。

【例7-113】 某行政单位用新取得的C专利权与乙单位置换专利技术D，换出的专利权C账面余额为150 000元，已计提摊销额为75 000元，将C专利权转入待处理财产损溢。

借：待处理财产损溢——待处理财产价值　75 000
　累计摊销　75 000
　贷：无形资产——C专利权　150 000

(2) 报经批准无偿调出、对外捐赠无形资产，按照无偿调出、对外捐赠无形资值，借记“资产基金——无形资产”账户，按照已计提摊销，借记“累计摊销”账户，按照无形资产的账面余额，贷记“无形资产”账户。无偿调出、对外捐赠无形资产发生由行政单位承担的相关费用支出等，按照实际支付的金额，借记“经费支出”账户，贷记“财政拨款收入”“零余额账户用款额度”“银行存款”等账户。

【例7-114】 某行政单位无偿调出一项非专利技术，其账面余额25 000元，已计提摊销16 000元，单位以银行存款支付过户手续费1 200元。

借：资产基金——无形资产　9 000
　累计摊销　16 000
　贷：无形资产　25 000

同时，

借：经费支出　1 200
　贷：银行存款　1 200

(3) 无形资产预期不能为行政单位带来服务潜力或经济利益的，应当按规定报经批准后将无形资产的账面价值予以核销。

待核销的无形资产转入待处理财产损溢时，按照待核销无形资产的账面价值，借记“待处理财产损溢”科日，按照已计提摊销，借记“累计摊销”账户，按照无形资产的账面余额，贷记“无形资产”账户。

【例7-115】 某行政单位自行研发的一项非专利技术预期不能为行政单位带来服务潜力，报经批准后将予以核销，该非专利技术账面余额为31 800元，已计提摊销21 200元，转入待处理财产损溢。

借：待处理财产损溢——待处理财产价值　10 600
　累计摊销　21 200
　贷：无形资产——非专利技术　31 800

第六节　公共服务和受托资产的核算

公共服务和受托资产是行政单位的非自用资产，包括政府储备物资、公共基础设施和受托代理资产。

一、政府储备物资的核算

(一) 政府储备物资的内容

政府储备物资是行政单位直接储存管理的各项政府应急或救灾储备物资等。政府储备物资由拥有储备物资调拨权力的行政单位负责采购，由行政单位直接储存和管理；或由行政单位负责管理，交由其他单位代为储存。

(二) 账户设置

行政单位设置“政府储备物资”账户，核算行政单位直接储存管理的各项政府应急或救灾储备物资等，借方登记储备物资的增加额，贷方登记减少额，期末余额在借方，反映行政单位管理的政府储备物资的实际成本。

负责采购并拥有储备物资调拨权力的行政单位(简称“采购单位”)将政府储备物资交由其他行政单位(简称“代储单位”)代为储存的，由采购单位通过本账户核算政府储备物资，代储单位将受托代储的政府储备物资作为受托代理资产核算。

本账户应当按照政府储备物资的种类、品种、存放地点等进行明细核算。

政府储备物资应当在其到达存放地点并验收时确认。

(三) 主要账务处理

1. 政府储备物资的取得

(1) 购入的政府储备物资，其成本包括购买价款、相关税费、运输费、装卸费、保险费以及其他使政府储备物资达到目前场所和状态所发生的支出；单位支付的政府储备物资保管费、仓库租赁费等日常储备费用，不计入政府储备物资的成本。

购入的政府储备物资验收入库，按照确定的成本，借记“政府储备物资”账户，贷记“资产基金——政府储备物资”账户；同时，按实际支付的金额，借记“经费支出”账户，贷记“财政拨款收入”“零余额账户用款额度”“银行存款”等账户。

【例 7-116】 某行政单位(采购单位)通过政府采购购入一批政府储备物资，购买价款 15 000 000 元，向对方支付增值税 2 550 000 元，运输费 35 000 元，装卸费 42 000 元，保险费 30 000 元，共计 17 657 000 元，由财政直接支付方式支付。

借：政府储备物资——××物资　　17 657 000
　贷：资产基金——政府储备物资　　17 657 000

同时，

借：经费支出——财政拨款支出——项目支出　　17 657 000
　贷：财政拨款收入——项目支出拨款　　17 657 000

(2) 接受捐赠、无偿调入的政府储备物资，其成本按照有关凭据注明的金额加上相关税费、运输费等确定；没有相关凭据可供取得，但依法经过资产评估的，其成本应当按照评估价值加上相关税费、运输费等确定；没有相关凭据可供取得，也未经评估的，其成本比照同类或类似政府储备物资的市场价格加上相关税费、运输费等确定。

接受捐赠、无偿调入的政府储备物资验收入库，按照确定的成本，借记“政府储备物资”账户，贷记“资产基金——政府储备物资”账户，由行政单位承担运输费等的，按实际支付的相关税费、运输费等金额，借记“经费支出”账户，贷记“财政拨款收入”“零余额账户用款额度”“银行存款”等账户。

【例 7-117】 某行政单位无偿调入一批政府储备物资，有关凭据注明该批物资的金额 4 689 000 元，以银行存款支付运输费 7 000 元，物资已验收入库。

借：政府储备物资——××物资　　4 696 000

　贷：资产基金——政府储备物资　　4 696 000

同时，

借：经费支出——财政拨款支出——项目支出　　7 000

　贷：银行存款　　7 000

2. 政府储备物资的发出

政府储备物资发出时，应当根据实际情况采用先进先出法、加权平均法或者个别计价法确定发出政府储备物资的实际成本。计价方法一经确定，不得随意变更。

(1) 经批准对外捐赠、无偿调出政府储备物资时，按照对外捐赠、无偿调出政府储备物资的实际成本，借记“资产基金——政府储备物资”账户，贷记“政府储备物资”账户。

对外捐赠、无偿调出政府储备物资发生由行政单位承担的运输费等支出时，借记“经费支出”账户，贷记“财政拨款收入”“零余额账户用款额度”“银行存款”等账户。

【例 7-118】 经批准，某行政单位对外捐赠一批政府储备物资，该批物资的实际成本 800 000 元，通过零余额账户支付运费 8 000 元。

借：资产基金——政府储备物资　　800 000

　贷：政府储备物资——××物资　　800 000

同时，

借：经费支出——财政拨款支出——项目支出　　8 000

　贷：零余额账户用款额度　　8 000

(2) 行政单位报经批准将不需储备的物资出售时，应当转入待处理财产损溢，按照相关储备物资的账面余额，借记“待处理财产损溢——待处理财产价值”账户，贷记“政府储备物资”账户。

【例 7-119】 经批准，某行政单位将一批不需用的储备物资对外出售，其账面余额 458 000 元，转入待处理财产损溢。

借：待处理财产损溢——待处理财产价值　　458 000

　贷：政府储备物资——××物资　　458 000

3. 政府储备物资的盘查

行政单位管理的政府储备物资应当定期进行清查盘点，每年至少盘点一次。对于发生的政府储备物资盘盈、盘亏或者报废、毁损，应当及时查明原因，按规定报经批准后进行账务处理。

（1）盘盈的政府储备物资，按照取得同类或类似政府储备物资的实际成本确定入账价值；没有同类或类似政府储备物资的实际成本，按照同类或类似政府储备物资的市场价格确定入账价值。盘盈的政府储备物资，按照确定的入账价值，借记“政府储备物资”账户，贷记“待处理财产损溢”账户。

【例 7－120】 某行政单位清查盘点政府储备物资，盘盈物资的同类市场价格为15 000元。

借：政府储备物资——××物资　　15 000
　贷：待处理财产损溢——待处理财产价值　　15 000

（2）盘亏或者报废、毁损的政府储备物资，转入待处理财产损溢时，按照其账面价值，借记“待处理财产损溢——待处理财产价值”账户，贷记“政府储备物资”账户。

【例 7－121】 某行政单位清查盘点政府储备物资，盘亏物资的账面余额是 5 500 元，转入待处理财产损溢。

借：待处理财产损溢——待处理财产价值　　5 500
　贷：政府储备物资——××物资　　5 500

二、公共基础设施的核算

（一）公共基础设施的内容

公共基础设施是由行政单位占有并直接负责维护管理、供社会公众使用的工程性公共基础设施资产，包括城市交通设施、公共照明设施、环保设施、防灾设施、健身设备、广场及公共构筑物等其他公共设施。

（二）账户设置

行政单位设置“公共基础设施”账户，核算由行政单位占有并直接负责维护管理、供社会公众使用的工程性公共基础设施资产。本账户借方登记公共基础设施的增加额，贷方登记减少额，期末余额在借方，反映行政单位管理的公共基础设施成本。

本账户应当按照公共基础设施的类别和项目进行明细核算。行政单位应当结合本单位的具体情况，制定适合于本单位管理的公共基础设施目录、分类方法，作为进行公共基础设施核算的依据。

与公共基础设施配套使用的修理设备、工具器具、车辆等动产，作为管理公共基础设施的行政单位的固定资产核算，不通过本账户核算。与公共基础设施配套、供行政单位在公共基础设施管理中自行使用的房屋构筑物等，能够与公共基础设施分开核算的，作为行政单位的固定资产核算，不通过本账户核算。

公共基础设施应当在对其取得占有权利时确认。

（三）主要账务处理

1. 公共基础设施的取得

公共基础设施在取得时，应当按照其成本入账。

(1) 行政单位自行建设的公共基础设施，其成本包括建造该公共基础设施交付使用前所发生的全部必要支出。

公共基础设施的各组成部分需要分别核算的，按照各组成部分公共基础设施造价确定其成本；没有各组成部分公共基础设施造价的，按照各组成部分公共基础设施同类或类似市场造价的比例对总造价进行分配，确定各组成部分公共基础设施的成本。

公共基础设施建设完工交付使用时，按照确定的成本，借记“公共基础设施”账户，贷记“资产基金——公共基础设施”账户；同时，借记“资产基金——在建工程”账户，贷记“在建工程”账户。已交付使用但尚未办理竣工决算手续的公共基础设施，按照估计价值入账，待确定实际成本后再进行调整。

【例 7-122】 某行政单位自行建设市民健身广场，建设完工交付使用，建造成本 678 000 000 元，验收后投入使用。

借：公共基础设施——健身广场　　678 000 000
　贷：资产基金——公共基础设施　　678 000 000

同时，

借：资产基金——在建工程　　678 000 000
　贷：在建工程——健身广场　　678 000 000

(2) 接受其他单位移交的公共基础设施，其成本按照公共基础设施的原账面价值确认，借记“公共基础设施”账户，贷记“资产基金——公共基础设施”账户。

【例 7-123】 某行政单位接受商业小区配套开发的消防设施，该设施的原账面价值为 82 000 元，移交手续已办理完成。

借：公共基础设施——消防设施　　82 000
　贷：资产基金——公共基础设施　　82 000

2. 公共基础设施的后续支出

与公共基础设施有关的后续支出，分以下情况处理：

(1) 为增加公共基础设施使用效能或延长其使用寿命而发生的改建、扩建或大型修缮等后续支出，应当计入公共基础设施成本，通过“在建工程”账户核算，完工交付使用时转入“公共基础设施”账户。

【例 7-124】 某行政单位对新接管商业小区配套开发的消防设施进行扩建，以财政直接支付的方式支付施工费用 20 000 元。

借：在建工程——消防设施　　20 000
　贷：财政拨款收入——基本支出拨款　　20 000

(2) 为维护公共基础设施的正常使用而发生的日常修理等后续支出，应当计入当期支出，借记有关支出账户，贷记“财政拨款收入”“零余额账户用款额度”“银行存款”等账户。

【例 7-125】 某行政单位对所接管商业小区配套开发的消防设施进行日常维护，支付人工费 5 000 元，以现金支付。

借：经费支出——财政拨款支出——基本建设支出　　5 000
　贷：库存现金　　5 000

3. 公共基础设施的处置

行政单位管理的公共基础设施向其他单位移交、毁损、报废时，应当按照规定报经批准后进行账务处理。

（1）经批准向其他单位移交公共基础设施时，按照公共基础设施的账面价值，借记"资产基金——公共基础设施"账户，按照已计提折旧，借记"累计折旧"账户，按照公共基础设施的账面余额，贷记"公共基础设施"账户。

【例 7－126】 经批准，某行政单位向某所在小区的街道办移交环保设施，该设施原账面余额为 563 000 元，已提折旧 3 000 元。

借：资产基金——公共基础设施　　560 000
　　累计折旧　　3 000
　贷：公共基础设施——环保设施　　563 000

（2）报废、毁损的公共基础设施，转入待处理财产损溢时，按照待处理公共基础设施的账面价值，借记"待处理财产损溢"账户，按照已计提折旧，借记"累计折旧"账户，按照公共基础设施的账面余额，贷记"公共基础设施"账户。

【例 7－127】 某行政单位报废一项公共基础设施，该设施原账面余额为 43 000 元，已提折旧 32 000 元，转入待处理财产损溢。

借：待处理财产损溢——待处理财产价值　　11 000
　　累计折旧　　32 000
　贷：公共基础设施——××设施　　43 000

三、受托代理资产的核算

（一）受托代理资产的内容

受托代理资产是行政单位接受委托方委托管理的各项资产，包括受托指定转赠的物资、受托储存管理的物资等。

（二）账户设置

行政单位设置"受托代理资产"账户，核算行政单位接受委托方委托管理的各项资产。本账户借方登记受托代理资产的增加额，贷方登记减少额，期末余额在借方，反映单位受托代理资产中实物资产的价值。

本账户应当按照资产的种类和委托人进行明细核算；属于转赠资产的，还应当按照受赠人进行明细核算。

行政单位收到受托代理资产为现金和银行存款的，不通过本账户核算，应当通过"库存现金""银行存款"账户进行核算。

受托代理资产应当在行政单位收到受托代理的资产时确认。

（三）主要账务处理

1. 受托转赠物资

（1）接受委托人委托需要转赠给受赠人的物资，其成本按照有关凭据注明的金额确定；

没有相关凭据可供取得的，其成本比照同类或类似物资的市场价格确定。接受委托转赠的物资验收入库，按照确定的成本，借记"受托代理资产"账户，贷记"受托代理负债"账户；受托协议约定由行政单位承担相关税费、运输费等的。还应当按照实际支付的相关税费、运输费等金额，借记"经费支出"账户，贷记"银行存款"等账户。

【例 7-128】 某行政单位接受委托转赠物资一批，有关凭据注明的金额为 162 000 元，以现金支付运输费 1 700 元，物资已验收入库。

借：受托代理资产——××物资　　162 000
　贷：受托代理负债——××物资　　162 000

同时，

借：经费支出　　1 700
　贷：库存现金　　1 700

(2) 将受托转赠物资交付受赠人时，按照转赠物资的成本，借记"受托代理负债"账户，贷记"受托代理资产"账户。

【例 7-129】 某行政单位将受托转赠物资交付受赠人，转赠物资的成本为 50 000 元。

借：受托代理负债——××物资　　50 000
　贷：受托代理资产——××物资　　50 000

(3) 转赠物资的委托人取消了对捐赠物资的转赠要求，且不再收回捐赠物资的，应当将转赠物资转为存货或固定资产，按照转赠物资的成本，借记"受托代理负债"账户，贷记"受托代理资产"账户；同时，借记"存货""固定资产"等账户，贷记"资产基金——存货、固定资产"等账户。

【例 7-130】 前例中转赠物资的委托人取消了对剩余捐赠物资的转赠要求，且不再收回捐赠物资。剩余物资价值 112 000 元，行政单位将其转为存货。

借：受托代理负债——××物资　　112 000
　贷：受托代理资产——××物资　　112 000

同时，

借：存货——××物资　　112 000
　贷：资产基金——存货　　112 000

2. 受托储存管理物资

(1) 接受委托人委托储存管理的物资，其成本按照有关凭据注明的金额确定。接受委托存储的物资验收入库，按照确定的成本，借记"受托代理资产"账户，贷记"受托代理负债"账户。

【例 7-131】 某行政单位接受委托人委托存储管理一批物资，有关凭据注明的金额为 40 000 元。

借：受托代理资产——××物资　　40 000
　贷：受托代理负债——××物资　　40 000

(2) 支付由受托单位承担的与受托储存管理的物资相关的运输费、保管费等费用时，按照实际支付的金额，借记“经费支出”账户，贷记“银行存款”等账户。

【例 7－132】 支付与受托储存管理的物资相关的运输费 400 元，以现金支付。

借：经费支出——财政拨款支出——项目支出　　400

　贷：库存现金　　400

(3) 根据委托人要求交付受托储存管理的物资时，按照储存管理物资的成本，借记“受托代理负债”账户，贷记“受托代理资产”账户。

【例 7－133】 接[例 7－131]，根据委托人要求交付受托储存管理的物资。

借：受托代理负债——××物资　　40 000

　贷：受托代理资产——××物资　　40 000

第七节　待处置资产的核算

一、待处理资产的内容

行政单位财产的处理包括资产的出售、报废、毁损、盘盈、盘亏，以及货币性资产损失的核销等。

二、账户设置

行政单位设置“待处理财产损溢”账户，核算待处理财产的价值及财产处理损溢。本账户借方登记转入的待处置资产账面价值额，贷方登记核销的待处置资产价值额。本账户期末如为借方余额，反映尚未处置完毕的各种资产价值及净损失；期末如为贷方余额，反映尚未处置完毕的各种资产净溢余。年度终了报经批准处理后，本账户一般应无余额。

本账户应当按照待处理财产项目进行明细核算；对于在财产处理过程中取得收入或相关费用的项目，还应当设置“待处理财产价值”“处理净收入”明细账户，进行明细核算。

三、主要账务处理

(一) 按照规定报经批准处理无法查明原因的现金短缺或溢余

(1) 属于无法查明原因的现金短缺，报经批准核销的，借记“经费支出”账户，贷记“待处理财产损溢”账户。

(2) 属于无法查明原因的现金溢余，报经批准后，借记“待处理财产损溢”账户，贷记“其他收入”账户。

(二) 按照规定报经批准核销无法收回的应收账款、其他应收款科目

(1) 转入待处理财产损溢时，借记“待处理财产损溢”账户，贷记“应收账款”“其他应收

款”账户。

(2) 报经批准对无法收回的其他应收款予以核销时，借记“经费支出”账户，贷记“待处理财产损溢”账户；对无法收回的应收账款予以核销时，借记“其他应付款”等账户，贷记“待处理财产损溢”账户。

(三) 按照规定报经批准核销预付账款、无形资产

(1) 转入待处理财产损溢时，借记“待处理财产损溢”账户(核销无形资产的，还应借记“累计摊销”账户)，贷记“预付账款”“无形资产”账户。

(2) 报经批准予以核销时，借记“资产基金——预付款项”“资产基金——无形资产”账户，贷记“待处理财产损溢”账户。

(四) 出售、置换换出存货、固定资产、无形资产、政府储备物资等

(1) 转入待处理财产损溢时，借记“待处理财产损溢——待处理财产价值”账户(出售、置换换出固定资产的，还应当借记“累计折旧”账户；出售、置换换出无形资产的，还应当借记“累计摊销”账户)，贷记“存货”“固定资产”“无形资产”“政府储备物资”等账户。

(2) 实现出售、置换换出时，借记“资产基金”及相关明细账户，贷记“待处理财产损溢——待处理财产价值”账户。

(3) 出售、置换换出资产过程中收到价款、补价等收入，借记“库存现金”“银行存款”等账户，贷记“待处理财产损溢——处理净收入”账户。

(4) 出售、置换换出资产过程中发生相关费用，借记“待处理财产损溢——处理净收入”账户，贷记“库存现金”“银行存款”“应缴税费”等账户。

(5) 出售、置换换出完毕并收回相关的应收账款后，按照处置收入扣除相关税费后的净收入，借记“待处理财产损溢——处理净收入”账户，贷记“应缴财政款”。如果处置收入小于相关税费的，按照相关税费减去处置收入后的净支出，借记“经费支出”账户，贷记“待处理财产损溢——处理净收入”账户。

(五) 盘亏、毁损、报废各种实物资产

(1) 转入待处理财产损溢时，借记“待处理财产损溢——待处理财产价值”账户(处置固定资产、公共基础设施的，还应当借记“累计折旧”账户)，贷记“存货”“固定资产”“在建工程”“政府储备物资”“公共基础设施”等账户。

(2) 报经批准予以核销时，借记“资产基金”及相关明细账户，贷记“待处理财产损溢——待处理财产价值”账户。

(3) 毁损、报废各种实物资产过程中取得的残值变价收入、发生相关费用，以及取得的残值变价收入扣除相关费用后的净收入或净支出的账务处理，比照有关出售资产进行处理。

(六) 核销不能形成资产的在建工程成本

转入待处理财产损溢时，借记“待处理财产损溢——待处理财产价值”账户，贷记“在建工程”账户。经批准予以核销时，借记“资产基金——在建工程”账户，贷记“待处理财产损溢——待处理财产价值”账户。

（七）盘盈存货、固定资产、政府储备物资等实物资产

转入待处理财产损溢时，借记“存货”“固定资产”“政府储备物资”等账户，贷记“待处理财产损溢——待处理财产价值”账户。报经批准予以处理时，借记“待处理财产损溢——待处理财产价值”账户，贷记“资产基金”及相关明细账户。

在本章第二节到第六节的内容中已经涉及了资产处置事项，本节不再另行举例。

本章小结

行政单位的资产是指行政单位占有或者使用的能以货币计量的经济资源。行政单位的资产包括流动资产、非流动资产和公共服务与受托资产，其中，流动资产、非流动资产是行政单位自用的资产，公共服务与受托资产是行政单位非自用的资产。流动资产是指可以在1年以内（含1年）变现或者耗用的资产，包括库存现金、银行存款、零余额账户用款额度、财政应返还额度、应收及预付款项、存货等。非流动资产是指行政单位不能或者不准备在1年内变现或耗用的资产，包括固定资产、在建工程、无形资产等。公共服务与受托资产是指行政单位直接负责管理的为社会提供公共服务的资产和接受委托方委托代为管理的资产，包括政府储备物资、公共基础设施和受托代理资产。

行政单位对符合资产定义的经济资源，应当在取得对其相关的权利并且能进行货币计量时确认。符合资产定义并确认的资产项目，应当列入资产负债表。行政单位资产的计量以历史成本为主，适当引入了历史成本以外的计量属性，强调资产计量的可靠性。

行政单位资产的核算包括行政单位资产核算的内容、账户设置、主要业务的会计处理。

关键术语

行政单位资产、流动资产、非流动资产、公共服务与受托资产、零余额账户用款额度、财政应返还额度

思考题

1. 行政单位资产如何确认与计量？
2. 简述行政单位财政应返还额度的核算。
3. 简述行政单位应收及预付款项的核算。
4. 简述行政单位存货的核算。
5. 简述行政单位固定资产的核算。
6. 简述行政单位无形资产的核算。
7. 简述行政单位政府储备物资的核算。
8. 简述行政单位受托代理资产的核算。
9. 简述行政单位公共基础设施的核算。
10. 简述行政单位待处理财产损溢的核算。

练 习 题

（一）单项选择题

1. 行政单位现金盘查时，如发现现金短缺，属于应由责任人赔偿或向有关人员追回的部分，应借记（　　）账户。

A. "其他应收款"　　B. "经费支出"

C. "其他应付款"　　D. "待处理财产损溢"

2. "现金日记账"登记的要求是（　　）。

A. 每月终了，应当计算当月的现金收入合计数、现金支出合计数和结余数，并将结余数与实际库存数核对，做到账款相符

B. 每日终了，应当计算当日的现金收入合计数、现金支出合计数和结余数，并将结余数与实际库存数核对，做到账款相符

C. 每季终了，应当计算当季的现金收入合计数、现金支出合计数和结余数，并将结余数与实际库存数核对，做到账款相符

D. 每年终了，应当计算当年的现金收入合计数、现金支出合计数和结余数，并将结余数与实际库存数核对，做到账款相符

3. 行政单位收到受托代理资产为现金的，核算使用的科目为（　　）。

A. "受托代理资产"　　B. "受托代理负债"

C. "现金"　　D. "资产基金"

4. 行政单位收到受托代理资产为银行存款时应计入（　　）。

A. "受托代理资产"　　B. "受托代理负债"

C. "银行存款"　　D. "库存现金"

5. 行政单位出售物资，在物资已发尚未收到款项时，借记："应收账款"，贷记账户为（　　）。

A. "银行存款"　　B. "存货"

C. "待处理财产损溢"　　D. "其他应付款"

6. 行政单位依据合同规定支付的定金（不可以收回），应当通过（　　）科目核算。

A. "预付账款"　　B. "应收账款"　　C. "其他应收款"　　D. "其他应付款"

7. 行政单位收到的商业汇票进行会计核算的科目是（　　）。

A. "应收账款"　　B. "预付账款"　　C. "应付账款"　　D. "预收账款"

8. 财政直接支付的方式下，年末，行政单位根据本年度财政直接支付预算指标数与财政直接支付实际支出数的差额，借记（　　）账户，贷记"财政拨款收入"科账户目。

A. "财政应返还额度——财政授权支付"

B. "财政应返还额度——财政直接支付"

C. "财政直接支付"

D. "零余额账户用款额度"

9. 财政授权支付方式下，行政单位根据收到的（　　），借记"零余额账户用款额度"等账户，贷记本账户。

A. 财政授权收款入账通知书　　B. 财政直接支付入账通知书

C. 财政直接支付额度到账通知书　　D. 财政授权支付额度到账通知书

10. 下列关于零余额账户用款额度的说法中,不正确的是(　　)。

A. 收到"财政授权支付额度到账通知书"时,根据通知书所列数额,借记"零余额账户用款额度"账户

B. 按规定支用额度时,贷记"零余额账户用款额度"账户

C. 从零余额账户提取现金时,贷记"零余额账户用款额度"账户

D. 年度终了零余额账户用款额度为借方余额

11. 下列关于存货的账务处理说法中,不正确的是(　　)。

A. 购入的存货,其成本包括购买价款、相关税费、运输费、装卸费、保险费以及其他使得存货达到目前场所和状态所发生的支出

B. 置换换入的存货,其成本按照换出资产的评估价值,加上支付的补价或减去收到的补价,加上为换入存货支付的其他费用(运输费等)确定

C. 接受捐赠、无偿调入的存货没有相关凭据也未经评估,其同类或类似存货的市场价格无法可靠取得,该存货就不登记入账

D. 委托加工的存货,其成本按照未加工存货的成本加上加工费用和往返运输费等确定

12. 购入不需安装的固定资产,按照确定的固定资产成本,借记"固定资产"账户,贷记(　　)账户。

A. "资产基金——固定资产"　　B. "资产基金——在建工程"

C. "资产基金——存货"　　D. "资产基金——无形资产"

13. 单位购入需要安装的固定资产,会计核算应用科目为(　　)。

A. "固定资产"

B. "在建工程"

C. "无形资产"

D. 先通过在建工程核算,安装完成后转入固定资产

14. 行政单位取得固定资产没有相关凭据也未经评估,其同类或类似资产的市场价格无法可靠取得,入账金额应以(　　)确定。

A. 凭据金额　　B. 评估价值加相关费用

C. 比照市场价格加相关费用　　D. 名义金额

15. 按月计提固定资产折旧,借方登记的会计账户为(　　)。

A. "固定资产"　　B. "资产基金"　　C. "累计折旧"　　D. "累计摊销"

16. 下列关于行政单位固定的核算的说法中,不正确的是(　　)。

A. 行政单位的软件,如果其是构成相关硬件不可缺少的组成部分,应当将该软件的价值包括在所属的硬件价值中,一并作为固定资产

B. 行政单位购建房屋及构筑物能够分清支付价款中的房屋及构筑物与土地使用权部分的,也应当将其中的土地使用权部分作为固定资产核算

C. 境外行政单位购买具有所有权的土地,作为固定资产

D. 行政单位借入、以经营租赁方式租入的固定资产,不通过固定资产核算

17. 下列关于固定资产的成本的确定的说法中,不正确的是(　　)。

A. 购入的固定资产,其成本包括实际支付的购买价款、相关税费、使固定资产交付

使用前所发生的可归属于该项资产的运输费、装卸费、安装费和专业人员服务费等

B. 自行建造的固定资产，其成本包括建造该项资产至交付使用前所发生的全部必要支出

C. 在原有固定资产基础上进行改建、扩建、修缮的固定资产，其成本按照原固定资产的账面价值加上改建、扩建、修缮发生的支出的金额确定

D. 置换取得的固定资产，其成本按照换出资产的评估价值加上支付的补价或减去收到的补价，加上为换入固定资产支付的其他费用(运输费等)确定

18. 行政单位要对(　　)计提折旧。

A. 公共基础设施

B. 文物及陈列品

C. 以名义金额入账的固定资产

D. 境外行政单位持有的能够与房屋及构筑物区分、拥有所有权的土地

19. 下列关于固定资产计提折旧的说法中，不正确的是(　　)。

A. 行政单位一般应当采用年限平均法或工作量法计提固定资产、公共基础设施折旧

B. 行政单位固定资产、公共基础设施的应折旧总金额为其成本，计提固定资产、公共基础设施折旧考虑预计净残值

C. 行政单位一般应当按月计提固定资产、公共基础设施折旧。

D. 固定资产、公共基础设施提足折旧后，无论能否继续使用，均不再计提折旧

20. 下面选项中不属于无形资产的是(　　)。

A. 著作权

B. 土地使用权

C. 专利权

D. 购入的构成相关硬件不可缺少组成部分的软件

21. 下列关于无形资产的账务处理不正确的是(　　)。

A. 购入的无形资产，按照确定的成本，借记"无形资产"，贷记"资产基金——无形资产"；同时，按照实际支付的金额，借记"经费支出"，贷记"银行存款"等

B. 委托软件公司开发软件，视同外购无形资产进行处理

C. 自行开发并按法律程序申请取得的无形资产，依法取得前所发生的研究开发支出，应当于发生时计入无形资产的成本

D. 置换取得的无形资产，其成本按照换出资产的评估价值加上支付的补价或减去收到的补价，加上为换入无形资产支付的其他费用(登记费等)确定

22. 为维护公共基础设施的正常使用而发生的日常修理等后续支出，应当计入当期支出，借记账户为(　　)。

A. "公共基础设施"　B. "在建工程"　C. "经费支出"　D. "财政拨款收入"

23. 为维护公共基础设施的正常使用而发生的日常修理等后续支出，应当借记有关支出账户，贷记(　　)等账户。

A. "财政补助收入"　B. "财政拨款收入"　C. "经费支出"　D. "其他支出"

24. 下列关于政府储备物资的处理不正确的是(　　)。

A. 单位支付的政府储备物资保管费、仓库租赁费等日常储备费用，计入政府储备物资的成本

B. 政府储备物资发出时，应当根据实际情况采用先进先出法、加权平均法或者个别计价法确定发出政府储备物资的实际成本。计价方法一经确定，不得随意变更

C. 行政单位报经批准将不需储备的物资出售时，应当转入待处理财产损溢

D. 购入的政府储备物资验收入库，借记“政府储备物资”，贷记“资产基金——政府储备物资”；同时，按实际支付的金额，借记“经费支出”，贷记“银行存款”等账户

25. 下列不通过公共基础设施科目核算的是(　　)。

A. 能够与公共基础设施分开核算的，与公共基础设施配套、供行政单位在公共基础设施管理中自行使用的房屋构筑物等

B. 城市交通设施

C. 公共照明设施

D. 防灾设施

26. 下列关于待处理财产损溢的说法中，不正确的是(　　)。

A. 属于无法查明原因的现金短缺，报经批准核销的，借记“经费支出”，贷记“待处理财产损溢”

B. 按照规定报经批准核销预付账款、无形资产报经批准予以核销时，借记“资产基金——预付款项、无形资产”，贷记“待处理财产损溢”

C. 出售、置换换出资产过程中收到价款、补价等收入，借记“库存现金”“银行存款”等，贷记“待处理财产损溢——处理净收入”

D. “待处理财产损溢”账户期末如为借方余额反映尚未处理完毕的各种财产净溢余

(二) 多项选择题

1. 下列选项中，属于行政单位流动资产的有(　　)。

A. “库存现金”　　B. “在建工程”

C. “银行存款”　　D. “零余额账户用款额度”

2. 下列选项中，属于行政单位应收及预付款项的有(　　)。

A. “应收账款”　　B. “预付账款”　　C. “其他应收款”　　D. “其他应付款”

3. 下列通过其他应收款核算的有(　　)。

A. 职工预借的差旅费　　B. 拨付给内部有关部门的备用金

C. 应向职工收取的各种垫付款项　　D. 行政单位支付可以收回的订金

4. “零余额账户用款额度”账户在年末应注销的差额包括(　　)。

A. 根据财政部门批复的用款计划收到和支用数的差额

B. 本年度财政授权支付预算指标数大于财政授权支付额度下达数的差额

C. 本年度财政授权支付预算指标数小于财政授权支付额度下达数的差额

D. 只调整A项

5. 行政单位购入的存货，其成本包括(　　)。

A. 购买价款　　B. 相关税费　　C. 运输费　　D. 装卸费

6. 对于由财政直接支付的购置固定资产的款项，行政单位的账务处理包括(　　)。

A. 借记“经费支出”账户，贷记“拨入经费”账户

B. 借记“经费支出”账户，贷记“财政补助收入”账户

C. 借记“事业支出”账户，贷记“财政补助收入”账户

D. 借记“固定资产”账户，贷记“固定基金”账户

7. 行政单位的下列固定资产中，不计提折旧的有（　　）。

A. 机器设备　　B. 动植物　　C. 图书、档案　　D. 文物及陈列品

8. 下列选项中属于资产特征的有（　　）。

A. 必须是一种经济资源　　B. 必须为单位所占有或者使用

C. 必须能用货币来计量　　D. 包括财产、债权和其他权利

9. 下列属于行政单位固定资产类别的有（　　）。

A. 房屋及构筑物　　B. 通用设备　　C. 专用设备　　D. 图书、档案

10. 下列选项中，属于行政单位无形资产的有（　　）。

A. 著作权　　B. 土地使用权　　C. 专利权　　D. 非专利技术

11. 行政单位应当按照（　　）原则确定无形资产的摊销年限。

A. 法律规定了有效年限的，按照法律规定的有效年限作为摊销年限

B. 法律没有规定有效年限的，按照相关合同或单位申请书中的受益年限作为摊销年限

C. 法律没有规定有效年限、相关合同或单位申请书也没有规定受益年限的，按照不少于15年的期限摊销

D. 非大批量购入、单价小于1 000元的无形资产，可以于购买的当期，一次将成本全部摊销

12. 下列关于与无形资产有关的后续支出说法不正确的有（　　）。

A. 为增加无形资产使用效能而发生的后续支出，如对软件进行升级改造或扩展其功能等所发生的支出，应当计入无形资产的成本

B. 为维护无形资产的正常使用而发生的后续支出，如对软件进行的漏洞修补、技术维护等所发生的支出，应当计入当期支出

C. 为增加无形资产使用效能而发生的后续支出，如对软件进行升级改造或扩展其功能等所发生的支出，应当计入当期支出

D. 为维护无形资产的正常使用而发生的后续支出，如对软件进行的漏洞修补、技术维护等所发生的支出，应当计入无形资产成本

13. 政府储备物资发出计价的方法有（　　）。

A. 先进先出法　　B. 后进先出法　　C. 加权平均法　　D. 个别计价法

（三）判断题

1. 行政单位的资产应当按照取得时的实际成本进行计量。除国家另有规定外，行政单位不得自行调整其账面价值。（　　）

2. 每日终了结算现金收支，属于无法查明原因的现金短缺，报经批准核销的，借记“管理费用”账户。（　　）

3. 银行存款日记账应定期与“银行对账单”核对，至少每月核对一次。（　　）

4. 零余额账户用款额度是指实行国库集中支付的行政单位根据财政部门批复的用款计划收到和支用的零余额账户用款额度。（　　）

5. “零余额账户用款额度”账户期末借方余额，反映行政单位尚未支用的零余额账户用款额度。（　　）

6. “零余额账户用款额度”账户在年度终了注销单位零余额账户用款额度后，应无余额。 (　)

7. 行政事业单位的应收款项应根据具体情况计提相应的坏账准备。 (　)

8. 按照账销实存的原则，核销的应收账款应在备查簿中保留登记。 (　)

9. 报废、毁损的存货，应当转入待处理财产损溢。 (　)

10. 行政单位采购或运输材料过程中发生的差旅费、运杂费不计入材料价值，直接计入有关支出科目。 (　)

11. 存货发出时，应当根据实际情况采用先进先出法、加权平均法或者个别计价法确定发出存货的实际成本，计价方法之间可以根据情况灵活改变。 (　)

12. 行政单位购入固定资产时，按照实际支付的买价以及运杂费、保险费、安装费等与购置活动直接相关的费用计入固定资产的入账价值。 (　)

13. 行政单位借入固定资产通过“固定资产”账户进行核算。 (　)

14. 行政单位的固定资产应当定期进行清查盘点，每年至少盘点一次。对于固定资产发生盘盈、盘亏的，应当查明原因并直接进行账务处理。 (　)

15. 行政单位固定资产是指使用期限超过1年(不含1年)、单位价值在规定标准以上，并在使用过程中基本保持原有物质形态的资产。 (　)

16. 价值800元专用设备单位应该计入固定资产。 (　)

17. 以一笔款项购入多项没有单独标价的固定资产，按照各项固定资产同类或类似固定资产市场价格的比例对总成本进行分配，分别确定各项固定资产的入账价值。 (　)

18. 行政事业单位的固定资产不计提折旧。 (　)

19. 盘盈的固定资产，按照确定的入账价值，借记“固定资产”账户，贷记“以前年度损溢调整”账户。 (　)

20. 固定资产、公共基础设施因改建、扩建或修缮等原因而提高使用效能或延长使用年限的，应当按照重新确定的固定资产、公共基础设施成本以及重新确定的折旧年限，重新计算折旧额。 (　)

21. 建筑工程项目完工交付使用时扣留质量保证金的，按照扣留的质量保证金金额，借记“待偿债净资产”账户，贷记“长期应付款”等账户。 (　)

22. 建筑工程项目完工交付使用时，应按照交付使用工程的实际成本，将“资产基金——在建工程”和“在建工程”账户对冲处理。 (　)

23. 因资产处置等发生营业税、城市维护建设税、教育费附加等缴纳义务的按照税法等规定计算的应缴税费金额，借记“应缴财政款”等账户，贷记“应缴税费”账户。 (　)

24. 置换取得的无形资产，其成本按照换出资产的评估价值加上支付的补价或减去收到的补价，加上为换入无形资产支付的其他费用(登记费等)确定。 (　)

25. 行政单位应当采用年限平均法计提无形资产摊销。 (　)

26. 行政单位应当自无形资产取得下月起，按月计提摊销；无形资产减少的当月，仍计提摊销。 (　)

27. 待处理财产损溢科目核算行政单位待处理财产的价值及财产处理损溢，年度终了，报经批准处理后，该科目余额应在借方。 (　)

28. 行政单位接受委托人指定受赠人的转赠物资，应当通过“存货”账户核算。 (　)

29. 与公共基础设施配套使用的修理设备、工具器具、车辆等动产，通过“公共基础设

施”账户核算。 ( )

30. 为维护公共基础设施的正常使用而发生的日常修理费，应当计入公共基础设施成本，通过“在建工程”账户核算。 ( )

31. 收到受托代理的现金，应当借记“受托代理资产”。 ( )

32. 行政单位在经过财政部门批准的情况下可以用国有资产对外担保。 ( )

(四) 业务处理题

请根据下列资料编制事业单位的会计分录。

1. 练习行政单位库存现金的核算

(1) 将现金 3 000 元存入银行。

(2) 从单位零余额账户提取现金 20 000 元。

(3) 用现金购买办公用品 600 元，直接交付使用。

(4) 职工王明借现金 6 000 元作为差旅费。

(5) 王明出差报销差旅费 5 000 元，原借款 6 000 元，余款交回。

(6) 某日盘点现金长款 100 元，无法找到失主。

(7) 收到职工交来的转赠地震灾区的捐款，现金 50 000 元。

2. 练习银行存款的核算

(1) 收到罚没款 2 500 元，存入银行。

(2) 收到财政部门拨来的本月经费 50 万元。

(3) 开出转账支票，购买办公用品 4 000 元，交付使用。

3. 练习存货的核算

(1) 开出转账支票预付顺达公司购买材料款 20 000 元。

(2) 接第(1)题，月末从顺达公司购买的材料运达，验收入库。

(3) 购入甲材料 2 000 千克，每千克 10 元，材料已验收入库，同时支付运杂费 500 元。开出转账支票支付货款及运费。

(4) 某部门领用材料 500 千克，每千克 20 元。

(5) 从某单位无偿调入专用材料一批，价值 50 000 元。

(6) 领用甲材料 500 千克，每千克平均单价为 980 元。

(7) 月末，库存材料盘点时，发现盘盈甲材料 200 克，共计 300 元；盘亏乙材料 50 千克，每千克 30 元。原因均无法查明。

(8) 出售积压的办公材料一批，取得价款 6 000 元，存入银行，该批材料的实际成本是 8 000 元。

4. 练习零余额账户用款额度的核算

(1) 收到代理银行转来的“财政直接支付入账通知书”，使用上年尚未使用的财政直接支付用款额度 100 000 元购买专用材料，材料已验收入库。

(2) 收到代理银行转来的 50 000 元财政授权支付额度恢复到账通知书和上年度未下达零余额账户用款额度 50 000 元。

(3) 收到 1 月份购买的包装物，并通过单位零余额账户补付货款 50 000 元。包装物已验收入库。1 月份已按合同规定预付货款 50 000 元。

(4) 从“单位零余额账户”支付购入专用材料款 40 000 元、增值税款 6 800 元，以银行存款支付运费 500 元，材料已验收入库。

(5) 经批准以评估价值为40 000元的专用材料置换某公司的丙材料，通过单位零余额账户补付价款5 000元，以现金支付运杂费800元(只对置换换入的丙材料进行账务处理)。

5. 练习固定资产的核算

(1) 收到上级单位无偿调入的专用设备一台，估计价值50 000元。

(2) 购入计算机一台8 500元，交付办公室使用，开出转账支票支付(双分录)。

(3) 接受捐赠图书一批，价值12 000元，已验收入库，同时用现金支付运费30元。

(4) 将一辆闲置的设备作价8 000元出售，该设备原价9 200元，已计提折旧1 840元。

(5) 报废设备一台，原价52 000元，提取折旧40 000元，残料变价收入为5 000元存入银行，用现金支付清理费300元。

(6) 年终清查，盘盈设备一台，重置价3 000元；盘亏空调一台，原价4 200元，已计提折旧2 100元。

(7) 购买图书一批，取得的增值税专用发票上注明的价款500 000元，增值税进项税额85 000元，支付运输费5 000元，款项实行财政授权支付。

(8) 7月，购入一批专用设备，取得的增值税专用发票上注明的设备价款200 000元，增值税进项税额34 000元，支付运输费1 000元，款项实行财政直接支付；8月，设备安装调试完毕并交付使用，以银行存款支付安装费用800元。

(9) 为了自行繁育优良品种奶牛，以账面价值100 000元、评估价值80 000元的专用材料置换甲单位的种牛，以银行存款支付补价款40 000元(只对置换换入的种牛进行账务处理)。

(10) 接受外单位捐赠办公设备一台，价值70 000元。

(11) 将不用的图书一批捐赠给希望工程，账面价值40 000元。

6. 练习无形资产的核算

(1) 购买100平方米的土地使用权，价值8 000 000元，款项实行财政直接支付。

(2) 以一台技术设备置换一项专利权。该技术设备的账面价值100 000元，评估价值80 000元，以银行存款支付补价款5 000元(只对置换换入的专利权进行账务处理)。

(3) 经批准将一项专利权捐赠给合作单位，该专利权账面价值为16 000元，已计提摊销64 000元，账面余额80 000元。

7. 练习公共服务和受托资产的核算

(1) 为地震灾区购入药品一批，取得的增值税专用发票上注明的价款100 000元，增值税进项税额17 000元，支付运输费1 000元，款项以银行存款支付。

(2) 自行建造环保设施完工并交付使用，设施总造价为200 000元。

(3) 接受甲单位委托储存管理一批物资，该物资发票金额80 000元，已验收入库。

8. 练习行政单位财产处置的核算

(1) 1月末盘点现金，发现现金溢余100元。

(2) 2月初查明，上月末现金溢余属于职工张某的报销尾款。

(3) 3月5日，经核查确认3年之前向甲公司出租资产形成的应收账款5 000元因该公司破产确实无法收回，将其转入待处理财产损溢，并报同级财政部门批准。20日获得财政部门批准将其予以核销。

(4) 4月10日，经核查确认4年之前通过单位零余额账户预付给甲公司的采购办公设备款50 000元因其被撤销而无望再收到所购物资，也确实无法收回预付账款，将其转入待处理财产损溢，并报经同级财政部门批准。25 日获得财政部门批准将其予以核销。

(5) 4 月 10 日，经核查确认 3 年之前以非财政拨款收入为职工张某代垫的水电费 2 000 元因其下落不明确实无法收回，将其转入待处理财产损溢，并报同级财政部门批准。25 日获得财政部门批准将其予以核销。

(6) 5 月 6 日，报请上级批准将不需用的 C 材料出售，该材料的实际成本 10 000 元。12 日，获得批准实现出售，获得价款 5 000 元，款项已存入银行。

(7) 6 月 5 日，清理出 3 年前购买的无法使用的计算机一批，并报请同级财政部门批准予以报废。该批计算机的购入成本为 200 000 元，25 日获得批准并将报废计算机出售，获得价款 10 000 元，款项已存入银行。该批计算机的预计使用年限为 5 年。

(8) 8 月 10 日，报请批准拟将 4 年前购买的 B 专利权出售，29 日获得批准并出售 B 专利权，获得价款 20 000 元，款项已存入银行。该专利权的购入成本 50 000 元，规定的摊销年限为 10 年。

(9) 9 月以账面价值 80 000 元、已计提折旧 100 000 元的技术设备置换甲单位的办公设备(只对置换换出的技术设备进行账务处理)。

(10) 10 月 10 日，一项设备安装过程中发生毁损，该工程成本 100 000 元，将其转入待处理财产损溢，并报经同级财政部门批准。25 日获得财政部门批准将其予以核销。

(11) 11 月 8 日，查明单位 8 年前自行建设的公共照明设施已无法使用并报经同级财政部门批准报废。该项设施账面余额 5 000 000 元，预计使用年限 10 年。25 日获得批准予以核销。在报废清理过程中发生变价收入 20 000 元，已存入银行；清理发生费用 5 000 元，以银行存款支付。

(12) 12 月 3 日，对存货和固定资产进行盘点，发现甲材料多余 20 千克，每千克 1 000 元，尚未入账，盘亏图书一批，其账面价值 5 000 元。5 日，将其转入待处理财产损溢，并报经同级财政部门批准。25 日获得财政部门批准将其核销。

(13) 12 月末，3 月 20 日已核销应收账款在年末又收回 3 000 元，4 月 25 日已核销预付账款在年末又全额收回。

第八章　行政单位负债的核算

学习目标与要求

理解行政单位负债的定义。

了解行政单位负债的内容和会计科目设置。

理解和掌握行政单位负债的账务处理方法。

重点

行政单位负债的账务处理方法。

难点

应缴财政款的核算，应付政府补贴款的核算，受托代理负债的核算。

导读

行政单位负债是行政单位承担的能以货币计量，需要以资产偿付的债务。它包括流动负债、非流动负债和受托代理负债。行政单位对符合负债定义的债务，应当在确定承担偿债责任并且能够可靠的进行货币计量时确认。行政单位的负债，应当按照承担的相关合同金额或实际发生额进行计量。行政单位须加强负债的分类管理和风险管理。

第一节　行政单位负债概述

一、负债的含义和内容

行政单位负债是行政单位承担的能以货币计量，需要以资产偿付的债务。

行政单位的负债具有以下特征：①负债是行政单位承担的现时义务；②负债是行政单位可以用货币计量的债务；③负债是行政单位需要以资产等偿还的债务。

二、负债的确认与计量

行政单位对符合负债定义的债务，应当在确定承担偿债责任并且能够可靠的进行货币计量时确认。符合负债定义并确认的负债项目，应当列入资产负债表；行政单位承担或有责任需要通过未来不确定事项的发生或不发生予以证实的负债，不列入负债表，但应当在报表附注中披露。行政单位的负债,应当按照承担的相关合同金额或实际发生额进行计量。

三、行政单位负债的分类

行政单位的负债包括流动负债、非流动负债和受托代理负债。流动负债是指预计在1年内(含1年)偿还的负债,行政单位的流动负债包括应缴财政款、应缴税费、应付职工薪酬、应付账款、应付政府补贴款、其他应付款等。非流动负债是指流动负债以外的负债,行政单位的非流动负债包括长期应付款。受托代理负债是行政单位接受委托,取得受托管理资产时形成的负债。

四、行政单位负债的财务管理要求

(1) 加强负债的分类管理。行政单位取得罚没收入、行政事业性收费、政府性基金、国有资产处置和出租出借收入等,应当按照国库集中收缴的有关规定及时足额上缴,不得隐瞒、滞留、截留、挪用和坐支。行政单位应当加强对暂存款项的管理,不得将应当纳入单位收入管理的款项列入暂存款项;对各种暂存款项应当及时清理、结算,不得长期挂账。

(2) 加强负债的风险管理。行政单位应当建立健全风险管理机制,及时对债务进行清理,控制负债的规模。除法律、行政法规另有规定外,行政单位不得举借债务,不得对外提供担保。

第二节　流动负债的核算

行政单位的流动负债包括应缴财政款、应缴税费、应付职工薪酬、应付账款、应付政府补贴款、其他应付款等。

一、应缴财政款的核算

(一) 应缴财政款的内容

应缴财政款是指行政单位依法取得的应当上缴财政的资金,包括罚没收入、行政事业性收费、政府性基金、国有资产处置和出租出借收入等,应当按照国库集中收缴的有关规定及时足额上缴,不得隐瞒、滞留、截留、挪用和坐支。

(二) 账户设置

行政单位设置"应缴财政款"账户,核算取得的按规定应当上缴财政的款项。行政单位按照国家税法等有关规定应当缴纳的各种税费,通过"应缴税费"账户核算,不在本账户核算。本账户贷方登记应缴财政款的增加额,借方登记减少额,期末余额在贷方,反映行政单位应当上缴财政但尚未缴纳的款项。年终清缴后,本账户一般应无余额。

本账户应当按照应缴财政款的类别进行明细核算，设置“应缴罚没收入”“应缴行政事业性收费”“应缴政府性基金”“应缴国有资产处置收入”“应缴国有资产出租收入”等明细账户。

（三）主要账务处理

1. 取得应缴财政款

1）处置罚没收入取得的应缴财政款

（1）行政单位依法取得的如罚没收入、行政事业性收费、政府性基金等应当上缴财政的资金，按照实际收到的应缴财政款时确认的金额，借记“银行存款”等科目，贷记“应缴财政款”账户。

【例 8-1】 某行政单位收到应缴入国库管理的行政事业性收费收入 200 000 元，存入银行。

借：银行存款　　200 000
　贷：应缴财政款——应缴行政事业性收费　　200 000

2）处置资产取得的应缴财政款

行政单位处置资产取得的应缴财政款是出售、资产置换过程中产生的净收入。行政单位资产出售、资产置换取得的收入和发生的费用应当通过“待处理财产损溢”账户核算，处理完毕后再置净收入转入“应缴财政款”账户。

具体的业务处理步骤如下：①出售、置换资产过程中收到价款、补价等收入，借记“银行存款”等科目，贷记“待处理财产损溢——处理净收入”账户；②出售、置换换出资产过程中发生相关费用，借记“待处理财产损溢——处置净收入”账户，贷记“银行存款”等科目；③出售、置换换出完毕并收回相关款项后，按照处置收入扣除相关税费后的净收入，借记“待处理财产损溢——处置净收入”账户，贷记“应缴财政款”；④上缴处置资产取得的款项时，按照实际上缴的金额，借“应缴财政款”账户，贷记“银行存款”账户。

【例 8-2】 某行政单位处置一批长期积压的物资，账面价值 12 000 元，处置过程中发生清理费 500 元，以现金支付。处置得到的 7 500 元价款，存入银行。

转入待处理财产损溢时：

借：待处理财产损溢——待处理财产价值　　12 000
　贷：存货　　12 000

出售时：

借：资产基金——存货　　12 000
　贷：待处理财产损溢——待处理财产价值　　12 000

收到价款时：

借：银行存款　　7 500
　贷：待处理财产损溢——处理净收入　　7 500

支付清理费用时：

借：待处理财产损溢——处理净收入　　500
　贷：库存现金　　500

转入应缴财政款时：

借：待处理财产损溢——处理净收入　　7 000
　贷：应缴财政款　　7 000

3）出租出借国有资产

行政单位在收到资产对外出租收入的款项时，按照实际收到的金额，借记“银行存款”账户，贷记“应缴财政款”账户。

【例 8-3】 某行政单位经财政部门的批准，将一闲置仓库对外出租，取得当月租金收入 12 000 元，存入银行。

借：银行存款　　12 000
　贷：应缴财政款——应缴国有资产出租收入　　12 000

2. 上缴应缴财政款

上缴应缴财政的款项时，按照实际上缴的金额，借记“应缴财政款”账户，贷记“银行存款”账户。

【例 8-4】 月末，该行政单位将行政事业性收费 200 000 元缴入国库。

借：应缴财政款——应缴行政事业性收费　　200 000
　贷：银行存款　　200 000

二、应缴税费的核算

（一）行政单位应缴税费的内容

行政单位按照税法等规定应当缴纳的各种税费，包括城市维护建设税、教育附加、房产税、车船税、城镇土地使用税等，以及行政单位代扣代缴的个人所得税。

（二）账户设置

行政单位设置“应缴税费”账户，核算按照税法等规定应当缴纳的各种税费。本账户贷方登记应缴税费的增加额，借方登记减少额，期末余额在贷方，反映行政单位应缴未缴的税费金额。本账户应当按照应缴纳的税费种类进行明细核算。

（三）主要账务处理

（1）因资产处置等发生城市维护建设税、教育费附加等缴纳义务的，按照税法等规定计算的应缴税费金额，借记“待处理财产损溢——处置净收入”账户，贷记“应缴税费”账户；实际缴纳时，借记“应缴税费”账户，贷记“银行存款”等科目。

【例 8-5】 某行政单位出售一台不需用设备，得到价款 50 000 元。月末，增值税率 17%、城市维护建设税、教育费附加，城市维护税税率为 7%，教育费附加的征收率是 3%。

增值税：50 000×17%＝8 500(元)

城市维护建设税：8 500×7%＝595(元)

教育费附加：8 500×3%=255(元)

借：待处理财产损溢——处置净收入　　9 350
　贷：应缴税费——应缴增值税　　8 500
　　　　　——应缴城市维护建设税　　595
　　　　　——应缴教育费附加　　255

(2) 因出租资产等发生城市维护建设税、教育费附加等缴纳义务的，按照税费等规定计算的应缴税费金额，借记“应缴财政款”等帐户，贷记“应缴税费”账户；实际缴纳时，借记“应缴税费”账户，贷记“银行存款”等账户。

【例8-6】 接[例8-3]月末，计提营业税、城市维护建设税、教育费附加，适用的增值税率11%，城市维护建设税税率为5%、教育费附加的征收率是3%。次月初，缴纳应缴税费。

计提时：

增值税：12 000×11%=1 320(元)

城市维护建设税：1 320×7%=92.4(元)

教育费附加：1 320×3%=39.6(元)

借：应缴财政款——应缴国有资产出租收入　　1 452
　贷：应缴税费——应缴增值税　　1 320
　　　　　——应缴城市维护建设税　　92.4
　　　　　——应缴教育费附加　　39.6

缴纳时：

借：应缴税费——应缴增值税　　1 320
　　　　——应缴城市维护建设税　　92.4
　　　　——应缴教育费附加　　39.6
　贷：银行存款　　1 452

(3) 代扣代缴个人所得税，按照税法等规定计算的应代扣代缴的个人所得税金额，借记“应付职工薪酬”账户(从职工工资中代扣个人所得税)或“经费支出”账户(从劳务费中代扣个人所得税)，贷记“应缴税费”账户。实际缴纳时，借记“应缴税费”账户，贷记“财政拨款收入”“零余额账户用款额度”“银行存款”等科目。

【例8-7】 某行政单位发放工资，从职工工资中代扣个人所得税22 000元，从劳务费中代扣个人所得税2 520元，并实际缴纳。

代扣时：

借：应付职工薪酬　　22 000
　　经费支出——其他资金支出——基本支出　　2 520
　贷：应缴税费——代扣个人所得税　　24 520

缴纳时：

借：应缴税费——代扣个人所得税　　24 520
　贷：银行存款　　24 520

三、应付职工薪酬的核算

（一）应付职工薪酬的内容

应付职工薪酬是行政单位按照有关规定应付给职工及为职工支付的各种薪酬，包括基本工资、奖金、国家统一规定的津贴补贴、社会保险费、住房公积金等。

（二）账户设置

行政单位设置“应付职工薪酬”账户，该账户核算按照有关规定应付给职工及为职工支付的各种薪酬。本账户贷方登记应付职工薪酬的增加额，借方登记减少额，期末贷方余额，反映行政单位应付未付的职工薪酬。本账户应当根据国家有关规定按照“工资（离退休费）”“地方（部门）津贴补贴”“其他个人收入”及“社会保险费”“住房公积金”等进行明细核算。外部人员的劳务费不通过本账户核算。

（三）主要账务处理

（1）发生应付职工薪酬时，按照计算出的应付职工薪酬金额，借记“经费支出”账户，贷记“应付职工薪酬”账户。

【例 8－8】 某行政单位计算本月职工薪酬，应付工资总额为 1 570 000 元，其中基本工资 1 400 000 元，奖金 70 000 元，绩效工资 30 000 元，津贴补助 10 000，应付其他个人收入 5 000 元，应付职工住房公积金 25 000 元（单位承担部分），应付职工社会保险费 40 000 元（单位承担部分）。

	借方	贷方
借：经费支出——财政拨款支出——基本支出	1 570 000	
贷：应付职工薪酬——基本工资		1 400 000
——奖金		70 000
——绩效工资		30 000
——其他个人收入		5 000
——住房公积金		25 000
——社会保险费		40 000

（2）向职工支付工资、津贴补贴等薪酬时，按照实际支付的金额，借了记“应付职工薪酬”账户，贷记“财政拨款收入”“零余额账户用款额度”“银行存款”等科目。

从应付职工薪酬中代扣为职工垫付的水电费、房租等费用时，按照实际扣除的金额，借记“应付职工薪酬”账户（工资），贷记“其他应收款”等科目。

从应付职工薪酬中代扣代缴个人所得税，按照代扣代缴的金额，借记“应付职工薪酬”账户（工资），贷记“应缴税费”账户。

从应付职工薪酬中代扣代缴社会保险费和住房公积金（即职工个人承担部分），按照代扣代缴的金额，借记“应付职工薪酬”账户（工资），贷记“其他应付款”账户。

【例 8－9】 某行政单位本月从应付职工薪酬中代扣个人住房公积金 12 500 元，社会保险缴费 20 000 元，个人所得税 75 500 元，扣款总计 108 000 元。

各种扣款如下：

借：应付职工薪酬　108 000
　贷：其他应付款——职工住房公积金　12 500
　　　　　　　——职工医疗保险缴费　20 000
　　　应缴税费——职工个人所得税　75 500

（3）缴纳单位为职工承担的和代扣职工的社会保险费和住房公积金时，借记“应付职工薪酬”账户（社会保险费、住房公积金）和“其他应付款”账户（社会保险费、住房公积金），贷记“财政拨款收入”“零余额账户用款额度”“银行存款”等科目。

【例 8－10】 接[例 8－8]和[例 8－9]，向社保机构缴纳由单位和个人承担的社会保险费和住房公积金，以财政直接支付方式支付。

借：应付职工薪酬——住房公积金（单位承担部分）　25 000
　　　　　　　——社会保险费（单位承担部分）　40 000
　　其他应付款——住房公积金（个人承担部分）　12 500
　　　　　　　——社会保险费（个人承担部分）　20 000
　贷：财政拨款收入　97 500

四、应付账款的核算

（一）应付账款的内容

应付账款是行政单位因购买物资或服务、工程建设等而应付的偿还期限在 1 年以内（含 1 年）的款项。

（二）账户设置

行政单位设置“应付账款”账户，该账户核算因购买物资或服务、工程建设等而应付的偿还期限在 1 年以内（含 1 年）的款项。本账户贷方登记应付账款的增加额，借方登记减少额，期末余额在贷方，反映行政单位尚未支付的应付账款。本账户应当按照债权单位（或个人）进行明细核算。

（三）主要账务处理

（1）收到所购物资或服务、完成工程但尚未付款时，按照应付未付款项的金额，借记“待偿债净资产”账户，贷记“应付账款”账户。购入存货验收入库，按照确定的成本，借记“存货”账户，贷记“资产基金——存货”账户。

【例 8－11】 某行政单位接收 A 公司的服务，服务完成时款项 10 000 元尚未付款。

借：待偿债净资产　10 000
　贷：应付账款——A 公司　10 000

（2）偿付应付账款时，借记“应付账款”账户，贷记“待偿债净资产”账户；同时，借记“经费支出”账户，贷记“财政拨款收入”“零余额账户用款额度”“银行存款”等科目。

【例 8－12】 某行政单位偿付应付账款 10 000，以零余额账户用款额度支付。

借：应付账款——A 公司　10 000

贷：零余额账户用款额度　　10 000

(3) 无法偿付或债权人豁免偿还的应付账款，应当按照规定报经批准后进行账务处理。经批准核销时，借记“应付账款”账户，贷记“待偿债净资产”账户。核销的应付账款应在备查簿中保留登记。

【例 8-13】 某行政单位因供应商被注销，有一笔无法支付的材料款项 5 000 元，按照规定报经批准后进行账务处理。

借：应付账款——某供应商　　5 000

贷：待偿债净资产　　5 000

五、应付政府补贴款的核算

(一) 应付政府补贴款的内容

应付政府补贴款是指行政单位按照规定应当支付给政府补贴接受者的各种政府补贴款。

(二) 账户设置

行政单位设置“应付政府补贴款”账户，该账户核算按照规定应当支付给政府补贴接受者的各种政府补贴款。本账户贷方登记应付政府补贴款的增加额，借方登记减少额，期末余额在贷方，反映行政单位应付未付的政府补贴金额。本账户应当支付的政府补贴种类进行明细核算。行政单位还应当按照补贴接受者建立备查簿，进行相应明细核算。

(三) 主要账务处理

(1) 发生应付政府补贴时，按照规定计算出的应付政府补贴金额，借记“经费支出”账户，贷记“应付政府补贴款”账户。

【例 8-14】 某区民政局计算提取当月的城市居民最低保障补助款，本月有 1 500 个家庭享受补贴，共计 450 000 元。

借：经费支出　　450 000

贷：应付政府补贴款——城市居民最低保障补助款　　450 000

(2) 支付应付的政府补贴款时，借记“应付政府补贴款”账户，贷记“零余额账户用款额度”“银行存款”等科目。

【例 8-15】 某区民政局以银行存款向享受低保家庭发放政府补贴款 450 000 元。

借：应付政府补贴款——城市居民最低保障补助款　　450 000

贷：银行存款　　450 000

六、其他应付款

(一) 其他应付款的内容

其他应付款是行政单位除应缴财政款、应缴税费、应付职工薪酬、应付政府补贴款、应付账款以外的其他各项偿还期在1年以内(含1年)的暂存应付款项,如收取的押金、保证金、未纳入行政单位预算管理的转拨资金、代扣代缴职工社会保险费和住房公积金等。

(二) 账户设置

行政单位设置“其他应付款”账户,该账户核算各项偿还期在1年以内(含1年)的暂存应付款项。本账户贷方登记其他应付款的增加额,借方登记减少额,期末余额在贷方,反映行政单位尚未支付的其他应付款。本账户应当按照其他应付款的类别以及债权单位(或个人)进行明细核算。

(三) 主要账务处理

(1) 发生其他各项暂存应付款项时,借记“银行存款”等科目,贷记“其他应付款”账户。

【例8-16】 某行政单位收取临时工李某的保证金200元。

借:库存现金　200
　贷:其他应付款——李某　200

(2) 支付其他各项暂存应付款项时,借记“其他应付款”账户,贷记“银行存款”等科目。

【例8-17】 临时工李某离职,某行政单位退还其所交保证金200元。

借:其他应付款——李某　200
　贷:库存现金　200

(3) 因故无法偿付或债权人豁免偿还的其他应付款项,应当按规定报经批准后进行账务处理。经批准核销时,借记“其他应付款”账户,贷记“其他收入”账户。核销的其他应付款应在备查簿中保留登记。

【例8-18】 某行政单位收取某企业的业务保证金10 000元无法偿付,按规定报经批准后进行账务处理。

借:其他应付款　10 000
　贷:其他收入　10 000

第三节　长期应付款和受托代理负债的核算

一、长期应付款的核算

(一) 长期应付款的内容

长期应付款是指行政单位发生的偿还期限超过1年(不含1年)的应付款项,如跨年度分期付款购入固定资产的价款等。

长期应付款应当按照以下条件确认:①因购买物资、服务等发生的长其应付款,应当在收到所购物资或服务时确认;②因其他原因发生的长期应付款应当在承担付款义务时确认。

（二）账户设置

行政单位设置“长期应付款”账户，该账户核算发生的偿还期限超过1年（不含1年）的应付款项，贷方登记长期应付款的增加额，借方登记减少额，期末余额在贷方，反映行政单位尚未支付的长期应付款。本账户应当按照长期应付款的类别以及债权单位（或个人）进行明细核算。

（三）主要账务处理

（1）发生长期应付款时，按照应付未付的金额，借记“待偿债净资产”账户，贷记“长期应付款”账户。

【例8－19】 某行政单位以跨年度分期付款方式购入安防设备5台，每台价款100 000元，在收到设备时支付首付款100 000元，以财政直接支付方式支付；其余价款在以后的4个年度中支付，每年支付100 000元。

借：固定资产——安防设备　500 000
　贷：资产基金——固定资产　500 000

支付首付款时，

借：经费支出——财政拨款支出——基本支出——商品和服务支出——装备购置费　100 000
　贷：财政拨款收入——基本支出拨款　100 000

未付价款部分，

借：待偿债净资产　400 000
　贷：长期应付款——设备供应商　400 000

（2）偿付长期应付款时，借记“经费支出”账户，贷记“财政拨款收入”“零余额账户用款额度”“银行存款”等科目；同时，借记“长期应付款”账户，贷记“待偿债资产”账户。

【例8－20】 各年，该行政单位偿付长期应付款100 000元，按照协议，以银行存款支付。

借：经费支出——财政拨款支出——基本支出——商品和服务支出——装备购置费　100 000
　贷：银行存款　100 000

同时，

借：长期应付款——设备供应商　100 000
　贷：待偿债净资产　100 000

（3）无法偿付或债权人豁免偿还的长期应付款，应当按照规定报经批准后进行账务处理。经批准核销时，借记“长期应付款”账户，贷记“待偿债净资产”账户。长期应付款应在备查簿中保留登记。

【例 8-21】 因债权人某设备供应商破产清算，某行政单位 5 年前购买设备款项的尚有余款 10 200 元无法支付，按照规定报经批准后进行账务处理。

借：长期应付款——某设备供应商　　10 200
　贷：待偿债净资产　　10 200

二、受托代理负债的核算

（一）受托代理负债的内容

受托代理负债是行政单位接受委托，取得受托管理资产时形成的负债，包括接受捐赠资产形成的负债和接受代储物资形成的负债等。受托代理负债与受托代理资产相对应，行政单位在确认一项受托代理资产时，同时确认所形成的受托代理负债。

（二）账户设置

行政单位设置“受托代理负债”账户。该账户核算接受委托，取得受托管理资产时形成的负债。本账户贷方登记受托代理负债的增加额，借方登记减少额，期末余额在贷方，反映行政单位尚未清偿的受托代理负债。本账户应当按照委托人等进行明细核算；属于指定转赠物资和资金的，还应当按照指定受赠人进行明细核算。

（三）主要账务处理

本账户的账务处理参见第七章“受托代理资产”“库存现金”“银行存款”等业务的处理。

本章小结

行政单位负债是行政单位承担的能以货币计量，需要以资产偿付的债务。

行政单位的负债具有以下特征：①负债是行政单位承担的现时义务；②负债是行政单位可以用货币计量的债务；③负债是行政单位需要以资产等偿还的债务。

行政单位对符合负债定义的债务，应当在确定承担偿债责任并且能够可靠的进行货币计量时确认。符合负债定义并确认的负债项目，应当列入资产负债表；行政单位承担或有责任需要通过未来不确定事项的发生或不发生予以证实）的负债，不列入负债表，但应当在报表附注中披露。行政单位的负债，应当按照承担的相关合同金额或实际发生额进行计量。

行政单位的负债包括流动负债、非流动负债和受托代理负债。流动负债是指预计在 1 年内（含 1 年）偿还的负债，行政单位的流动负债包括应缴财政款、应缴税费、应付职工薪酬、应付账款、应付政府补贴款、其他应付款等。非流动负债是指流动负债以外的负债，行政单位的非流动负债包括长期应付款。受托代理负债是行政单位接受委托，取得受托管理资产时形成的负债。

行政单位负债的核算方法，包括负债的核算内容、账户设置和主要业务处理。

关键术语

受托代理负债、应缴财政款、应付政府补贴款

思考题

1. 行政单位负债有哪些特征?
2. 行政单位负债包括哪些内容?
3. 简述行政单位应缴财政款的核算。
4. 简述行政单位应付政府补贴款的核算。
5. 简述行政单位长期应付款的核算。
6. 简述行政单位受托代理负债的核算。

练习题

(一) 单项选择题

1. 下列选项中,属于行政单位应缴财政款核算内容的是(　　)。

A. 营业税　　B. 职工工资
C. 罚没收入　　D. 代扣代缴职工社会保险费

2. 下列不属于流动负债的是(　　)。

A. "应缴财政款"　　B. "应付职工薪酬"
C. "应付政府补贴款"　　D. "长期应付款"

3. 行政单位从非同级财政部门、上级主管部门等取得指定转给其他单位,且未纳入本单位预算管理的资金通过(　　)科目核算。

A. "其他收入"　B. "财政拨款收入" C. "其他应收款"　D. "其他应付款"

4. 行政单位按照国家税法等有关规定应当缴纳的各种税费,会计核算使用的科目为(　　)。

A. "应缴税费"　B. "应缴财政款"　C. "应付账款"　D. "其他应付款"

5. 行政单位发生的水电费,核算可能使用的科目是(　　)。

A. "应付账款"　B. "应缴财政款"　C. "其他支出"　D. "其他应付款"

6. 无法偿付或债权人豁免偿还的应付账款,经批准核销后账务处理为(　　)。

A. 借记"应收账款"账户,贷记"待偿债净资产"账户
B. 借记"应付账款"账户,贷记"待偿债净资产"账户
C. 借记"待偿债净资产"账户,贷记"应收账款"账户
D. 借记"待偿债净资产"账户,贷记"应付账款"账户

7. 行政单位对符合负债定义的债务确认的时点为(　　)。

A. 支付款项偿还债务
B. 确定承担偿债责任时
C. 债务能可靠进行货币计量时

D. 确定承担偿债责任，且债务能可靠进行货币计量时

8. 下列会计科目中不属于行政单位负债的是（　　）。

A. “应缴税费”　B. “预付账款”　C. “应缴财政款”　D. “应缴职工薪酬”

9. 行政单位收到的属于中央及所属单位的教育收费一般应列为（　　）管理。

A. “应付账款”　B. “应缴财政款”

C. “其他应付款”　D. “应付政府补贴款”

（二）多项选择题

1. 下列各项属于“应缴财政款”核算的有（　　）。

A. 行政性收费收入　B. 无主财物变价收入

C. 罚没收入　D. 赃款赃物变价收入

2. 行政单位的流动负债包括（　　）。

A. “应缴财政款”　B. “应付账款”

C. “应付政府补贴款”　D. “长期应付款”

3. 行政单位的负债具有的特征有（　　）。

A. 负债是行政单位承担的现时义务

B. 负债是行政单位可以用货币计量的债务

C. 负债是行政单位需要以资产等偿还的债务

D. 应当按照承担的相关合同金额或实际发生额进行计量

（三）判断题

1. 行政单位的负债是指行政单位所承担的能以货币计量，需要以资产等偿还的债务。（　　）

2. 发生长期应付款时，按照应付未付的金额，借记“待偿债净资产”账户，贷记“长期应付款”账户。（　　）

3. 发生应付职工薪酬时，按照计算出的应付职工薪酬金额，借记“经费支出”账户，贷记“应付职工薪酬”账户。（　　）

4. 行政单位代扣代缴的个人所得税，不通过“应缴税费”账户核算。（　　）

5. “受托代理负债”账户只需按照委托人等进行明细核算。（　　）

6. 行政单位的负债包括应付账款、应付职工薪酬、应缴预算款等。（　　）

7. 行政单位的应付未付款通过“应付账款”进行核算。（　　）

8. 行政单位一般只能购买国债，不能购买其他有价证券。（　　）

（四）业务处理题

请根据下列资料编制行政单位的会计分录。

1. 练习应缴款项的核算

(1) 将追回赃款 10 000 元和追回赃物变价收入 600 元，存入银行存款户。

(2) 收到应上缴罚款 30 000 元，款项存入银行。

(3) 将单位长期无人认领的无主暂存款（即其他应付款）1 000 元，转为应缴财政款。

(4) 月末，将上列(1)～(3)题应缴财政款缴入国库。

(5) 收到行政事业性收费 12 万元。

(6) 月末上缴所收到的行政事业性收费 12 万元。

(7) 年终，某行政单位将取得行政性收费 10 万元，按照财政规定 80%留用，20%上缴。

(8) 出租固定资产，取得租金收入1万元，已存入银行，同时按规定计提营业税、城市维护建设税、教育费附加。

2. 练习应付款项的核算

(1) 收到向甲公司采购的专用材料一批，取得的增值税专用发票上注明价款50 000元，增值税进项税额8 500元，款项尚未支付。专用材料已验收入库。

(2) 通过财政部门零余额账户偿付期限为6个月的应付账款50 000元。

(3) 收到某单位交来的租入固定资产押金20 000元，存入银行。

(4) 某单位归还所借固定资产，取得租金收入40 000元，并退还押金20 000元。

(5) 以银行存款58 500元，支付购买A材料货款。

(6) 收到一笔性质不清的款项(即暂存款)5 000元，存入银行。

3. 练习应付职工薪酬的核算

(1) 按照国家统一规定，计算在职人员发放工资305 000元，向离休人员发放离休费15 000元，向退休人员发放退休费150 000元。

(2) 按照国家统一规定计算在职人员发放年终一次性奖金80 000元。

(3) 按照国家有关规定，发给有关人员午餐费、夜餐费共计1 500元，以现金支付。

(4) 通过单位零余额账户向职工实际支付工资、津贴补贴等薪酬715 000元。同时，代扣个人承担的社会保险费30 000元、住房公积金60 000元、个人所得税20 000元。

4. 练习应付政府补贴款和长期应付款的核算

(1) 按照国家政策规定标准计算出就业困难人员的公益性岗位补贴10万元。

(2) 年初收到购买的大巴车两台，价值80万元，分2年分期付款，每年末通过财政直接支付50%(分别对年初收到大巴车和年末付款做出账务处理)。

第九章　行政单位收入与支出的核算

学习目标与要求

了解行政单位收入、支出概念，收入的来源渠道和支出的分类。

理解和掌握行政单位收入和支出的会计核算方法。

重点

行政单位收入和支出的会计核算。

难点

行政单位收入和支出业务的账务处理。

导读

行政单位的收入是指行政单位依法取得的非偿还性资金。包括财政拨款收入和其他收入。行政单位取得收入，应当符合国家规定，按照财务管理的要求，分项如实核算。行政单位的各项收入应当全部纳入单位预算，统一核算、统一管理。

支出是指行政单位为保障机构正常运转和完成工作任务所发生的资金耗费和损失，包括经费支出和拨出经费。加强行政单位支出的财务管理，对于降低行政成本及提高财政资金的使用效益，具有重要意义。

第一节　收入的核算

一、收入的定义和内容

（一）收入的定义

行政单位的收入是指行政单位依法取得的非偿还性资金，包括财政拨款收入和其他收入。

行政单位的收入具有以下特征：①收入是行政单位为开展业务及其他活动取得的。行政单位的业务活动是向社会提供公共产品或者公共服务，行政单位的资金主要来源于财政拨款。此外，行政单位还从事一些其他的活动，取得其他方面的收入。②收入是行政单位依法取得的。行政单位取得的各项收入，应当符合国家法律、法规和规章制度的规定喝要求。③收入是行政单位的非偿还性资金。行政单位取得的各项收入应当不需要再未来偿还，可以按照规定安排用于所开展的业务活动。

行政单位的收入一般按收付实现制确认，收入的特殊经济业务和事项可以采用权责发生制确认。在权责发生制基础下，收入应当在发生时予以确认，并按照实际发生的数额计量。

（二）收入的内容

行政单位的收入包括财政拨款收入和其他收入。财政拨款收入，是指行政单位从同级财政部门取得的财政预算资金。其他收入，是指行政单位依法取得的除财政拨款收入以外的各项收入。行政单位依法取得的应当上缴财政的罚没收入、行政事业性收费、政府性基金、国有资产处置和出租出借收入等，不属于行政单位的收入。

二、收入的财务管理

加强行政单位收入的财务管理，对于提高财政资金的使用效益，保护社会公众的基本权益，加强财政资金的监督，促进行政单位科学、完整、规范、透明的单位预算体系，有着重要的意义。行政单位取得收入，应当符合国家规定，按照财务管理的要求，分项如实核算。行政单位的各项收入应当全部纳入单位预算，统一核算、统一管理。

三、财政拨款收入的核算

（一）财政拨款收入的含义和分类

财政拨款收入是行政单位从同级财政部门取得的财政预算资金。为了加强管理与核算，行政单位需对财政拨款收入进行适当的分类，其主要分类如下。

1. 按照财政拨款的种类，财政拨款收入包括为公共财政预算拨款和其他预算拨款

公共财政预算拨款，是行政单位从同级财政部门取得的公共财政预算资金拨款。其他预算拨款，是行政单位从同级财政部门取得的公共财政预算资金以外的拨款，主要包括政府性基金预算资金拨款、国有资本经营预算资金拨款和社会保险基金预算资金拨款。

2. 按部门预算管理的要求，财政拨款收入分为基本支出拨款和项目支出拨款

(1) 基本支出拨款是行政单位用于维持正常运行和完成日常工作任务所需要的经费。基本支出拨款又可进一步划分为人员经费和日常公用经费。人员经费是指用于行政单位人员方面开支的经费，日常公用经费是指用于行政单位日常公务活动开支的经费。基本支出拨款由财政部门根据相应的标准核定，实行财政定额拨款。

(2) 项目支出拨款是行政单位在基本经费以外完成特定任务所需要的经费，包括专项业务费、专项会议费、专项修缮费、专项设备购置费等。项目支出拨款要求按项目的不同分类管理、分项核算，保证专款专用。项目支出拨款由财政部门根据具体情况的不同分项核定，实行财政定项拨款。

3. 按政府收支分类科目的要求，财政拨款收入需要进行功能分类

根据政府收支分类的要求，财政拨款收入需要按照财政预算支出的功能进行分类。支出功能分类侧重反映政府支出的职能，设置类、款、项三级预算科目，行政单位会计需要按

“项级”账户对财政拨款收入进行明细核算。

（二）账户设置

行政单位设置“财政拨款收入”账户，该账户核算从同级财政部门取得的财政预算资金。本账户贷方登记单位取得的财政预算资金增加额，借方登记减少额。年度结账后，本账户应无余额。

本账户应当设置“基本支出拨款”和“项目支出拨款”两个明细账户，分别核算行政单位取得用于基本支出和项目支出的财政拨款资金；同时，按照《政府收支分类科目》中“支出功能分类科目”的项级科目进行明细核算；在“基本支出拨款”明细科目下按照“人员经费”和“日常公用经费”进行明细核算，在“项目支出拨款”明细科目下按照具体项目进行明细核算。

（三）主要账务处理

(1) 财政直接支付方式下，行政单位收到的“财政直接支付入账通知书”及相关凭证，借记“经费支出”账户，贷记“财政拨款收入”账户。

年末，行政单位根据本年度财政直接支付预算指标数与财政直接支付实际支出数的差额，借记“财政应返还额度——财政直接支付”账户，贷记“财政拨款收入”账户。

【例 9-1】 某行政单位收到的“财政直接支付入账通知书”及相关凭证，财政部门通过直接支付方式为本单位支付一笔专用软件技术开发费用，共计 50 000 元。此款项为项目经费，资金性质为政府性基金预算。

借：经费支出——财政拨款支出——项目支出　　50 000

　贷：财政拨款收入——政府性基金预算拨款——项目支出拨款　　50 000

【例 9-2】 某行政单位购入一批办公品并已验收入库，总价款 8 000 元通过财政直接支付方式支付。

借：存货　　8 000

　贷：资产基金——存货　　8 000

同时，

借：经费支出——商品和服务支出——办公费　　8 000

　贷：财政拨款收入——基本支出拨款　　8 000

【例 9-3】 某行政单位根据本年度财政直接支付预算指标数与财政直接支付实际支出数的差额 42 000 元，将财政拨款收入结余转入“财政应返还额度——财政直接支付”账户。

借：财政应返还额度——财政直接支付　　42 000

　贷：财政拨款收入　　42 000

(2) 财政授权支付方式下，行政单位根据收到的“财政授权支付额度到账通知书”，借记“零余额账户用款额度”等科目，贷记“财政拨款收入”账户。

年末，如行政单位本年度财政授权支付预算指标数大于财政授权支付额度下达数，根据两者间的差额，借记“财政应返还额度——财政授权支付”账户，贷记“财政拨款收入”账户。

【例 9-4】 某行政单位收到“财政授权支付额度到账通知书”，本月单位授权支付额度为 200 000 元，其中基本支出拨款 170 000 元，项目支出拨款 30 000 元。

借：零余额账户用款额度	200 000	
贷：财政拨款收入——基本支出拨款		170 000
——项目支出拨款		30 000

【例 9－5】 年末，某行政单位本年度财政授权支付预算指标数大于财政授权支付额度下达数，根据两者间的差额 30 000 元，年终注销未下达的财政授权支付额度。

借：财政应返还额度——财政授权支付	30 000	
贷：财政拨款收入		30 000

（3）其他方式下，实际收到财政拨款收入时，借记“银行存款”等科目，贷记“财政拨款收入”账户。

【例 9－6】 某行政单位处于边远地区，没有实行国库集中支付制度，采用实拨资金制度。单位收到财政拨款 100 000 元，并存入银行，此款项用于该单位基本支出。

借：银行存款	100 000	
贷：财政拨款收入——基本支出拨款		100 000

（4）本年度财政直接支付的资金收回时，借记“财政拨款收入”账户，贷记“经费支出”等科目。

【例 9－7】 接[例 9－2]，某行政单位购入办公用品部分存在质量问题，价值约为 1 000 元，当即退货并收回已支付资金。

借：资产基金——存货	1 000	
贷：存货		1 000

同时，

借：财政拨款收入——基本支出拨款	1 000	
贷：经费支出——商品和服务支出——办公费		1 000

年末，将本账户本年发生额转入财政拨款结转时，借记“财政拨款收入”账户，贷记“财政拨款结转”账户。年末结账后，“财政拨款收入”账户应无余额。

四、其他收入的核算

（一）其他收入的含义和分类

其他收入是行政单位依法取得的除财政拨款以外的各项收入。根据来源渠道和资金性质的不同，行政单位的其他收入可以分为若干种类。

1. 按照收入的来源，其他收入分为非同级财政部门补助收入、主管部门或上级单位补助收入、服务收入等

行政单位的财政拨款收入是按预算级次从同级财政部门取得的，从非同级财政部门取得的补助款项属于其他收入。例如，地方行政单位从中央财政取得的补助款项，中央行政单位从地方财政取得的补助款项等。按照行政单位的管辖与隶属关系，每个行政单位均有主管部门或上级单位，主管部门或上级单位可以利用自身的收入或集中的收入，对所属行政单位给予补助。服务收入是行政单位所属非独立核算的后勤部门对外提供服务所取得的收入。

除上述几项外，行政单位还存在一些其他来源的收入，主要包括行政单位银行存款利息、无法查明原因的现金溢余、因故无法偿付或债权人豁免偿还的其他应付款项、变卖废旧报刊等。

2. 按照资金的限定性，其他收入分为项目资金收入和非项目资金收入

项目资金收入是行政单位收到的用于完成特定任务的款项，包括行政单位从非同级财政部门、主管部门或上级单位取得的专项资金收入。项目资金收入应当专款专用，单独核算，并按照规定向非同级财政部门、主管部门或上级单位报送专项资金使用情况，接受检查、验收，项目结余的资金应当按拨款单位的要求处理。

非项目资金收入是行政单位收到的用于维持正常运行和完成日常工作任务的款项。非项目资金收入属于非限定性资金，包括行政单位从非同级财政部门、主管部门或上级单位取得的非专项资金收入，以及服务收入、银行存款利息、现金溢余、无法偿还的其他应付款项等。

（二）账户设置

行政单位设置“其他收入”账户，该账户核算行政单位取得的除财政拨款收入以外的各项收入，如从非同级财政部门、上级主管部门等取得的用于完成项目或专项任务的资金、库存现金溢余等。行政单位从非同级财政部门、上级主管部门等取得指定转给其他单位，且未纳入本单位预算管理资金，不通过本账户核算，应当通过“其他应付款”账户核算。本账户贷方登记其他收入的增加额，借方登记减少额。年终结转后，本账户应无余额。

本账户应当按照其他收入的类别、来源单位、项目资金和非项目资金进行明细核算。对于项目资金收入，还应当按照具体项目进行明细核算。

（三）主要账务处理

收到属于其他收入的各种款项时，按照实际收到的金额，借记“银行存款”“库存现金”等科目，贷记“其他收入”账户。

【例 9-8】 某行政单位收到废旧物品变价收入 120 元，以现金收讫。

借：库存现金　　120

　贷：其他收入——废品变价收入　　120

【例 9-9】 某行政单位收到主管部门拨来的款项 40 000 元，用于维持本单位的日常运行，款项已存入银行。

借：银行存款　　40 000

　贷：其他收入——主管部门补助收入——非项目资金　　40 000

年末，将本账户本年度发生额转入其他资金结转结余时，借记“其他收入”账户，贷记“其他资金结转结余”账户，年末结账后，“其他收入”账户无余额。

第二节　支出的核算

一、支出的含义和内容

支出是指行政单位为保障机构正常运转和完成工作任务所发生的资金耗费和损失，包括经费支出和拨出经费。经费支出是指行政单位自身开展业务活动使用各项资金发生的基本支出和项目支出。其中，基本支出是指行政单位为保障机构正常运转和完成日产工作任务发生的支出，包括人员支出和公用支出；项目支出是指行政单位为完成特定的工作任务，在基本支出之外发生的支出。拨出经费是指行政单位纳入单位预算管理、拨付非所属单位的非同级财政拨款资金。

二、行政单位支出的财务管理

加强行政单位支出的财务管理，对于降低行政成本及提高财政资金的使用效益，具有重要意义，行政单位支出的财务管理的主要内容包括：①行政单位应当将各项支出全部纳入单位预算。各项支出由单位财务部门按照批准的预算和有关规定审核办理。②行政单位的支出应当严格执行国家规定的开支范围及标准，建立健全支出管理制度，对节约潜力大、管理薄弱的支出进行重点管理和控制。③行政单位从财政部门或者上级预算单位取得的项目资金，应当按照批准的项目和用途使用，专款专用、单独核算，并按照规定向同级财政部门或者上级预算单位保管资金使用情况，接受财政部门和上级预算单位的检查监督。项目完成后，行政单位应当向同级财政部门或者上级预算单位报送项目支出决算和使用的书面报告。④行政单位应当严格执行国库集中支付制度和政府采购制度等规定。⑤行政单位应当加强支出的绩效管理，提高资金的使用效益。⑥行政单位应当依法加强各类票据管理，确保票据来源合法、内容真实、使用正确，不得使用虚假票据。

三、经费支出的核算

（一）经费支出的含义和分类

经费支出是指行政单位自身开展业务活动使用各项资金发生额基本支出和项目支出。经费支出主要分类如下：

(1) 按照资金的性质，经费支出分为财政拨款支出和其他资金支出，财政拨款支出是行政单位用财政拨款资金安排的支出，进一步可分为公共财政预算拨款支出和其他预算拨款支出。其他资金支出是行政单位使用处财政拨款收入以外的资金安排的经费支出。

(2) 按部门预算管理的要求，经费支出分为基本支出和项目支出。

(3) 按照政府收支分类科目的要求，经费支出需要进行功能分类和经济分类。经费支出按功能分类需与财政拨款收入采用相同的功能分类方式，以便相互核对，向同级财政部门报告。经费支出需按照支出经济分类中的“款级”账户进行明细核算。

（二）账户设置

行政单位设置“经费支出”账户，该账户核算在开展业务活动中发生的各项支出。本账户借方登记经费支出的增加额，贷方登记减少额。年终结账后，本账户应无余额。

本账户应当分别按照“财政拨款支出”和“其他资金支出”“基本支出”和“项目支出”等分类进行明细核算，并按照《政府收支分类科目》中“支出功能分类科目”的项级科目进行明细核算；在“基本支出”和“项目支出”明细账户下应当按照《政府收支分类科目》中“支出经济分类科目”的“款级”账户进行明细核算，同时，在“项目支出”明细账户下按照具体项目进行明细核算。有公共财政预算拨款、政府性基金预算拨款等两种或两种以上财政拨款的行政单位，还应当按照财政拨款的种类分别进行明细核算。

（三）主要账务处理

1. 人员经费支出

(1) 计提单位职工薪酬时，按照计算出的金额，借记“经费支出”账户，贷记“应付职工薪酬”账户。

【例 9－10】 某行政单位计提单位职工薪酬。本月职工基本工资 100 000 元，津贴补助 10 000 元，应发工资 110 000 元。所用资金均为公共财政预算拨款支出。

借：经费支出——财政拨款支出——基本支出——工资福利支出　110 000
　贷：应付职工薪酬——工资　100 000
　　　　　　　　——津贴补贴　10 000

(2) 支付外部人员劳务费，按照应当支付的金额，借记“经费支出”账户，按照代扣代缴个人所得税的金额，贷记“应缴税费”账户，按照扣税后实际支付的金额，贷记“财政拨款收入”“零余额账户用款额度”“银行存款”等科目。

【例 9－11】 某行政单位支付外部人员劳务费 10 000 元，代扣代缴个人所得税 300 元。款项通过单位零余额账户支付。

借：经费支出——财政拨款支出——基本支出——商品和服务支出——劳务费
　10 000
　贷：零余额账户用款额度　9 700
　　　应缴税费——个人所得税　300

2. 日常费用支出

行政单位日常发生的各项费用支出，按照应当支付的金额，借记“经费支出”账户，贷记“财政拨款收入”“零余额账户用款额度”“银行存款”等科目。

【例 9－12】 某行政单位收到的“财政直接支付入账通知书”及相关凭证，财政部门通过直接支付方式为本单位支付一笔公务接待费，共计 5 000 元。此款资金性质为政府性基金预算。

借：经费支出——财政拨款支出——政府性基金预算拨款——基本支出——公务接待费
　5 000
　贷：财政拨款收入——基本支出拨款　5 000

3. 购买资产支出

支付购买存货、固定资产、无形资产、政府储备物资和工程结算的款项，按照实际支付的金额，借记“经费支出”账户，贷记“财政拨款收入”“零余额账户用款额度”“银行存款”等科目；同时，按照采购或工程结算成本，借记“存货”“固定资产”“无形资产”“在建工程”“政府储备物资”等科目，贷记“资产基金”及其明细科目。

【例 9－13】 某行政单位支付购买电脑的款项 10 000 元，以财政直接支付的方式支付。

借：经费支出——财政拨款支出——基本支出——商品和服务支出——装备购置费
10 000

贷：财政拨款收入——基本支出拨款 10 000

同时，

借：固定资产 10 000

贷：资产基金——固定资产 10 000

4. 发生预付账款

发生预付账款的，按照实际预付的金额，借记“经费支出”账户，贷记“财政拨款收入”“零余额账户用款额度”“银行存款”等科目；同时，借记“预付账款”账户，贷记“资产基金——预付款项”账户。

【例 9－14】 某行政单位购买专用材料一批，预付货款 5 000 元，以零余额账户用款额度支付。

借：经费支出——财政拨款支出——基本支出——商品和服务支出——专用材料费
5 000

贷：零余额账户用款额度 5 000

同时，

借：预付账款——某供应商 5 000

贷：资产基金——预付款项 5 000

5. 偿还应付款项

偿还应付款项时，按照实际偿付的金额，借记“经费支出”账户，贷记“财政拨款收入”“余额账户用款额度”“银行存款”等科目；同时，借记“应付账款”“长期应付款”账户，贷记“待偿债净资产”账户。

【例 9－15】 某行政单位以财政直接支付的方式偿还一笔长期应付款，金额 100 000 元。该项款项为购买设备所欠款项。

借：经费支出——财政拨款支出——项目支出——商品和服务支出——装备购置费
100 000

贷：财政拨款收入——基本支出拨款 100 000

同时，

借：长期应付款 100 000

贷：待偿债净资产 100 000

6. 发生其他各项支出

发生其他各项支出时，按照实际支付的金额，借记“经费支出”账户，贷记“财政拨款收入”“零余额账户用款额度”“银行存款”等科目。

【例 9-16】 某行政单位报销职工差旅费 3 000 元，以现金支付。

借：经费支出——其他资金支出——基本支出——商品和服务支出——差旅费 2 000

贷：库存现金 2 000

7. 支出收回

行政单位因退货等原因发生支出收回，属于当年支出收回的，借记“财政拨款收入”“零余额账户用款额度”“银行存款”等科目，贷记“经费支出”账户；属于以前年度支出收回的，借记“财政应返还额度”“零余额账户用款额度”“银行存款”等科目，贷记“财政拨款结转”“财政拨款结余”“其他资金结转结余”等科目。

【例 9-17】 接[例 9-14]，某行政单位所购材料到货，经验收发现不合用，予以退货，并收回预付账款 5 000 元，款项已退回单位零余额账户中。

借：零余额账户用款额度 5 000

贷：经费支出——财政拨款支出——项目支出——商品和服务支出——专用材料费 5 000

同时，

借：资产基金——预付款项 5 000

贷：预付账款——某供应商 5 000

年末，将“经费支出”账户本年发生额分别转入财政拨款结转和其他资金结转结余，借记“财政拨款结转”“其他资金结转结余”账户，贷记“经费支出”账户。

四、拨出经费的核算

(一) 拨出经费的含义和分类

拨出经费是指行政单位纳入单位预算管理、拨付给所属单位的非同级财政拨款资金。按照经费的来源，拨出经费包括非同级财政部门拨款、上级主管部门拨款和单位自身拨款。按资金的限定性，拨出经费包括拨出项目经费和非项目经费。

(二) 账户设置

行政单位设置“拨出经费”账户，核算向所属单位拨出的纳入单位预算管理的非同级财政拨款资金，如拨给所属单位的专项经费和补助经费等。本账户借方登记拨出经费的增加额，贷方登记减少额。年终结账后，本账户应无余额。

本账户应当分别按照“基本支出”和“项目支出”进行明细核算，还应当按照接受拨出经费的具体单位和款项类别等分别进行明细核算。

(三) 主要账务处理

(1) 向所属单位拨付非同级财政拨款资金等款项时，借记“拨出经费”账户，贷记“银行存款”等科目。

【例 9-18】 某行政单位向所属 A 单位拨付一笔专项资金，为非同级财政拨款，金额 30 000 元。

借：拨出经费——项目支出——A 单位　　30 000
　贷：银行存款　　30 000

(2) 收回拨出经费时，借记“银行存款”等科目，贷记“拨出经费”账户。

【例 9-19】 某行政单位所属单位所承担的项目完工，结余资金 2 000 元，按照协议规定，予以收回。

借：银行存款　　2 000
　贷：拨出经费——项目支出——A 单位　　2 000

(3) 年末，将“拨出经费”账户本年发生额转入其他资金结转结余时，借记“其他资结转结余”账户，贷记“拨出经费”账户。年末结账后，本账户无余额。

本章小结

行政单位的收入是指行政单位依法取得的非偿还性资金，包括财政拨款收入和其他收入。

行政单位的收入具有以下特征：①收入是行政单位为开展业务及其他活动取得的。行政单位的业务活动是向社会提供公共产品或者公共服务，行政单位的资金主要来源于财政拨款。此外，行政单位还从事一些其他的活动，取得其他方面的收入。②收入是行政单位依法取得的。行政单位取得的各项收入，应当符合国家法律、法规和规章制度的规定和要求。③收入是行政单位的非偿还性资金。行政单位取得的各项收入应当不需要在未来偿还，可以按照规定安排用于所开展的业务活动。

行政单位的收入一般按收付实现制确认，收入的特殊经济业务和事项可以采用权责发生制确认。在权责发生制基础下，收入应当在发生时予以确认，并按照实际发生的数额计量。

财政拨款收入，是指行政单位从同级财政部门取得的财政预算资金。其他收入，是指行政单位依法取得的除财政拨款收入以外的各项收入。

支出是指行政单位为保障机构正常运转和完成工作任务所发生的资金耗费和损失，包括经费支出和拨出经费。经费支出是指行政单位自身开展业务活动使用各项资金发生的基本支出和项目支出。其中，基本支出是指行政单位为保障机构正常运转和完成日产工作任务发生的支出，包括人员支出和公用支出；项目支出是指行政单位为完成特定的工作任务，在基本支出之外发生的支出。拨出经费是指行政单位纳入单位预算管理、拨付非所属单位的非同级财政拨款资金。

关键术语

行政单位收入、财政拨款收入、其他收入、支出、经费支出、拨出经费

思考题

1. 简述行政单位财政拨款收入的会计核算。
2. 简述行政单位其他收入的会计核算。
3. 简述行政单位经费支出的会计核算。
4. 简述行政单位拨出经费的会计核算。

练习题

1. 行政单位主要的资金来源是(　　)。
   A. 服务收费　B. 经营收入　C. 国家无偿拨款　D. 税收收入
2. 以下不属于行政单位“其他收入”的是(　　)。
   A. 不必上缴财政的零星杂项收入
   B. 有偿服务收入
   C. 有价证券利息收入
   D. 核准不上缴预算外资金财政专户的资金收入
3. 行政单位购入的随买随用的办公材料,作如下处理(　　)。
   A. 计入库存材料价格　B. 直接列入有关支出
   C. 不做处理,只需登记备查账　D. 只需登记入库单
4. 行政单位的支出可分为基本支出和(　　)。
   A. 基建支出　B. 项目支出　C. 修缮支出　D. 专用基金支出
5. 行政单位实行国库集中支付后,财政授权支付下拨入经费的确认时间为(　　)。
   A. 收到额度到账通知时　B. 使用授权额度时
   C. 财政应返还额度时　D. 年度终了注销额度时
6. 下列关于行政单位支出的说法中,不正确的是(　　)。
   A. 行政单位的支出包括经费支出和拨出经费
   B. 拨出经费是指行政单位纳入单位预算管理、拨付给所属单位的同级财政拨款资金
   C. 行政单位的支出一般应当在支付款项时予以确认,并按照实际支付金额进行计量
   D. 采用权责发生制确认的支出,应当在其发生时予以确认,并按照实际发生额进行计量
7. 行政单位随买随用的办公用品,可以在购进时借记的会计科目为(　　)。
   A. “存货”　B. “固定资产”　C. “经费支出”　D. “应收账款”
8. 为维护公共基础设施的正常使用而发生的日常修理等后续支出,应当计入当期支出,借记科目为(　　)。
   A. “公共基础设施”　B. “在建工程”　C. “经费支出”　D. “财政拨款收入”
9. 行政单位从同级财政部门取得的财政预算资金属于(　　)。
   A. “财政拨款支出”　B. “财政拨款收入”　C. “其他收入”　D. “其他支出”

10. 行政单位收支科目明细账的设置依据是(　　)。

A. 行政单位会计制度　　B. 国家预算收支科目

C. 政府收支分类科目　　D. 企业会计准则

11. 行政单位的各项支出按(　　)列报支出。

A. 实际支出的预算资金数　　B. 财政实际拨款数

C. 行政单位编制的预算数　　D. 财政部门审批的预算数

12. 行政单位购买材料的运杂费应计入(　　)。

A. "库存材料"价格　B. "经费支出"　C. 冲减"其他收入"　D. "暂付款"

13. 行政单位对固定资产进行清理时,应将变价收入列入(　　)。

A. "经费支出"　B. "固定基金"　C. "专用基金"　D. "其他收入"

14. 应缴财政款是指事业单位按规定应上缴国家预算的款项,不包括(　　)。

A. 政府性基金收入　　B. 罚款收入

C. 应缴财政的预算外收入　　D. 行政性执法收入

15. 行政单位的捐赠收入,应计入(　　)。

A. "拨入经费"　　B. "预算外资金收入"

C. "其他收入"　　D. "应缴预算款"

(二) 多项选择题

1. 下列选项中,不属于行政单位收入的有(　　)。

A. 其他收入

B. 依法取得的应当上缴财政的行政事业性收费

C. 财政拨款收入

D. 依法取得的应当上缴财政的罚没收入

2. 行政单位的支出包括(　　)。

A. 经费支出　B. 拨出经费　C. 生产成本　D. 营业外支出

3. 不属于行政单位收入的有(　　)。

A. 上缴财政的罚没收入　　B. 行政事业性收费

C. 政府性基金　　D. 有资产处置和出租出借收入

4. 在"财政拨款收入"账户中,应设置的明细科目有(　　)。

A. "人员经费"　B. "日常公用经费"　C. "项目支出拨款"　D. "上级拨款"

5. 行政单位按照经费领报关系,由财政部门或上级单位拨给所属单位的经费分为(　　)这两个明细科目。

A. "基本支出经费"　　B. "预算外资金收入"

C. "其他收入"　　D. "项目支出经费"

6. "其他收入"账户核算的内容包括(　　)。

A. 从非同级财政部门取得的资金　　B. 从上级主管部门取得的资金

C. 无法查明原因的现金溢余　　D. 转让固定资产取得的款项

7. 行政单位的下列收入中,应在"其他收入"账户核算的有(　　)。

A. 行政性收费收入　B. 罚没收入　C. 投资收益　D. 捐赠收入

(三) 判断题

1. 行政单位取得的财政预算拨款收入和其他收入,必须实行统一管理,统筹安排各项

支出。 ( )

2. 其他收入纳入单位预算，统筹安排使用，意味着国家鼓励行政单位组织收入。 ( )

3. 支出是指行政单位为保障机构正常运转和完成工作任务所发生的资金耗费和损失。 ( )

4. 经费支出是指行政单位自身开展业务活动使用各项资金发生的基本支出和项目支出。 ( )

5. 行政单位的支出按照实际支付金额进行计量。 ( )

6. 收入类科目在设置明细科目时，要按《政府收支分类科目》中“支出功能分类科目”的“项”级科目设置明细账。 ( )

7. 行政单位为核算向所属单位拨出的纳入单位预算管理的非同级财政拨款资金，应设置“拨出经费”会计科目。 ( )

8. 行政单位随买随用的零星办公用品等，在购进时不可以直接列作支出。 ( )

9. 行政单位出售固定资产取得的收入应记入“其他收入”。 ( )

10. 按照行政单位支出使用主体的不同，设置了“经费支出”和“拨出经费”账户，其中，“拨出经费”账户限定为核算向所属单位拨出的非同级财政拨款资金。 ( )

11. 行政单位也需要进行成本核算。 ( )

12. 行政单位固定资产报废过程中发生的清理费用应列为“其他支出”，变价收入计入“其他收入”。 ( )

13. 行政单位可以用暂时闲置的现金及各种存款购买有价证券。 ( )

14. 行政事业单位的基本支出包括大型修缮支出、工资支出等。 ( )

15. 行政单位收入的特点是来源渠道多样，各项收入应纳入单位预算。 ( )

16. 某行政单位将追回的赃物变价出售，贷记“应缴财政款”。 ( )

(四) 业务处理题

请根据下列资料编制行政单位的会计分录。

1. 练习财政拨款收入的核算

(1) 收到财政部门通过银行转账拨来本月经费 30 万元。

(2) 收到“财政授权支付额度到账通知书”，列明本月授权支付额度为 40 万元。

(3) 通过银行缴回财政部门多拨经费 1 万元。

(4) 收到财政部门从银行拨来专项大型修缮费用 20 万元。

(5) 该项修缮工程共花费 145 000 元。按规定余额留归本单位使用。

(6) 年末通过对账确认本年度财政直接支付预算指标数与财政直接支付实际支出数的差额为 5 万元，当年零余额账户用款额度尚未下达数 2 万元。

2. 练习其他收入的核算

(1) 收到银行利息收入的通知，本期利息收入 1 000 元。

(2) 收到出租办公会议室租金 1 800 元，存入银行。

(3) 国库券到期收回本息，本金 30 000 元，利息 4 200 元，存入银行存款户。

(4) 出售废旧报纸杂志，收到现金 80 元。

(5) 年终结转其他收入。

3. 练习经费支出的核算

(1) 购买办公设备一批，价款 15 万元，实行财政直接支付。办公设备直接交付使用。

(2) 购买专用材料 100 千克，每千克 20 000 元，材料款实行财政直接支付。材料已验收入库。

(3) 采用财政直接支付方式采购的专用材料因质量问题予以退货，共计 80 000 元，其中属于上年度支付的款项 50 000 元，属于本年度支付的款项 30 000 元。

(4) 某职工报销差旅费，实际支出 4 500 元，退回现金 500 元。

(5) 从零余额账户支取款项购买办公用品一批，价值 50 000 元。

(6) 以银行存款支付职工培训费 20 000 元。

(7) 通过财政直接支付本月水电费 8 000 元。

(8) 用现金购买零星办公用品 300 元。

(9) 从银行提取现金 28 200 元，准备用于工资发放。

(10) 用现金发放工资。应发放在职人员基本工资 23 500 元，其中代扣职工水电费 1 000 元，代扣职工房租 1 500 元，实发 21 000 元；应发放离退休人员费用 8 000 元，其中应代扣水电费 500 元，代扣房租 300 元，实发 7 200 元。

(11) 用银行存款支付代扣的职工水电费及房租。

4. 练习拨出经费的核算

(1) 使用非同级财政拨款资金向所属单位拨付经费 30 000 元。

(2) 根据核定的预算，向所属某行政单位拨付“补助经费——基本支出”30 万元。

(3) 根据工作需要，向某行政单位拨付项目支出经费 15 万元。

(4) 收到所属该单位缴回多余项目经费 5 000 元，存入银行。

第十章 行政单位净资产的核算

学习目标与要求

了解行政单位净资产的概念和内容。

理解和掌握结转结余、资产基金和待偿债净资产的会计核算方法。

重点

行政单位净资产的会计核算。

难点

财政拨款结转，财政拨款结余，其他资金结转结余，资产基金，待偿债净资产的会计核算。

导读

行政单位的净资产是资产减去负债后的余额。包括财政拨款结转、财政拨款结余、其他资金结转结余、资产基金、待偿债净资产等。

第一节 结转和结余的核算

行政单位的结转结余类净资产包括财政拨款结转、财政拨款结余、其他资金结转结余。

一、财政拨款结转的核算

（一）财政拨款结转的内容

财政拨款结转是指行政单位财政拨款收支所形成的结转资金，是行政单位当年预算已执行但尚未完成，或因故未执行，下一年度需要按照原用途需要继续使用的财政拨款滚存资金，包括基本支出结转、项目支出结转。按照形成时间的不同分为当年结转资金和累计结转资金。

（二）账户设置

行政单位设置“财政拨款结转”账户核算行政单位滚存的财政拨款结转资金。本账户贷方登记转入的财政拨款收入额，借方登记转入的政拨款支出额。期末贷方余额，反映行政单位滚存的财政拨款结转资金数额。

本账户应当设置"基本支出结转""项目支出结转"两个明细账户。在"基本支出结转"明细账户下按照"人员经费"和"日常公用经费"进行明细核算；在"项目支出结转"明细账户下按照具体项目进行明细核算。本账户还应当按照《政府收支分类科目》中"支出功能分类科目"的项级账户进行明细核算。

如果有公共财政预算拨款、政府性基金预算拨款等两种或两种以上财政拨款的行政单位，还应当按照财政拨款种类分别进行明细核算。

本账户还可以根据管理需要按照财政拨款结转变动原因，设置"收支转账""结余转账""年初余额调整""归集上缴""归集调入""单位内部调剂"等明细账户进行明细核算。

（三）主要账务处理

1. 调整以前年度财政拨款结转

因发生差错更正，以前年度支出收回等原因，需要调整财政拨款结转的，按照实际调增财政拨款结转的金额，借记有关账户，贷记"财政拨款结转——年初余额调整"账户；按照实际调减财政拨款结转的金额，借记"财政拨款结转——年初余额调整"账户，贷记有关账户。

【例 10－1】 某行政单位收回以前年度基本支出 6 000 元，需要调增财政拨款结转。

借：银行存款　　6 000

　贷：财政拨款结转——年初余额调整——基本支出结转　　6 000

2. 从其他单位调入财政拨款结余资金

按照规定从其他单位调入财政拨款结余资金时，按照实际调增的额度数额或调入的资金数额，借记"零余额账户用款额度""银行存款"等科目，贷记"财政拨款结转——归集调入"账户。

【例 10－2】 某行政单位从上级单位调入结余资金 30 000 元，用于补充本单位的公用经费支出，收到资金并存入银行。

借：银行存款　　30 000

　贷：财政拨款结转——归集调入——基本支出结转　　30 000

3. 上缴财政拨款结转

按照规定上缴财政拨款结转资金时，按照实际核销的额度数额或上缴的资金数额，借记"财政拨款结转——归集调入"账户，贷记"财政应返还额度""零余额账户用款额度""银行存款"等科目。

【例 10－3】 某行政单位项目结余资金共计 20 000 元，按照规定上缴财政拨款结转资金。

借：财政拨款结转——归集上缴——项目支出结转　　20 000

　贷：银行存款　　20 000

4. 单位内部调剂结余资金

经财政部门批准对财政拨款结余资金改变用途，调整用于其他未完成项目等，按照调整的金额，借记"财政拨款结余——单位内部调剂"账户及其明细，贷记"财政拨款结余——单位内部调剂"账户及其明细。

【例 10－4】 经财政部门批准，对行政单位对财政拨款结余资金 20 000 元改变用途，用于对下一批项目的资助。

借：财政拨款结余——单位内部调剂——项目支出结转　　20 000

　贷：财政拨款结转——单位内部调剂——项目支出结转　　20 000

5. 结转本年财政拨款收入和支出

(1) 年末，将财政拨款收入本年贷方累计发生额转入本账户，借记“财政拨款收入——基本支出拨款”账户及其明细、“财政拨款收入——项目支出拨款”账户及其明细，贷记“财政拨款结转——收支转账——基本支出结转”账户及其明细、“财政拨款结转——收支转账——项目支出结转”账户及其明细。

【例 10-5】 年末，某行政单位将财政拨款收入本年贷方累计发生额 3 250 000 元转入“财政拨款结转”账户，其中 2 250 000 元为基本支出拨款，1 000 000 元为项目支出拨款中，A 项目 300 000 元，B 项目 700 000 元。

借：财政拨款收入——基本支出拨款　　2 250 000

　　　　　　　——项目支出拨款——A 项目　　300 000

　　　　　　　　　　　　　　　——B 项目　　700 000

　贷：政拨款结转——收支转账——基本支出结转　　2 250 000

　　　　　　　——收支转账——项目支出结转——A 项目　　300 000

　　　　　　　　　　　　　　　　　　　　　——B 项目　　700 000

(2) 年末，将财政拨款支出本年借方累计发生额转入本账户，借记“财政拨款结转——收支转账——基本支出结转”账户及其明细、“财政拨款结转——收支转账——项目支出结转”账户及其明细，贷记“经费支出——财政拨款支出——基本支出”账户及其明细、“经费支出——财政拨款支出——项目支出”账户及其明细。

【例 10-6】 年末，某行政单位将财政拨款支出本年借方累计发生额 2 630 000 元转入“财政拨款结转”账户，其中 1 683 000 元为基本支出，947 000 元为项目支出。A 项目支出 290 400 元，B 项目支出 656 600 元。

借：财政拨款结转——收支转账——基本支出结转　　1 683 000

　　　　　　　——收支转账——项目支出结转——A 项目　　290 400

　　　　　　　　　　　　　　　　　　　　　——B 项目　　656 600

　贷：经费支出——财政拨款支出——基本支出　　1 683 000

　　　　　　　　　　　　　　——项目支出　　947 000

6. 将完成项目的结转资金转入财政拨款结余

年末完成上述财政拨款收支转账后，对各项目执行情况进行分析，按照有关规定将符合财政拨款结余性质的项目余额转入财政拨款结余，借记“财政拨款结转——结余转账——项目支出结转”账户及其明细，贷记“财政拨款结余——结余转账——××项目支出结余”账户及其明细。

【例 10-7】 年末，某行政单位将完成的 A 项目的结转资金 9 600 元转入财政拨款结余（假设 A 项目为当年开工当年完成的项目）。

借：财政拨款结转——结余转账——项目支出结转——A 项目　　9 600

　贷：财政拨款结余——结余转账——项目支出结余　　9 600

7. 年末冲销有关明细科目余额

年末收支转账后，将“财政拨款结转”账户所属“收支转账”“结余转账”“年初余额调整”

“归集上缴”“归集调入”“单位内部调剂”等明细科目余额转入“剩余结转”明细科目；转账后，“财政拨款结转”账户除“剩余结转”明细科目外，其他明细科目应无余额。

【例 10-8】 年末收支转账后，某行政单位的“财政拨款结转”账户的明细科目，“收支转账”贷方余额 620 000 元，“结余转账”的借方余额 9 600 元，“年初余额调整”贷方余额 6 000 元，“归集上缴”借方余额 20 000 元，“归集调入”贷方余额 30 000 元，“单位内部调剂”贷方余额 20 000 元，转入“剩余结转”明细科目。

借：财政拨款结转——收支转账——基本支出结转	567 000	
——项目支出结转	53 000	
——年初余额调整——基本支出结转	6 000	
——归集调入——基本支出结转	30 000	
——单位内部调剂——项目支出结转	20 000	
贷：财政拨款结转——剩余结转		676 000

同时，

借：财政拨款结转——剩余结转	29 600	
贷：财政拨款结转——结余转账——项目支出结转		9 600
——归集上缴——项目支出结转		20 000

二、财政拨款结余的核算

(一) 财政拨款结余的内容

财政拨款结余是指行政单位当年预算工作目标已完成，或因故终止，剩余的财政拨款滚存资金。财政拨款结余是行政单位项目支出结余所形成，按照形成的时间不同，结余资金可分为当年结余资金和累计结余资金。

(二) 账户设置

行政单位设置“财政拨拨款结余”账户，核算滚存的财政拨款项目支出结余资金。本账户贷方登记财政拨款结余资金增加额，借方登记减少额，期末余额在贷方，反映行政单位滚存的财政拨款结余资金数额。

本账户应当按照具体项目、《政府收支分类科目》中“支出功能分类科目”的项级科目等进行明细核算。本账户还可以根据管理需要按照财政拨款结余变动原因，设置“结余转账”“年初余额调整”“归集上缴”“单位内部调剂”“剩余结余”等明细科目，进行明细核算。有公共财政预算拨款、政府性基金预算拨款等两种以上财政拨款的行政单位，还应当按照财政拨款的种类分别进行明细核算。

(三) 主要账务处理

1. 调整以前年度财政拨款结余

因发生差错更正、以前年度支出收回等原因，需要调整财政拨款结余的，按照实际调增财政拨款结余的金额，借记有关账户，贷记“财政拨拨款结余——年初余额调整”账户；按照实际调减财政拨款结余的金额，借记“财政拨拨款结余——年初余额调整”账户，贷记有关账户。

【例 10-9】 某行政单位上年度的一笔基本支出业务已支付现金但没有进行会计记录，金额为 400 元。现对差错进行更正，调整以前年度财政拨款结余，调减财政拨款结余 400 元。

借：财政拨款结余——年初余额调整——基本支出结转　　400
　贷：库存现金　　400

2. 上缴财政拨款结余

按照规定上缴财政拨款结余时，按照实际核销的额度数额、或上缴的资金数额，借记“财政拨拨款结余——归集上缴”账户及其明细、贷记“财政应返还额度”“零余额账户用款额度”“银行存款”等科目。

【例 10-10】 某行政单位通过单位零余额账户按照规定上缴财政专项拨款结余资金 10 000 元。

借：财政拨款结余——归集上缴——项目支出结转　　10 000
　贷：零余额账户用款额度　　10 000

3. 单位内部调剂结余资金

经财政部门批准将本单位完成项目结余资金调整用于基本支出或其他未完成项目支出时，按照批准调剂的金额，借记“财政拨拨款结余——单位内部调剂”账户及其明细，贷记“财政拨款结转——单位内部调剂”账户及其明细。

【例 10-11】 经财政部门批准，某行政单位将本单位完成 A 项目结余资金 15 000 元调整用于基本支出。

借：财政拨款结余——单位内部调剂——项目支出　　15 000
　贷：财政拨款结转——单位内部调剂——基本支出　　15 000

4. 将完成项目的结转资金转入财政拨款结余

年末，对财政拨款各项目执行情况进行分析，按照有关规定将符合财政拨款结余性质的项目余额转入科目，借记“财政拨款结转——结余转账——项目支出结转”账户及其明细，贷记“财政拨拨款结余——结余转账——项目支出结余”账户及其明细。

【例 10-12】 年末，行政单位将完成的 A 项目的结转资金 20 000 转入财政拨款结余（假设 A 项目为当年开工当年完成的项目）。

借：财政拨款结转——结余转账——项目支出结转——A 项目　　20 000
　贷：财政拨款结余——结余转账——项目支出结余　　20 000

5. 年末冲销有关明细科目余额

年末，将科目所属“结余转账”“年初余额调整”“归集上缴”“单位内部调剂”等明细科目余额转入“剩余结余”明细科目；本账户除“剩余结余”明细科目外，其他明细科目应无余额。

【例 10-13】 年末，某行政单位“财政拨款结余”的有关明细科目的余额情况如下：“结余转账”贷方余额 15 000 元，“年初余额调整”借方余额 400 元，“归集上缴”借方余额 10 000 元，“单位内部调剂”借方余额 15 000 元，年末冲销。

借：财政拨款结余——剩余结余　　25 400

贷：政拨款结余——年初余额调整　　400

——归集上缴　　10 000

——单位内部调剂　　15 000

同时，

借：财政拨款结余——结余转账　　20 000

贷：财政拨款结余——剩余结余　　20 000

三、其他资金结转结余的核算

（一）其他资金结转结余的内容

其他资金结转结余是指行政单位除财政拨款收支以外的各项收支相抵后剩余的滚存资金。其他资金结转结余包括项目结转和非项目结余，其中项目结转又区分为年末已完成项目和尚未完成项目。年末已完成项目，剩余的资金或缴回原拨款单位或经批准留归本单位用于其他非项目用途；年末未完成项目的结转资金，结转下一年度继续用于该项目的支出，原则上不得用于其他方面。非项目结余资金可用于补充项目资金，在单位内部调剂使用。

（二）账户设置

行政单位设置“其他资金结转结余”账户，核算除财政拨款收支以外的其他各项收支相抵后剩余的滚存资金。本账户贷方登记行政单位的各项非财政拨款资金结转结余增加额，借方登记减少额，期末余额在贷方，反映行政单位滚存的各项非财政拨款资金结转结余数额。

本账户应当设置“项目结转”和“非项目结余”明细账户，分别对项目资金核非项目资金进行明细核算。对于项目结转，还应当按照具体项目进行明细核算。本账户还可以根据管理需要按照其他资金结转结余变动原因，设置“收支转账”“年初余额调整”“结余调剂”“剩余结转结余”等明细账户，进行明细核算。

（三）主要账务处理

1. 调整以前年度其他资金结转结余

因发生差错更正、以前年度支出收回等原因，需要调整其他资金结转结余的，按照实际调增的金额，借记有关账户，贷记“其他资金结转结余——年初余额调整”账户及其相关明细。按照实际调减的金额，借记“其他资金结转结余——年初余额调整”账户及其相关明细，贷记有关账户。

【例 10－14】 某行政单位收回以前年度基本支出 12 000 元，调增以前年度其他资金结转结余。

借：银行存款　　12 000

贷：其他资金结转结余——年初余额调整——非项目结余　　12 000

2. 结转本年其他资金收入和支出

(1) 年末，将其他收入中的项目资金收入本年发生额转入本账户，借记“其他收入”账户及其明细，贷记“其他资金结转结余——项目结转——收支转账”账户及其明细；将其他收入中的非项目资金收入本年发生额转入本账户，借记“其他收入”账户及其明细，贷记“其他资金结转结余——非项目结余——收支转账科目”。

【例 10-15】 年末，某行政单位将其他收入中的项目资金收入本年发生额 126 000 元转入“其他资金结转结余”账户，其中，C 项目的收入发生额为 61 000 元，D 项目的收入发生额为 65 000 元。

借：其他收入——C 项目 61 000
——D 项目 65 000
贷：其他资金结转结余——项目结转——收支转账——C 项目 61 000
——D 项目 65 000

【例 10-16】 年末，某行政单位将其他收入中的非项目资金收入本年发生额 58 000 元转入“其他资金结转结余”账户。

借：其他收入——非项目资金 58 000
贷：其他资金结转结余——非项目结余——收支转账 58 000

(2) 年末，将其他资金支出中的项目支出本年发生额转入本账户，借记“其他资金结转结余——项目结转——收支转账”账户及其明细，贷记“经费支出——其他资金支出——项目支出”账户及其明细、“拨出经费——项目支出”账户及其明细；将其他资金支出中的基本支出本年发生额转入本账户，借记“其他资金结转结余——非项目结余——收支转账”账户，贷记“经费支出——其他资金支出——基本支出”账户、“拨出经费——基本支出”账户。

【例 10-17】 年末，某行政单位将其他资金支出中的项目支出本年发生额 108 000 元转入“其他资金结转结余”账户，其中，C 项目的支出发生额为 56 000 元，D 项目的支出发生额为 52 000 元。

借：其他资金结转结余——项目结转——收支转账——C 项目 56 000
——D 项目 52 000
贷：经费支出——其他资金支出——C 项目 56 000
——D 项目 52 000

【例 10-18】 年末，某行政单位将其他资金支出中的基本支出本年发生额 36 000 元转入“其他资金结转结余”账户。

借：其他资金结转结余——非项目结余——收支转账 36 000
贷：经费支出——其他资金支出——基本支出 36 000

3. 缴回或转出项目结余

完成上述转账后，对本年末各项目执行情况进行分析，区分年末已完成项目和尚未完成项目，在此基础上，对完成项目的剩余资金根据不同情况进行账务处理：

(1) 需要缴回原项目资金出资单位的，按照缴回的金额，借记“其他资金结转结余——项目结转——结余调剂”账户及其明细，贷记“银行存款”“其他应付款”等科目。

【例 10-19】 年末，某行政单位承担的 C 项目完工，结余 5 000 元，缴回原拨款单位。

借：其他资金结转结余——结余调剂——项目结转——C 项目 5 000
贷：银行存款 5 000

(2) 将项目剩余资金留归本单位用于其他非项目用途的，按照剩余的项目资金金额，借记“其他资金结转结余——项目结转——结余调剂”账户及其明细，贷记“其他资金结转结余——非项目结余——结余调剂”账户。

【例 10-20】 如果经批准，某行政单位可以将承担的C项目完工后结余5 000元转为单位可自行支配的非项目资金，则在年末予以结转。

借：其他资金结转结余——结余调剂——项目结余——C项目　　5 000
　贷：其他资金结转结余——结余调剂——非项目结余　　5 000

4. 用非项目资金结余补充项目资金

按照实际补充项目资金的金额，借记“其他资金结转结余——非项目结余——结余调剂”账户，贷记“其他资金结转结余——项目结转——结余调剂”账户及其明细。

【例 10-21】 某行政单位用非项目资金结余22 000元，补充D项目的资金不足。

借：其他资金结转结余——结余调剂——非项目结余　　22 000
　贷：其他资金结转结余——结余调剂——项目结转——D项目　　22 000

5. 年末冲销有关明细科目余额

年末收支转账后，将“其他资金结转结余”账户所属“收支转账”“年末余额调整”“结余调剂”等明细科目余额转入“剩余结转结余”明细科目，转账后，本账户除“剩余结转结余”明细科目外，其他明细科目应无余额。

【例 10-22】 年末，某行政单位冲销“其他资金结转结余”有关明细科目余额。“收支转账”明细科目的贷方余额40 000元，“年初余额调整”贷方余额12 000元，“结余调剂”借方余额5 000元，转入“剩余结转结余”明细科目。

借：其他资金结转结余——收支转账——C项目　　5 000
　　　　　　　　　　　　　　　　——D项目　　13 000
　　　　　　　　　　　　　　　　——非项目资金　　22 000
　　　　　　　　　　　　　　　　——年初余额调整　　12 000
　贷：其他资金结转结余——剩余结转结余　　52 000

同时，

借：其他资金结转结余——剩余结转结余　　5 000
　贷：其他资金结转结余——结余调剂　　5 000

第二节　资产基金的核算

资产基金是指行政单位的非货币性资产在净资产中占用的金额。

一、账户设置

行政单位设置“资产基金”账户，核算行政单位的非货币性资产在净资产中占用的金额，本账户贷方登记非货币性资产的增加额，借方登记减少额。期末余额在贷方，反映行政单位非货币性资产在净资产中占用的金额。

本账户应当设置“预付款项”“存货”“固定资产”“在建工程”“无形资产”“政府储备物资”“公共基础设施”等明细账户，进行明细核算。

二、主要账务处理

1. 资产基金的增加

资产基金应当在发生预付账款，取得存货、固定资产、在建工程、无形资产、政府储备物资、公共基础设施时确认。

（1）发生预付账款时，按照实际发生的金额，借记“预付账款”账户，贷记“资产基金——预付款项”；同时，按照实际支付的金额，借记“经费支出”账户，贷记“财政拨款收入”“零余额账户用款额度”“银行存款”等科目。

【例 10－23】 某行政单位购买一台专用设备，预付定金 5 000 元，以零余额账户用款额度支付。

借：预付账款　　5 000
　　贷：资产基金——预付款项　　5 000

同时，

借：经费支出　　5 000
　　贷：零余额账户用款额度　　5 000

（2）取得存货、固定资产、在建工程、无形资产、政府储备物资、公共基础设施等资产时，按照取得资产的成本，借记“存货”“固定资产”“在建工程”“无形资产”“政府储备物资”“公共基础设施”等科目，贷记“资产基金”账户（明细科目为存货、固定资产、在建工程、无形资产、政府储备物资、公共基础设施）；同时，按照实际发生的支出，借记“经费支出”账户，贷记“财政拨款收入”“零余额账户用款额度”“银行存款”等科目。

【例 10－24】 某行政单位订购的设备到货，补付货款 20 000 元，以零余额账户用款额度支付。

借：固定资产　　25 000
　　贷：资产基金——固定资产　　25 000

补价款：

借：经费支出　　20 000
　　贷：零余额账户用款额度　　20 000

预付款：

借：资产基金——预付款项　　5 000
　　贷：预付账款　　5 000

2. 资产基金的冲减

(1) 收到预付账款购买的物资或服务时,应当相应冲减资产基金。按照相应的预付账款金额,借记"资产基金——预付款项"账户,贷记"预付账款"账户。

【例 10-25】 某行政单位订购的政府储备物资,补付价款 1 200 000 元,以财政直接支付方式付款,预付款 300 000 元。

借:政府储备物资　　　　1 500 000
　贷:资产基金——政府储备物资　　　　1 500 000

补价款:

借:经费支出　　　　1 200 000
　贷:财政拨款收入　　　　1 200 000

预付款:

借:资产基金——预付款项　　　　300 000
　贷:预付账款　　　　300 000

(2) 领用和发出存货、政府储备物资时,应当相应冲减资产基金。领用和发出存货、政府储备物资时,按照领用和发出存货、政府储备物资的成本,借记"资产基金"账户(明细科目为存货、政府储备物资),贷记"存货""政府储备物资"账户。

【例 10-26】 某行政单位发出政府储备物资用于赈灾,该批物资的成本为 500 000 元。

借:资产基金——政府储备物资　　　　500 000
　贷:政府储备物资　　　　500 000

(3) 计提固定资产折旧、公共基础设施折旧、无形资产摊销时,应当冲减资产基金。计提固定资产折旧、公共基础设施折旧、无形资产摊销时,按照计提的折旧、摊销金额,借记"资产基金"账户(明细科目为固定资产、公共基础设施、无形资产),贷记"累计折旧""累计摊销"账户。

【例 10-27】 月末,某行政单位计提公共基础设施折旧 10 000 元。

借:资产基金——公共基础设施　　　　10 000
　贷:累计折旧——××公共基础设施折旧　　　　10 000

(4) 无偿调出、对外捐赠存货、固定资产、无形资产、政府储备物资、公共基础设施时应当冲减该资产对应的资产基金。

无偿调出、对外捐赠存货、政府储备物资时,按照存货、政府储备物资的账面余额,借记"资产基金"账户及其明细,贷记"存货""政府储备物资"等科目。

【例 10-28】 某行政单位无偿调出政府储备物资 200 000 元。

借:资产基金——政府储备物资　　　　200 000
　贷:政府储备物资　　　　200 000

无偿调出、对外捐赠固定资产、公共基础设施、无形资产时,按照相关固定资产、公共基础设施、无形资产的账面价值,借记"资产基金"账户及其明细,按照已计提折旧、已计提摊销的金额,借记"累计折旧""累计摊销"账户,按照固定资产、公共基础设施、无形资产的账面余额,贷记"固定资产""公共基础设施""无形资产"账户。

【例 10－29】 某行政单位对外捐赠一台专用设备，该设备的账面价值 42 000 元，累计折旧 4 200 元，账面余额 37 800 元。

借：资产基金——固定资产　　42 000
　累计折旧　　4 200
　贷：固定资产　　37 800

(5) 通过“待处理财产损溢”账户核算的资产处置，需要冲减资产基金的，有关的账务处理参见“待处理财产损溢”账户的账务处理。

【例 10－30】 某行政单位的一批材料发生毁损，该批材料的账面价值为 4 000 元，转入待处理财产损溢。

借：待处理财产损溢——处置资产价值　　4 000
　贷：存货　　4 000

【例 10－31】 经批准，上述毁损材料予以核销。

借：资产基金——存货　　4 000
　贷：待处理财产损溢——处置资产价值　　4 000

第三节　待偿债净资产的核算

待偿债净资产是指行政单位因发生应付账款和长期应付款而相应需在净资产中冲减的金额。

一、账户设置

行政单位设置“待偿债净资产”账户，核算行政单位因发生应付账款和长期应付款而相应需在净资产中冲减的金额。本账户贷方登记待偿债净资产的增加额，借方登记减少额，期末余额在借方，反映行政单位因尚未支付的应付账款和长期应付款而需相应冲减净资产的金额。

二、主要账务处理

(1) 发生应付账款、长期应付款时，按照实际发生的金额，借记“待偿债净资产”账户，贷记“应付账款”“长期应付款”等科目。

【例 10－32】 某行政单位购买一台专用设备，总价款是 1 500 000 元，根据与供应商的合同协议，先在收到设备时支付 30%的款项，70%的余款在以后的 2 个年度中分季偿还，每个季度偿还 131 250 元。

完工验收：

借：固定资产　　1 500 000
　贷：资产基金——固定资产　　1 500 000

支付价款：

借：经费支出——财政拨款支出——基本支出　　450 000
　贷：财政拨款收入——基本支出拨款　　450 000

确认长期应付款：

借：待偿债净资产——长期应付款　　1 050 000
　贷：长期应付款——某供应商　　1 050 000

(2) 偿付应付账款、长期应付款时，按照实际偿付的金额，借记“应付账款”“长期应付款”等科目，贷记“待偿债净资产”账户；同时，按照实际支付的金额，借记“经费支出”账户，贷记“财政拨款收入”“零余额账户用款额度”“银行存款”等科目。

【例 10－33】 接[例 10－32]，季末，支付长期应付款 131 250 元，以财政直接支付方式支付。

借：长期应付款——某供应商　　131 250
　贷：待偿债净资产——长期应付款　　131 250

同时，

借：经费支出——财政拨款支出——基本支出　　131 250
　贷：财政拨款收入——基本支出拨款　　131 250

(3) 因债权人原因，核销确定无法支付的应付账款、长期应付款时，按照报经批准予以核销的金额，借记“应付账款”“长期应付款”账户，贷记“待偿债净资产”账户。

【例 10－34】 某行政单位所欠 A 公司的一笔材料款项 6 000 元，因 A 公司的原因无法支付，经批准予以核销。

借：应付账款——A 公司　　6 000
　贷：待偿债净资产——应付账款　　6 000

本章小结

行政单位的净资产是资产减去负债后的余额。行政单位的净资产包括财政拨款结转、财政拨款结余、其他资金结转结余、资产基金、待偿债净资产等。

关键术语

财政拨款结转、财政拨款结余、其他资金结转结余、资产基金、待偿债净资产

思考题

1. 行政单位的净资产包括哪些内容?

2. 简述行政单位结转结余的核算方法。

3. 简述行政单位资产基金的核算方法。

4. 简述行政单位待偿债净资产的核算方法。

练 习 题

(一) 单项选择题

1. 下列关于财政拨款结转科目的说法中,不正确的是(　　)。

A. 财政拨款结转是指行政单位滚存的财政拨款结转资金

B. 本账户应当设置"基本支出结转""项目支出结转"两个明细科目;在"基本支出结转"明细科目下按照"人员经费"和"日常公用经费"进行明细核算

C. 调整以前年度财政拨款结转。因发生差错更正,以前年度支出收回等原因,需要调整财政拨款结转的,按照实际调增财政拨款结转的金额,借记本账户

D. 本账户期末贷方余额,反映行政单位滚存的财政拨款结转资金数额

2. 按照规定上缴财政拨款结余时,按照实际核销的额度数额或上缴的资金数额作账务处理为(　　)。

A. 借记"财政拨款结余(结余转账)"账户,贷记"财政应返还额度"等科目

B. 借记"财政拨款结余(年初余额调整)"账户,贷记"财政应返还额度"等科目

C. 借记"财政拨款结余(单位内部调剂)"账户,贷记"财政应返还额度"等科目

D. 借记"财政拨款结余(归集上缴)"账户,贷记"财政应返还额度"等科目

3. 无偿调出固定资产的账务处理为(　　)。

A. 借记"固定资产"账户,贷记"资产基金(固定资产)"等科目

B. 借记"固定资产"账户,贷记"财政拨款收入"

C. 借记"资产基金(固定资产)"账户,贷记"固定资产"等科目

D. 借记"资产基金(固定资产)"账户,贷记"财政拨款收入"账户

4. 因发生差错更正,需要调整财政拨款结转的,按照实际调增财政拨款结转的金额,账务处理为(　　)。

A. 借记有关账户,贷记"财政拨款结转(年初余额调整)"账户

B. 借记有关账户,贷记"财政拨款结转(结余转账)"账户

C. 借记有关账户,贷记"财政拨款结转(归集调入)"账户

D. 借记有关账户,贷记"财政拨款结转(归集上缴)"账户

5. 行政单位的结余是年度各项收入与支出相抵后的余额,在会计核算(　　)计算一次。

A. 一月　　B. 一年　　C. 一季　　D. 一年或一月

6. 核算反映因发生应付账款和长期应付款而相应需在净资产中冲减的金额的科目是(　　)。

A. "待偿债净资产"　B. "资产基金"　C. "财政拨款结转"　D. "财政拨款结余"

(二) 多项选择题

1. 下列选项中,属于行政单位净资产的有(　　)

A. 财政拨款结转　　B. 财政拨款结余

C. 待偿债净资产　　　　　　　　D. 其他资金结转结余

2. "财政拨款结转"的"基本支出结转"明细科目下，应设置的明细科目有(　　)。

A. "人员经费"　　　　　　　　B. 按项目设置的明细账

C. "日常公用经费"　　　　　　D. "收支转账"

3. "资产基金"包含下列哪些资产项目在净资产中占用的资金(　　)。

A. 银行存款　　B. 存货　　C. 无形资产　　D. 预付账款

4. 下列各项属于减少资产基金的业务有(　　)。

A. 对外捐赠固定资产　　　　　B. 计提公共基础设施折旧

C. 领用存货　　　　　　　　　D. 收到预付账款购买的物资或服务

5. 行政单位的结转(结余)资金包括(　　)。

A. 财政拨款结转　　　　　　　B. 财政拨款结余

C. 其他资金结转结余　　　　　D. 待偿债净资产

(三) 判断题

1. 资产基金应当在发生预付账款，取得存货、固定资产、在建工程、无形资产、政府储备物资、公共基础设施时确认。(　　)

2. 待偿债净资产是指行政单位因发生应付账款和长期应付款而相应需在净资产中冲减的金额。(　　)

3. 年末收支转账后，"其他资金结转结余"账户的各明细科目都会有余额。(　　)

4. 行政单位为核算向所属单位拨出的纳入单位预算管理的非同级财政拨款资金，应设置"拨出经费"会计科目。(　　)

5. 年末收支转账后，"其他资金结转结余"账户的各明细科目都会有余额。(　　)

(四) 业务处理题

某行政单位2015年发生如下经济业务，编制会计分录。

1. 练习行政单位结转和结余的核算

资料：某行政单位2015年年终结账前各项收入和支出本月发生额如下：

收入项目	贷方金额(元)
财政拨款收入——基本支出	850 000
财政拨款收入——项目支出(未完成项目)	200 000
财政拨款收入——项目支出(已完成项目)	100 000
其他收入——非项目资金收入	400 000
其他收入——项目资金收入(已完成项目)	150 000
支出项目	**借方金额(元)**
经费支出——财政拨款支出——基本支出	700 000
经费支出——财政拨款支出——项目支出(未完成项目)	120 000
经费支出——财政拨款支出——项目支出(已完成项目)	80 000
经费支出——其他资金支出——基本支出	250 000
经费支出——其他资金支出——项目支出(已完成项目)	50 000
拨出经费——基本支出	100 000
拨出经费——项目支出(已完成项目)	80 000

要求：根据上述资料，编制以下经济业务的会计分录，其中涉及结转结余科目的，要求

列出二级和三级明细科目。

(1) 结转本年财政拨款收入和支出。

(2) 将本年已完成项目的结转资金转入财政拨款结余。

(3) 假设本年财政拨款结余中50%予以核销,以抵财政应返还额度中的财政直接支付未使用的额度,50%已通过单位零余额账户上缴财政部门。

(4) 将财政拨款结转科目明细科目余额转入"剩余结转"明细科目。

(5) 结转本年其他资金收入和支出。

(6) 假设本年其他资金结转结余中已完成项目的剩余资金60%已通过银行缴回原项目资金出资单位,剩余资金留归本单位用于其他非项目用途。

(7) 将其他资金结转结余科目明细科目余额,转入"剩余结转结余"明细科目。

2. 练习行政单位资产基金的核算(假设该单位的营业税率为3%)

(1) 某行政单位于5月1日购买一台专用设备,预付定金5 000元,以零余额账户用款额度支付。按合同约定,6月30日收到订购的设备,补付货款20 000元,以零余额账户用款额度支付。

(2) 订购的设备到货,补付货款20 000元,以零余额账户用款额度支付。

(3) 某行政单位订购的政府储备物资,补付价款1 200 000元,以财政直接支付方式付款,预付款300 000元。

(4) 行政单位发出政府储备物资用于赈灾,该批政府储备物资的成本为500 000元。

(5) 月末,某行政单位计提公共基础设施折旧10 000元。

(6) 竣工职工宿舍一幢,竣工决算价8 000 000元,经验收合格已交付使用。

(7) 经财政部门批准报废一辆汽车,原入账价值20万元,已提折旧18万元,残值变价收入5 000元。

(8) 无偿调给本系统A单位一台办公设备,价值20 000元,已提折旧7 000元。

(9) 经财政批准,出售多年不用的复印机一台,其原价8 500元,实际收款2 000元,已经存入银行。

第十一章　行政单位财务报告

学习目标与要求

了解行政单位财务报告的含义、构成、编制要求及财务分析的指标。

熟悉资产负债表、收入支出表、财政补助收入支出表的结构。

理解和掌握资产负债表、收入支出表的编制。

重点

资产负债表、收入支出表的编制方法。

难点

资产负债表、收入支出表的编制。

导读

行政单位财务报告是反映行政单位某一特定时期的财务状况和预算执行结果等会计信息的文件。由会计报表、会计报表附注和财务情况说明书组成。行政单位的会计报表主要包括资产负债表、收入支出表、财政拨款收入支出表以及有关附表。行政单位财务报表应当根据登记完整、核对无误的账簿记录和其他有关资料编制,做到内容真实、形式规范、报送及时、责任明确。

第一节　行政单位财务报告概述

一、财务报告的含义

财务报告是反映行政单位某一特定时期的财务状况和预算执行结果等会计信息的文件。

行政单位需要按照财政部门和主管预算单位的要求编制财务报告,向财务报告使用者提供与行政单位财务状况、预算执行情况等有关的会计信息,反映行政单位受托责任的履行情况。

二、财务报告的构成

行政单位财务报告由会计报表、会计报表附注和财务情况说明书组成。会计报表和会计报表附注构成财务报表。

会计报表是以表格形式反映行政单位的财务状况、预算收入支出情况和其他会计信息，是财务报告的重要组成部分。行政单位的会计报表主要包括资产负债表、收入支出表、财政拨款收入支出表以及有关附表。另外，行政单位为全面反映各项收入、支出的构成还需要编制一些明细表，主要包括经费支出明细表、基本支出明细表、项目支出明细表等。行政单位还需要编制资产情况表、机构人员表、基本数字表等附表，反映行政单位的基本情况。

财务报表附注是指对在会计报表中列示项目的文字描述或明细资料，以及对未能在会计报表中列示项目的说明等。会计报表附注至少应当披露下列内容：①遵循《行政单位会计制度》的声明；②单位整体财务状况、预算执行情况的说明；③会计报表中列示的重要项目的进一步说明，包括其主要构成、增减变动等情况；④重要资产处置、资产重大损失情况的说明；⑤以名义金额计量的资产名称、数量等情况，以及以名义金额计量理由的说明；⑥或有负债情况的说明以及1年以上到期负债预计偿还时间和数量的说明；⑦以前年度结转、结余调整情况的说明；⑧助于理解和分析会计报表需要说明的其他事项。

财务情况说明书是对行政单位财务状况、预算执行结果的变动情况及原因所做的文字阐述。其主要说明行政单位本期收入及其支出、结转、结余、专项资金使用及资产负债变动情况、对本期或者下期财务状况发生重大影响的事项，以及需要说明的其他事项。

三、财务报告的编制要求

行政单位的财务报表应当按照月度和年度编制。其不得违反会计制度规定，随意改变财务报表的编制基础、编制依据，编制原则和方法，不得随意改变《行政单位会计制度》规定的财务报表有关数据的会计口径。行政单位财务报表应当根据登记完整、核对无误的账簿记录和其他有关资料编制，做到内容真实、形式规范、报送及时、责任明确。行政单位财务报表应当由单位负责人和主管会计工作的负责人、会计机构负责人(会计主管人员)签名并盖章。

四、会计报表的审核与汇总

行政单位会计报表按编报层次分类，包括本级报表和汇总报表。主管预算单位除需要编制本级单位会计报表外，还应根据本级会计报表和经审查过的所属单位会计报表，编制汇总会计报表，以反映行政单位的总体情况。

(一) 会计报表的审核

主管预算单位在编制汇总会计报表前，需要对所属单位上报的会计报表进行审核。会计报表审核包括政策性审核和技术性审核两项内容。政策性审核的重点是审查所属单位的各项经济业务活动是否符合国家有关的法律、法规和财务制度的规定。技术性审核是利用会计技术手段审查所属单位会计核算的正确性，如所属单位的会计报表存在问题，应当及时进行调整。

(二) 会计报表的汇总

对所属单位会计报表进行审核后，行政单位还需要编制汇总会计报表，以全面反映行政单位的总体情况。需要汇总编制的会计报表主要包括汇总资产负债表、汇总收入支出表和汇总财政拨款收入支出表等。在编制汇总会计报表时，对于绝大多数的报表项目，可以直接将本级单位会计报表的数字与所属下级单位会计报表的数字相加，填列到汇总会计报表的相应项目中。但需要注意的是，上下级单位之间发生的转拨款项、债权债务等应当予以冲销，不填列在汇总会计报表中，以避免重复列报。

第二节 资产负债表

一、资产负债表的含义

资产负债表是反映行政单位在某一特定日期财务状况的报表，反映行政单位在某一特定日期全部资产、负债和净资产的情况。

二、资产负债表的格式与内容

行政单位的资产负债表由表首标题和报表主体构成。报表主体部分包括编报项目和金额。具体格式见表 11－1。

表 11－1　　资产负债表

会行政 01 表

编制单位：　　2014 年　月　日　　金额单位：元

资产	年初余额	期末余额	负债和净资产	年初余额	期末余额
流动资产：			流动负债：		
库存现金			应缴财政款		
银行存款			应缴税费		
财政应返还额度			应付职工薪酬		
应收账款			应付账款		
预付账款			应付政府补贴款		
其他应收款			其他应付款		
存货			一年内到期的非流动负债		
流动资产合计			**流动负债合计**		
固定资产			非流动负债：		
固定资产原价			长期应付款		
减：固定资产累计折旧			受托代理负债		
在建工程			**非流动负债合计**		
无形资产			**负债合计**		

（续表）

资产	年初余额	期末余额	负债和净资产	年初余额	期末余额
无形资产原价					
减：累计摊销			净资产：		
待处理财产损溢			财政拨款结转		
政府储备物资			财政拨款结余		
公共基础设施			其他资金结转结余		
公共基础设施原价			其中：项目结转		
减：公共基础设施累计折旧			资产基金		
公共基础设施在建工程			待偿债净资产		
受托代理资产			**净资产合计**		
资产总计			**负债和净资产总计**		

单位负责人：　　　　会计：　　　　制表：

三、资产负债表的编制方法

（一）本表“年初余额”各项数字，应当根据上年年末资产负债表“期末余额”栏内数字填列。如果本年度资产负债表规定的各个项目的名称和内容同上年度不一致，应对上年年末资产负债表各项目的名称和数字按照本年的规定进行调整，填入本表“年初余额”栏内。

（二）本表“期末余额”各项目的内容和填列方法

1. 资产类项目

（1）“库存现金”项目，反映行政单位期末库存现金的金额。本项目应当根据“库存现金”账户的期末余额填列；期末库存现金中有属于受托代理现金的，本项目应当根据“库存现金”账户的期末余额减去其中属于受托代理的现金金额后的余额填列。

（2）“银行存款”项目，反映行政单位期末银行存款的金额。本项目应当根据“银行存款”账户的期末余额填列；期末银行存款中有属于受托代理存款的，本项目应当根据“银行存款”账户的期末余额减去其中属于受托代理的存款金额后的余额填列。

（3）“财政应返还额度”项目，反映行政单位期末财政应返还额度的金额。本项目应当根据“财政应返还额度”账户的期末余额填列。

（4）“应收账款”项目，反映行政单位期末尚未收回的应收账款金额。本项目应当根据“应收账款”账户的期末余额填列。

（5）“预付账款”项目，反映行政单位预付给物资或者服务提供者款项的金额。本项目应当根据“预付账款”账户的期末余额填列。

（6）“其他应收款”项目，反映行政单位期末尚未收回的其他应收款余额。本项目应当根据“其他应收款”账户的期末余额填列。

（7）“存货”项目，反映行政单位期末为开展业务活动耗用而储存的存货的实际成本。本项目应当根据“存货”账户的期末余额填列。

(8)"固定资产"项目,反映行政单位期末各项固定资产的账面价值。本项目应当根据"固定资产"账户的期末余额减去"累计折旧"账户中"固定资产累计折旧"明细科目的期末余额后的金额填列。

"固定资产原价"项目,反映行政单位期末各项固定资产的原价。本项目应当根据"固定资产"账户的期末余额填列。

"固定资产累计折旧"项目,反映行政单位期末各项固定资产的累计折旧金额。本项目应当根据"累计折旧"账户中"固定资产累计折旧"明细科目的期末余额填列。

(9)"在建工程"项目,反映行政单位期末除公共基础设施在建工程以外的尚未完工交付使用的在建工程的实际成本。本项目应当根据"在建工程"账户中属于非公共基础设施在建工程的期末余额填列。

(10)"无形资产"项目,反映行政单位期末各项无形资产的账面价值。本项目应当根据"无形资产"账户的期末余额减去"累计摊销"账户的期末金额后的金额填列。

"无形资产原价"项目,反映行政单位期末各项无形资产的原价。本项目应当根据"无形资产"账户的期末余额填列。

"累计摊销"项目,反映行政单位期末各项无形资产的累计摊销金额。本项目应当根据"累计摊销"账户的期末余额填列。

(11)"待处理财产损溢"项目,反映行政单位期末待处理财产的价值及处理损溢。本项目应当根据"待处理财产损溢"账户的期末借方余额填列;如"待处理财产损溢"账户期末余额在贷方,则以"一"号填列。

(12)"政府储备物资"项目,反映行政单位期末储存管理的各种政府储备物资的实际成本。本项目应当根据"政府储备物资"账户的期末余额填列。

(13)"公共基础设施"项目,反映行政单位期末占有并直接管理的公共基础设施的账面价值。本项目应当根据"公共基础设施"账户的期末余额减去"累计折旧"账户中"公共基础设施累计折旧"明细科目的期末余额后的金额填列。

"公共基础设施原价"项目,反映行政单位期末占有并直接管理的公共基础设施的原价。本项目应当根据"公共基础设施"账户的期末余额填列。

"公共基础设施累计折旧"项目,反映行政单位期末占有并直接管理的公共基础设施的累计折旧金额。本项目应当根据"累计折旧"账户中"公共基础设施累计折旧"明细科目的期末余额填列。

(14)"公共基础设施在建工程"项目,反映行政单位期末尚未完工交付使用的公共基础设施在建工程的实际成本。本项目应当根据"在建工程"账户中属于公共基础设施在建工程的期末余额填列。

(15)"受托代理资产"项目,反映行政单位期末受托代理资产的价值。本项目应当根据"受托代理资产"账户的期末余额(扣除其中受托储存管理物资的金额)加上"库存现金""银行存款"账户中属于受托代理资产的现金余额和银行存款余额的合计数填列。

2. 负债类项目

(1)"应缴财政款"项目,反映行政单位期末按规定应当上缴财政的款项(应缴税费除外)。本项目应当根据"应缴财政款"账户的期末余额填列。

(2)"应缴税费"项目,反映行政单位期末应缴未缴的各种税费。本项目应当根据"应缴税费"账户的期末贷方余额填列。如"应缴税费"账户期末余额在借方,则以"一"号填列。

(3)"应付职工薪酬"项目,反映行政单位期末尚未支付给职工的各种薪酬。本项目应当根据"应付职工薪酬"账户的期末余额填列。

(4)"应付账款"项目,反映行政单位期末尚未支付的偿还期限在1年以内(含1年)的应付账款的金额。本项目应当根据"应付账款"账户的期末余额填列。

(5)"应付政府补贴款"项目,反映行政单位期末尚未支付的应付政府补贴款的金额。本项目应当根据"应付政府补贴款"账户的期末余额填列。

(6)"其他应付款"项目,反映行政单位期末尚未支付的其他各项应付及暂收款项的金额。本项目应当根据"其他应付款"账户的期末余额填列。

(7)"一年内到期的非流动负债"项目,反映行政单位期末承担的1年以内(含1年)到偿还期的非流动负债。本项目应当根据"长期应付款"等科目的期末余额分析填列。

(8)"长期应付款"项目,反映行政单位期末承担的偿还期限超过1年的应付款项。本项目应当根据"长期应付款"账户的期末余额减去其中1年以内(含1年)到偿还期的长期应付款金额后的余额填列。

(9)"受托代理负债"项目,反映行政单位期末受托代理负债的金额。本项目应当根据"受托代理负债"账户的期末余额(扣除其中受托储存管理物资对应的金额)填列。

3. 净资产类项目

(1)"财政拨款结转"项目,反映行政单位期末滚存的财政拨款结转资金。本项目应当根据"财政拨款结转"账户的期末余额填列。

(2)"财政拨款结余"项目,反映行政单位期末滚存的财政拨款结余资金。本项目应当根据"财政拨款结余"账户的期末余额填列。

(3)"其他资金结转结余"项目,反映行政单位期末滚存的除财政拨款以外的其他资金结转结余的金额。本项目应当根据"其他资金结转结余"账户的期末余额填列。

"项目结转"项目,反映行政单位期末滚存的非财政拨款未完成项目结转资金。本项目应当根据"其他资金结转结余"账户中"项目结转"明细科目的期末余额填列。

(4)"资产基金"项目,反映行政单位期末预付账款、存货、固定资产、在建工程、无形资产、政府储备物资、公共基础设施等非货币性资产在净资产中占用的金额。本项目应当根据"资产基金"账户的期末余额填列。

(5)"待偿债净资产"项目,反映行政单位期末因应付账款和长期应付款等负债而相应需在净资产中冲减的金额。本项目应当根据"待偿债净资产"账户的期末借方余额以"-"号填列。

(三)行政单位按月编制资产负债表应当遵照的编制规定

(1)月度资产负债表应在资产部分"银行存款"项目下增加"零余额账户用款额度"项目。

(2)"零余额账户用款额度"项目,反映行政单位期末零余额账户用款额度的金额。本项目应当根据"零余额账户用款额度"账户的期末余额填列。

(3)"财政拨款结转"项目。本项目应当根据"财政拨款结转"账户的期末余额,加上"财政拨款收入"账户本年累计发生额,减去"经费支出——财政拨款支出"账户本年累计发生额后的余额填列。

(4)"其他资金结转结余"项目。本项目应当根据"其他资金结转结余"账户的期末余额,加上"其他收入"账户本年累计发生额,减去"经费支出——其他资金支出"账户本年累计发生额,再减去"拨出经费"账户本年累计发生额后的余额填列。

(5)“项目结转”项目应当根据“其他资金结转结余”账户中“项目结转”明细科目的期末余额，加上“其他收入”账户中项目收入的本年累计发生额，减去“经费支出——其他资金支出”账户中项目支出本年累计发生额，再减去“拨出经费”账户中项目支出本年累计发生额后的余额填列。

月度资产负债表其他项目的填列方法与年度资产负债表的填列方法相同。

【例 11－1】 某行政单位 20×5 年 12 月 31 日结账后各资产、负债和净资产类会计账户的余额见表 11－2。据此编制该行政单位年末的资产负债表。

表 11－2 **会计科目余额表**

20×5 年 12 月 31 日

金额单位：元

资产	借方余额	贷方余额	负债和净资产	借方余额	贷方余额
库存现金	4 800		应缴财政款		0
其中：受托代理现金	1 000		应缴税费		0
银行存款	80 000		应付职工薪酬		0
其中：受托代理存款	20 000		应付账款		98 200
财政应返还额度	62 000		应付政府补贴款		0
应收账款	56 000		其他应付款		32 500
预付账款	14 500		长期应付款		185 800
其他应收款	3 000		受托代理负债		190 700
存货	291 000		其中：受托储存管理物资		0
固定资产	2 000 500		财政拨款结转		101 000
累计折旧		505 500	财政拨款结余		54 000
其中：固定资产累计折旧		505 500	其他资金结转结余		30 000
公共基础设施累计折旧			其中：项目结转		15 500
在建工程	312 000		资产基金		2 555 800
其中：公共基础设施在建工程	160 000		待偿债净资产	284 000	
无形资产	288 000				
累计摊销		68 000			
待处理财产损溢	50 000				
政府储备物资	223 300				
公共基础设施	0				
受托代理资产	152 400				
其中：受托储存管理物资	0				
资产总计	3 537 500	573 500	**负债和净资产总计**	284 000	3 248 000

12 月 31 日编制的资产负债表为年度资产负债表。“年初余额”栏内各项数字，根据上年

年末资产负债表的"期末余额"栏内各项数字填列。"期末余额"栏内各项数字根据各账户的期末余额直接填列、合并填列或者分析填列。主要项目的期末余额填列方法如下：

(1)"库存现金"项目的期末余额，是"库存现金"账户的期末余额 4 800 元，减去其中属于受托代理的现金 1 000 元，为 3 800 元。

(2)"银行存款"项目的期末余额，是"银行存款"账户的期末余额 80 000 元，减去其中属于受托代理的存款 20 000 元，为 60 000 元。

(3)"固定资产"项目的期末余额，是"固定资产"账户的期末余额 2 000 500 元，减去"累计折旧"账户的贷方余额 505 500 元，为 1 495 000 元。

(4)"在建工程"项目的期末余额，是"在建工程"账户的期末余额 312 000 元，减去"公共基础设施在建工程"科账户的余额 160 000 元，为 152 000 元。

(5)"无形资产"项目的期末余额，是"无形资产"账户的期末余额 288 000 元，减去"累计摊销"账户的贷方余额 68 000 元，为 220 000 元。

(6)"公共基础设施在建工程"项目的期末余额为"公共基础设施在建工程"账户的余额 160 000 元。

(7)"受托代理资产"项目的余额为"受托代理资产"账户的余额 152 400 元加上"库存现金""银行存款"账户中属于受托代理资产的现金余额 1 000 元和 20 000 元，为 173 400 元。

(8)"待偿债净资产"项目的期末余额，因"待偿债净资产"账户的期末余额在借方，因此以"－"号填列为－284 000 元。

(9)其他项目可根据各账户的期末余额直接填列。

据此编制该行政单位年末的资产负债表如表 11－3 所示。

表 11－3　　资产负债表

会行政 01 表

编制单位：　　20×5 年　月　日　　金额单位：元

资产	年初余额	期末余额	负债和净资产	年初余额	期末余额
流动资产：			流动负债：		
库存现金		3 800	应缴财政款		0
银行存款		60 000	应缴税费		0
财政应返还额度		62 000	应付职工薪酬		0
应收账款		56 000	应付账款		98 200
预付账款		14 500	应付政府补贴款		0
其他应收款		3 000	其他应付款		32 500
存货		291 000	一年内到期的非流动负债		0
流动资产合计		490 300	**流动负债合计**		130 700
固定资产		1 495 000	非流动负债：		
固定资产原价		2 000 500	长期应付款		185 800
减：固定资产累计折旧		505 500	受托代理负债		190 700
在建工程		152 000	**非流动负债合计**		376 500

（续表）

资产	年初余额	期末余额	负债和净资产	年初余额	期末余额
无形资产		220 000	**负债合计**		507 200
无形资产原价		288 000			
减：累计摊销		68 000	净资产：		
待处理财产损溢		50 000	财政拨款结转		101 000
政府储备物资		223 300	财政拨款结余		54 000
公共基础设施		0	其他资金结转结余		30 000
公共基础设施原价		0	其中：项目结转		15 500
减：公共基础设施累计折旧		0	资产基金		2 555 800
公共基础设施在建工程		160 000	待偿债净资产		−284 000
受托代理资产		173 400	**净资产合计**		2 456 800
资产总计		2 964 000	**负债和净资产总计**		2 964 000

单位负责人：　　　　会计：　　　　制表：

第三节　收入支出表的编制

一、收入支出表的含义

收入支出表是反映行政单位在某一会计期间全部预算收支执行结果的报表，反映行政单位某一时期（月度、年度）各项收入、支出和结转结余情况。

二、收入支出表的内容

行政单位的收入支出表由表首标题和报表主体构成。报表主体部分包括编报项目和金额。具体格式见表 11－4。

表 11－4　　**收入支出表**

会行政 02 表

编制单位：　　20××年　月　　金额单位：元

项　目	本月数	本年累计数
一、年初各项资金结转结余		
（一）年初财政拨款结转结余		
1. 财政拨款结转		
2. 财政拨款结余		

（续表）

项　目	本月数	本年累计数
（二）年初其他资金结转结余		
二、各项资金结转结余调整及变动		
（一）财政拨款结转结余调整及变动		
（二）其他资金结转结余调整及变动		
三、收入合计		
（一）财政拨款收入		
1. 基本支出拨款		
2. 项目支出拨款		
（二）其他资金收入		
1. 非项目收入		
2. 项目收入		
四、支出合计		
（一）财政拨款支出		
1. 基本支出		
2. 项目支出		
（二）其他资金支出		
1. 非项目支出		
2. 项目支出		
五、本期收支差额		
（一）财政拨款收支差额		
（二）其他资金收支差额		
六、年末各项资金结转结余		
（一）年末财政拨款结转结余		
1. 财政拨款结转		
2. 财政拨款结余		
（二）年末其他资金结转结余		

单位负责人：　　　　　　　　　　会计：　　　　　　　　　　制表：

三、收入支出表的编制

（一）本表“本月数”栏反映各项目的本月实际发生数。在编制年度收入支出报表时，应当将本栏改为“上年数”栏，反映上年度各项目的实际发生数；如果本年度收入支出表规定的各个项目的名称和内容同上年度不一致，应对上年度收入支出表各项目的名称和数字按照本年度的规定进行调整，填入本年度收入支出表“上年数”栏。本表“本年累计数”栏反映各项目自年初起至报告期末止的累计实际发生数。编制年度收入支出表时，应当将本栏改为“本年数”。

（二）本表“本月数”栏各项目的内容和填列方法

（1）“年初各项资金结转结余”项目及其所属各明细项目，反映行政单位本年期初所有资金结转结余的金额。各明细项目应当根据“财政拨款结转”“财政拨款结余”“其他资金结转结余”及其明细科目的年初余额填列。本项目及其所属各明细项目的数额，应当与上年度收入支出表中“年末各项资金结转结余”中各明细项目的数额相等。

（2）“各项资金结转结余调整及变动”项目及其所属各明细项目，反映行政单位因发生需要调整以前年度各项资金结转结余的事项，以及本年因调入、上缴或交回等导致各项资金结转结余变动的金额。

其一，“财政拨款结转结余调整及变动”项目，根据“财政拨款结转”“财政拨款结余”账户下的“年初余额调整”“归集上缴”“归集调入”明细科目的本期贷方发生额合计数减去本期借方发生额合计数的差额填列；如为负数，以“－”号填列。

其二，“其他资金结转结余调整及变动”项目，根据“其他资金结转结余”账户下的“年初余额调整”“结余调剂”明细科目的本期贷方发生额合计数减去本期借方发生额合计数的差额填列；如为负数，以“－”号填列。

（3）“收入合计”项目，反映行政单位本期取得的各项收入的金额。本项目应当根据“财政拨款收入”账户的本期发生额加上“其他收入”账户的本期发生额的合计数填列。

其一，“财政拨款收入”项目及其所属明细项目，反映行政单位本期从同级部门取得的各类财政拨款的金额。本项目应当根据“财政拨款收入”账户及其所属明细账户的本期发生额填列。

其二，“其他资金收入”项目及其所属明细项目，反映行政单位本期取得的各类的金额。本项目应当根据“其他收入”账户及其所属明细科目的本期发生额填列。

（4）“支出合计”项目，反映行政单位本期发生的各项资金支出金额。本项目应当根据“经费支出”和“拨出经费”账户的本期发生额的合计数填列。

其一，“财政拨款支出”项目及其所属明细项目，反映行政单位本期发生的财政单位本期发生额。本项目应当根据“经费支出——财政拨款支出”账户及其所属期发生额填列。

其二，“其他资金支出”项目及其所属明细项目，反映行政单位本期使用各类非财政拨款资金发生的支出金额。本项目应当根据“经费支出——其他资金支出”和“拨出经费”账户及其所属明细科目的本期发生额的合计数填列。

（5）“本期收支差额”项目及其所属各明细项目，反映行政单位本期发生的各项资金收入和支出相抵后的余额。

其一，“政拨款收支差额”项目，反映行政单位本期发生的财政拨款资金收入和支出相抵后的余额。本项目应当根据本表中“财政拨款收入”项目金额减去“财政拨款支出”项目金额后的余额填列；如为负数，以“－”号填列。

其二，“其他资金收支差额”项目，反映行政单位本期发生的非财政拨款资金收入和支出后的余额。本项目应当根据本表中“其他资金收入”项目金额减去“其他资金支出”项目金额后的余额填列；如为负数，以“－”号填列。

（6）“年末各项资金结转结余”项目及其所属各明细项目，反映行政单位截至本年末的各项资金结转结余金额。各明细项目应当根据“财政拨款结转”“财政拨款结余”“其他资金结转结余”账户的年末余额填列。

上述“年初各项资金结转结余”“年末各项资金结转结余”项目及其所属各明细科目，只在编制年度收入支出表时填列，在编制月度收入支出表时不需要填列。

【例 11－2】 某行政单位 20×5 年 12 月 31 日结转结余类科目余额和 20×5 年度的收入、支出类科目发生分别见表 11－5 和表 11－6，据此编制该行政单位 20×5 年度的收入支出表。

表 11－5　　结转结余类账户余额表

20×5 年 12 月 31 日

金额单位：元

会计科目	年初余额	本期借方发生额	本期贷方发生额	年末余额
财政拨款结转	648 000			1 417 500
其中：收支转账	0		1 036 500	0
结余转账	0	387 000		0
年初余额调整	0		52 500	0
归集上缴	0	87 000		0
归集调入	0		114 000	0
单位内部调剂	0		40 500	0
剩余结转	648 000		769 500	1 417 500
财政拨款结余	429 000			771 000
其中：结余转账	0		387 000	0
年初余额调整	0		18 000	0
归集上缴	0	22 500		0
单位内部调剂	0	40 500		0
剩余结余	429 000		342 000	771 000
其他资金结转结余	102 000			174 000
其中：收支转账	0		112 500	0
年初余额调整	0	16 500		0
结余调剂	0	42 000	18 000	0
剩余结转结余	102 000			174 000

表 11－6　　收入、支出类账户发生额

20×5 年度

金额单位：元

支出类	金额	收入类	金额
经费支出	20 125 500	**财政拨款收入**	19 284 000
其中：1. 财政拨款支出	18 247 500	其中：1. 基本支出拨款	14 463 000
(1) 基本支出	14 025 000	2. 项目支出拨款	4 821 000

(续表)

支出类	金额	收入类	金额
(2) 项目支出	4 222 500	**其他资金收入**	2 794 500
2. 其他资金支出	1 878 000	其中：1. 非项目收入	807 000
(1) 非项目支出	550 500	2. 项目收入	1 987 500
(2) 项目支出	1 327 500		
拨出经费	804 000		
其中：1. 非项目支出	225 000		
2. 项目支出	579 000		
合计	20 929 500	**合计**	22 078 500

1. 年初各项资金结转结余

本项目及其所属各明细项目的数额，可以根据表 11－5 中"财政拨款结转""财政拨款结余""其他资金结转结余"及其明细科目的年初余额直接填列。

年初财政拨款结转结余＝648 000＋429 000＝1 077 000(元)

年初其他资金结转结余＝102 000(元)

年初各项资金结转结余＝1 077 000＋102 000＝1 179 000(元)

2. 各项资金结转结余调整及变动

本项目及其所属各明细项目的数额，可以根据表 11－5 中各结转结余科目的明细科目的本期发生额计算填列。

财政拨款结转结余调整及变动的数额＝(52 500＋114 000－87 000)＋(18 000－22 500)
＝75 000(元)

其他资金结转结余调整及变动＝18 000－16 500－42 000＝－40 500(元)

各项资金结转结余调整及变动＝75 000－40 500＝34 500(元)

3. 收入合计

本项目及其所属各明细项目的数额，可以根据表 11－6 中"财政拨款收入""其他收入"账户及其所属明细科目的本期发生额填列。

财政拨款收入＝14 463 000＋4 821 000＝19 284 000(元)

其他资金收入＝807 000＋1 987 500＝2 794 500(元)

收入合计＝19 284 000＋2 794 500＝22 078 500(元)

4. 支出合计

本项目及其所属各明细项目的数额，可以根据表 11－6 中"经费支出""拨出经费"账户及其所属明细科目的本期发生额填列。

财政拨款支出＝14 025 000＋4 222 500＝18 247 500(元)

其他资金支出＝1 878 000＋804 000＝2 682 000(元)

支出合计＝18 247 500＋2 682 000＝20 929 500(元)

5. 本期收支差额

本项目及其所属各明细项目的数额，可以根据已经填列的收入项目、支出项目计算填列。

财政拨款收支差额＝19 284 000－18 247 500＝1 036 500(元)

其他资金收支差额＝2 794 500－2 682 000＝112 500(元)

本期收支差额＝1 036 500＋112 500＝1 149 000(元)

6. 年末各项资金结转结余

本项目及其所属各明细项目的数额，可以根据表 11－5 中“财政拨款结转”“财政拨款结余”“其他资金结转结余”账户的年末余额直接填列。

年末财政拨款结转结余＝1 417 500＋771 000＝2 188 500(元)

年末其他资金结转结余＝174 000 元

年末各项资金结转结余＝2 188 500＋174 000＝2 362 500(元)

编制完成的收入支出表见表 11－7。

表 11－7　　收入支出表

会行政 02 表

编制单位：　　20×5 年 12 月　　金额单位：元

项　目	本月数(略)	本年累计数
一、年初各项资金结转结余		1 179 000
(一) 年初财政拨款结转结余		1 077 000
1. 财政拨款结转		648 000
2. 财政拨款结余		429 000
(二) 年初其他资金结转结余		102 000
二、各项资金结转结余调整及变动		34 500
(一) 财政拨款结转结余调整及变动		75 000
(二) 其他资金结转结余调整及变动		－40 500
三、收入合计		22 078 500
(一) 财政拨款收入		19 284 000
1. 基本支出拨款		14 463 000
2. 项目支出拨款		4 821 000
(二) 其他资金收入		2 794 500
1. 非项目收入		807 000
2. 项目收入		1 987 500
四、支出合计		20 929 500
(一) 财政拨款支出		18 247 500
1. 基本支出		14 025 000
2. 项目支出		4 222 500
(二) 其他资金支出		2 682 000
1. 非项目支出		775 500

（续表）

项　目	本月数（略）	本年累计数
2. 项目支出		1 906 500
五、本期收支差额		1 149 000
（一）财政拨款收支差额		1 036 500
（二）其他资金收支差额		112 500
六、年末各项资金结转结余		2 362 500
（一）年末财政拨款结转结余		2 188 500
1. 财政拨款结转		1 417 500
2. 财政拨款结余		771 000
（二）年末其他资金结转结余		174 000

单位负责人：　　　　会计：　　　　制表：

第四节　财政拨款收入支出表

一、财政拨款收入支出表的含义

财政拨款收入支出表示反映行政单位在某一会计期间财政拨款收入、支出、结转及结余的报表。该表以财政拨款资金为内容，全面反映行政单位财政拨款资金的取得、运用及结转结余的具体情况。

二、财政拨款收入支出表

行政单位的财政拨款收入支出表由表首标题和报表主体构成。报表主体部分包括编报项目和金额。具体格式见表 11－8。

表 11－8　　**财政拨款收入支出表**

会行政 03 表

编制单位：　　2015 年度　　金额单位：元

项　目	年初财政拨款结转结余		调整年初财政拨款结转结余	归集调入或上缴	单位内部调剂		本年财政拨款收入	本年财政拨款支出	年初财政拨款结转结余	
	结转	结余			结转	结余			结转	结余
一、公共财政预算资金										
（一）基本支出										
1. 人员经费										

（续表）

项　目	年初财政拨款结转结余		调整年初财政拨款结转结余	归集调入或上缴	单位内部调剂		本年财政拨款收入	本年财政拨款支出	年初财政拨款结转结余	
	结转	结余			结转	结余			结转	结余
2. 日常公用经费										
（二）项目支出										
1. ××项目										
2. ××项目										
……										
二、政府性基金预算资金										
（一）基本支出										
1. 人员经费										
2. 日常公用经费										
（二）项目支出										
1. ××项目										
2. ××项目										
……										
总　计										

单位负责人：　　　　会计：　　　　制表：

（说明：表11－8中“项目”栏内各项目，应当根据行政单位取得的财政拨款种类分项设置；其中“项目支出”下，根据每个项目设置；行政单位取得除公共财产预算拨款和政府性基金预算拨款以外的其他财政拨款的，应当按照财政拨款种类增加相应的资金项目及其明细项目。）

三、财政拨款收入支出表的编制

（1）“年初财政拨款结转结余”栏中各项目，反映行政单位年初各项财政拨款结转和结余的金额。各项目应当根据“财政拨款结转”“财政拨款结余”及其明细科目的年初余额填列。本栏目中各项目的数额，应当与上年度财政拨款收入支出表中“年末财政拨款结转结余”栏中各项目的数额相等。

（2）“调整年初财政拨款结转结余”栏中各项目，反映行政单位对年初财政拨款结转结余的调整金额。各项目应当根据“财政拨款结转”“财政拨款结余”项目中“年初余额调整”账户及其所属明细科目的本年发生额填列；如调整减少年初财政拨款结转结余，以“－”号填列。

（3）“归集调入或上缴”栏中各项目，反映行政单位本年取得主管部门归集调入的财政拨款结转结余资金和按规定实际上缴的财政拨款结转结余资金金额。各项目应当根据“财政拨款结转”“财政拨款结余”账户中“归集上缴”和“归集调入”账户及其所属明细科目的本年发生额填列；对归集上缴的财政拨资金，以“－”号填列。

(4)“单位内部调剂”栏中各项目,反映行政单位本年财政拨款结转结余资金在内部不同项目之间的调剂金额。各项目应当根据“财政拨款结转”和“财政拨款结余”项目中的“单位内部调剂”及其所属明细科目的本年发生额填列;对单位内部减少的财政拨款结转结余项目,以“—”号填列。

(5)“本年财政拨款收入”栏中各项目,反映行政单位本年从同级财政部门取得的各类财政预算拨款金额。各项目应当根据“财政拨款收入”账户及其所属明细科目的本年发生额填列。

(6)“本年财政拨款支出”栏中各项目,反映行政单位本年发生的财政拨款支出金额。各项目应当根据“经费支出”账户及其所属明细科目的本年发生额填列。

(7)“年末财政拨款结转结余”栏中各项目,反映行政单位年末财政拨款结转结余的金额。各项目应根据“财政拨款结转”“财政拨款结余”账户及其所属明细科目的年末余额填列。

第五节　行政单位的财务分析

一、行政单位财务分析的内容

(一) 财务分析的含义

财务分析是以财务报表及其他相关资料为依据,采用一系列专门的分析技术和方法,对行政单位的预算执行情况、资产使用情况和收入支出情况进行剖析和评价的过程。

(二) 财务分析的内容

行政单位财务分析的内容,主要包括行政单位的预算编制与执行情况、资产使用情况、收入支出情况、人员增减情况分析等。预算编制与执行情况分析,是将行政单位实际完成的预算指标与财政部门下达的预算指导相比较,考核行政单位的预算编制的质量和预算实际执行的情况。资产使用情况分析,是将行政单位的资产数额与其产生的事业发展成果进行比较,考核行政单位资产的利用效率和利用效果。收入支出情况分析,对行政单位的收入、支出的变动及构成情况进行分析,考核行政单位收入、支出的合理性。人员增减情况分析是针对行政单位人员数量、结构的分析,考核行政单位人员是否控制在核定的编制范围内,人员构成结构是否合理,承担的工作任务是否均衡,有无超编和人浮于事的情况。

二、财务分析的指标

根据《行政单位财务规则》,行政单位的财务分析主要采用财务比率分析法,主要分析指标如下:

(1) 支出增长率,衡量行政单位支出的增长水平。计算公式为:

$$支出增长率 = (本期支出总额 \div 上期支出总额 - 1) \times 100\%$$

(2) 当年预算支出完成率，衡量行政单位当年支出总预算及分项预算完成的程度。计算公式为：

当年预算支出完成率 = 年终执行数 ÷ (年初预算数 ± 年中预算调整数) × 100%

年终执行数不含上年结转和结余支出数。

(3) 人均开支，衡量行政单位人均年消耗经费水平。计算公式为：

人均开支 = 本期支出数 ÷ 本期平均在职人员数 × 100%

(4) 项目支出占总支出的比率，衡量行政单位的支出结构。计算公式为：

项目支出比率 = 本期项目支出数 ÷ 本期支出总数 × 100%

(5) 人员支出、公用支出占总支出的比率，衡量行政单位的支出结构。计算公式为：

人员支出比率 = 本期人员支出数 ÷ 本期支出总数 × 100%

公用支出比率 = 本期公用支出数 ÷ 本期支出总数 × 100%

(6) 人均办公使用面积，衡量行政单位办公用房配备情况。计算公式为：

人均办公使用面积 = 本期末单位办公用房使用面积 ÷ 本期末在职人员数

(7) 人车比例，衡量行政单位公务用车配备情况。计算公式为：

人车比例 = 本期末在职人员数 ÷ 本期末公务用车实有数

本章小结

财务报告是反映行政单位某一特定时期的财务状况和预算执行结果等会计信息的文件。

行政单位财务报告由会计报表、会计报表附注和财务情况说明书组成。会计报表和会计报表附注构成财务报表。

行政单位的会计报表主要包括资产负债表、收入支出表、财政拨款收入支出表以及有关附表。另外行政单位为全面反映各项收入、支出的构成还需要编制一些明细表，主要包括经费支出明细表、基本支出明细表、项目支出明细表等。同时，行政单位还需要编制资产情况表、机构人员表、基本数字表等附表，反映行政单位的基本情况。行政单位会计报表按编报层次分类，包括本级报表和汇总报表。主管预算单位除需要编制本级单位会计报表外，还应根据本级会计报表和经审查过的所属单位会计报表，编制汇总会计报表，以反映行政单位的总体情况。

财务报表附注是指对在会计报表中列示项目的文字描述或明细资料，以及对未能在会计报表中列示项目的说明等。

财务情况说明书是对行政单位财务状况、预算执行结果的变动情况及原因所做的文字阐述。主要说明行政单位本期收入及其支出、结转、结余、专项资金使用及资产负债变动情况、对本期或者下期财务状况发生重大影响的事项，以及需要说明的其他事项。

行政单位的财务报表应当按照月度和年度编制，做到内容真实、形式规范、报送及时、责任明确。

行政单位财务分析的内容，主要包括行政单位的预算编制与执行情况、资产使用情况、收入支出情况、人员增减情况分析等。

关键术语

资产负债表、收入支出表、财政拨款收入支出表

思考题

1. 简述行政单位资产负债表的编制方法。
2. 简述行政单位收入支出表的编制方法。
3. 简述行政单位财政拨款收入支出表的编制方法。
4. 行政单位财务分析指标有哪些？

练习题

(一) 单项选择题

1. 下列关于行政单位财务报表的编制说法不正确的是(　　)。

A. 资产负债表应当按照资产、负债和净资产分类、分项列示

B. 收入支出表应当按照收入、支出的构成和结转结余情况分类、分项列示

C. 行政单位资产负债表、财政拨款收入支出表和附注应当至少按照年度编制

D. 收入支出表应当按照季度和年度编制

2. 行政单位的资产负债表应于每月末、季末、年末编制，其中月报和季报按照(　　)会计等式编排。

A. 资产＝负债＋净资产　　B. 资产＋支出＝负债＋净资产＋收入

C. 资产＋支出＝负债＋收入　　D. 收入－支出＝结余

3. 为帮助理解事业单位会计报表的内容，对报表的有关项目等所作的解释为(　　)。

A. 会计报表附表　　B. 会计报表附注

C. 会计报表明细表　　D. 财务报告说明书

4. 资产负债表包括的分项内容为(　　)。

A. 资产、负债、收入支出和净资产　　B. 资产、负债、净资产

C. 资产、负债、收入支出　　D. 资产、负债、收入支出和费用

(二) 多项选择题

1. 下列选项中，不属于行政单位财务报表的有(　　)。

A. 利润表　　B. 所有者权益变动表

C. 资产负债表　　D. 财政拨款收入支出表

2. 行政单位需要编制的会计报表主要包括(　　)。

A. 资产负债表　　B. 预算执行情况表

C. 收入支出表　　D. 财政拨款收入支出表

3. 附注应披露的内容包括（　　）。

A. 单位整体财务状况、预算执行情况的说明

B. 重要资产处置、资产重大损失情况的说明

C. 以名义金额计量的资产名称、数量等情况，以及以名义金额计量理由的说明

D. 以前年度结转结余调整情况的说明

（三）判断题

1. 财政应返还额度根据相对应科目的期末余额直接填列。（　　）
2. 收入支出表属于静态报表，应该根据相应科目的期末余额填列。（　　）
3. 行政单位会计报表包括资产负债表、利润表、所有者权益变动表、现金流量表等。（　　）
4. 为了能按时报送财务报表，行政单位期末结账时间可以提前至每月25日。（　　）
5. 资产负债表和收入支出表都应按月编制。（　　）
6. 行政单位的或有负债不列入资产负债表，但应当在报表附注中披露。（　　）

（四）业务处理题

（1）某行政单位20×5年12月31日结账后各资产、负债和净资产类会计账户的余额见表11-9。据此编制该行政单位年末的资产负债表。

表11-9　　会计科目余额表

20×5年12月31日

金额单位：元

资产	借方余额	贷方余额	负债和净资产	借方余额	贷方余额
库存现金	2 400		应缴财政款		0
其中：受托代理现金	500		应缴税费		0
银行存款	40 000		应付职工薪酬		0
其中：受托代理存款	10 000		应付账款		49 100
财政应返还额度	31 000		应付政府补贴款		0
应收账款	28 000		其他应付款		16 250
预付账款	7 250		长期应付款		92 900
其他应收款	1 500		受托代理负债		95 350
存货	145 500		其中：受托储存管理物资		0
固定资产	1 000 250		财政拨款结转		50 500
累计折旧		252 750	财政拨款结余		27 000
其中：固定资产累计折旧		252 750	其他资金结转结余		15 000
公共基础设施累计折旧			其中：项目结转		7 750
在建工程	156 000		资产基金		1 277 900
其中：公共基础设施在建工程	80 000		待偿债净资产	142 000	

（续表）

资产	借方余额	贷方余额	负债和净资产	借方余额	贷方余额
无形资产	144 000				
累计摊销		34 000			
待处理财产损溢	25 000				
政府储备物资	111 650				
公共基础设施	0				
受托代理资产	76 200				
其中：受托储存管理物资	0				
资产总计	1 768 750		**负债和净资产总计**	142 000	1 624 000

(2) 某行政单位20×5年12月31日结转结余类科目余额和20×5年度的收入、支出类科目发生分别见表11-10和表11-11，据此编制该行政单位20×5年度的收入支出表。

表 11-10　　结转结余类科目余额表

20×5年12月31日　　金额单位：元

会计科目	年初余额	本期借方发生额	本期贷方发生额	年末余额
财政拨款结转	108 000			236 250
其中：收支转账	0		172 750	0
结余转账	0	64 500		0
年初余额调整	0		8 750	0
归集上缴	0	14 500		0
归集调入	0		19 000	0
单位内部调剂	0		6 750	0
剩余结转	108 000		128 250	236 250
财政拨款结余	71 500			128 500
其中：结余转账	0		64 500	0
年初余额调整	0		3 000	0
归集上缴	0	3 750		0
单位内部调剂	0	6 750		0
剩余结余	71 500		57 000	128 500
其他资金结转结余	17 000			29 000
其中：收支转账	0		61 750	0
年初余额调整	0	2 750		0
结余调剂	0	7 000	3 000	0
剩余结转结余	17 000			29 000

表 11－11 **收入、支出类科目发生额**

20×5 年度

金额单位：元

支出类	金额	收入类	金额
经费支出	3 354 250	**财政拨款收入**	3 214 000
其中：1. 财政拨款支出	3 041 250	其中：1. 基本支出拨款	2 410 500
(1) 基本支出	2 337 500	2. 项目支出拨款	803 500
(2) 项目支出	703 750	**其他资金收入**	465 750
2. 其他资金支出	313 000	其中：1. 非项目收入	134 500
(1) 非项目支出	91 750	2. 项目收入	331 250
(2) 项目支出	221 250		0
拨出经费	134 000		0
其中：1. 非项目支出	37 500		0
2. 项目支出	96 500		0
合计	3 488 250	**合计**	3 679 750

第十二章　事业单位会计概述

学习目标与要求

了解事业单位会计的含义和特点。

了解事业单位会计目标。

了解事业单位会计确认与计量方法。

掌握事业单位的会计要素。

熟悉事业单位的会计科目。

重点

事业单位的会计要素与会计科目。

难点

事业单位会计科目。

导读

事业单位会计核算的目标是向会计信息使用者提供与事业单位财务状况、事业成果、预算执行等有关的会计信息，反映事业单位受托责任的履行情况，有助于会计信息使用者进行社会管理、作出经济决策。事业单位会计信息使用者包括政府及其有关部门、举办(上级)单位、债权人、事业单位自身和其他利益相关者。

事业单位会计同时存在两种会计确认基础。事业单位的会计要素包括资产、负债、净资产、收入、支出或者费用，共设置会计科目 48 个。事业单位财务管理的主要内容包括单位预算管理、收入管理、支出(成本费用)管理、结转和结余管理、专用基金管理、资产管理、负债管理、财务清算、财务报告和财务分析、财务监督等。

第一节　事业单位会计的概念和特点

(一) 事业单位会计的含义

事业单位会计是以事业单位实际发生的各项业务为对象，核算、反映和监督各级各类事业单位预算执行情况及其结果的专业会计。事业单位会计包括普通事业单位会计和行业事业单位会计。

事业单位是国家为了社会公益目的，由国家机关举办或者其他组织利用国有资产举办的，从事教育、科技、文化、卫生等活动的组织。事业单位有两个属性，一是具有国有性质，事业单位必须是国家出资设立或者其他组织利用国有资产举办的。社会其他组织和个人利用非国有资产举办的公益性组织不属于事业单位。二是具有社会公益性质，以社会公益活动为目的。事业单位是提供各种社会服务的公益性服务组织，各项业务活动不以盈利为目的，注重社会效益，满足人们对物质文化生活的需要，其经费主要来源于财政补助和服务性收费。事业单位分为普通事业单位和行业事业单位，前者是指具有一定共性的公益性事业单位，后者是指具有显著行业业务特征的事业单位。

我国事业单位管理体制正处于改革与完善中。根据事业单位分类及相关改革的方案，现有事业单位按社会功能可以划分为行政支持类、社会公益类、经营开发服务类三种类型。

(1) 行政支持类事业单位。行政支持类事业单位是指依据法律、法规授权，完全从事具体行政执法、监督检查的事业单位。行政支持类事业单位是为政府行政行为执行提供必要的支持和保障的单位，此类事业单位只允许政府举办，经费来源完全靠政府财政拨款，其管理体制和运行机制可适当参照国家机关，主要包括政策研究机构、数据统计机构等。

(2) 社会公益类事业单位。社会公益类事业单位是指为实现社会公共利益和国家长远利益举办的、面向社会提供公益产品和公共服务的事业单位。根据职责任务、服务对象和资源配置方式等情况，将从事公益服务的事业单位细分为两类：承担义务教育、基础性科研、公共文化、公共卫生及基层的基本医疗服务等基本公益服务，不能或不宜由市场配置资源的，划入公益一类；承担高等教育、非营利医疗等公益服务，可部分由市场配置资源的，划入公益二类。

(3) 经营开发服务类事业单位。经营开发服务类事业单位是指从事生产经营、技术开发和中介服务等活动的事业单位，可以通过市场配置资源，如技术开发应用型科研机构、出版发行机构、工程勘察设计机构、培训中心后勤服务机构等。这类事业单位需要逐步向企业过渡。

根据国务院关于分类推进事业单位改革的指导意见的要求，对承担行政职能的事业单位，逐步将其行政职能划归行政机构或转为行政机构；对从事生产经营活动的事业单位，逐步转化为企业；对从事公益服务的，继续将其保留在事业单位序列，强化其公益属性。今后，不再批准设立承担行政职能的事业单位和从事生产经营活动的事业单位。

（二）事业单位会计的特点

事业单位会计是我国预算会计的重要组成部分，以部门预算资金为会计核算对象，反映事业单位预算资金的收支情况和结果。同时事业单位作为公益性社会组织，在向社会提供服务时产生业务资金运动，事业单位会计还需要反映其业务运营情况。事业单位会计的特点，主要体现在以下几个方面：

(1) 以收入和支出核算为侧重点，兼顾资产、负债和成本管理的需要。事业单位的目的是向社会提供公益性服务，业务活动不以盈利为目的，注重社会效益。事业单位的会计核算，以当期收入和支出为侧重点，兼顾资产管理、负债管理、成本管理等方面的需要。

(2) 事业单位会计分级组织核算。事业单位的事业单位所涉及的领域较为广泛，组织机构较为庞大，组织层次较多，存在多层次会计主体。有些事业单位有上级单位，有些事业单位设置了附属独立核算单位，事业单位与上级、附属单位之间存在较多的业务联系，需要分层次组织会计核算。

根据事业单位的隶属关系和经费领报关系，事业单位会计分为主管会计单位、二级会计单位和基层会计单位三级。向财政部门领报经费，并发生预算管理关系的，为主管会计单位。向主管会计单位或上一级会计单位领报经费，并发生预算管理关系，有下一级会计单位的，为二级会计单位。向上一级会计单位领报经费，并发生预算管理关系，没有下级会计单位的，为基层会计单位。向同级财政部门领报经费，没有下级会计单位的，视同基层会计单位。主管会计单位、二级会计单位和基层会计单位实行独立会计核算，负责组织管理本部门、本单位的全部会计工作。不具备独立核算条件的事业单位，实行单据报账制度，作为“报销单位”管理。

(3) 资金来源渠道多。事业单位的资金(收入)来源渠道较多，业务较复杂。事业单位的资金来源主要包括财政补助和业务收入两个部分。由于事业单位组织结构本身具有多层次的特点，就单个事业单位来看，资金来源渠道比较多，主要有：财政补助收入、上级补助收入、事业收入、附属单位上缴收入和其他收入等。

(4) 资金使用多渠道。由于事业单位资金来源的多渠道，造成资金使用的途径比较多，主要有事业支出、上缴上级支出、对附属单位补助支出、、经营支出、销售税金等。

(5) 专款专用。事业单位存在一些限定性的财务资源，需要进行专项核算。事业单位取得的一些收入属于专项资金性质，要求只能用于专门的使用方向或特定的项目，事业单位会计需要设置专门的账户进行核算，反映专项资金的收入、支出和结转(余)情况。

(6) 两种会计基础并用。在会计核算方面，事业单位会计同时存在两种会计确认基础，有些业务采用收付实现制确认，另一些业务则采用权责发生制确认。《事业单位会计准则》规定，“事业单位会一般采用收付实现制；部分经济业务或者事项采用权责发生制核算的，由财政部在会计制度中具体规定。行业事业单位的会计核算采用权责发生制的，由财政部在相关会计制度中规定”。

第二节　事业单位会计的目标

(一) 事业单位会计信息使用者

确定事业单位会计的具体目标，需要明确会计信息使用者及其需要。事业单位会计信息使用者包括政府及其有关部门、举办(上级)单位、债权人、事业单位自身和其他利益相关者。

不同的会计信息使用者对事业单位会计信息有着不同的需求。内部会计信息使用者，要求提供对组织内部管理有用的会计信息，侧重于反映预算收支情况及结果，为财政预算管理和事业单位的财务管理服务。外部会计信息使用者，要求提供反映社会受托责任的会计信息，以便进行业绩评价与考核，为合理配置社会资源进行经济决策服务。因此，事业单位会计不但要为财政预算管理服务，还要为事业单位的财务管理服务；不但要反映事业单位受托责任履行情况，还要提供有助于作出经济决策的信息。

（二）事业单位会计的目标

《事业单位会计准则》规定："事业单位会计核算的目标是向会计信息使用者提供与事业单位财务状况、事业成果、预算执行等有关的会计信息，反映事业单位受托责任的履行情况，有助于会计信息使用者进行社会管理、作出经济决策。"事业单位提供的会计信息应当与反映事业单位受托责任的履行情况、满足财务报告使用者的决策需要相关，符合国家宏观经济管理、预算管理和对事业单位加强财务管理的要求，有助于财务报告使用者对事业单位过去、现在或者未来的情况进行评价或者预测。

事业单位会计核算目标应当反映受托责任，同时兼顾决策有用性。应当在兼顾财务管理需求的同时，体现财政预算管理的信息需求。事业单位会计核算的目标兼顾了事业单位财务、预算、资产、成本等方面管理的需要，促使事业单位的财务状况、事业成果、预算执行情况得到更为全面、真实、合理的反映，对于提高事业单位会计信息质量、加强财政对事业单位的科学化精细化管理、提升事业单位的财务管理水平、促进事业单位健康可持续发展具有十分重要的意义。

第三节　事业单位会计科目及核算内容

一、事业单位会计确认基础

在会计核算方面，事业单位会计同时存在两种会计确认基础，有些业务采用收付实现制确认，另一些业务则采用权责发生制确认。行业事业单位的会计核算采用权责发生制的，由财政部在相关会计制度中规定。普通事业单位的会计核算以收付实现制作为主要确认基础，部分经济事项可以采用权责发生制基础确认。《事业单位会计制度》中规定采用权责发生制的事项主要有两项：一是事业单位年终注销未完成实际支付的直接额度和未下达的授权额度时，可以确认本年度的财政补助收入；二是事业单位的经营类业务，要求合理配比一定期间内的收入与费用，一般采用权责发生制基础确认和费用。

二、事业单位会计要素与会计科目

（一）事业单位会计要素

会计要素是对会计对象的基本分类，是会计对象的具体化。会计要素也是会计报表的构成要素，是财务报告的基本内容。事业单位的会计要素包括资产、负债、净资产、收入、支出或者费用。

（二）事业单位会计科目设置

根据《事业单位会计制度》的规定，事业单位会计共设置会计科目 48 个。其中：资产类科目 17 个，负债类科目 11 个，净资产类科目 9 个，收入类科目 6 个，支出类科目 5 个。事业单位的会计科目表如表 12－1 所示。

表 12-1　　事业单位会计科目表

序号	科目编号	科目名称
		一、资产类
1	1001	库存现金
2	1002	银行存款
3	1011	零余额账户用款额度
4	1101	短期投资
5	1021	财政应返还额度
	102101	财政直接支付
	102102	财政授权支付
6	1211	应收票据
7	1212	应收账款
8	1213	预付账款
9	1215	其他应收款
10	1301	存货
11	1401	长期投资
12	1501	固定资产
13	1502	累计折旧
14	1511	在建工程
15	1601	无形资产
16	1602	累计摊销
17	1701	待处置资产损溢
		二、负债类
18	2001	短期借款
19	2101	应缴税费
20	2102	应缴国库款
21	2103	应缴财政专户款
22	2201	应付职工薪酬
23	2301	应付票据
24	2302	应付账款
25	2303	预收账款
26	2305	其他应付款
27	2 401	长期借款
28	2 402	长期应付款
		三、净资产类
29	3 001	事业基金
30	3101	非流动资产基金
	310101	长期投资
	310102	固定资产
	310103	在建工程
	310104	无形资产
31	3201	专用基金
32	3301	财政补助结转
	330101	基本支出结转
	330102	项目支出结转
33	3302	财政补助结余
34	3401	非财政补助结转
35	3402	事业结余
36	3403	经营结余
37	3404	非财政补助结余分配
		四、收入类
38	4001	财政补助收入
39	4101	事业收入
40	4201	上级补助收入
41	4301	附属单位上缴收入
42	4401	经营收入
43	4501	其他收入
		五、支出类
44	5001	事业支出
45	5101	上缴上级支出
46	5201	对附属单位补助支出
47	5301	经营支出
48	5401	其他支出

三、事业单位的财务管理

（一）事业单位财务管理的原则和任务

事业单位财务管理的基本原则是：执行国家有关法律、法规和财务规章制度；坚持勤俭办事业的方针；正确处理事业发展需要和资金供给关系，社会效益和经济效益的关系，国家、单位和个人三者的利益关系。

事业单位财务管理的主要任务是：合理编制单位预算，严格预算执行，完整、准确编制单位决算，真实反映单位财务状况；依法组织收入，努力节约支出；建立健全财务制度，加强经济核算，实施绩效评价，提高资金使用效益；加强资产管理，合理配置和有效利用资产，防止资产流失；加强对单位经济活动的财务控制和监督，防范财务风险。

（二）事业单位财务管理的内容

事业单位财务管理的主要内容包括单位预算管理、收入管理、支出（成本费用）管理、结转和结余管理、专用基金管理、资产管理、负债管理、财务清算、财务报告和财务分析、财务监督等。

事业单位会计是为管理服务的，应当满足预算管理、财务管理对会计信息的要求。《事业单位财务规则》在强化事业单位预算管理以及进一步规范事业单位收入、支出、结转结余、资产、负债管理等方面提出了若干新的要求，需要通过加强日常会计核算与管理，落实新的财务管理要求。

本章小结

事业单位会计是以事业单位实际发生的各项业务为对象，核算、反映和监各级各类事业单位预算执行情况及其结果的专业会计。事业单位会计是我国预算会计的重要组成部分，以部门预算资金为会计核算对象，反映事业单位预算资金的收支情况和结果。同时事业单位作为公益性社会组织，在向社会提供服务时产生业务资金运动，事业单位会计还需要反映其业务运营情况。事业单位会计有以下特点：①以收入和支出核算为侧重点，兼顾资产、负债和成本管理的需要；②事业单位会计分级组织核算；③资金来源渠道多；④支出使用多渠道；⑤专款专用；⑥两种会计基础并用。

事业单位会计核算的目标是向会计信息使用者提供与事业单位财务状况、事业成果、预算执行等有关的会计信息，反映事业单位受托责任的履行情况，有助于会计信息使用者进行社会管理、作出经济决策。

事业单位的会计要素包括资产、负债、净资产、收入、支出或者费用。事业单位会计共设置会计科目 48 个。

事业单位财务管理的主要内容包括单位预算管理、收入管理、支出（成本费用）管理、结转和结余管理、专用基金管理、资产管理、负债管理、财务清算、财务报告和财务分析、财务监督等。

关键术语

事业单位会计、事业单位会计目标、事业单位会计要素、事业单位会计科目。

思考题

1. 什么是事业单位会计?
2. 事业单位会计有哪些特点?
3. 事业单位会计目标是什么?
4. 事业单位的会计要素有哪些?
5. 事业单位会计的确认基础是什么?
6. 事业单位会计的计量方法如何选择?

练习题

(略)

第十三章　事业单位资产的核算

学习目标与要求

了解事业单位资产的概念与分类。

掌握事业单位货币资金、存货、固定资产、在建工程、短期及长期投资、无形资产等的概念与核算内容以及核算所运用的科目。

熟悉并掌握事业单位资产核算中有关会计科目的运用及具体的账务处理。

重点

事业单位各资产项目的账务处理所设置的账户以及非流动资产基金，待处理资产损溢账户的含义和运用。

难点

事业单位各资产项目取得时的入账成本与后续支出的确认与计量，事业单位各资产项目的取得与后续支出的账务处理方法。事业单位各资产项目的清查盘点、处置的账务处理方法。

导读

事业单位资产是指事业单位占有或者使用的能以货币计量的经济资源，包括各种财产、债权和其他权利。

事业单位资产的计量以历史成本为主，适当引入了历史成本以外的计量属性，强调资产计量的可靠性。资产的计量包括初始计量、后续计量及处置。资产的核算包括初始确认、计量和会计分录处理以及后续计量和会计分录处理。

第一节　事业单位资产概述

一、资产的含义与特点

（一）资产的含义

事业单位资产是指事业单位占有或者使用的能以货币计量的经济资源，包括各种财产、债权和其他权利。

（二）资产的特点

资产作为一项经济资源，是事业单位开展业务活动的物质基础，预期会为事业单位带来经济利益或者服务潜力。资产作为一项经济资源，由事业单位占用或者使用，事业单位的资产为国家所有，由事业单位实际占用，被事业单位所控制。

事业单位将一项经济资源确认为资产，应当符合资产的定义，确信经济利益或者服务潜力能够流入事业单位，经济资源的成本或者价值能够可靠地计量。

二、资产的计量

事业单位资产的计量以历史成本为主，适当引入了历史成本以外的计量属性，强调资产计量的可靠性。资产的计量包括初始计量、后续计量及处置。

（一）初始计量

《事业单位会计准则》规定，事业单位的资产应当按照取得时的实际成本进行计量。取得资产的实际成本，应当区分支付对价和不支付对价两种方式：

(1) 以支付对价方式取得的资产，应当按照取得资产时支付的现金或者现金等价物的金额，或者按照取得资产时所付出的非货币性资产的评估价值等金额计量。

(2) 取得资产时没有支付对价的（如接受捐赠、无偿调入等），可分为三种情况：一是有相关凭据的（如发票、报关单据等），其计量金额应当按照有关凭据载明的金额加上相关税费、运输费等确定；二是没有相关凭据的，其计量金额比照同类或者类似资产的市场价格加上相关税费、运输费等确定；三是没有相关凭据、同类或类似资产的市场价格也无法可靠取得的，所取得的资产应当按照名义金额入账，名义金额一般为人民币1元。

（二）资产的后续计量

事业单位不需对各项资产进行减值测试计提减值准备，后续计量表现在固定资产折旧和无形资产摊销。事业单位可以选择是否对固定资产计提折旧、对无形资产进行摊销。逾期3年或以上的应收账款、预付账款、其他应收款的账面余额按规定报经批准后予以核销。处置固定资产、无形资产时，需要将其账面价值转入待处置资产损溢科目。

三、资产的分类

事业单位资产根据其流动性，可划分为流动资产和非流动资产。

事业单位流动资产是指事业单位可以在一年内变现或耗用的资产，包括货币资金、短期投资、应收及预付款项、存货等。

事业单位非流动资产是指事业单位不能或者不准备在一年内变现或耗用的资产，包括长期投资、固定资产、在建工程、无形资产等。

四、资产的财务管理

事业单位占有或使用的资产属于国有资产，包括国家拨给事业单位的资产、事业单位按照国家规定运用国有资产组织收入形成的资产，以及接受捐赠和其他经法律确认为国家所有的资产。根据事业单位国有资产管理办法及《事业单位财务规则》要求，事业单位应当建立健全单位资产管理制度，加强和规范资产配置、使用和处置管理，维护资产安全完整，保障事业健康发展。事业单位应当按照科学规范、从严控制、保障事业发展需要的原则合理配置资产。事业单位资产处置应当遵循公开、公平、公正和竞争、择优的原则，严格履行相关审批程序。

第二节　事业单位流动资产的核算

事业单位流动资产包括货币资金、短期投资、应收及预付款项、存货等。

一、货币资金的核算

货币资金是事业单位资产的重要形式，包括库存现金、银行存款、零余额账户用款额度。

（一）库存现金的核算

1. 库存现金的含义

库存现金是指事业单位留存在单位的现金。

2. 账户设置

事业单位设置“库存现金”账户，该账户核算库存现金的收付及结存情况。“库存现金”账户借方登记库存现金的增加数，贷方登记减少数，期末余额在借方，反映事业单位实际持有的库存现金。

事业单位应当设置“现金日记账”由出纳人员根据收付款凭证，按照业务发生顺序逐笔登记。每日终了，应当计算当日的现金收入合计数、现金支出合计数和结余数，并将结余数与实际库存数核对，做到账款相符。有外币现金的事业单位，应当分别按人民币、各种外币设置“现金日记账”进行明细核算。有关外币现金业务处理参见“银行存款”账户的相关规定。

3. 主要账务处理

1）存取现金

从银行等金融机构提取现金，按照实际提取的金额，借记“库存现金”账户，贷记“银行存款”等科目；将现金存入银行等金融机构，按照实际存入的金额，借记“银行存款”等科目，贷记“库存现金”账户。

【例 13－1】 某事业单位从开户银行提取现金 10 000 元备用。

借：库存现金　　10 000

　贷：银行存款　　10 000

【例 13－2】 某事业单位将现金 20 000 元存入开户银行。

借：银行存款　　20 000
　贷：库存现金　　20 000

2）借出现金

因内部职工出差等原因借出的现金，按照实际借出的现金金额，借记“其他应收款”账户，贷记“库存现金”账户；出差人员报销差旅费时，按照应报销的金额，借记有关账户，按照实际借出的现金金额，贷记“其他应收款”账户，按其差额，借记或贷记“库存现金”账户。

【例 13－3】 职工李某出差，预借差旅费 5 000 元。

借：其他应收款——李某　　5 000
　贷：库存现金　　5 000

【例 13－4】 李某出差回来，报销费用 4 500 元，余款 500 元交回。

借：事业支出——商品和服务支出——差旅费　　4 500
　　库存现金　　500
　贷：其他应收款　　5 000

3）现金收支

因开展业务等其他事项收到现金，按照实际收到的金额，借记“库存现金”账户，贷记有关账户；因购买服务或商品等其他事项支出现金，按照实际支出的金额，借记有关账户，贷记“库存现金”账户。

【例 13－5】 某事业单位收到应缴入财政专户的行政事业性收费 20 000 元。

借：库存现金　　20 000
　贷：应缴财政专户款　　20 000

【例 13－6】 某事业单位购买办公用打印纸一箱，金额 800 元，以现金支付，购入后即交付使用。

借：事业支出——商品和服务支出——办公费　　800
　贷：库存现金　　800

4）现金盘查

事业单位应当严格按照国家有关现金管理的规定收支现金，并按照会计制度规定核算现金的各项收支业务。现金收入业务较多、单独设有收款部门的事业单位，收款部门的收款员应当将每天所收现金连同收款凭据等一并交财务部门核收记账；或者将每天所收现金直接送存开户银行后，将收款凭据及向银行送存现金的凭证等一并交财务部门核收记账。事业单位应当设置“现金日记账”，由出纳人员根据收付款凭证，按照业务发生顺序逐笔登记。每日终了，应当计算当日的现金收入合计数、现金支出合计数和结余数，并将结余数与实际库存数核对，做到账款相符。事业单位有外币现金的，应当分别按照人民币、各种外币设置“现金日记账”进行明细核算。

每日账款核对中发现现金溢余或者短缺的，应当及时进行处理。如发现现金溢余，属于应支付给有关人员或单位的部分，借记“库存现金”账户，贷记“其他应付款”账户；属于无法查明原因的部分，借记“库存现金”账户，贷记“其他收入”账户。如发现现金短缺，属于应由责任人赔偿的部分，借记“其他应收款”账户，贷记“库存现金”账户；属于无法查明原因的部分，报经批准后，借记“其他支出”账户，贷记“库存现金”账户。

【例 13 - 7】 某事业单位核对现金日记账结余数与实际库存数，发现现金长款 300 元，该笔长款暂作为应支付而未支付的款项处理。

借：库存现金　　300
　贷：其他应付款　　300

【例 13 - 8】 现金长款 300 元的原因无法查明，经批准转作其他收入。

借：其他应付款　　300
　贷：其他收入　　300

【例 13 - 9】 某事业单位在核对现金日记账结余数与实际库存数时，发现短缺现金 120 元，尚未查明原因，暂时记入“其他应收款”账户。

借：其他应收款　　120
　贷：库存现金　　120

【例 13 - 10】 假设[例 13 - 9]中现金短缺原因无法查明，经单位领导批准，予以核销。

借：其他支出　　120
　贷：其他应收款　　120

【例 13 - 11】 假设[例 13 - 9]中现金短缺是由于出纳员王某错付现金所致，应由王某赔偿，当日收到王某赔偿款。

借：库存现金　　120
　贷：其他应收款——王某　　120

（二）银行存款的核算

1. 银行存款的含义

银行存款是指事业单位存入银行或其他金融机构的各种存款。

2. 账户设置

事业单位设置“银行存款”账户，核算银行存款的收付及结存情况。该科目借方登记银行存款的增加数，贷方登记银行存款的减少数，期末余额在借方，反映事业单位实际存放在银行或其他金融机构的款项数。

3. 主要账务处理

1）日常的收支业务

事业单位将款项存入银行或其他金融机构，借记“银行存款”账户，贷记“库存现金”“事业收入”“经营收入”等有关账户；提取和支出存款时，借记有关账户，贷记“银行存款”账户。

【例 13 - 12】 某事业单位对外提供有偿服务，取得经营收入 100 000 元，存入银行。

借：银行存款　　100 000
　贷：经营收入　　100 000

【例 13－13】 某事业单位购买办公用品一批，价款共计 8 000 元，以银行存款支付，并验收入库。

借：存货　　8 000
　贷：银行存款　　8 000

2）外币业务

事业单位发生外币业务的，应当按照业务发生当日或当期期初的即期汇率，将外币金额折算为人民币记账，并登记外币金额和汇率。期末，各种外币科目的外币余额应当按照期末的即期汇率折算为人民币，作为外币科目期末人民币余额。调整后的各种外币科目人民币余额与原账面人民币余额的差额，作为汇兑损益计入相关科目。

（1）以外币购买物资、劳务等，按照购入当日的即期汇率将支付的外币或应支付的外币折算为人民币金额，借记有关账户，贷记"银行存款""应付账款"等科目的外币科目。

【例 13－14】 某事业单位购买进口材料一批，价值 10 000 美元，以单位的美元存款支付，当日美元兑人民币的汇率为 1∶6.215 5 元人民币，材料验收入库。

借：存货　　62 155
　贷：银行存款——美元户　　62 155(10 000 美元)

（2）以外币收取相关款项等，按照收取款项或收入确认当日的即期汇率将收取的外币或应收取的外币折算为人民币金额，借记"银行存款""应收账款"等科目的外币科目，贷记有关账户。

【例 13－15】 某事业单位向外资公司提供事业服务，取得事业收入 50 000 美元存入银行，当日美元兑人民币的汇率为 1∶6.320 2 元人民币。

借：银行存款——美元户　　316 010(50 000 美元)
　贷：事业收入　　316 010

（3）期末，根据各外币科目按期末的即期汇率调整后的人民币余额与原账面人民币余额的差额，作为汇兑损益，借记或贷记"银行存款""应收账款""应付账款"等科目，贷记或借记"事业支出""经营支出"等科目。

【例 13－16】 月末，某事业单位的美元科目存款余额 30 000 元，账面人民币价值为 186 615元。月末当日，美元兑人民币的汇率为 1∶6.226 0 元人民币，折合人民币应为 186 780 元，差额 165 元调整美元科目余额。

借：银行存款——美元户　　165
　贷：事业支出　　165

3）银行存款的盘查

事业单位应当按开户银行或其他金融机构名称、存款种类及币种等，分别设置银行存款日记账进行序时核算，由出纳人员根据收付款凭证，按照业务的发生顺序逐笔登记，每日终了应结出余额。银行存款日记账应定期与银行对账单核对，至少每月核对一次。月度终了，事业单位银行存款账面余额与银行对账单余额之间如有差额，必须逐笔查明原因并进行处理，按月编制银行存款余额调节表，调节相符。

（三）零余额账户用款额度的核算

1. 零余额账户用款额度的内容

零余额账户用款额度是指在国库集中收付制度下，财政部门授权事业单位使用的资金额度。国库集中收付制度下，事业单位经财政部门审批，在国库支付代理银行开设单位零余额账户，用于财政授权支付的结算。财政部门根据预算安排和资金使用计划，定期向事业单位下达财政授权支付额度。事业单位可在下达的额度内，自行签发授权支付指令，通知代理银行办理资金支付业务。

零余额账户实行用款额度管理，并且只能用于财政部门授权事业单位支付额度内的支付和国库单一账户的资金清算。该账户可办理转账、提取现金等业务。代理银行通过事业单位的零余额账户与财政国库单一账户进行资金清算后，事业单位的零余额账户的余额为零，因此该账户称为零余额账户，即它不是一个实存资金账户。尽管如此，只要事业单位从零余额账户中支取的款项金额小于财政部门下达的单位零余额账户用款额度，事业单位的零余额账户用款额度仍然存放在代理银行，事业单位仍然可以继续通过单位零余额账户使用剩余的用款额度，实现支付。因此，零余额账户用款额度是事业单位可以随时使用的一项特殊的流动资产。

2. 账户设置

事业单位应设置"零余额账户用款额度"账户，该账户核算实行国库集中支付的事业单位根据财政部门批复的用款计划收到和支用的零余额账户用款额度。该账户借方登记零余额账户用款额度的增加数，贷方记减少数，月末余额在借方，反映事业单位尚未支用的零余额账户用款额度。年终注销处理后，该账户应无余额。

3. 主要账务处理

1）下达授权支付额度

在财政授权支付方式下，收到代理银行盖章的"授权支付到账通知书"时，根据通知书所列数额，借记"零余额账户用款额度"账户；贷记"财政补助收入"账户。

【例 13－17】 某事业单位收到代理银行的"授权支付到账通知书"，通知到账用款额度 500 000 元，用于本月基本支出。

借：零余额账户用款额度　　500 000
　贷：财政补助收入——基本支出　　500 000

2）使用授权支付

提取现金或者按规定支用额度时，借记"库存现金"或其他有关账户，贷记"零余额账户用款额度"账户。

【例 13－18】 某事业单位从零余额账户中提取现金 10 000 元。

借：库存现金　　10 000
　贷：零余额账户用款额度　　10 000

【例 13－19】 某事业单位开出授权支付凭证，向提供服务的保洁公司支付当月的保洁费用 35 000 元。

借：事业支出——物业管理费　　35 000
　贷：零余额账户用款额度　　35 000

因购货退回等发生国库授权支付额度退回的，属于以前年度支付的款项，按照退回金额，借记"零余额账户用款额度"账户，贷记"财政补助结转""财政补助结余""存货"等有关账户；属于本年度支付的款项，按照退回金额，借记"零余额账户用款额度"账户，贷记"事业支出""存货"等有关账户。

【例 13－20】 某事业单位退回用去年经费购买的材料一批，价值 5 000 元，款项已退回至零余额科目。

借：零余额账户用款额度　　5 000
　贷：存货　　5 000

【例 13－21】 某事业单位收回用去年专项经费——A 项目支付的一笔支出 50 000 元，款项已收回至零余额科目。

借：零余额账户用款额度　　50 000
　贷：财政补助结余——A 项目　　50 000

【例 13－22】 某事业单位收回一笔用去年经费支出的费用 20 000 元，款项已收回至零余额科目。

借：零余额账户用款额度　　20 000
　贷：财政补助结转　　20 000

3）年终注销和年初恢复

年度终了，应当将本年未下达和已经下达但未使用的授权支付额度予以注销；下年初应当确认恢复到账的授权支付额度。具体核算方法在"财政应返还额度"账户中阐述。

二、短期投资的核算

（一）短期投资的内容

短期投资是事业单位依法取得的，持有时间不超过 1 年（含 1 年）的投资。事业单位的短期投资主要是国债投资。

（二）账户设置

事业单位设置"短期投资"账户，核算事业单位依法取得的短期国债投资。借方登记短期投资的增加数，贷方登记减少数，期末余额在借方，反映事业单位持有的短期投资成本。本账户应当按照国债投资的种类等进行明细核算。

（三）主要账务处理

1. 取得短期投资

事业单位购入短期国债时，应当按照其实际成本（包括购买价款以及税金、手续费等相关税费）作为投资成本，借记"短期投资"账户，贷记"银行存款"等科目。

【例 13－23】 某事业单位一次性购买了 2 种国债券，分别是半年期国债券 200 000 元和 1 年期国债券 300 000 元，票面年利率分别为 2.5%和 4%，购买时共发生税费 500 元，按所购国债券的金额比例分摊。

借：短期投资——半年期国债券 200 200
——1 年期国债券 300 300
贷：银行存款 500 500

2. 持有期间的利息

事业单位持有短期投资期间收到利息时，按实际收到的金额，借记“银行存款”账户，贷记“其他收入——投资收益”账户。

【例 13-24】 接[例 13-23]，该单位所购的 1 年期国债券为每半年支一次利息，现收到利息 6 000 元，并存入银行。

借：银行存款 6 000
贷：其他收入——投资收益 6 000

3. 出售和到期收回

事业单位出售短期投资或到期收回短期国债本息按照实际收到的金额，借记“银行存款”账户，按照出售或收回短期国债的成本，贷记“短期投资”账户，按其差额，贷记或借记“其他收入——投资收益”账户。

【例 13-25】 接[例 13-23]，该单位所购的半年期国债券 200 000 元到期，收到本金和利息共计 202 500 元，并存入银行。

借：银行存款 202 500
贷：短期投资——半年期国债券 200 200
其他收入——投资收益 2 300

三、应收及预付款项的核算

事业单位应收及预付款项有财政应返还额度、应收票据、应收账款、预付账款和其他应收款等。

（一）财政应返还额度的核算

1. 财政应返还额度的内容

财政应返还额度是指事业单位年终注销的，需要在次年恢复的年度未实现的用款额度。事业单位的财政应返还额度包括财政应返还直接额度和财政应返还授权额度。

财政应返还直接额度，是财政直接支付额度本年度预算指标与当年财政实际支付数的差额。

财政应返还授权额度，是财政授权支付额度本年度预算指标与当年事业单位实际支付数的差额，包含以下两个部分：①未下达的授权额度，是指当年预算已经安排，但财政部门当年没有下达到事业单位代理银行的授权额度，即授权额度的预算指标与当年实际下达数之间的差额；②未使用的授权额度，是财政部门当年已经将授权额度下达到事业单位代理银行，但是事业单位当年尚未完成实际支付的数额，即授权额度的本年下达数与当年实际使用数之间的差额。

2. 账户设置

事业单位设置“财政应返还额度”账户，核算实行国库集中支付的事业单位应收财政返还的资金额度，该账户借方登记事业单位财政应返还资金额度的增加数，贷方登记减少数，期末余额在借方，反映事业单位应收财政返还的资金额度。本账户应设置“财政直接支付”和“财政授权支付”两个明细账户进行明细核算。

3. 主要账务处理

1）年终注销

（1）注销的财政直接支付额度。年度终了，事业单位根据本年度财政直接支付预算指标数与当年财政直接支付实际支出数的差额，借记“财政应返还额度——财政直接支付”账户，贷记“财政补助收入”账户。

（2）注销的财政授权支付额度。年度终了，事业单位依据代理银行提供的对账单作注销额度的相关账务处理，借记“财政应返还额度——财政授权支付”账户，贷记“零余额账户用款额度”账户。事业单位本年度财政授权支付预算指标数大于零余额账户用款额度下达数的，根据未下达的用款额度，借记“财政应返还额度——财政授权支付”账户，贷记“财政补助收入”账户。

【例13-26】 本年度某事业单位财政直接支付额度预算指标为4 000 000元，当年财政已经实际完成支付金额为3 800 000元。单位收到财政部门的“预算单位年终结余资金数额通知书”，单位本年度的财政直接支付预算指标数与当年财政直接支付实际支出数的差额为200 000元。

借：财政应返还额度——财政直接支付　　200 000

　贷：政补助收入——基本支出　　200 000

【例13-27】 本年度某事业单位财政授权支付额度预算指标为6 000 000元。年末，根据代理银行提供的对账单，本年度已经下达的财政授权支付额度为5 000 000元，事业单位实际使用了授权额度为4 800 000元。

[分析]该单位需注销的财政授权额度为：6 000 000－4 800 000＝1 200 000元，其中包含未下达的授权额度为6 000 000－5 000 000＝1 000 000元，未使用的授权额度为5 000 000－4 800 000＝200 000元。

借：财政应返还额度——财政授权支付　　1 200 000

　贷：财政补助收入——基本支出　　1 000 000

　　　零余额账户用款额度　　200 000

经过[例13-26]和[例13-27]的年终注销后，该事业单位“财政应返还额度”账户的借方余额为1 400 000元，其中，财政应返还直接额度为200 000元、财政应返还授权额度为1 200 000元。

2）年初恢复

（1）下年度恢复财政直接支付额度，收到恢复通知单时不冲销“财政应返还额度——财政直接支付”账户，只在有关账簿中进行预算记录备查，当事业单位本年使用已经恢复的上年度财政直接支付额度时，借记有关支出或资产类科目，贷记“财政应返还额度——财政直接支付”账户。

【例 13－28】 次年年初，事业单位收到“财政直接支付额度恢复通知书”，恢复金额为上年底注销的财政直接支付额度 200 000 元。

此时，只是恢复财政直接支付额度 200 000 元，并没有实际支付，因此不需进行会计确认，只在有关账簿中记录备查。

【例 13－29】 根据国库支付执行机构委托代理银行转来的“财政直接支付入账通知书”及原始凭证，财政部门使用恢复的上年度的用款额度，采用财政直接支付方式，为事业单位支付了一笔人员培训费用 50 000 元。

借：事业支出——财政补助支出——基本支出　　50 000
　贷：财政应返还额度——财政直接支付　　50 000

【例 13－30】 根据国库支付执行机构委托代理银行转来的“财政直接支付入账通知书”及原始凭证，财政部门使用恢复的上年度的用款额度，采用财政直接支付方式，为事业单位支付了一台设备总价款 30 000 元，该设备不需要安装。

借：固定资产　　30 000
　贷：非流动资产基金——固定资产　　30 000
借：事业支出——其他资本性支出——办公设备购置　　30 000
　贷：财政应返还额度——财政直接支付　　30 000

（2）下年度恢复财政授权支付额度，只确认已经下达的授权额度数，借记“零余额账户用款额度”账户，贷记“财政应返还额度——财政授权支付”账户。如果经批复后恢复的用款额度小于对应的财政应返还额度，即上年注销的用款额度没有得到完全恢复，其差额部分应当作调减结余资金处理。

【例 13－31】 年初，事业单位收到代理银行的“财政授权支付额度恢复到账通知书”，通知本单位恢复上年末注销的尚未使用的零余额账户用款额度 200 000 元，上年尚未下达的用款额度 1 000 000 元，共计 1 200 000 元。

借：零余额账户用款额度　　1 200 000
　贷：财政应返还额度——财政授权支付　　1 200 000

【例 13－32】 事业单位使用上年度的财政授权额度，通过授权方式支付了一笔公务接待费 50 000 元，款项已通过单位零余额科目支付。

借：事业支出——财政补助支出——基本支出　　50 000
　贷：零余额账户用款额度　　50 000

（二）应收票据的核算

1. 应收票据的内容

应收票据是事业单位因开展经营活动销售产品、提供有偿服务等而收到的商业汇票（包括银行承兑汇票和商业承兑汇票）。

2. 账户设置

事业单位设置“应收票据”账户，核算事业单位因开展经营活动销售产品、提供有偿服务等而收到的商业汇票（包括银行承兑汇票和商业承兑汇票）。本账户借方登记增加的应收票据票面金额，贷方登记减少的金额，期末余额在借方，反映事业单位持有的商业汇票票面金额。本账户应当按照开出、承兑商业汇票的单位等进行明细核算。

事业单位应当设置应收票据备查簿，逐笔登记每一应收票据的种类、号数、出票日期、到期日、票面金额、交易合同号和付款人、承兑人、背书人姓名或单位名称、背书转让日、贴现日期、贴现率和贴现净额、收款日期、收回金额和退票情况等资料。应收票据到期结清票款或退票后，应当在备查簿内逐笔注销。尤其是背书转让的应收票据，一定要在备查簿中明确记录，并留存影印件，因为背书转让或贴息的应收票据是单位的或有债务。

3. 主要账务处理

1）收到票据

因销售产品、提供服务等收到商业汇票，按照商业汇票的票面金额，借记“应收票据”账户，按照确认的收入金额，贷记“经营收入”等科目，按照应缴增值税金额，贷记“应缴税费——应缴增值税”账户。

【例 13－33】 某事业单位(属于小规模纳税人)向A公司销售产品一批，取得经营收入200 000元，应缴增值税12 000元，共计212 000元，对方因资金短缺，开出银行承兑汇票，期限3个月，无息。

借：应收票据——A公司	212 000
贷：经营收入	200 000
应缴税费——应缴增值税(销项税)	12 000

2）贴现票据

持未到期的商业汇票向银行贴现，按照实际收到的金额(即扣除贴现息后的净额)，借记“银行存款”账户，按照贴现息，借记“经营支出”等科目，按照商业汇票的票面金额，贷记“应收票据”账户。

【例 13－34】 接[例 13－33]，单位将未到期的应收票据向银行贴现，收到资金210 000元，支付贴现息2 000元，票据面值212 000元。

借：银行存款	210 000
经营支出	2 000
贷：应收票据——A公司	212 000

3）转让票据

将持有的商业汇票背书转让以取得所需物资时，按照取得物资的成本，借记有关目，按照商业汇票的票面金额，贷记“应收票据”账户，如有差额，借记或贷记“银行存款”等科目。

【例 13－35】 接[例 13－33]，单位将未到期的应收票据背书转让以购买材料一批，价值250 000元，票据面值212 000元，余款38 000元以银行存款支付。

借：存货	250 000
贷：应收票据——A公司	212 000
银行存款	38 000

4）兑付票据

商业汇票到期时，应当依据情况分别处理：

(1) 收回应收票据，按照实际收到的商业汇票票面金额，借记“银行存款”账户，贷记“应收票据”账户。

【例 13－36】 接[例 13－33]，票据到期，事业单位收到对方单位兑付的银行存款。

借：银行存款　　212 000

　贷：应收票据——A公司　　212 000

(2) 因付款人无力支付票款，收到银行退回的商业承兑汇票、委托收款凭证、未付票款通知书或拒付款证明等，按照商业汇票的票面金额，借记“应收账款”账户，贷记“应收票据”账户。

【例 13－37】 接[例 13－33]，票据到期，A公司无力支付票款，转为应收账款。

借：应收账款——A公司　　212 000

　贷：应收票据——A公司　　212 000

（三）应收账款的核算

1. 应收账款的内容

应收账款事业单位因开展经营活动销售产品、提供有偿服务等而应收取的款项。

2. 账户设置

事业单位设置“应收账款”账户，核算事业单位因开展经营活动销售产品、提供有偿服务等而应收取的款项，本账户借方登记应收账款的增加数，贷方登记减少数，期末余额在借方，反映事业单位尚未收回的应收账款。本账户应当按照购货、接受劳务单位(或个人)进行明细核算。

3. 主要账务处理

1) 应收账款的发生

发生应收账款时，按照应收未收金额，借记“应收账款”账户，按照确认的收入金额，贷记“经营收入”等科目，按照应缴增值税金额，贷记“应缴税费——应缴增值税”账户。

【例 13－38】 某事业单位为一般增值税纳税人，开展经营业务(非独立核算)向A公司销售商品一批，不含税价格为10 000元，增值税额为1 700元，货款尚未收到。

借：应收账款——A公司　　11 700

　贷：经营收入　　10 000

　　　应缴税费——应交增值税(销项税)　　1 700

2) 应收账款的收回

收回应收账款时，按照实际收到的金额，借记“银行存款”等科目，贷记“应收账款”账户。

【例 13－39】 单位收到A单位的所欠货款11 700元，存入银行。

借：银行存款　　11 700

　贷：应收账款——A单位　　11 700

3) 坏账核销

逾期3年或以上、有确凿证据表明确实无法收回的应收账款，按规定报经批准后予以核销D核销的应收账款应在备查簿中保留登记。

(1) 转入待处置资产时，按照待核销的应收账款金额，借记“待处置资产损溢”账户，贷记“应收账款”账户。

【例13-40】 某事业单位对应收账款的账龄进行分析,发现有一笔3年以上B公司的欠款120 000元无法收回,转入待核销资产,同时上报财政部门审批。

借:待处置资产损溢　　120 000
　贷:应收账款——B公司　　120 000

(2) 报经批准予以核销时,借记“其他支出”账户,贷记“待处置资产损溢”账户。

【例13-41】 经报批,将无法收回的B公司所欠款项120 000元予以核销。

借:其他支出——资产处置损失　　120 000
　贷:待处置资产损溢　　120 000

(3) 已核销应收账款在以后期间收回的,按照实际收回的金额,借记“银行存款”等科目,贷记“其他收入”账户。

【例13-42】 B公司将120 000元转入该事业单位的开户银行,已核销的应收账款收回。

借:银行存款　　120 000
　贷:其他收入　　120 000

(四) 预付账款的核算

1. 预付账款的内容

预付账款是事业单位按照购货、劳务合同规定预付给供应单位的款项。

2. 账户设置

事业单位设置“预付账款”账户,核算按照购货、劳务合同规定预付给供应单位的款项,本账户借方登记预付账款的增加额,贷方登记减少额,期末余额在借方,反映事业单位实际预付但尚未结算的款项。本账户应当按照供应单位(或个人)进行明细核算。事业单位应当通过明细核算或辅助登记方式,登记预付账款的资金性质,以区分财政补助资金,非财政专项资金和其他资金。

3. 主要账务处理

1) 发生预付账款

发生预付账款时,按照实际预付的金额,借记“预付账款”账户,贷记“零余额账户用款额度”“财政补助收入”“银行存款”等科目。

【例13-43】 某事业单位向C公司订购设备一台,预付订金50 000元,通过财政直接支付付款。

借:预付账款——C公司　　50 000
　贷:财政补助收入——财政直接支付　　50 000

2) 收到物资或劳务

收到所购物资或劳务,按照购入物资或劳务的成本,借记有关账户,按照相应预付款金额,贷记“预付账款”账户,按照补付的款项,贷记“零余额账户用款额度”“财政补助收入”“银行存款”等科目。

收到所购固定资产、无形资产的，按照确定的资产成本，借记“固定资产”“无形资产”账户，贷记“非流动资产基金——固定资产、无形资产”账户。同时，按资产购置支出，借记“事业支出”“经营支出”等科目，按照相应预付账款金额，贷记“预付账款”账户；按照补付的款项，贷记“零余额账户用款额度”“财政补助收入”“银行存款”等科目。

【例 13 - 44】 该事业单位向 C 公司订购的设备到货，验收合格并投入使用，总价款 200 000 元，已预付款项 50 000 元，余款 150 000 元通过财政直接支付付款。

借：事业支出——其他资本性支出——办公设备购置支出　　200 000
　贷：预付账款——C 公司　　50 000
　　财政补助收入——基本支出　　150 000
借：固定资产　　200 000
　贷：非流动资产基金——固定资产　　200 000

3）坏账核销

逾期 3 年或以上、有确凿证据表明因供货单位破产、撤销等原因已无望再收到所购物资，且确实无法收回的预付账款，按规定报经批准后予以核销。核销的预付账款应在备查簿中保留登记：①转入待处置资产时，按照待核销的预付账款金额，借记“待处置资产损溢”账户，贷记“预付账款”账户；②报经批准予以核销时，借记“其他支出”账户，贷记“待处置资产损溢”账户；③已核销预付账款在以后期间收回的，按照实际收回的金额，借记“银行存款”等科目，贷记“其他收入”账户。核销的账务处理方法与应收账款的类似，此处不再举例。

（五）其他应收款的核算

1. 其他应收款的内容

其他应收款是事业单位除财政应返还额度、应收票据、应收账款、预付账款以外的其他各项应收及暂付款项，如职工预借的差旅费、拨付给内部有关部门的备用金，应向职工收取的各种垫付款项等。

2. 账户设置

事业单位设置“其他应收款”账户，核算除财政应返还额度、应收票据、应收账款、预付账款以外的其他各项应收及暂付款项。该账户借方登记其他应收款的增加数，贷方登记减少数，期末余额在借方，反映事业单位尚未收回的其他应收款。本账户应当按照其他应收款的类别以及债务单位（或个人）进行明细核算。

3. 主要账务处理

1）款项的发生

发生其他各种应收及暂付款项时，借记“其他应收款”账户，贷记“银行存款”“库存现金”等科目。

【例 13 - 45】 某事业单位工作人员李某因公出差预借差旅费 5 000 元，财务部门以现金支付。

借：其他应收款——李某　　5 000
　贷：库存现金　　5 000

2）款项的收回或者转销

收回或转销其他各种应收及暂付款项时，借记“库存现金”“银行存款”等科目，贷记“其他应收款”账户。

【例 13－46】 接[例 13－45]，李某出差归来报销差旅费，根据审核后的差旅费票据，报销金额为 4 500 元，余额以现金收回。

	借方	贷方
借：事业支出	4 500	
库存现金		500
贷：其他应收款——李某		5 000

3）备用金的发放

事业单位内部实行备用金制度的，有关部门使用备用金以后，应当及时到财务部门报销并补足备用金。财务部门核定并发放备用金时，借记“其他应收款”账户，贷记“库存现金”等科目。根据报销数用现金补足备用金定额时，借记有关账户，贷记“库存现金”等科目，报销数和拨补数都不再通过本账户核算。

【例 13－47】 单位的下属甲部门设立备用金，财务部门核定并发放备用金 30 000 元。

	借方	贷方
借：其他应收款——甲部门	30 000	
贷：库存现金		30 000

【例 13－48】 甲部门报销购买零星办公用品费用 500 元。

	借方	贷方
借：事业支出——商品和服务支出——办公费	500	
贷：库存现金		500

4）坏账的核销

逾期 3 年或以上、有确凿证据表明确实无法收回的其他应收款，按规定报经批准后予以核销。核销的其他应收款应在备查簿中保留登记：①转入待处置资产时，按照待核销的其他应收款额，借记“待处置资产损溢”账户，贷记“其他应收款”账户；②报经批准予以核销时，借记“其他支出”账户，贷记“待处置资产损溢”账户；已核销其他应收款在以后期间收回的，按照实际收回的金额，借记“银行存款”等科目，贷记“其他收入”账户。核销的账务处理方法与应收账款的类似，此处不再举例。

四、存货的核算

（一）存货的内容

存货是指事业单位在开展业务活动及其他活动中为耗用而储存的资产，包括材料、燃料、包装物和低值易耗品等。事业单位应当建立健全现金及各种存款的内部管理制度，对存货进行定期或者不定期的清查盘点，保证账实相符。对存货盘盈、盘亏应当及时处理。

（二）账户设置

事业单位设置“存货”账户，核算在开展业务活动及其他活动中为耗用而储存的各种材料、燃料、包装物、低值易耗品及达不到固定资产标准的用具、装具、动植物等的实际成本，该账户借方登记存货增加的实际成本，贷方登记存货减少的实际成本，期末余额在借方，反映事业单位存货的实际成本。

事业单位随买随用的零星办公用品，可以在购进时直接列作支出，不通过本账户核算。本账户应当按照存货的种类、规格、保管地点等进行明细核算。事业单位应当通过明细核算或辅助登记的方式，登记取得存货成本的资金来源（区分财政补助资金、非财政专项资金和其他资金）。发生自行加工存货业务的事业单位，应当在本账户下设置“生产成本”明细账户，归集核算自行加工存货所发生的实际成本（包括耗用的直接材料费用、发生的直接人工费用和分配的间接费用）。

（三）主要账务处理

1. 存货的取得

事业单位存货的取得方式，包括采购、加工、接受捐赠等方式。存货在取得时，应当按照其实际成本入账。

（1）购入的存货，其成本包括购买价款、相关税费、运输费、装卸费、保险费以及其他使得存货达到目前场所和状态所发生的其他支出。事业单位按照税法规定属于一般纳税人的，其购进非自用（如用于生产对外销售的产品）材料所支付的增值税税款不计入材料成本。

购入的存货验收入库，按确定的成本，借记“存货”账户，贷记“银行存款”“应付账款”“财政补助收入”“零余额账户用款额度”等科目。属于增值税一般纳税人的事业单位购入非自用材料的，按确定的成本（不含增值税进项额），借记“存货”账户，按增值税专用发票上注明的增值税税额，借记“应缴税费——应缴增值税（进项税额）”账户，按实际支付或应付的金额，贷记“银行存款”“应付账款”等科目。

【例 13－49】 某事业单位购入自用 A 材料 50 箱，每箱 400 元，价款 20 000 元，向对方支付增值税 3 400 元，以银行存款支付；另以现金支付运杂费 300 元；材料验收入库。

材料成本：20 000＋3 400＋300＝23 700（元）

借：存货	23 700	
贷：银行存款		23 400
库存现金		300

【例 13－50】 某事业单位属于增值税一般纳税人，购入 B 材料 60 箱用于生产对外销售的产品，每箱 300 元价款 18 000 元，向对方支付增值税 3 060 元，货款尚未支付；运杂费 350 元，以现金支付。

材料成本：18 000＋350＝18 350（元）

借：存货	18 350	
应缴税费——应缴增值税（进项税额）	3 060	
贷：应付账款		21 060
库存现金		350

（2）自行加工的存货，其成本包括耗用的直接材料费用、发生的直接人工费用和按照一定方法分配的与存货加工有关的间接费用。自行加工的存货在加工过程中发生各种费用时，借记“存货——生产成本”账户，贷记“存货——材料的类别、名称”“应付职工薪酬”“银行

存款"等科目。加工完成的存货验收入库，按照所发生的实际成本，借记"存货——成品的类别、名称"账户，贷记"存货——生产成本"账户。

【例 13-51】 某事业单位自行加工实验材料 C 一批，共发生如下费用：消耗 A 材料价值 6 000 元，应付加工产品的本单位职工工资 15 000 元，支付雇请外单位专家费用 25 000 元，以现金支付；材料加工完成后验收入库。

领用材料时：

借：存货——生产成本——实验材料 C　　6 000
　贷：存货——A 材料　　6 000

计算应付人工费时：

借：存货——生产成本——实验材料 C　　15 000
　贷：应付职工薪酬——工资　　15 000

支付专家费用时：

借：存货——生产成本——实验材料 C　　25 000
　贷：库存现金　　25 000

完成后验收入库：

借：存货——实验材料 C　　46 000
　贷：存货——生产成本——实验材料 C　　46 000

(3) 接受捐赠、无偿调入的存货，其成本按照有关凭据注明的金额加上相关税费、运输费确定；没有相关凭据的，其成本比照同类或类似存货的市场价格加上相关税费、运输费等确定；没有相关凭据、同类或类似存货的市场价格也无法可能取得的，该存货按照名义金额(即人民币 1 元)入账。相关财务制度仅要求进行实物管理的除外。

接受捐赠、无偿调入的存货验收入库，按照确定的成本，借记"存货"账户，按照发生的相关税费运输费等，贷记"银行存款"等科目，按照其差额，贷记"其他收入"账户。按照名义金额入账的情况下，按照名义金额，借记"存货"账户，贷记"其他收入"账户；按照发生的相关税费、运输费等，借记"其他支出"账户，贷记"银行存款"等科目。

【例 13-52】 某事业单位接受捐赠实验用材料一批，实验用材料没有证明其价值的凭据，参照市场上类似材料的价格估值为 20 000 元，发生运输费 200 元，以现金支付。存货已验收入库。

借：存货——实验材料　　20 200
　贷：其他收入——捐赠收入　　20 000
　　　库存现金　　200

【例 13-53】 某事业单位接受一批无偿调入物资 D，该批物资没有相关凭据，也没有同类或类似物资的市场价格供参照，仅以该物资名义金额 1 元入账。发生税费 50 元，以银行存款支付，物资已验收入库。

借：存款——物资 D　　1
　贷：其他收入——无偿调入　　1

支付税费：

借：其他支出——捐赠税费支出　　50
　贷：银行存款　　50

2. 存货的发出

存货在发出时，应当根据实际情况采用先进先出法、加权平均法或者个别计价法确定发出存货的实际成本。计价方法一经确定，不得随意变更。低值易耗品的成本于领用时一次摊销。

(1) 开展业务活动等领用、发出存货，按领用、发出存货的实际成本，借记"事业支出""经营支出"等科目，贷记"存货"账户。

【例 13-54】 某事业单位的甲部门领用 A 材料一批，用于事业类业务，按照先进先出法核算该批材料价值 2 500 元。存货备查账簿登记存货的资金性质为财政性资金。

借：事业支出——财政补助支出　　2 500
　贷：存货——A 材料　　2 500

【例 13-55】 某事业单位的乙部门领用 B 材料一批，用于不实行内部成本核算的加工经营业务，按照加权平均法计算出其价格为 4 000 元。

借：经营支出　　4 000
　贷：存货——丙器具　　4 000

(2) 对外捐赠、无偿调出存货，转入待处置资产时，按照存货的账面余额借记"待处置资产损溢"账户，贷记"存货"账户。属于增值税一般纳税人的事业单位对外捐赠、无偿调出购进的非自用材料，如含增值税进项税额的，转入待处置资产时，按照存货的账面余额与相关增值税进项税额转出金额的合计金额，借记"待处置资产损溢"账户，按存货的账面余额，贷记"存货"账户，按转出的增值税进项税额，贷记"应缴税费——应缴增值税(进项税额转出)"账户。实际捐出、调出存货时，按照"待处置资产损溢"账户的相应余额，借记"其他支出"账户，贷记"待处置资产损溢"账户。

【例 13-56】 某事业单位属于增值税一般纳税人，现对外捐赠一批非自用材料 E，按加权平均法计算出该批材料的账面价值是 10 000 元，材料承担的增值税是 1 700 元，共计 11 700 元。

转入待处置资产时：

借：待处置资产损溢——待处置资产价值　　11 700
　贷：存货——材料 E　　10 000
　　　应缴税费——应缴增值税(进项税额转出)　　1 700

实际捐出时：

借：其他支出——捐赠支出　　11 700
　贷：待处置资产损溢——待处置资产价值　　11 700

3. 存货的清查盘点

事业单位的存货应当定期进行清查盘点，每年至少盘点一次。对于发生的存货盘盈、盘亏或者报废、毁损，应当及时查明原因，按规定报经批准后进行账务处理。

(1) 盘盈的存货，按照同类或类似存货的实际成本或市场价格确定入账价值；同类或类似存货的实际成本、市场价格均无法可靠取得的，按照名义金额入账。盘盈的存货，按照确定的入账价值，借记"存货"账户，贷记"其他收入"账户。

(2) 盘亏或者毁损、报废的存货，转入待处置资产时，按照待处置存货的账面余额，借记"待处置资产损溢"账户，贷记"存货"账户。属于增值税一般纳税人的事业单位购进的非自用材料发生盘亏或者毁损、报废的，转入待处置资产时，按照存货的账面余额与相关增值税进项税额转出金额的合计金额，借记"待处置资产损溢"账户，按存货的账面余额，贷记"存货"账户，按转出的增值税进项税额，贷记"应缴税费——应缴增值税(进项税额转出)"账户。报经批准予以处置时，按照"待处置资产损溢"账户的相应余额，借记"其他支出"账户，贷记"待处置资产损溢"账户。

【例 13-57】 某事业单位对库存物资进行期末盘点，盘盈 A 材料 100 公斤，每公斤估价 50 元，共计 5 000 元；盘亏对外加工产品所用的 B 物资 20 公斤，乙物资的市场价格每公斤 60 元，共计 1 200 元，该单位属于增值税一般纳税人，乙物资所承担的增值税税率为 17%。

盘盈 A 材料：

借：存货——A 材料	5 000	
贷：其他收入——存货盘盈收入		5 000

盘亏 B 物资：

借：待处置资产损溢——待处置资产价值	1 404	
贷：存货——B 物资		1 200
应缴税费——应缴增值税(进项税额转出)		204

【例 13-58】 经批准，盘亏的 B 物资予以核销。

借：其他支出——资产处置损失	1 404	
贷：待处置资产损溢——待处置资产价值		1 404

第三节　事业单位固定资产和在建工程的核算

一、固定资产的核算

(一) 固定资产的内容

固定资产是指使用期限超过 1 年，单位价值在规定标准以上(一般设备要求价值在 1 000 元以上。专业设备的单位价值在 1 500 元以上)，并在使用过程中基本保持原有物质形态的资产。单位价值虽未达到规定标准，但是耐用时间在 1 年以上(不含 1 年)的大批同类物资，作为固定资产管理。

事业单位的固定资产一般分为六类：房屋及构筑物；专用设备；通用设备；文物和陈列品；图书、档案；家具、用具、装具及动植物。与固定资产核算有关的其他情况，需注意：①对于应用软件，如果其构成相关硬件不可缺少的组成部分，应当将该软件价值包括在所属硬件价值中，一并作为固定资产进行核算；如果其不构成相关硬件不可缺少的组成部分应当将该软件作为无形资产核算；②事业单位以经营租赁租人的固定资产，不作为固定资产核算应当另设备查簿进行登记；③购入需要安装的固定资产，应当先通过“在建工程”账户核算，安装完毕交付使用后，转入“固定资产”账户核算。

（二）账户设置

事业单位设置“固定资产”账户，核算事业单位固定资产的原价，本账户的借登记固定资产的增加数，贷方登记减少数，期末借方余额，反映事业单位固定资产的原价。与固定资产相关的核算还包括固定资产折旧和在建工程。

事业单位应当根据固定资产的定义，结合本单位的具体情况，制定适合本单位的固定资产目录、具体分类方法作为进行固定资产核算的依据。事业单位应当设置“固定资产登记簿”和“固定资产卡片”，按照固定资产类别、项目和使用部门等进行明细核算。出租、出借的固定资产，应当设置备查簿进行登记。

（三）主要账务处理

1. 固定资产的取得

事业单位的固定资产在取得时进行初始确认。固定资产的取得方式，包括购入、自行建造、融资租赁租入、接受捐赠、无偿调入等。固定资产在取得时，应当按照其实际成本入账。

1）购入的固定资产

购入的固定资产，其成本包括购买价款、相关税费，使固定资产达到交付使用状态前所发生的可归属于该项资产的运输费、装卸费、安装调试费和专业人员服务费等。以一笔款项购入多项没有单独标价的固定资产，按照各项固定资产同类或类似资产市场价格的比例对总成本进行分配，分别确定各项固定资产的入账成本。

事业单位购置固定资产所使用的资金，可以是财政补助收入，也可以是上级补助收入、事业收入、经营收入、附属单位上缴收入、其他收入等非财政补助资金，如果事业单位采购固定资产使用的是国家财政资金，需要纳入政府采购规范，分为政府集中采购和单位分散采购两种形式。政府集中采购固定资产的款项，一般由财政直接支付，或者通过单位的零余额账户支付。

购入的固定资产的核算分以下三种情况：

(1) 购入不需安装的固定资产，按照确定的固定资产成本，借记“固定资产”账户，贷记“非流动资产基金——固定资产”账户；同时，按照实际支付金额，借记“事业支出”“经营支出”“专用基金——修购基金”等科目，贷记“财政补助收入”“零余额账户用款额度”“银行存款”等科目。

【例 13 - 59】 某事业单位购入不需安装的设备一台，价款 500 000 元，相关税费 5 000 元，运输费 2 000 元，共计 605 000 元，以银行存款支付。

借：固定资产——××设备	507 000	
贷：非流动资产基金——固定资产		507 000

同时，

借：事业支出——其他资金支出——基本支出　　507 000
　贷：银行存款　　507 000

（2）购入需要安装的固定资产，先通过"在建工程"账户核算。安装完工交付使用时，借记"固定资产"账户，贷记"非流动资产基金——固定资产"账户；同时，借记"非流动资产基金——在建工程"账户，贷记"在建工程"账户。

【例 13－60】 某事业单位购入需要安装的专用设备 1 台，购买价格及相关税费共计 116 000 元，发生安装费用 12 000 元，以银行存款支付，现交付使用。

购入时：

借：在建工程——××专用设备　　116 000
　贷：非流动资产基金——在建工程　　116 000

同时，

借：事业支出——其他资金支出——基本支出　　116 000
　贷：银行存款　　116 000

安装时：

借：在建工程——××专用设备　　12 000
　贷：非流动资产基金——在建工程　　12 000

同时，

借：事业支出——其他资金支出——基本支出　　12 000
　贷：银行存款　　12 000

交付使用时：

借：固定资产——××专用设备　　128 000
　贷：非流动资产基金——固定资产　　128 000
借：非流动资产基金——在建工程　　128 000
　贷：在建工程——××专用设备　　128 000

（3）购入固定资产扣留质量保证金的，如果同时取得固定资产全款发票，其保证金通过"其他应付款"（扣留期在 1 年或 1 年以内）或"长期应付款"（扣留期在 1 年以上）科目核算。取得的发票金额不包括质量保证金的，待质保期满支付质量保证金时确认。

【例 13－61】 某事业单位购入不需安装的通用设备一批，总价款 180 000 元，按照合同，单位扣留 10%的设备质量保证金在设备购入满 1 年时支付，该单位取得了固定资产全款发票，财政直接支付了总价款的 90%。

借：固定资产——××设备　　180 000
　贷：非流动资产基金——固定资产　　180 000

同时：

借：事业支出——其他资金支出——基本支出　　180 000
　贷：财政补助收入——财政直接支付　　162 000
　　　其他应付款　　18 000

【例 13 - 62】 接[例 13 - 61],购入通用设备的质保期满,支付质量保证金 18 000 元,由财政直接支付。

借:其他应付款　　18 000
　贷:财政补助收入——财政直接支付　　18 000

【例 13 - 63】 某事业单位购入不需要安装的通信设备一批,总价款 90 000 元按照合同,单位扣留 10%的质量保证金在一年半后支付,单位取得的发票金额不包括质量保证金,金额计 81 000 元,款项从单位零余额账户支付。

借:固定资产——通信设备　　90 000
　贷:非流动资产基金——固定资产　　90 000

同时,

借:事业支出——其他资金支出——基本支出　　81 000
　贷:零余额账户用款额度　　81 000

【例 13 - 64】 一年半后,该单位支付质量保证金 9 000 元,款项从单位零余额账户支付。

借:事业支出　　9 000
　贷:零余额账户用款额度　　9 000

2) 自行建造的固定资产

自行建造的固定资产,其成本包括建造该项资产至交付使用前所发生的全部必要支出。

工程完工交付使用时,按自行建造过程中发生的实际支出,借记"固定资产"账户,贷记"非流动资产基金——固定资产"账户;同时,借记"非流动资产基金——在建工程"账户,贷记"在建工程"账户。已交付使用但尚未办理竣工决算手续的固定资产,按照估计价值入账,待确定实际成本后再进行调整。

【例 13 - 65】 某事业单位自行建造了一台安防设备,建造成本共计 200 000 元,经验收后交付使用。

借:固定资产——安防设备　　200 000
　贷:非流动资产基金——固定资产　　200 000

同时,

借:非流动资产基金——在建工程　　200 000
　贷:在建工程——安防设备　　200 000

3) 改扩建的固定资产

在原有固定资产基础上进行改建、扩建、修缮后的固定资产,其成本按照原固定资产账面价值("固定资产"账户账面余额减去"累计折旧"账户账面余额后的净值)加上改建、扩建、修缮发生的支出,再扣除固定资产拆除部分的账面价值后的金额确定。

将固定资产转入改建、扩建、修缮时,按固定资产的账面价值,借记"在建工程"账户,贷记"非流动资产基金——在建工程"账户;同时,按固定资产对应的非流动资产基金,借记"非流动资产基金——固定资产"账户,按固定资产已计提折旧,借记"累计折旧"账户,按固定资产的账面余额，贷记“固定资产”账户。工程完工交付使用时，借记“固定资产”账户，贷记“非流动资产基金——固定资产”账户；同时，借记“非流动资产基金——在建工程”账户，贷记“在建工程”账户。

【例 13-66】 某事业单位对一栋办公楼进行修缮，该楼的固定资产账面余额 7 000 000 元，已计提折旧 3 600 000 元；发生修缮费用共计 1 200 000 元，已由财政直接支付。大楼修缮完工后交付使用。

转为修缮时：

借：在建工程——××办公楼	3 400 000	
贷：非流动资产基金——在建工程		3 400 000
借：非流动资产基金——固定资产	3 400 000	
累计折旧	3 600 000	
贷：固定资产——××办公楼		7 000 000

实际支付修缮费用时：

借：在建工程——××办公楼	1 200 000	
贷：非流动资产基金——在建工程		1 200 000
借：事业支出	1 200 000	
贷：财政补助收入——财政直接支付		1 200 000

交付使用时：

借：固定资产——××办公楼	4 600 000	
贷：非流动资产基金——固定资产		4 600 000
借：非流动资产基金——在建工程	4 600 000	
贷：在建工程——××办公楼		4 600 000

4）融资租赁租入的固定资产

以融资租赁租入的固定资产，其成本按照租赁协议或者合同确定的租赁价款、相关税费以及固定资产交付使用前所发生的可归属于该项资产的运输费、途中保险费、安装调试费等确定。

融资租入的固定资产，按照确定的成本，借记“固定资产”账户（不需安装）或“在建工程”账户（需要安装），按照租赁协议或者合同确定的租赁价款，贷记“长期应付款”账户，按照其差额，贷记“非流动资产基金——固定资产”或“非流动资产基金——在建工程”账户。同时，按照实际支付的相关税费、运输费、途中保险费、安装调试费等，借记“事业支出”或“经营支出”等科目，贷记“财政补助收入”“零余额账户用款额度”“银行存款”等科目。

定期支付租金时，按照支付的租金金额，借记“事业支出”“经营支出”等科目，贷记“财政补助收入”“零余额账户用款额度”“银行存款”等科目；同时，借记“长期应付款”账户，贷记“非流动资产基金——固定资产”账户。

跨年度分期付款购入固定资产的账务处理，参照融资租入固定资产。

【例 13-67】 某事业单位融资租入经营用的不需安装设备 1 台，合同规定的租赁价为 120 000 元，分 10 年付清。在支付第一期租金时供应商提供该项设备，该项支出以银行存款支付。另外设备运达该单位时以银行存款支付相关税费 5 000 元、运输费 2 000 元，共计

7 000 元。

借：固定资产——××设备　　127 000
　贷：长期应付款　　120 000
　　非流动资产基金——固定资产　　7 000

同时，

借：经营支出　　7 000
　贷：银行存款　　7 000

以后每期支付租金时：

借：经营支出　　12,000
　贷：银行存款　　12 000

同时，

借：长期应付款　　12 000
　贷：非流动资产基金——固定资产　　12 000

5）接受捐赠、无偿调入的固定资产

接受捐赠、无偿调入的固定资产，其成本按照有关凭据注明的金额加上相关税费、运输费等确定；没有相关凭据的，其成本比照同类或类似固定资产的市场价格加上相关税费、运输费等确定；没有相关凭据、同类或类似固定资产的市场价格也无法可靠取得的，该固定资产按照名义金额入账。

接受捐赠、无偿调人的固定资产，按照确定的固定资产成本，借记"固定资产"账户（不需安装）或"在建工程"账户（需要安装），贷记"非流动资产基金——固定资产""非流动资产基金——在建工程"账户；按照发生的相关税费、运输费等，借记"其他支出"账户，贷记"银行存款"等科目。

【例 13－68】 某事业单位接受捐赠 20 台电脑，有关凭据注明金额 60 000 元，发生运输费用 500 元，以现金支付。

借：固定资产——电脑　　60 500
　贷：非流动资产基金——固定资产　　60 500

同时，

借：其他支出　　500
　贷：库存现金　　500

2. 固定资产的折旧

固定资产在使用中由于磨损等因素会导致价值贬损，为真实地反映固定资产的价值，事业单位可建立固定资产折旧制度，对固定资产进行后续计量。折旧是指事业单位在固定资产使用寿命内，按照确定的方法对应折旧金额进行系统分摊。如果事业单位需要准确反映固定资产的价值，提供的会计信息侧重为资产的财务管理服务，应当建立固定资产折旧制度；如果事业单位的固定资产较少，并且价值变化不大，也可以不计提固定资产折旧。

1）账户设置

事业单位设置“累计折旧”账户，核算固定资产计提的累计折旧。借方登记累计折旧的转出数，贷方登记累计折旧的计提数，期末余额在贷方，反映事业单位计提的固定资产折旧累计数。本账户应当按照所对应固定资产的类别、项目等进行明细核算。

2）计提折旧的范围规定

事业单位应当对除下列各项资产以外的其他固定资产计提折旧：文物和陈列品；动植物；图书、档案；以名义金额计量的固定资产。

事业单位一般应当按月计提固定资产折旧。当月增加的固定资产，当月不提折旧，从下月起计提折旧；当月减少的固定资产，当月照提折旧，从下月起不提折旧。固定资产提足折旧后，无论能否继续使用，均不再计提折旧；提前报废的固定资产，也不再补提折。已提足折旧的固定资产，可以继续使用的，应当继续使用，规范管理。

3）计提折旧的方法

事业单位一般应当采用年限平均法或工作量法计提固定资产折旧。事业单位应当根据固定资产的性质和实际使用情况，合理确定其折旧年限，省级以上财政部门、主管部门对事业单位固定资产折旧年限做出规定的从其规定。事业单位固定资产的应折旧金额为其成本，计提固定资产折旧不考虑预计净残值。固定资产因改建、扩建或修缮等原因而延长其使用年限的，应当按照重新确定的固定资产的成本以及重新确定的折旧年限，重新计算折旧额。计提融资租入固定资产折旧时，应当采用与固有资产相一致的折旧政策，能够合理确定租赁期届满时将会取得租入固定资产所有权的，应当在租入固定资产尚可使用年限内计提折旧；无法合理确定租赁期届满时能够取得租入固定资产所有权的，应当在租赁期与租入固定资产尚可使用年限两者中较短的期间内计提折旧。

4）主要账务处理

（1）按月计提固定资产折旧时，按照应计提折旧金额，借记“非流动资产基金——固定资产”账户，贷记“累计折旧”账户。

【例 13－69】 某事业单位月末计提折旧，设备类折旧金额 6 500 元，建筑类折旧金额 12 500 元，共计 19 000 元。

借：非流动资产基金——固定资产　　19 000
　贷：累计折旧　　19 000

（2）固定资产处置时，按照所处置固定资产的账面价值，借记“待处置资产损溢”账户，按照已计提折旧，借记“累计折旧”账户，按照固定资产的账面余额，贷记“固定资产”账户。

【例 13－70】 某事业单位报废设备 1 台，设备的账面余额 50 000 元，已计提折旧 35 000 元。

借：待处置资产损溢——处置资产价值　　15 000
　　累计折旧　　35 000
　贷：固定资产——××设备　　50 000

3. 固定资产的后续支出

固定资产的后续支出是指固定资产在投入使用以后期间发生的与固定资产使用效能、使用状态直接相关的各种支出，如改建、扩建、修缮、改良、修理、重装等事项发生的支出。与固定资产有关的后续支出，应分以下情况分别处理：

（1）为增加固定资产使用效能或延长其使用年限而发生的改建、扩建或修缮等后续支出，应当计入固定资产成本，通过“在建工程”账户核算，完工交付使用时转入“固定资产”账户。

（2）为维护固定资产的正常使用而发生的日常修理等后续支出，应当计入当期支出但不计入固定资产成本，借记“事业支出”“经营支出”等科目，贷记“财政补助收入”“零余额账户用款额度”“银行存款”等科目。

【例 13－71】 某事业单位对信息中心的网络设备进行扩容，网络宽带由原来的 20 M 增加到 100 M，增加了接入用户的数量，现网络升级改造完工并通过验收，“在建工程——网络设备升级工程”账户余额为 61 200 元，转增网络设备的价值。

借：非流动资产基金——在建工程　　61 200
　贷：在建工程——网络设备升级工程　　61 200

同时，

借：固定资产——网络设备　　61 200
　贷：非流动资产基金——固定资产　　61 200

【例 13－72】 某事业单位对所用中央空调设备进行维护，保证了制冷系统运行的稳定性，发生支出 1 500 元，款项通过银行存款支付。

借：事业支出——其他资金支出（基本支出）　　1 500
　贷：银行存款　　1 500

4. 固定资产的处置

事业单位固定资产的处置包括报经批准出售、无偿调出、对外捐赠、对外投资固定资产等。

1）报经批准出售、无偿调出、对外捐赠的固定资产时，分以下步骤进行处理

（1）转入待处置资产损溢出售、无偿调出、对外捐赠固定资产，转入待处置资产时，按照待处置固定资产的账面价值，借记“待处置资产损溢——处置资产价值”账户，按照已计提折旧，借记“累计折旧”账户，按照固定资产的账面余额，贷记“固定资产”账户。

（2）实际处置资产时实际出售、调出、捐出时，按照处置固定资产对应的非流动资产基金，借记“非流动资产基金——固定资产”账户，贷记“待处置资产损溢——处置资产价值”账户。

（3）变价收入与处置费用出售固定资产过程中取得价款等，按照实际收到的金额，借记“银行存款”等科目，贷记“待处置资产损溢——处置净收入”账户。出售过程中发生的相关税费，按照实际发生的金额，借记“待处置资产损溢——处置净收入”账户，贷记“应缴税费”“银行存款”等科目。

（4）处置净损溢出售取得价款扣除相关税费后的净收入，借记“待处置资产损溢——处置净收入”账户，贷记“应缴国库款”账户。

【例 13－73】 某事业单位将一台不需用设备出售，收到款项 60 000 元，该设备的原值是 65 000 元，已计提折旧 35 000 元。

转入待处置资产时：

借：待处置资产损溢——处置资产价值　　30 000
　　累计折旧　　35 000
　贷：固定资产　　65 000

实际出售时：

借：非流动资产基金——固定资产　　30 000
　贷：待处置资产损溢——处置资产价值　　30 000

取得变价收入时：

借：银行存款　　60 000
　贷：待处置资产损溢——处置净收入　　60 000

处置净损溢时：

借：待处置资产损溢——处置净收入　　60 000
　贷：应缴国库款　　60 000

【例 13－74】 某事业单位无偿调出设备 3 台，设备的账面余额 15 000 元，已计提折旧 6 000 元。

转入待处置资产时：

借：待处置资产损溢——处置资产价值　　9 000
　　累计折旧　　6 000
　贷：固定资产　　15 000

实际调出时：

借：非流动资产基金——固定资产　　9 000
　贷：待处置资产损溢——处置资产价值　　9 000

2）固定资产对外投资

以固定资产对外投资，按照评估价值加上相关税费作为投资成本，借记“长期投资”账户，贷记“非流动资产基金——长期投资”账户，按发生的相关税费，借记“其他支出”账户，贷记“银行存款”“应缴税费”等科目；同时，按照投出固定资产对应的非流动资产基金，借记“非流动资产基金——固定资产”账户，按照投出固定资产已计提折旧，借记“累计折旧”账户，按照投出固定资产的账面余额，贷记“固定资产”账户。

【例 13－75】 某事业单位以设备对外投资，设备评估价 120 000 元，评估费用 2 000 元，以银行存款支付；设备的账面余额 200 000 元，已计提折旧 50 000 元。

将固定资产转入对外投资时：

借：长期投资　　120 000
　贷：非流动资产基金——长期投资　　120 000

同时，

借：非流动资产基金——固定资产　　150 000
　　累计折旧　　50 000
　贷：固定资产　　200 000

支付有关费用时：

借：其他支出　　2 000

　贷：银行存款　　2 000

5. 固定资产的清查盘点

事业单位的固定资产应当定期进行清查盘点，每年至少盘点一次。对于发生的固定资产盘盈、盘亏或者报废、毁损，应当及时查明原因，按规定报经批准后进行账务处理。

1）固定资产盘盈

盘盈的固定资产，按照同类或类似固定资产的市场价格确定入账价值；同类或类似固定资产的市场价格无法可靠取得的按照名义金额入账。盘盈的固定资产，按照确定的入账价值，借记"固定资产"账户，贷记"非流动资产基金——固定资产"账户。

2）固定资产盘亏

盘亏或者毁损、报废的固定资产，转入待处置资产时，按照待处置固定资产的账面价值，借记"待处置资产损溢——处置资产价值"账户，按照已计提折旧，借记"累计折旧"账户，按照固定资产的账面余额，贷记"固定资产"账户。

3）盘点结果的处置

报经批准予以处置时，按照处置固定资产对应的非流动资产基金，借记"非流动资产基金——固定资产"账户，贷记"待处置资产损溢"账户。

4）变价收入与处置费用

收到的固定资产残值变价收入、保险理赔和过失人赔偿等，借记"库存现金""银行存款"等科目，贷记"待处置资产损溢——处置净收入"账户。处置过程中发生的相关税费，按照实际发生的金额，借记"待处置资产损溢——处置净收入"账户，贷记"应缴税费""银行存款"等科目。

5）处置净损溢

处置取得价款扣除相关税费后的净收入，借记"待处置资产损溢——处置净收入"账户，贷记"应缴国库款"账户。

【例 13－76】 某事业单位盘点固定资产，盘盈甲设备 1 台，按类似设备的市场价格估值 5 000元；拟报废乙设备 1 件，乙设备的账面余额 6 000 元，已计提折旧 4 000 元，转为待处置资产。

盘盈甲设备：

借：固定资产——甲设备　　5 000

　贷：非流动资产基金——固定资产　　5 000

拟报废的乙设备转为待处置资产：

借：待处置资产损溢——处置资产价值　　2 000

　　累计折旧　　4 000

　贷：固定资产——乙设备　　6 000

【例 13－77】 经财政部门批准，[例 13－76]中的盘亏乙设备予以报废。

借：非流动资产基金——固定资产　　2 000

　贷：待处置资产损溢——处置资产价值　　2 000

二、在建工程的核算

（一）在建工程的内容

在建工程是指已经发生必要支出，但尚未达到交付使用状态的建设工程。在建工程达到交付使用状态时，应当按照规定办理工程竣工财务决算和资产交付使用。

（二）账户设置

事业单位设置"在建工程"账户，核算已经发生必要支出，但尚未完工交付使用的各种建筑（包括新建、改建、扩建、修缮等）和设备安装工程的实际成本，借方登记在建工程费用发生额，贷方登记结转完工工程的成本，期末余额在借方，反映事业单位尚未完工的在建工程发生的实际成本。本账户应当按照工程性质和具体工程项目等进行明细核算。

事业单位的基本建设投资应当按照国家有关规定单独建账、单独核算，同时按照《事业单位会计制度》的规定至少按月并入本账户及其他相关科目反映。事业单位应当在本账户下设置"基建工程"明细科目，核算由基建账套并入的在建工程成本。

（三）主要账务处理

1. 建筑工程的核算

1）建筑工程转入改建、扩建或修缮

将固定资产转入改建、扩建或修缮等时，按照固定资产的账面价值，借记"在建工程"账户，贷记"非流动资产基金——在建工程"账户；同时，按照固定资产对应的非流动资产基金，借记"非流动资产基金——固定资产"账户，按照已计提折旧，借记"累计折旧"账户，按照固定资产的账面余额，贷记"固定资产"账户。

【例 13－78】 某事业单位对实验楼进行修缮，实验楼的账面余额 4 000 000 元，已计提折旧 2 400 000 元。

借：在建工程——实验楼　　1 600 000
　贷：非流动资产基金——在建工程　　1 600 000

同时，

借：非流动资产基金——固定资产　　1 600 000
　　累计折旧　　2 400 000
　贷：固定资产——实验楼　　4 000 000

2）工程价款结算

根据工程价款结算账单与施工企业结算工程价款时，按照实际支付的工程价款，借记"在建工程"账户，贷记"非流动资产基金——在建工程"账户；同时，借记"事业支出"等科目，贷记"财政补助收入""零余额账户用款额度""银行存款"等科目。

【例 13－79】 接［例 13－78］，单位与施工部门结算工程价款，价款金额为 950 500 元，由财政直接支付。

借：在建工程——实验楼 950 500

贷：非流动资产基金——在建工程 950 500

借：事业支出 950 500

贷：财政补助收入——财政直接支付 950 500

3）工程借款利息

事业单位为建筑工程借入的专门借款的利息，属于建设期间发生的，计入在建工程成本，借记“在建工程”账户，贷记“非流动资产基金——在建工程”账户；同时，借记“其他支出”账户，贷记“银行存款”账户。

【例 13-80】 接［例 13-78］，单位为修缮实验楼向银行贷款 1 000 000 元，本月发生利息支出 5 000 元，以银行存款支付。

借：在建工程——实验楼 5 000

贷：非流动资产基金——在建工程 5 000

借：其他支出 5 000

贷：银行存款 5 000

4）工程完工交付

工程完工交付使用时，按照建筑工程所发生的实际成本，借记“固定资产”账户，贷记“非流动资产基金——固定资产”账户；同时，借记“非流动资产基金——在建工程”账户，贷记“在建工程”账户。

【例 13-81】 接［例 13-78］、［例 13-79］、［例 13-80］，5 个月后实验楼修缮工程完成，通过验收，现完工交付使用。工程的实际成本为 2 555 500 元。

借：固定资产——实验楼 2 555 500

贷：非流动资产基金——固定资产 2 555 500

同时，

借：非流动资产基金——在建工程 2 555 500

贷：在建工程——实验楼 2 555 500

2. 设备安装工程的核算

1）安装工程转入

购入需要安装的设备，按照确定的成本，借记“在建工程”账户，贷记“非流动资产基金——在建工程”账户；同时，按照实际支付金额，借记“事业支出”“经营支出”等科目，贷记“财政补助收入”“零余额账户用款额度”“银行存款”等科目。

融资租入需要安装的设备，按照确定的成本，借记“在建工程”账户，按照租赁协议或者合同确定的租赁价款，贷记“长期应付款”账户，按照其差额，贷记“非流动资产基金——在建工程”账户。同时，按照实际支付的相关税费、运输费、途中保险费等，借记“事业支出”“经营支出”等科目，贷记“财政补助收入”“零余额账户用款额度”“银行存款”等科目。

【例 13-82】 某事业单位融资租入需要安装的乙设备 1 台加工对外销售产品，租赁协议确定的租赁总价款为 90 000 元，首付 10 000 元，余款 80 000 元在未来每月还款 10 000

元;发生运输费等费用3 000元,以银行存款支付。

借:在建工程——乙设备	93 000	
贷:长期应付款		80 000
非流动资产基金——在建工程		13 000
借:经营支出	13 000	
贷:银行存款		13 000

2) 安装费用

发生安装费用,借记“在建工程”账户,贷记“非流动资产基金——在建工程”账户;同时,借记“事业支出”“经营支出”等科目,贷记“财政补助收入”“零余额账户用款额度”“银行存款”等科目。

【例13-83】 接[例13-82],单位融资租入的乙设备发生安装费用,以现金支付人工费5 000元,领用安装用材料价值3 000元。

借:在建工程——乙设备	8 000	
贷:非流动资产基金——在建工程		8 000

同时,

借:经营支出	8 000	
贷:库存现金		5 000
存货		3 000

3) 工程完工交付

设备安装完工交付使用时,借记“固定资产”账户,贷记“非流动资产基金——固定资产”账户;同时,借记“非流动资产基金——在建工程”账户,贷记“在建工程”账户。

【例13-84】 接[例13-82]和[例13-83],设备安装完成,通过验收并交付使用,工程的总成本为101 000元,现交付使用。

借:固定资产——乙设备	101 000	
贷:非流动资产基金——固定资产		101 000
借:非流动资产基金——在建工程	101 000	
贷:在建工程——乙设备		101 000

第四节　无形资产的核算

一、无形资产的内容

无形资产是指不具有实物形态而能为使用者提供某种权利的资产,包括专利著作权、土地使用权、非专利技术、商誉以及其他财产权利。事业单位购入的不构成相关硬件不可缺少组成部分的应用软件,应当作为无形资产核算。

二、账户设置

事业单位设置“无形资产”账户核算无形资产的原价。借方登记无形资产的增加值，贷方登无形资产的减少值，期末余额在借方，反映事业单位无形资的原价。本项目应当按照无形资产的类别、项目等进行明细核算。

三、主要账务处理

（一）无形资产的取得

事业单位的无形资产在取得时进行初始确认。无形资产的取得方式包括外购、委托开发、自行开发、接受捐赠、无偿调入等。无形资产在取得时按照其实际成本入账。

1. 外购的无形资产

外购的无形资产，其成本包括购买价款、相关税费以及可归属于该项资产达到预定用途所发生的其他支出。购入的无形资产，按照确定的无形资产成本，借记“无形资产”账户，贷记“非流动资产基金——无形资产”账户；同时，按照实际支付金额，借记“事业支出”等科目，贷记“财政补助收入”“零余额账户用款额款”“银行存款”等科目。

【例 13－85】 某事业单位购入一项非专利技术，价款 200 000 元，以银行存款支付。

借：无形资产——非专利技术	200 000	
贷：非流动资产基金——无形资产		200 000
借：事业支出——其他资金支出（基本支出）	200 000	
贷：银行存款		200 000

2. 委托开发的无形资产

委托软件公司开发软件视同外购无形资产进行处理。支付软件开发费时，按照实际支付金额，借记“事业支出”等科目，贷记“财政补助收入”“零余额账户用款额款”“银行存款”等科目。软件开发完成交付使用时，按照软件开发费总额，借记“无形资产”账户，贷记“非流动资产基金——无形资产”账户。

【例 13－86】 某事业单位委托软件公司开发一项专有用途的软件，向软件公司支付开发费用 450 000 元，由财政直接支付。软件开发完成交付使用。

借：事业支出	450 000	
贷：财政补助收入——财政直接支付		450 000
借：无形资产——专用软件	450 000	
贷：非流动资产基金——无形资产		450 000

3. 自行开发的无形资产

自行开发并按法律程序申请取得的无形资产，按照依法取得时发生的注册费、聘请律师费等费用，借记“无形资产”账户，贷记“非流动资产基金——无形资产”账户；同时，借记“事业支出”等科目，贷记“财政补助收入”“零余额账户用款额款”“银行存款”等科目。依法取得前所发生的研究开发支出，应于发生时直接计入当期支出，借记“事业支出”等科目，贷记“银行存款”等科目。

【例13－87】 某事业单位自行开发一项专利技术，并按法律程序申请专利授权，开发该项技术前期发生支出共计160 000元，由财政直接支付；申请专利时，支付注册费、聘请律师费等费用共计8 000元，款项从单位零余额账户中支付。

依法取得该专利技术前发生研发支出时：

借：事业支出　　160 000
　贷：财政补助收入——财政直接支付　　160 000

申请取得专利后：

借：无形资产——专利权　　8 000
　贷：非流动资产基金——无形资产　　8 000

同时，

借：事业支出　　8 000
　贷：零余额账户用款额度　　8 000

4. 接受捐赠、无偿调入的无形资产

接受捐赠、无偿调入的无形资产，其成本按照有关凭据注明的金额加上相关税费等确定；没有相关凭据的，其成本比照同类或类似无形资产的市场价格加上相关税费等确定；没有相关凭据、同类或类似无形资产的市场价格也无法可靠取得的，该资产按照名义金额入账。接受捐赠、无偿调入的无形资产，按照确定的无形资产成本，借记“无形资产”账户，贷记“非流动资产基金——无形资产”账户；按照发生的相关税费等，借记“其他支出”账户，贷记“银行存款”等科目。

【例13－88】 某事业单位接受某公益组织捐赠的一项专利技术用于事业活动，该技术没有相关凭据，比照类似专利技术的市场价格，确定其成本为100 000元，相关税费2 000元，以银行存款支付。

借：无形资产——专利技术　　102 000
　贷：非流动资产基金——无形资产　　102 000

同时，

借：事业支出　　2 000
　贷：银行存款　　2 000

（二）无形资产的摊销

1. 无形资产摊销的内容

为真实反映无形资产的价值，事业单位可以建立无形资产的摊销制度，对无形资产进行后续计量。事业单位根据实际情况，也可以选择不进行无形资产的摊销。摊销是指在无形资产使用寿命内，按照确定的方法对应摊销金额进行系统分摊。

2. 账户设置

事业单位设置“累计摊销”账户，核算无形资产计提的累计摊销，借方记累计摊销的转出数，贷方记累计摊销的计提数，期末余额在贷方，反映事业单位计提的无形资产摊销累计数。本账户应当按照对应无形资产的类别、项目等进行明细核算。

3. 摊销方法

事业单位应当对无形资产进行摊销，以名义金额计量的无形资产除外。无形资产的应摊销金额为其成本。

(1) 事业单位应当采用年限平均法对无形资产进行摊销。事业单位应当按照如下原则确定无形资产的摊销年限：法律规定了有效法律规定的有效年限作为摊销年限；法律没有规定有效年限的，按照相关合同或单位申请书中的受益年限作为摊销年限；法律没有规定有效年限、相关合同或单位申请书也没有规定受益年限的，按照不少于10年的期限摊销。

(2) 事业单位应当自无形资产取得当月起，按月计提无形资产摊销.

(3) 因发生后续支出而增加无形资产成本的，应当按照重新确定的无形资产成本计算摊销额。

4. 主要账务处理

按月计提无形资产摊销时，按照应计提摊销金额，借记“非流动资产基金——无形资产”账户，贷记“累计摊销”账户。

【例 13-89】 某事业单位计提本月无形资产摊销，土地使用权摊销 5 000 元，专利技术摊销 200 元，共计 5 200 元。

借：非流动资产基金——无形资产	5 200	
贷：累计摊销——土地使用权		5 000
——专利技术		200

(三) 无形资产的后续支出

无形资产的后续支出是指无形资产使用以后的期间发生的与无形资产使用效能、使用状态直接相关的各种支出，如无形资产的升级改造、功能扩展、技术维护支出等。与无形资产有关的后续支出，应分别以下情况处理：

(1) 为增加无形资产的使用效能而发生的后续支出，如对软件进行升级改造或扩展其功能等所发生的支出，应当计入无形资产的成本，借记“无形资产”账户，贷记“非流动资产基金——无形资产”账户；同时，借记“事业支出”等科目，贷记“财政补助收入”“零余额账户用款额度”“银行存款”等科目。

【例 13-90】 某事业单位对软件进行升级改造，向软件公司支付升级费 10 000 元，以零余额账户用款额账户用款额度支付。

借：无形资产——××软件	10 000	
贷：非流动资产基金——无形资产		10 000

同时，

借：事业支出	10 000	
贷：零余额账户用款额度		10 000

(2) 为维护无形资产的正常使用而发生的后续支出，如对软件进行漏洞修补、技术维修

等所发生的支出，应当计入当期支出但不计入无形资产成本，借记“事业支出”等科目，贷记“财政补助收入”“零余额账户用款额度”“银行存款”等科目。

【例 13－91】 某事业单位为保证办公系统日常的稳定运行，对办公软件进行例行的漏洞修补，发生费用 800 元，以现金支付。

借：事业支出　　800
　贷：库存现金　　800

（四）无形资产的处置

事业单位无形资产的处置，包括经批准转让、无偿调出、对外捐赠无形资产或以无形资产对外投资。应当分别以下列情况进行处理：

（1）转让、无偿调出、对外捐赠无形资产，转入待处置资产时，按照待处置无形资产的账面价值，借记“待处置资产损溢”账户，按照已计提摊销，借记“累计摊销”账户，按照无形资产的账面余额，贷记“无形资产”账户。实际转让、调出、捐出时，按照处置无形资产对应的非流动资产基金，借记“非流动资产基金——无形资产”账户，贷记“待处置资产损溢”账户。转让无形资产过程中取得价款、发生相关税费，以及净损溢的账务处理，同固定资产的类似。

【例 13－92】 某事业单位将自行开发并按法律程序申请专利权捐赠给某慈善机构，该专利的账面余额 50 000 元已计提摊销 5 000 元。捐赠时，无相关税费发生。

转入处置资产时：

借：待处置资产损溢——处置资产价值　　45 000
　　累计摊销　　5 000
　贷：无形资产——××专利权　　50 000

实际捐出时：

借：非流动资产基金——无形资产　　45 000
　贷：待处置资产损溢——处置资产价值　　45 000

（2）以已入账无形资产对外投资，按照评估价值加上相关税费作为投资成本，借记“长期投资”账户，贷记“非流动资产基金——长期投资”账户，按发生的相关税费，借记“其他支出”账户，贷记“银行存款”“应缴税费”等科目；同时，按照投出无形资产对应的非流动资产基金，借记“非流动资产基金——无形资产”账户，按照投出无形资产已计提摊销，借记“累计摊销”账户，按照投出无形资产的账面余额，贷记“无形资产”账户。

【例 13－93】 某事业单位以已入账商标权对外投资，商标权的评估价值为 150 000 元，发生评估费用 3 000 元，以银行存款支付；商标权的账面余额 60 000 元，已计提摊销25 000 元。

借：长期投资　　153 000
　贷：非流动资产基金——长期投资　　153 000
借：其他支出　　3 000
　贷：银行存款　　3 000

同时，

借：非流动资产基金——无形资产　　35 000

　　累计摊销　　25 000

　贷：无形资产——××商标权　　60 000

（五）无形资产的核销

无形资产预期不能为事业单位带来服务潜力或经济利益的，应当按规定报经批准后将该无形资产的账面价值予以核销。

转入待处置资产时，按照待核销无形资产的账面价值，借记“待处置资产损溢”账户，按照已计提摊销，借记“累计摊销”账户，按照无形资产的账面余额，贷记“无形资产”账户。报经批准予以核销时，按照核销无形资产对应的非流动资产基金，借记“非流动资产基金——无形资产”账户，贷记“待处置资产损溢”账户。

【例 13－94】 经确认一项外购的非专利技术已经落后于目前的新型技术，不能再为单位带来服务潜力和经济利益，经批准予以核销。该非专利技术的账面余额 85 000 元，已计提摊销 75 000 元。

转入待处置资产时：

借：待处置资产损溢——处置资产价值　　10 000

　　累计摊销　　75 000

　贷：无形资产——××非专利技术　　85 000

报经批准予以核销时：

借：非流动资产基金——无形资产　　10 000

　贷：待处置资产损溢——处置资产价值　　10 000

第五节　长期投资的核算

一、长期投资的内容

长期投资是指事业单位依法取得的，持有时间超过 1 年（不含 1 年）的股权和债权性质的投资。长期投资包括长期股权投资和长期债券投资。事业单位应当严格控制对外投资。在保证事业单位正常运转和事业发展的前提下，按照国家有关规定可以对外投资的，应当履行相关审批程序。事业单位不得使用财政拨款及其结余进行对外投资，不得从事股票、期货、基金、企业债券等投资，国家另有规定的除外。事业单位以非货币性资产对外投资的，应当按照国家有关规定进行资产评估，合理确定资产价值。

二、账户设置

事业单位设置“长期投资”账户，核算依法取得的，持有时间超过 1 年（不含 1 年）的股权和债权性质的投资。本账户的借方登记长期投资的增加数，贷方登记减少数，期末余额在借方，反映事业单位持有的长期投资成本。本账户应当按照长期投资的种类和被投资单位等进行明细核算。

三、主要账务处理

（一）长期股权投资

1. 长期股权投资的取得

长期股权投资在取得时，应当按照其实际成本作为投资成本。长期股权投资的取得方式包括支付货币、投出固定资产、投出无形资产等。

1）以货币资金取得的长期股权投资

以货币资金取得的长期股权投资，按照实际支付的全部价款（包括购买价款以及税金、手续费等相关税费）作为投资成本，借记"长期投资"账户，贷记"银行存款"等科目；同时，按照投资成本金额，借记"事业基金"科目，贷记"非流动资产基金——长期投资"账户。

【例 13－95】 某事业单位以货币资金购买 K 公司的股权 15 000 股，每股购入价 5 元，相关税费 375 元，共计 75 375 元，以银行存款支付。

借：长期投资——长期股权投资——K 公司股权　　75 375
　贷：银行存款　　75 375

同时，

借：事业基金　　75 375
　贷：非流动资产基金——长期投资　　75 375

2）以固定资产取得的长期股权投资

以固定资产取得的长期股权投资，按照评估价值加上相关税费作为投资成本，借记"长期投资"账户，贷记"非流动资产基金——长期投资"账户，按发生的相关税费，借记"其他支出"账户，贷记"银行存款""应缴税费"等科目。同时，按照投出固定资产对应的非流动资产基金，借记"非流动资产基金——固定资产"账户；按照投出固定资产已计提折旧，借记"累计折旧"账户，按投出固定资产的账面余额，贷记"固定资产"账户。

【例 13－96】 某事业单位以 20 台设备对 M 企业进行长期股权投资，每台设备估值 30 000 元，发生评估费用 2 000 元，以银行存款支付，共计 602 000 元。该批设备的账面价值为 800 000 元，已提折旧 400 000 元。

借：长期投资——长期股权投资——M 企业股权　　602 000
　贷：非流动资产基金——长期投资　　602 000
借：其他支出　　2 000
　贷：银行存款　　2 000

同时，

借：非流动资产基金——固定资产　　400 000
　　累计折旧　　400 000
　贷：固定资产——××设备　　800 000

3）以无形资产取得的长期股权投资

以无形资产取得的长期股权投资，需要区分两种情况：

（1）以已入账无形资产取得的长期股权投资，按照评估价值加上相关税费作为投资成本，借记"长期投资"账户，贷记"非流动资产基金——长期投资"账户，按发生的相关税费，借记"其他支出"账户，贷记"银行存款""应缴税费"等科目。同时，按照投出无形资产对应的非流动资产基金，借记"非流动资产基金——无形资产"账户；按照投出无形资产已计提摊销，借记"累计摊销"账户，按照投出无形资产的账面余额，贷记"无形资产"账户。

（2）以未入账无形资产取得的长期股权投资，按照评估价值加上相关税费作为投资成本，借记"长期投资"账户，贷记"非流动资产基金——长期投资"账户，按发生的相关税费，借记"其他支出"账户，贷记"银行存款""应缴税费"等科目。

【例 13－97】 某事业单位以一项专利技术投资到 N 科技中心作为长期股权投资，该技术的评估价值为 200 000 元，发生评估费 1 000 元，以银行存款支付；该专利技术的账面无形资产价值 100 000 元，已计提摊销 30 000 元。

借：长期投资——长期股权投资——N 科技中心股权	201 000	
贷：非流动资产基金——长期投资		201 000
借：其他支出	1 000	
贷：银行存款		1 000

同时，

借：非流动资产基金——无形资产	70 000	
累计摊销	30 000	
贷：无形资产——××专利权		100 000

【例 13－98】 某事业单位以一项购得但尚未入账的商标权向 P 公司进行股权投资，该权利的评估价为 100 000 元，发生评估费 1 000 元，以银行存款支付。

借：长期投资——长期股权投资——P 公司股权	101 000	
贷：非流动资产基金——长期投资		101 000
借：其他支出	1 000	
贷：银行存款		1 000

2. 长期股权投资持有期间的收益

长期股权投资持有期间，收到利润等投资收益时，按照实际收到的金额借记"银行存款"等科目，贷记"其他收入——投资收益"账户。

【例 13－99】 某事业单位的一项长期股权投资收到分配股利 8 000 元，存入银行。

借：银行存款	8 000	
贷：其他收入——投资收益		8 000

3. 转让长期股权投资

转让长期股权投资，转入待处置资产时，按照待转让长期股权投资的账面余额，借记"待处置资产损溢——处置资产价值"账户，贷记"长期投资"账户。实际转让时，按照所转让长期股权投资对应的非流动资产基金，借记"非流动资产基金——长期投资"账户，贷记"待处置资产损溢——处置资产价值”账户。转让长期股权投资过程中取得价款、发生相关税费，以及转让价款扣除相关税费后的净收入的账务处理，按有关财务规定处理。

【例 13－100】 某事业单位向其他单位转让对 Q 企业的长期股权投资，该项长期股权投资账面余额 87 000 元，实际转让价格为 100 000 元。转让过程中发生相关税费 5 000 元。

将长期股权投资转入待处置资产：

借：待处置资产损溢——处置资产价值　　87 000
　贷：长期投资——长期股权投资——Q 企业股权　　87 000
借：非流动资产基金——长期投资　　87 000
　贷：待处置资产损溢——处置资产价值　　87 000

收到转让价款：

借：银行存款　　100 000
　贷：待处置资产损溢——处置净收入　　100 000

支付转让税费

借：待处置资产损溢——处置净收入　　5 000
　贷：银行存款　　5 000

处置净收入处理

借：待处置资产损溢——处置净收入　　95 000
　贷：应缴国库款　　95 000

4. 核销长期股权投资

因被投资单位破产清算等原因，有确凿证据表明长期股权投资发生损失，按规定报经批准后予以核销。将待核销长期股权投资转入待处置资产时，按照待核销的长期股权投资账面余额，借记“待处置资产损溢”账户，贷记“长期投资”账户。报经批准予以核销时，借记“非流动资产基金——长期投资”账户，贷记“待处置资产损溢”账户。

【例 13－101】 某事业单位投资的 R 公司因连年亏损而破产清算，该事业单位对所购的 300 000 元股权投资按规定报经批准后予以核销。

借：待处置资产损溢——处置资产价值　　300 000
　贷：长期投资——长期股权投资——R 公司股权　　300 000
借：非流动资产基金——长期投资　　300 000
　贷：待处置资产损溢——处置资产价值　　300 000

（二）长期债券投资

1. 长期债券投资的取得

长期债券投资通常以货币资金购入。长期债券投资在取得时，应当按照其实际成本作为投资成本。以货币资金购入的长期债券投资，按照实际支付的全部价款（包括购买价款以及税金、手续费等相关税费）作为投资成本，借记“长期投资”账户，贷记“银行存款”等科目；同时，按照投资成本金额，借记“事业基金”账户，贷记“非流动资产基金——长期投资”账户。

【例 13－102】 某事业单位购买 1305 期国债 1 000 份，面值 100 元，2 年期，票面年利率为 5%，款项共计 100 000 元，以银行存款支付。

借：长期投资——长期债券投资——1305 期国债　　100 000
　贷：银行存款　　100 000

同时，

借：事业基金　　100 000
　贷：非流动资产基金——长期投资　　100 000

2. 长期债券投资持有期间的利息

长期债券投资持有期间收到利息时，按照实际收到的金额，借记“银行存款”等科目，贷记“其他收入——投资收益”账户。

【例 13－103】 某事业单位收到 1305 期国债利息 5 000 元，存入银行。

借：银行存款　　5 000
　贷：其他收入——投资收益　　5 000

3. 长期债券投资的转让或到期收回

对外转让或到期收回长期债券投资本息，按照实际收到的金额，借记“银行存款”等科目，按照收回长期投资的成本，贷记“长期投资”账户，按照其差额，贷记或借记“其他收入——投资收益”账户；同时，按照收回长期投资对应的非流动资产基金，借记“非流动资产基金——长期投资”账户，贷记“事业基金”账户。

【例 13－104】 某事业单位投资 1305 期国债到期，收到本金和利息共计 105 000 元，存入银行。

借：银行存款　　105 000
　贷：长期投资——长期债券投资——1305 期国债　　100 000
　　　其他收入——投资收益　　5 000

同时，

借：非流动资产基金——长期投资　　100 000
　贷：事业基金　　100 000

第六节　待处置资产的核算

事业单位资产处置包括资产的出售、出让、转让、对外捐赠、无偿调出、盘亏、报废、毁损以及货币性资产损失核销等。

事业单位设置“待处置资产损溢”账户，核算待处置资产的价值及处置损溢。借方登记转入的待处置资产账面价值额，贷方登记核销的待处置资产价值额。本账户期末如为借方余额，反映尚未处置完毕的各种资产价值及净损失；期末如为贷方余额，反映尚未处置完毕的各种资产净溢余。年度终了报经批准处理后，本账户一般应无余额。本账户应当按照待处置资产项目进行明细核算；对于在处置过程中取得相关收入、发生相关费用的处置项目，还应设置“处置资产价值”“处置净收入”明细科目进行明细核算。事业单位处置资产一般应当先记入本账户，按规定报经批准后及时进行账务处理。年度终了结账前一般应处理完毕。

待处置资产损溢的主要账务处理如下：

1. 转入待处置资产

将各项核销的出售、出让、转让、对外捐赠、无偿调出、盘亏、报废、毁损的资产转入待处置资产时，按照待处置资产的账面价值借记“待处置资产损溢——处置资产价值”账户，处置固定资产、无形资产的同时借记“累计折旧”“累计摊销”账户，按照待处置资产的账面余额贷记相应的资产科目。

2. 处置资产

报经批准予以处置资产时，按照待处置资产的价值借记“其他支出”账户（应收及预付款项核销、处置存货等）或“非流动资产基金”账户（处置长期投资、固定资产、无形资产等），贷记“待处置资产损溢——处置资产价值”账户。

3. 变价收入与处置费用

处置资产取得变价收入的，按照收到的金额借记“库存现金”“银行存款”等科目，贷记“待处置资产损溢——处置净收入”账户。处置资产产生相关费用的，按照支付的金额借记“待处置资产损溢——处置净收入”账户，贷记“库存现金”“银行存款”等科目。

4. 处置净收入

资产处置完毕，按照处置收入扣除相关处置费用后的净收入，借记“待处置资产损溢——处置净收入”，贷记“应缴国库款”等科目。

在本章第二节到第五节的内容中已经涉及了资产处置事项，本节不再另行举例。

本章小结

事业单位资产是指事业单位占有或者使用的能以货币计量的经济资源，包括各种财产、债权和其他权利。资产作为一项经济资源，是事业单位开展业务活动的物质基础，预期会为事业单位带来经济利益或者服务潜力。资产作为一项经济资源，单位占用或者使用。事业单位的资产为国家所有，由事业单位实际占用，被事业单位所控制。

事业单位资产根据其流动性，可划分为流动资产和非流动资产。事业单位流动资产是指事业单位可以在一年内变现或耗用的资产。包括货币资金、短期投资、应收及预付款项、存货等。事业单位非流动资产是指事业单位不能或者不准备在一年内变现或耗用的资产。包括长期投资、固定资产、在建工程、无形资产等。

事业单位资产核算的方法，包括各项资产的内容、科目设置和主要账务处理。

关键术语

货币资金、零余额账户用款额度、短期投资、财政应返还直接额度、财政应返还授权额度、应收及预付款项、存货、长期投资、固定资产、在建工程、无形资产

思考题

1. 事业单位资产如何确认与计量？
2. 简述事业单位存货的核算。
3. 简述事业单位固定资产的核算。
4. 简述事业单位无形资产的核算。
5. 简述事业单位对外投资的核算。
6. 简述事业单位待处置资产的核算。

练习题

(一) 单项选择题

1. 下列项目中，关于“银行存款”账户，说法错误的是(　　)。
   A. “银行存款”账户核算事业单位存入银行或其他金融机构的各种存款
   B. “银行存款”账户期末借方余额，反映事业单位实际存放在银行或其他金融机构的款项
   C. 事业单位应当严格按照国家有关支付结算办法的规定办理银行存款收支业务，并按照本制度规定核算银行存款的各项收支业务
   D. 事业单位应当按开户银行或其他金融机构、存款种类及币种等，分别设置“银行存款日记账”，由出纳人员根据收付款凭证，按照业务的发生顺序逐笔登记，每月终了应结出余额。
2. 下列项目中，关于“应收账款”账户，说法错误的是(　　)。
   A. 本账户期末借方余额，反映事业单位尚未收回的应收账款
   B. 本账户应当按照购货、接受劳务单位(或个人)进行明细核算
   C. 本账户核算事业单位因开展经营活动销售产品、提供有偿服务等而应收取的款项。
   D. 逾期十年或以上、有确凿证据表明确实无法收回的应收账款，按规定报经批准后予核销。
3. 事业单位随买随用的办公用品，应当(　　)
   A. 计入固定资产　　B. 计入在建工程
   C. 购进时直接列作支出　　D. 计入存货
4. 下列项目中，关于购入存货的主要账务处理，说法错误的是(　　)。
   A. 购入的存货，其成本包括购买价款、相关税费、运输费、装卸费、保险费以及其他使得存货达到目前场所和状态所发生的其他支出。
   B. 事业单位按照税法规定属于增值税一般纳税人的，其购进自用材料所支付的增值税款不应计入材料成本。
   C. 购入的存货验收入库，按确定的成本，借记“存货”账户，贷记“银行存款”“应付账款”“财政补助收入”“零余额账户用款额度”等科目。
   D. 属于增值税——一般纳税人的事业单位购入非自用材料的，按确定的成本(不含

增值税进项税额)，借记“存货”账户，按增值税专用发票上注明的增值税额，借记“应缴税费——应缴增值税”账户，按实际支付或应付的金额，贷记“银行存款”“应付账款”等科目。

5. 事业单位盘盈的存货，应(　　)。

A. 增加营业外收入　　B. 增加其他收入

C. 冲减营业外支出　　D. 冲减其他支出

6. 事业单位材料发生盘亏，应借记的科目是(　　)。

A. “经营支出”　　B. “事业支出”

C. “生产成本”　　D. “待处理资产损溢”

7. 下列项目中，关于“在建工程”账户说法错误的是(　　)。

A. 本账户应当按照工程性质和具体工程项目等进行明细核算

B. 本账户期末借方余额，反映事业单位尚未完工的在建工程发生的实际成本

C. 事业单位的基本建设投资应当按照国家有关规定单独建账、单独核算，同时按照本制度的规定至少按季度并入本账户及其他相关科目反映

D. 本账户核算事业单位已经发生必要支出，但尚未完工交付使用的各种建筑(包括新建、改建、扩建、修缮等)和设备安装工程的实际成本

8. 下列项目中，关于以融资租赁租入的固定资产的主要账务处理，说法错误的是(　　)。

A. 跨年度分期付款购入固定资产的账务处理，不参照融资租入固定资产

B. 定期支付租金时，按照支付的租金金额，借记“事业支出”“经营支出”等科目，贷记“财政补助收入”“零余额账户用款额度”“银行存款”等科目

C. 以融资租赁租入的固定资产，其成本按照租赁协议或者合同确定的租赁价款、相关税费以及固定资产交付使用前所发生的可归属于该项资产的运输费、途中保险费、安装调试费等确定

D. 融资租入的固定资产，按照确定的成本，借记“固定资产”账户(不需安装)或“在建工程”账户(需安装)，按照租赁协议或者合同确定的租赁价款，贷记“长期应付款”账户，按照其差额，贷记“非流动资产基金——固定资产、在建工程”账户

9. 下列项目中，关于“累计折旧”账户说法错误的是(　　)。

A. 事业单位——一般应当采用年限平均法或工作量法计提固定资产折旧

B. 事业单位固定资产的应折旧金额为其成本，计提固定资产折旧要考虑预计净残值

C. 事业单位应当根据固定资产的性质和实际使用情况，合理确定其折旧年限。省级以上财政部门、主管部门对事业单位固定资产折旧年限作出规定的，从其规定

D. 固定资产提足折旧后，无论能否继续使用，均不再计提折旧；提前报废的固定资产，也不再补提折旧

10. 事业单位出售固定资产取得的收入，其会计处理是(　　)。

A. 计入其他收入　　B. 计入专用基金(修购基金)

C. 计入营业外收入　　D. 计入待处置资产损溢——处置净收入

11. 事业单位经批准核销固定资产盘盈的账务处理，应是(　　)。

A. 列报经费收入　　B. 同时增加固定资产和专用基金

C. 增加其他收入　　　　　　　　　　D. 同时增加固定资产和非流动资产基金

12. 事业单位购入的不构成相关硬件不可缺少组成部分的应用软件，应作为(　　)科目。

A. "无形资产"　　B. "存货"　　C. "在建工程"　　D. "固定资产"

13. 下列项目中，关于无形资产在取得时的账务处理，说法错误的是(　　)。

A. 无形资产在取得时，应当按照其公允价值入账

B. 委托软件公司开发软件视同外购无形资产进行处理

C. 外购的无形资产，其成本包括购买价款、相关税费以及可归属于该项资产达到预定用途所发生的其他支出

D. 购入的无形资产，按照确定的无形资产成本，借记"无形资产"账户，贷记"非流动资产基金——无形资产"账户

14. 下列项目中，关于"无形资产"账户，说法错误的是(　　)。

A. 本账户核算事业单位无形资产的原价

B. 本账户应当按照无形资产的类别、项目等进行明细核算

C. 事业单位购入的不构成相关硬件不可缺少组成部分的应用软件，不应作为无形资产核算

D. 无形资产是指事业单位持有的没有实物形态的可辨认非货币性资产，包括专利权、商标权、著作权、土地使用权、非专利技术等

15. 下列项目中，关于"累计摊销"账户，说法错误的是(　　)。

A. 本账户核算事业单位无形资产计提的累计摊销

B. 本账户应当按照对应无形资产的类别、项目等进行明细核算

C. 事业单位应当对无形资产进行摊销，包括以名义金额计量的无形资产

D. 本账户期末贷方余额，反映事业单位计提的无形资产摊销累计数

16. 下列项目中，关于"长期投资"账户，说法错误的是(　　)。

A. 本账户属于资产类科目

B. 本账户应当按照长期投资的种类和被投资单位等进行明细核算

C. 本账户核算事业单位依法取得的，持有时间超过1年(含1年)的股权和债权性质的投资

D. 事业单位应当严格遵守国家法律、行政法规以及财政部门、主管部门有关事业单位对外投资的规定

17. 下列项目中，关于"非流动资产基金"账户，说法错误的是(　　)。

A. 本账户期末借方余额，反映事业单位非流动资产占用的金额

B. 本账户应当设置"长期投资""固定资产""在建工程""无形资产"等明细科目，进行明细核算

C. 本账户核算事业单位长期投资、固定资产、在建工程、无形资产等非流动资产占用的金额

D. 非流动资产基金应当在取得长期投资、固定资产、在建工程、无形资产等非流动资产或发生相关支出时予以确认

18. 下列项目中，关于"待处置资产损溢"账户，说法错误的是(　　)。

A. 本账户核算事业单位待处置资产的价值及处置损溢

B. 本账户期末如为借方余额，反映尚未处置完毕的各种资产净溢余

C. 事业单位处置资产一般应当先记入本账户，按规定报经批准后及时进行账务处理，年度终了结账前一般应处理完毕

D. 对于在处置过程中取得相关收入、发生相关费用的处置项目，本账户还应设置“处置资产价值”“处置净收入”明细科目，进行明细核算

19. 下列项目中，说法错误的是（　　）。

A. 事业单位会计核算全部采用收付实现制

B. 高等学校应当对固定资产采用年限平均法或工作量法计提折旧

C. 事业单位应当按照《事业单位财务规则》或相关财务制度的规定确定是否对固定资产计提折旧、对无形资产进行摊销

D. 事业单位对基本建设投资的会计核算在执行本制度的同时，还应当按照国家有关基本建设会计核算的规定单独建账、单独核算

20. 下列项目中，关于零余额账户用款额度的主要账务处理，说法错误的是（　　）。

A. 按规定支用额度时，借记有关账户，贷记“零余额账户用款额度”账户

B. 从零余额账户提取现金时，借记“库存现金”账户，贷记“零余额账户用款额度”账户

C. 在财政授权支付方式下，收到代理银行盖章的“财政授权支付到账通知书”时，根据通知书所列数额，借记“零余额账户用款额度”账户，贷记“财政补助收入”账户

D. 因购货退回等发生国库授权支付额度退回的，属于本年度支付的款项，按照退回金额，借记“零余额账户用款额度”账户，贷记“财政补助结转”“财政补助结余”“存货”等有关账户

21. 事业单位无偿调入的固定资产，既无实际成本，又无同类固定资产市价时，按照（　　）入账。

A. 不入账　　B. 名义金额　　C. 评估价格　　D. 自行商议定价

22. 事业单位固定资产增加业务中，“固定资产”和“非流动资产基金——固定资产”账户中金额不是同步增加的是（　　）。

A. 接收捐赠的固定资产　　B. 融资租入的固定资产

C. 盘盈的固定资产　　D. 购置的固定资产

（二）多项选择题

1. 某事业单位实行国库集中支付制度。20×4年年底，该单位收到代理银行提供的对账单，注销当年尚未使用的用款计划额度100万元，其中财政直接支付额度45万元，财政授权支付额度55万元。20×5年年初，该单位收到代理银行开具的“财政直接支付额度恢复到账通知书”和“财政授权支付额度恢复到账通知书”，恢复上年底注销的财政直接支付额度40万元和财政授权支付额度50万元。下列各项处理中，正确的有（　　）。

A. 20×4年年底，确认财政应返还额度100万元，同时确认财政补助收入100万元

B. 20×4年年底，确认财政应返还额度100万元，同时确认财政补助收入45万元，减少零余额账户用款额度55万元

C. 20×5年年初，确认零余额账户用款额度55万元，减少财政应返还额度55万元

D. 20×5年年初，确认零余额账户用款额度100万元，减少财政应返还额度100万元

2. 下列项目中，关于事业单位发生外币业务的会计处理，说法正确的有（　　）。
   A. 以外币购买物资、劳务等，按照购入当日的即期汇率将支付的外币或应支付的外币折算为人民币金额，借记有关账户，贷记“银行存款”账户、“应付账款”等科目的外币账户
   B. 以外币收取相关款项等，按照收取款项或收入确认当日的即期汇率将收取的外币或应收取的外币折算为人民币金额，借记“银行存款”账户、“应收账款”等科目的外币账户，贷记有关账户
   C. 期末，根据各外币账户按期末汇率调整后的人民币余额与原账面人民币余额的差额，作为汇兑损溢
   D. 各种外币账户的外币余额应当按照期末的即期汇率折算为人民币，作为外币账户期末人民币余额
3. 事业单位对财政直接支付方式购置固定资产的账务处理，可能涉及的会计科目有（　　）。
   A. 财政补助收入　B. 事业支出　C. 固定资产　D. 非流动资产基金
4. 事业单位固定资产的核算特点，不正确的有（　　）。
   A. 固定资产一般不计提折旧
   B. 固定资产的账面余额等于非流动资产基金的账面余额
   C. 取得固定资产应按取得或购建时的实际成本记账
   D. 接受捐赠的固定资产，不需要增加“非流动资产基金”账户的金额
5. 事业单位的无形资产，对其摊销方法叙述不正确的有（　　）。
   A. 不实行内部成本核算的事业单位，无形资产一次摊销
   B. 实行内部成本核算的事业单位，无形资产在受益期内分期平均摊销
   C. 事业单位，无形资产在受益期内平均分期摊销
   D. 事业单位，无形资产摊销期限应不少于10年
6. 下列项目中，关于接受捐赠、无偿调入的无形资产的账务处理，说法正确的有（　　）。
   A. 接受捐赠、无偿调入的无形资产，其成本按照有关凭据注明的金额加上相关税费等确定
   B. 没有相关凭据的，其成本比照同类或类似无形资产的市场价格加上相关税费等确定
   C. 没有相关凭据、同类或类似无形资产的市场价格也无法可靠取得的，该资产按照名义金额入账
   D. 接受捐赠、无偿调入的无形资产，按照确定的无形资产成本，借记“无形资产”账户，贷记“其他收入”账户
7. 下列项目中，关于长期债券投资的主要账务处理，说法正确的有（　　）。
   A. 长期债券投资在取得时，应当按照其实际成本作为投资成本
   B. 以货币资金购入的长期债券投资，按照实际支付的全部价款（包括购买价款以及税金、相关税费，但不含手续费等）作为投资成本，借记“长期投资”账户，贷记“银行存款”等科目
   C. 以货币资金购入的长期债券投资，按照投资成本金额，借记“事业基金”账户，贷记“非流动资产基金——长期投资”账户

D. 长期债券投资持有期间收到利息时，按照实际收到的金额，借记“银行存款”等科目，贷记“其他收入——投资收益”账户

（三）判断题

1. 现金收入业务较多、单独设有收款部门的事业单位，收款部门的收款员应当将每天所收现金连同收款凭据等一并交财务部门核收记账；或者将每天所收现金直接送存开户银行后，将收款凭据及向银行送存现金的凭证等一并交财务部门核收记账。（　）

2. 事业单位应当设置“现金日记账”，由出纳人员根据收付款凭证，按照业务发生顺序逐笔登记。每日终了，应当计算当日的现金收入合计数、现金支出合计数和结余数，并将结余数与实际库存数核对，做到账款相符。（　）

3. 事业单位发生外币业务的，应当按照业务发生当日（或当期期初，下同）的即期汇率，将外币金额折算为人民币记账，并登记外币金额和汇率。（　）

4. 事业单位的应收款项应根据具体情况计提相应的坏账准备。（　）

5. 事业单位为专业业务活动购入的材料和为生产经营活动购入的材料，尽管其用途不同，但入账价值均相同。（　）

6. 属于增值税一般纳税人的事业单位购进的非自用材料发生盘亏或者毁损、报废的，转入待处置资产时，按照存货的账面余额与相关增值税进项税额转出金额的合计金额，借记“待处置资产损溢”账户，按存货的账面余额，贷记“存货”账户，按转出的增值税进项税额，贷记“应缴税费——应缴增值税（进项税额转出）”账户。（　）

7. 存货在发出时，应当根据实际情况采用先进先出法、加权平均法或者个别计价法确定发出存货的实际成本。计价方法确定后，可依据单位实际情况，随意进行变更。（　）

8. 接受捐赠固定资产、无形资产等非流动资产，要通过“其他收入”账户核算。（　）

9. 事业单位的“固定资产”不一定等于“非流动资产基金——固定资产”账户的金额。（　）

10. 事业单位一般应当按月计提固定资产折旧。当月增加的固定资产，当月提折旧；当月减少的固定资产，当月照提折旧，从下月起不提折旧。（　）

11. 计提融资租入固定资产折旧时，应当采用与自有固定资产相一致的折旧政策。能够合理确定租赁期届满时将会取得租入固定资产所有权的，应当在租入固定资产尚可使用年限内计提折旧；无法合理确定租赁期届满时能够取得租入固定资产所有权的，应当在租赁期与租入固定资产尚可使用年限两者中较短的期间内计提折旧。（　）

12. 盘盈的固定资产，按照同类或类似固定资产的市场价格确定入账价值；同类或类似固定资产的市场价格无法可靠取得的，按照名义金额入账。（　）

13. 因发生后续支出而增加无形资产成本的，应当按照重新确定的无形资产成本，重新计算摊销额。（　）

14. 无形资产预期不能为事业单位带来服务潜力或经济利益的，应当按规定报经批准后将该无形资产的账面价值予以核销。（　）

15. 因报废、毁损等原因减少的固定资产，在冲减“固定资产”和“非流动资产基金”的同时，对于取得的残料变价收入，应计入“其他收入”账户，对于发生的清理费用，应冲“其他收入”账户。（　）

16. 事业单位应当严格控制对外投资。在保证单位正常运转和事业发展的前提下，按照国家有关规定可以对外投资的，应当履行相关审批程序。事业单位不得使用财政拨款及

其结余进行对外投资，不得从事股票、期货、基金、企业债券等投资，国家另有规定的除外。（　）

17. 事业单位对外投资的方式只有股权投资和债权投资两种方式。（　）

18. 事业单位对外投资时，在增加对外投资的同时，应增加事业基金——投资基金。（　）

19. 事业单位收回对外投资时，在减少“长期投资”的同时，应减少“非流动资产基金——长期投资”。（　）

20. 因被投资单位破产清算等原因，有确凿证据表明长期股权投资发生损失，按规定报经批准后予以核销。将待核销长期股权投资转入待处置资产时，按照待核销的长期股权投资实际取得成本，借记“待处置资产损溢”账户，贷记“长期投资”账户。（　）

21. 对外转让或到期收回长期债券投资本息，按照实际收到的金额，借记“银行存款”等科目，按照收回长期投资的成本，贷记“长期投资”账户，按照其差额，贷记或借记“其他收入——投资收益”账户。（　）

22. 处置长期投资、固定资产、无形资产，以及以固定资产、无形资产对外投资时，应当冲销该资产对应的非流动资产基金。（　）

(四) 业务处理题

请根据下列资料编制事业单位的会计分录。

1. 练习货币资金的核算

(1) 签发现金支票，从银行提取现金 2 000 元。

(2) 李某出差，预付差旅费现金 1 000 元。

(3) 用银行存款购买办公用品 300 元，直接交付使用。

(4) 发现现金长款 200 元，原因待查。

(5) 现金长款 200 元，经查属于无主款项，进行账务处理。

2. 练习应收及预付款的核算

(1) 接受甲单位提供的劳务服务，开出转账支票，预付给甲单位款项 2 000 元。

(2) 甲单位提供的劳务服务已完成，支出共计 4 200 元，余款以银行存款支付。

(3) 李某出差回来，报销差旅费 800 元，余款退回。

(4) 销售一批产品，货物已发出，价税合计 58 500 元，其中增值税 8 500 元。收到一张不带息的 6 个月的银行承兑汇票，金额 58 500 元。

(5) 6 个月后，该单位收回应收票据价款 58 500 元。

3. 练习存货的核算

(1) 某事业单位为一般纳税人，购入材料用于产品生产，价款为 30 000 元，增值税发票上注明的增值税为 5 100 元，材料已验收入库，货款通过银行转账支付。

(2) 某事业单位领用材料 6 000 元，用于产品生产。

(3) 某事业单位从事专业业务领用材料 2 000 元。

(4) 某事业单位 A 产品生产完工并验收入库，生产成本为 9 000 元。

(5) 年终盘点，发现生产用材料盘亏 100 千克，单价 6.5 元，损失 650 元，经查 60 千克系合理损耗，40 千克系仓库保管员造成，应由过失人赔偿。

4. 练习固定资产的核算

(1) 购入一台设备，价款 50 000 元，采用财政直接支付方式支付价款，设备已验收入库。

(2) 购入需要安装的设备一台，用于专业业务活动，价税合计 8 000 000 元，运费 8 000 元，安装调试费 20 000 元，款项以财政授权支付方式支付；设备安装调试完毕交付使用。

(3) 融资租入设备一台，按租赁协议规定，设备价款 80 000 元，分 4 期支付，用银行存款支付运输费 3 000 元，安装调试费 8 500 元，设备安装调试完毕交付使用。

(4) 计提本月固定资产折旧 40 000 元。

(5) 出售设备一台，双方协议价为 70 000 元，账面原值为 160 000 元，已提折旧 80 000 元，款项已存入银行。

(6) 旧设备报废，账面原值为 80 000 元，已提折旧 63 000 元，残值变价收入 2 000 元已存入银行，用现金支付清理费用 500 元。

(7) 接受捐赠图书一批，已运抵单位，估计价值人民币 5 200 元，未发生其他费用。

(8) 因经管人员调动工作，对固定资产进行盘点，盘亏计算机一台，原价 4 500 元，已提折旧 2 100 元，盘盈对讲机一对，市价 1 280 元，经领导批准，分别予以注销和补账。

(9) 某事业单位用经费拨款购入一台不需要安装的精密仪器款 22 000 元，以银行存款支付。

5. 练习无形资产的核算

(1) 某事业单位购买非专利技术一项，价款 50 000 元。

(2) 事业单位本月摊销无形资产 3 000 元。

(3) 购入一项专利权，支付价款 120 000 元，法定使用年限为 12 年，合同确定受益期为 8 年，本月进行专利权摊销。

(4) 转让某专利权，账面成本 100 000 元，已摊销 55 000 元，协商转让费 110 000 元，收到本项费用已存入银行。转让过程中发生税费 3 500 元，已用银行存款支付。

6. 练习事业单位对外投资的核算

(1) 某事业单位用银行存款购入持有期限为半年的甲公司发行的债券 1 000 张，每张债券的面值 100 元，另支付经纪人佣金 200 元。

(2) 两个月后，转让短期国库券 50 000 元，利息收入 500 元，款项存入银行。

(3) 对乙公司投资转出专利权一项，该项专利权账面原值 80 000 元，已摊销价值 15 000 元，投资时经双方确认的价值是 100 000 元。

(4) 甲事业单位用银行存款购入 5 年期、年利率为 5%，面值为 100 000 元的国库券，按年分期付息，到期还本，付息日为每年的 7 月 1 日，最后一年偿还本金并支付最后一次利息。

(5) 1 年后，转让已购买的 3 年期国库券 20 000 元，利息收入 300 元，款项存入银行。

(6) 用银行存款 100 000 元对乙公司进行投资。

(7) 收到乙公司分派的红利 3 000 元，存入银行。

(8) 某事业单位（一般纳税人）对外投出一笔原价为 15 000 元的固定资产，已提折旧 6 000 元，双方协议价为 18 000 元（不含税）。

7. 练习国库集中支付的核算

(1) 某事业单位某月由财政直接支付工资 80 万元。

(2) 事业单位收到财政国库支付执行机构委托代理银行转达的“财政直接支付入账通知书”及有关原始凭证，用于支付经费支出 50 万元。

(3) 某事业单位已经实行财政国库单一账户制度改革。该事业单位发生如下经济业务。

(4) 某事业单位2014年年末和2015年年初发生如下经济业务：

① 2014年年终，本年度财政直接支付预算指标数为350 000元，财政直接支付实际支出数为280 000元，两者差额为70 000元。

② 2014年年终，本年度财政授权支付预算指标数为28万元，单位零余额账户代理银行收到零余额账户用款额度28万元，本年度财政授权支付实际支出数为25万元。

③ 2015年年初，收到代理银行提供的额度恢复到账通知书，恢复财政授权支付额度30 000元。

④ 2015年年初，收到财政部门批转的财政直接支付额度恢复通知单，财政部门对事业单位恢复财政直接支付额度70 000元。

⑤ 接第③小题2015年年初，使用恢复的财政授权支付额度支付日常业务活动支出1 500元。

⑥ 接第④小题2015年年初，使用恢复的财直接权支付额度支付日常业务活动支出3 000元。

第十四章　事业单位负债的核算

学习目标与要求

理解事业单位负债的定义。

了解事业单位负债的内容和会计科目设置。

理解和掌握事业单位负债的账务处理方法。

重点

事业单位负债的会计核算。

难点

应缴国库款、应缴财政专户款、长期应付款的账务处理。

导读

事业单位的负债是指事业单位所承担的能以货币计量，需要以资产或者劳务偿还的债务。它包括流动负债、非流动负债。事业单位对符合负债定义的债务，应当在确定承担偿债责任并且能够可靠的进行货币计量时确认。事业单位的负债，应当按照承担的相关合同金额或实际发生额进行计量。行政单位须加强负债的分类管理、风险管理和清算管理。

第一节　事业单位负债概述

一、负债的内容和特点

事业单位的负债是指事业单位所承担的能以货币计量，需要以资产或者劳务偿还的债务。事业单位的负债，包括从金融机构取得的借款，以及在开展业务活动中发生的待结算债务款项。事业单位代行政府职能收取的纳入预算管理的款项，以及按规定收取的纳入财政专户管理的款项，应当上缴国库或财政专户，在应缴未缴时也形成一项负债。

负债要求能以货币形式可靠计量，以资产或劳务偿还。负债是由事业单位过去的经济业务或会计事项形成的现时义务，履行该义务预期会导致事业单位经济利益或者服务潜力的流出。一般来说，负债只有在与该义务有关的经济利益或服务潜力流出单位，且未来流出的经济利益或服务潜力的金额能够可靠地计量时才能予以确认。

二、负债的计量

事业单位的负债应当按照合同金额或实际发生额进行计量。事业单位的有些负债的金额，是根据相关合同确定的，如采购货物的应付账款等，有些负债是根据实际发生的金额确定的，如各种应缴款项等。

三、负债的分类

事业单位的负债按照流动性，分为流动负债和非流动负债。流动负债是指预计在 1 年内(含 1 年)偿还的负债。非流动负债是指预计偿还期在 1 年以上(不含 1 年)的负债。事业单位的流动负债包括短期借款、应付及预收款项、应付职工薪酬、应缴款项等。事业单位的非流动负债包括长期借款、长期应付款等。

四、负债的财务管理

事业单位经批准可以举借债务，弥补事业经费的不足。根据《事业单位财务规则》的要求，事业单位负债财务管理的主要内容包括：

(1) 加强负债的分类管理。事业单位应当对不同性质的负债分类管，及时时清理并按照规定办理结算，保证各项负债在规定期限内归还。事业单位的借入款项包括短期借款和长期借款，应当根据不同借款的偿还期限，编制还款计划，保证借款的按期归还。对合同预收款项，在合同完成或者阶段性完成后及时结转为收入。对应付款项，应当按时清付，不得长期拖欠。对各项应缴款项，应当按规定及时上缴国库或财政专户，不得截留。

(2) 加强负债的风险管理。事业单位应当建立健全财务风险控制，规范和加强借入款项管理，严格执行审批程序，控制借款的规模，保持合理的负债比例。事业单位不得违反财务制度的规定为其他单位或个人提供债务担保。

(3) 加强清算的管理。事业单位发生划转、撤销、合并、分立时，应当进行清算，应当在主管部门和财政部门的监督指导下，对单位的财产、债权、债务进行全面清理，编制财产目录和债权、债务清单，提出财产作价依据和债权、债务处理办法，做好资产的移交、接收、划转和管理工作，并妥善处理各项遗留问题。

第二节　流动负债的核算

事业单位的流动负债包括短期借款、应缴款项、应付职工薪酬、应付及预收款项。

一、短期借款的核算

(一) 短期借款的内容

短期借款是指事业单位借入的期限在 1 年内(含 1 年)的各种借款。事业单位根据业务活动的需要，从银行或其他金融机构取得短期借款，以弥补事业经费的不足。短期借款是事业单位有偿使用的资金，需要按期偿还借款并支付借款利息。

（二）账户设置

事业单位设置“短期借款”账户，核算借入的期限在1年内（含1年）的各种借款。该账户贷方登记短期借款的发生额，借方登记短期借款的偿还金额，期末余额在贷方，反映事业单位尚未偿还的短期借款本金。本账户应当按照贷款单位和贷款种类进行明细核算。

（三）账务处理

1. 取得短期借款

事业单位借入各种短期借款时，按照实际借入的金额，借记“银行存款”账户，贷记“短期借款”账户。

【例14－1】 某事业单位向银行借入为期3个月的短期借款200 000元，款项已存入开户银行。

借：银行存款 200 000
　贷：短期借款 200 000

2. 支付利息

支付短期借款利息时，借记“其他支出”账户，贷记“银行存款”账户。

【例14－2】 某事业单位按月向银行支付短期借款利息1 000元。

借：其他支出 1 000
　贷：银行存款 1 000

3. 到期归还

归还短期借款时，借记“短期借款”账户，贷记“银行存款”账户。

【例14－3】 某事业单位所借短期借款到期，归还本金200 000元，支付本月利息1 000元。

借：短期借款 200 000
　　其他支出 1 000
　贷：银行存款 201 000

二、应缴款项的核算

依据性质不同，事业单位的应缴款项有应缴税费、应缴国库款和应缴财政专用款等。

（一）应缴税费的核算

1. 应缴税费的内容

应缴税费是事业单位按照税法等规定计算应缴纳的各种税费，包括营业税、增值税、城市维护建设税、教育费附加、车船税、房产税、城镇土地使用税、企业所得税等。

2. 账户设置

事业单位设置“应缴税费”账户，核算按照税法等规定计算应缴纳的各种税费，该账户贷方登记应缴税费发生数，借方登记缴纳数。本账户期末借方余额，反映事业单位多缴纳的税费金额；本账户期末贷方余额，反映事业单位应缴未缴的税费金额。

事业单位代扣代缴的个人所得税，也通过本账户核算。事业单位应缴纳的印花税，直接计入当期支出，不在本账户核算。

本账户应当按照应缴纳的税费种类进行明细核算。属于增值税一般纳税人的事业单位，其应缴增值税明细账中应设置“进项税额”“已交税金”“销项税额”“进项税额转出”等专栏。

3. 主要账务处理

1）营业税、城市维护建设税、教育费附加

事业单位因出售不动产，发生营业税、城市维护建设税、教育费附加纳税义务的，按税法规定计算应缴纳税费金额，借记“待处置资产损溢——处置净收入”账户，贷记“应交税费”账户。实际缴纳时，借记“应交税费”账户，贷记“银行存款”。如果事业单位其他经济业务涉及上述纳税义务的，借记“事业支出”“经营支出”等科目，贷记“应交税费”账户。实际缴纳时，借记“应交税费”账户，贷记“银行存款”。

【例 14 - 4】 某事业单位对外提供服务，本月应缴纳营业税 3 000 元，城市维护建税 210 元，教育费附加 90 元。

借：事业支出	3 300	
贷：应缴税费——营业税		3 000
——城市维护建设税		210
——教育费附加		90

2）增值税

事业单位购入或销售材料缴纳增值税，应当区分自用材料和非自用材料。事业单位购入自用材料的增值税进项税计入材料成本，无增值税缴纳事项。事业单位购入或销售非自用材料的，有增值税纳税义务的，应分一般纳税人和小规模纳税人两种情况核算。

(1) 增值税一般纳税人的事业单位购入非自用材料的，按确定的成本（不含增值税进项税额），借记“存货”账户，按增值税专用发票上注明的增值税税额，借记“应缴税费——应缴增值税（进项税额）”账户，按实际支付或应付的金额，贷记“银行存款”“应付账款”等科目。

【例 14 - 5】 某事业单位属于增值税一般纳税人，购入一批非自用材料，材料价 10 000 元，增值税专用发票上注明的增值税税额 1 700 元，共计 11 700 元，以银行存款支付。

借：存货	10 000	
应缴税费——应缴增值税——进项税额	1 700	
贷：银行存款		11 700

(2) 属于一般纳税人的事业单位所购进的非自用材料发生盘亏、毁损、报废、对外捐赠、无偿调出等税法规定不得从增值税销项税额中抵扣进项税额的，将所购进的非自用材料转入待处置资产时，按照材料的账面余额与相关增值税进项税额转出的合计金额，借记“待处

置资产损溢”账户，按材料的账面余额，贷记“存货”账户，按转出的增值税进项税额，贷记“应缴税费——应缴增值税(进项税额转出)”账户。

【例 14－6】 某事业单位所购的非自用材料因保管不善发生毁损，材料的账面余额 10 000 元，相关增值税 1 700 元，转为待处置资产。

借：待处置资产损溢——待处置资产价值	110 700	
贷：存货		10 000
应缴税费——应缴增值税——进项税额转出		1 700

(3) 属于增值税一般纳税人的事业单位销售应税产品或提供应税服务，按包含增值税的价款总额，借记“银行存款”“应收账款”“应收票据”等科目，按扣除增值税销项税额后的价款金额，贷记“经营收入”等科目，按增值税专用发票上注明的增值税金额，贷记“应缴税费——应缴增值税(销项税额)”账户。

【例 14－7】 某事业单位对外销售产品一批，产品价款 20 000 元，增值税税额 3 400 元，共计 23 400 元，存入银行。

借：银行存款	23 400	
贷：经营收入		20 000
应缴税费——应缴增值税——销项税额		3 400

(4) 属于增值税一般纳税人的事业单位实际缴纳增值税时，借记“应缴税费——应缴增值税(已交税金)”账户，贷记“银行存款”账户。

【例 14－8】 月初，某事业单位缴纳上月应缴纳的增值税 7 650 元，依据银行付款回单记账。

借：应缴税费——应缴增值税——已交税金	7 650	
贷：银行存款		7 650

(5) 属于增值税小规模纳税人的事业单位销售应税产品或提供应税服务，按实际收到或应收的价款，借记“银行存款”“应收账款”“应收票据”等科目，按实际收到或应收价款扣除增值税税额后的金额，贷记“经营收入”等科目，按应缴增值税金额，贷记“应缴税费——应缴增值税”账户。实际缴纳增值税时，借记“应缴税费——应缴增值税”账户，贷记“银行存款”账户。

【例 14－9】 某事业单位属于增值税小规模纳税人，购入经营用材料一批用于生产加工，材料含税价为 8 000 元，款项尚未支付。

借：存货	8 000	
贷：应付账款		8 000

【例 14－10】 某事业单位属于增值税小规模纳税人，对外提供劳务，收到价款 10 000 元，应纳增值税 291 元。

借：银行存款	10 000	
贷：经营收入		9 709
应缴税费——应缴增值税		291

3）房产税、城镇土地使用税、车船税

发生房产税、城镇土地使用税、车船税纳税义务的，按税法规定计算的应缴税金数额，借记有关账户，贷记“应缴税费”账户。实际缴纳时，借记“应缴税费”账户，贷记“银行存款”账户。

【例 14－11】 月末，某事业单位计提本月应缴房产税 680 元，城镇土地使用税2 000 元。

借：事业支出　　2 680
　贷：应缴税费——房产税　　680
　　　　　　——城镇土地使用税　　2 000

【例 14－12】 某事业单位通过单位零余额账户缴纳上述税款共计 2 680 元。

借：应缴税费——房产税　　680
　　　　　——城镇土地使用税　　2 000
　贷：零余额账户用款额度　　2 680

4）代扣代缴个人所得税

代扣代缴个人所得税的，按税法规定计算应代扣代缴的个人所得税金额，借记“应付职工薪酬”账户，贷记“应缴税费”账户。实际缴纳时，借记“应缴税费”账户，贷记“银行存款”账户。

【例 14－13】 某事业单位代扣代缴个人所得税，本月共计 356 150 元。

借：应付职工薪酬　　356 150
　贷：应缴税费——应缴个人所得税　　356 150

5）企业所得税

发生企业所得税纳税义务的，按税法规定计算的应缴税金数额，借记“非财政补助结余分配”账户，贷记“应缴税费”账户。实际缴纳时，借记“应缴税费”账户，贷记“银行存款”账户。

【例 14－14】 某事业单位计提本年度企业所得税 15 230 元。

借：非财政补助结余分配　　15 230
　贷：应缴税费——应缴企业所得税　　15 230

（二）应缴国库款的核算

1. 应缴国库款的内容

应缴国库款是指事业单位在业务活动中按规定取得的应缴入国库的款项(应缴税费除外)。应缴国库款的内容主要包括纳入预算管理的政府性基金、行政事业性收费、没收财物变价款、无主财物变价款、赃款和赃物变价款、其他按照预算管理规定应上缴的款项等。事业单位代行政府职能收取的款项，应当及时上缴财政国库。

2. 账户设置

事业单位设置“应缴国库款”账户，核算按规定应缴入国库的款项(应缴税费除外)。该科目贷方登记应缴国库款的发生额，借方登记缴纳额，期末余额在贷方，反映事业单位应缴入国库但尚未缴纳的款项。本账户应当按照应缴国库的各款项类别进行明细核算。

事业单位上缴国库的款项，是政府的非税收收入，应当按照国库集中收付制度的要求进行上缴，其主要包括集中汇缴和直接缴库两种方式。

3. 主要账务处理

(1) 在集中汇缴方式下,按规定计算确定或实际取得应缴国库的款项时,借记有关账户,贷记"应缴国库款"账户。上缴款项时,借记"应缴国库款"账户,贷记"银行存款"等科目。

【例 14-15】 某事业单位代行政府职能,取得应缴入国库的罚款收入 500 元,并存入银行。

借:银行存款　　500
　贷:应缴国库款　　500

【例 14-16】 某事业单位按照规定上缴上述款项 500 元。

借:应缴国库款　　500
　贷:银行存款　　500

(2) 在直接缴库方式下,缴款人将应缴款项直接缴入国库账户,事业单位只负责征收管理,款项并不通过事业单位的过渡账户汇集。在这种情况下,应缴国库款的核算可以简化,根据开出的"非税收收入收款书",在"应缴国库款备查登记簿"中进行备查登记,或者同时借记和贷记"应缴国库款"账户,以反映预算资金的收缴情况。

【例 14-17】 某事业单位一项纳入财政预算管理的事业性收费,采用直接缴库的方式收缴。事业单位开出的"非税收收入收款书",款项 1 000 元由缴款人直接缴入国库。

借:应缴国库款——非税收收入(事业收费)　　1 000
　贷:应缴国库款——非税收收入(事业收费)　　1 000

或者,不做上述会计分录,在"应缴国库款备查登记簿"中进行备查登记。

(3) 事业单位处置资产取得的应上缴国库的处置净收入的账务处理,参见第十三章有关内容。

(三) 应缴财政专户款的核算

1. 应缴财政专户款的内容

应缴财政专户款是指事业单位按规定收取的应缴入财政专户的各种款项。事业单位代行政府职能,依国家法律、法规而收取、提取和安排使用的各项资金,按规定应纳入财政专户管理。事业单位取得的纳入财政专户管理的资金,由财政部门建立财政专户统一管理,实行"收支两条线"管理方式。收到各项收费时,必须上缴财政专户统一管理;使用这笔资金时,要向财政部门申请,经过审批通过财政专户返还。

2. 账户设置

事业单位设置"应缴财政专户款"账户,核算按规定应缴入财政专户的款项。本账户借方登记应缴财政专户款的缴纳额,贷方登记应缴财政专户款的发生额,期末余额在贷方,反映事业单位应缴入财政专户但尚未缴纳的款项。本账户应当按照应缴财政专户的各款项类别进行明细核算。

应缴财政专户款在上缴财政部门后,成为政府的一项非税收收入。应缴财政专户款的缴纳包括集中汇缴与直接缴库两种方式。

3. 主要账务处理

1) 集中汇缴

(1) 取得应缴财政专户的款项时,借记有关账户,贷记"应缴财政专户款"账户;上缴款项时，借记“应缴财政专户款”账户，贷记“银行存款”等科目。

【例 14－18】 某事业单位取得应缴入财政专户的一项事业性收费收入 5 000 元，存入银行。

借：银行存款　　5 000
　贷：应缴财政专户款——非税收收入(事业收费)　　5 000

【例 14－19】 接[例 5－18]，月末，某事业单位将上述款项 5 000 元缴入财政专户。

借：应缴财政专户款——非税收收入(事业收费)　　5 000
　贷：银行存款　　5 000

(2) 收到返还的款项时，借记“银行存款”“零余额账户用款额度”等科目，贷记“事业收入”账户。

【例 14－20】 某事业单位收到代理银行转来的“授权支付到账通知书”。财政部门通过授权支付方式核拨的财政专户管理资金 5 000 元已经下拨到单位零余额账户。

借：零余额账户用款额度　　5 000
　贷：事业收入——××业务(××收费项目)　　5 000

2) 直接缴库

事业单位如果通过直接缴库的方式收缴财政专户管理的资金，款项不再通过事业单位的过渡账户汇集，而是由缴款人直接缴入财政专户，事业单位只负责征收管理。对于缴款人直接缴入国库的款项，事业单位可以设置“应缴财政款备查登记簿”进行备查登记，或者同时借记和贷记“应缴财政专户款”账户，以反映财政专户管理资金的收缴情况。收到财政专户返还的专户管理的资金时，按收到的金额确认事业收入。

【例 14－21】 某事业单位的一项事业性收费纳入财政专户管理，采用直接缴库的方式收缴。根据开具的“非税收收入一般缴款书”，此项事业性收费共计 20 000 元，款项已经由缴款人直接缴入财政专户。

借：应缴财政专户款——非税收收入(事业收费)　　20 000
　贷：应缴财政专户款——非税收收入(事业收费)　　20 000

或者，不做上述会计分录，在“应缴财政款备查登记簿”中进行备查登记。

三、应付职工薪酬的核算

(一) 应付职工薪酬的内容

应付职工薪酬是指事业单位按有关规定应付给职工及为职工支付的各种薪酬，以及为职工支付的各种社会保障费。包括基本工资、薪级工资、绩效工资、国家统一规定的津贴补贴、社会保险费(“五险一金”)和应付其他个人收入等。

(二) 账户设置

事业单位设置“应付职工薪酬”账户。核算按有关规定应付给职工和为职工支付的各种薪酬，及为职工支付的各种社会保障费。本账户的贷方登记应付职工薪酬的发生额，借方登记向职工支付额，期末余额在贷方，反映事业单位应付未付的职工薪酬。

本账户应当根据国家有关规定按照“工资（离退休费）”“地方（部门）津贴补贴”“其他个人收入”以及“社会保险费”“住房公积金”等进行明细核算。

（三）主要账务处理

（1）计算当期应付职工薪酬，借记“事业支出”“经营支出”等，贷记“应付职工薪酬”账户。

【例 14 - 22】 某事业单位实行国库集中支付制度，由财政统一支付在职事业编制职工薪酬，其中，基本工资 2 000 000 元，津贴补贴 1 650 000 元，奖金 132 000 元，应付社会保障费 1 250 000 元（个人承担部分），应付住房公积金 866 000（个人承担部分），共计 5 898 000 元。

借：事业支出——财政补助支出　5 898 000
　贷：应付职工薪酬——工资（基本工资）　2 000 000
　　——地方（或部门）津贴补贴　1 650 000
　　——奖金　132 000
　　——社会保障费　1 250 000
　　——住房公积金　866 000

（2）向职工支付工资、津贴补贴等薪酬，借记“应付职工薪酬”账户，贷记“财政补助收入”“零余额账户用款额度”“银行存款”等科目。

【例 14 - 23】 由财政统一支付某事业单位职工工资、津贴等薪酬 5 898 000 元。

借：应付职工薪酬　5 898 000
　贷：财政补助收入——财政直接支付　5 898 000

（3）按税法规定，代扣代缴个人所得税，借记“应付职工薪酬”账户，贷记“应缴税费——应缴所得税”账户。

【例 14 - 24】 单位从应付职工薪酬中代扣个人所得税 200 000 元。

借：应付职工薪酬　200 000
　贷：应缴税费——应缴个人所得税　200 000

（4）按照国家有关规定缴纳职工社会保险费和住房公积金，借记“应付职工薪酬”账户，贷记“财政补助收入”“零余额账户用款额度”“银行存款”等科目。

【例 14 - 25】 某事业单位按照国家有关规定缴纳职工社会保险费和住房公积金，其中，社会保险费 1 250 000 元转入社会保障机构账户，住房公积金 866 000 元转入公积金管理中心账户，由财政直接支付。

借：应付职工薪酬——社会保障费　1 250 000
　　——住房公积金　866 000
　贷：财政补助收入——财政直接支付　2 116 000

（5）从应付职工薪酬中支付其他款项，借记“应付职工薪酬”账户，贷记“财政补助收入”“零余额账户用款额度”“银行存款”等科目。

【例 14-26】 按照国家规定，从应付职工薪酬中支付职工市内交通费 5 000 元，由单位零余额账户支付。

借：应付职工薪酬——其他个人收入　　5 000
　贷：零余额账户用款额度　　5 000

四、应付及预收款项的核算

事业单位的应付及预收款项有应付票据、应付账款、预收账款、其他应付款等。

（一）应付票据的核算

1. 应付票据的内容

应付票据是事业单位因购买材料物资或服务等而开出、承兑的商业汇票，包括银行承兑汇票和商业承兑汇票。商业汇票分为带息票据和不带息票据，事业单位开出的一般为不带息票据。

2. 账户设置

事业单位设置“应付票据”账户，核算因购买材料、物资等而开出、承兑的商业汇票。本账户贷方登记应付票据的发生额，借方登记应付票据的兑付额或转出额，期末余额在贷方，反映事业单位开出、承兑的尚未到期的商业汇票票面金额。

事业单位应当设置“应付票据备查簿”，详细登记每一应付票据的种类、号数、出票日期、到期日、票面金额、交易合同号、收款人姓名或单位名称，以及付款日期和金额等资料。应付票据到期结清票款后，应当在备查簿内逐笔注销。本账户应当按照债权单位进行明细核算。

3. 主要账务处理

1）开出、承兑商业汇票时，借记“存货”等科目，贷记“应付票据”账户

如果是银行承兑汇票，支付银行承兑汇票的手续费时，借记“事业支出”“经营支出”等科目，贷记“银行存款”等科目。以承兑商业汇票抵付应付款时，借记“应付账款”账户，贷记“应付票据”账户。

【例 14-27】 某事业单位开出银行承兑汇票 1 张，购买自用材料，材料价款和增值税共计 53 000 元，期限 3 个月。材料验收入库。

借：存货　　53 000
　贷：应付票据　　53 000

【例 14-28】 某事业单位支付银行承兑汇票的手续费 530 元。

借：事业支出　　530
　贷：银行存款　　530

2）商业汇票到期时，应当分别以下情况处理

（1）收到银行支付到期票据的付款通知时，借记“应付票据”账户，贷记“银行存款”账户。

【例 14-29】 单位收到银行支付到期票据的付款通知，兑付此前开出的银行兑汇票 53 000 元。

借：应付票据　　53 000

　贷：银行存款　　53 000

(2) 银行承兑汇票到期，本单位无力支付票款的，按照汇票票面金额，借记“应付票据”账户，贷记“短期借款”账户。

【例 14-30】 接[例 14-27]，单位开出的银行承兑汇票到期，但本单位的银行存款余额不足，不能如期支付票款。

借：应付票据　　53 000

　贷：短期借款　　53 000

(3) 商业承兑汇票到期，本单位无力支付票款的，按照汇票票面金额，借记“应付票据”账户，贷记“应付账款”账户。

【例 14-31】 某事业单位开出的商业承兑汇票 40 000 元到期，但本单位的银行存款余额不足，不能如期支付票款。

借：应付票据　　40 000

　贷：应付账款　　40 000

(二) 应付账款的核算

1. 应付账款的内容

应付账款是事业单位因购买材料物资或接受劳务等而应付给供应单位的款项。

2. 账户设置

事业单位设置“应付账款”账户，核算因购买材料物资、接受劳务等而应付的款项。本账户贷方登记应付账款的发生额，借方登记应付账款的偿付额，期末余额在贷方，反映事业单位尚未支付的应付账款。本账户应当按照债权单位(或个人)进行明细核算。

3. 主要账务处理

(1) 购入材料、物资等已验收入库但货款尚未支付的，按照付未付金额，借记“存货”等科目，贷记本账户。

【例 14-32】 某事业单位购买自用材料一批，总款额 32 000 元，购入材料已验收入库，单位以银行存款支付了 10 000 元，余款尚欠。

借：存货　　32 000

　贷：银行存款　　10 000

　　应付账款　　22 000

(2) 偿付应付账款时，按照实际支付的款项金额，借记“应付账款”账户，贷记“银行存款”等科目

【例 14-33】 接[例 14-32]，该单位以银行存款偿付前欠货款 22 000 元。

借：应付账款　　22 000

　贷：银行存款　　22 000

(3) 开出、承兑商业汇票抵付应付账款，借记“应付账款”账户，贷记“应付票据”账户。

【例 14-34】 接[例 14-32]，该单位开出 3 个月期的商业承兑汇票来抵付所欠货款。

借：应付账款　　22 000
　贷：应付票据　　22 000

(4) 无法偿付或债权人豁免偿还的应付账款，借记“应付账款”账户，贷记“其他收入”账户。

【例 14-35】 接[例 14-32]，为支持本单位的事业计划，债权单位豁免了本单位所欠账款 22 000 元。

借：应付账款　　22 000
　贷：其他收入　　22 000

(三) 预收账款的核算

1. 预收账款的内容

预收账款是指事业单位按合同规定向购货单位或接受劳务单位预收的款项。

2. 账户设置

事业单位设置“预收账款”账户，核算按合同规定预收的款项。本账户贷方登记预收账款的发生额，借方记预收账款的确认额，期末余额在贷方，反映事业单位按合同规定预收但尚未实际结算的款项。本账户应当按照债权单位(或个人)进行明细核。

3. 主要账务处理

(1) 从购货方预收款项时，按照实际预收的金额，借记“银行存款”等科目，贷记“预收账款”账户。

【例 14-36】 某事业单位接受 A 企业预订某项服务，预收款项 10 000 元，存入银行。

借：银行存款　　10 000
　贷：预收账款——A 企业　　10 000

(2) 在确认有关收入时，借记“预收账款”账户，按照应确认的收入金额，贷记“经营收入”账户，按照付款方补付或退回付款方的金额，借记或贷记“银行存款”等科目。

【例 14-37】 接[例 14-36]，单位向 A 企业提供服务，单位确认收入，并收取余款 20 000 元。

借：银行存款　　20 000
　　预收账款——A 企业　　10 000
　贷：经营收入　　30 000

(3) 无法偿付或债权人豁免偿还的预收账款，借记“预收账款”账户，贷记“其他收入”账户。

【例 14-38】 接[例 14-36]，因 A 企业改变计划，取消了本单位提供服务的义务，并不要求本单位偿还预付款项 10 000 元。

借：预收账款——A 企业　　10 000
　贷：其他收入　　10 000

(四) 其他应付款的核算

1. 其他应付款的内容

其他应付款是指事业单位除应缴税费、应缴国库款、应缴财政专户款、应付职工薪酬、应付票据、应付账款、预收账款之外的其他各项偿还期限在1年内(含1年)的应付及暂收款项,如其他单位存入事业单位的保证金等。

2. 账户设置

事业单位设置"其他应付款"账户,核算各项偿还期限在1年内(含1年)的应付及暂收款项。本账户贷方登记其他应付款的发生额,借方登记其他应付款的支付额,期末余额在贷方,反映事业单位尚未支付的其他应付款。本账户应当按照其他应付款的类别以及债权单位(或个人)进行核算。

3. 主要账务处理

(1) 发生其他各项应付及暂收款项时,借记"库存现金""银行存款"等科目,贷记"其他应付款"账户。

【例14-39】 某事业单位代职工订阅杂志、报刊,预收现金1 000元。

借:库存现金　　1 000
　贷:其他应付款　　1 000

(2) 支付其他应付款项时,借记"其他应付款"账户,贷记"库存现金""银行存款"等科目。

【例14-40】 因故该单位未能代职工完成杂志报刊的订阅,将所收款项1 000元退给职工。

借:其他应付款　　1 000
　贷:库存现金　　1 000

(3) 无法偿付或债权人豁免偿还的其他应付款项,借记"其他应付款"账户,贷记"其他收入"账户。

【例14-41】 某事业单位欲向B企业退回原向其收取的业务保证金20 000元,发现由于B企业破产清算,无法偿付。

借:其他应付款——B企业　　20 000
　贷:其他收入　　20 000

第三节　非流动负债的核算

事业单位的非流动负债包括长期借款、长期应付款。

一、长期借款的核算

(一) 长期借款的内容

长期借款是指事业单位借入的期限超过1年(不含1年)的各种借款。事业单位通过长期借款筹集到的资金,一般用于事业单位扩大事业规模、购建固定资产、开展工程项目和基建项目等。

（二）账户设置

事业单位设置“长期借款”账户，核算借入的期限超过 1 年（不含 1 年）的各种借款。本账户贷方登记长期借款的发生数，借方登记归还的长期借款数，期末余额在贷方，反映事业单位尚未偿还的长期借款本金。本账户应当按照贷款单位和贷款种类进行明细核算。对于基建项目借款，还应按具体项目进行明细核算。

（三）主要账务处理

(1) 借入各项长期借款时，按照实际借入的金额，借记“银行存款”账户，贷记“长期借款”账户。

【例 14－42】 某事业单位向建设银行借入为期 3 年的长期借款 1 000 000 元，款项已经到账。

借：银行存款	1 000 000	
贷：长期借款——建设银行——3 年期		1 000 000

(2) 为构建固定资产支付的专门借款利息，分别以下情况处理：

其一，属于工程项目建设期间支付的，计入工程成本，按照支付的利息，借记“在建工程”账户，贷记“非流动资产基金——在建工程”账户；同时，借记“其他支出”账户，贷记“银行存款”账户。

其二，属于工程项目完工交付使用后支付的，计入当期支出但不计入工程成本，按照支付的利息，借记“其他支出”账户，贷记“银行存款”账户。具体例题参见第十三章“在建工程”的核算。

(3) 其他长期借款利息，按照支付的利息金额，借记“其他支出”账户，贷记“银行存款”账户。

【例 14－43】 某事业单位支付长期借款利息 3 600 元，以银行存款支付。

借：其他支出	3 600	
贷：银行存款		3 600

4. 归还长期借款时，借记“长期借款”账户，贷记“银行存款”账户。

【例 14－44】 单位归还到期长期借款 1 000 000 元，并支付当月利息 5 000 元。

借：长期借款	1 000 000	
其他支出	5 000	
贷：银行存款		1 005 000

二、长期应付款的核算

（一）长期应付款的内容

长期应付款是指事业单位发生的偿还期限超过 1 年（不含 1 年）的应付款项，主要包括以融资租赁租入固定资产的租赁费、跨年度分期付款购入固定资产的价款等。

（二）账户设置

事业单位，设置“长期应付款”账户，核算发生的偿还期限超过1年（不含1年）的各种应付款项。本账户贷方登记长期应付款的发生额，借方登记偿付款，期末余额在贷方，反映事业单位尚未支付的长期应付款。本账户应当按照长期应付款的类别以及债权单位（或个人）进行明细核算。

（三）主要账务处理

（1）发生以融资租赁租入固定资产、跨年度分期付款购入固定资产的，按照确定的成本，借记“固定资产”“在建工程”等科目，按照租赁协议或购买合同确定的价款贷记“长期应付款”账户，按照其差额贷记“非流动资产基金——固定资产、在建工程”等科目。同时记录设备的运输费、途中保险费、安装调试费等所形成的支出。具体例题参见第十三章第三节的内容。

（2）支付长期应付款时，借记“事业支出”“经营支出”等科目，贷记“银行存款”等科目；同时，借记“长期应付款”账户，贷记“非流动资产基金”账户。

【例14-45】 某事业单位支付本季度的租赁租入设备应付款50 000元。

借：事业支出　　50 000
　贷：银行存款　　50 000
借：长期应付款　　50 000
　贷：非流动资产基金——固定资产　　50 000

（3）无法偿付或债权人豁免偿还的长期应付款，借记“长期应付款”账户，贷记“其他收入”账户。

【例14-46】 某事业单位的一项长期应付款32 000元无法偿付，经研究领导批准转为其他收入。

借：长期应付款　　32 000
　贷：其他收入　　32 000

本章小结

事业单位的负债是指事业单位所承担的能以货币计量，需要以资产或者劳务偿还的债务。事业单位负债，包括从金融机构取得的借款，以及在开展业务活动中发生的待结算债务款项。

事业单位的负债按照流动性，分为流动负债和非流动负债。流动负债是指预计在1年内（含1年）偿还的负债。非流动负债是指预计偿还期在1年以上（不含1年）的负债。事业单位的流动负债包括短期借款、应付及预收款项、应付职工薪酬、应缴款项等。事业单位的非流动负债包括长期借款、长期应付款等。

事业单位的负债应当按照合同金额或实际发生额进行计量。

事业单位负债核算的方法，包括各项负债的内容、科目设置和主要账务处理。

关键术语

短期借款、应缴税费、应缴国库款、应缴财政专户款、应付职工薪酬、应付票据、应付账款、预收账款、其他应付款、长期借款、长期应付款。

思考题

1. 事业单位负债如何确认与计量？
2. 简述事业单位应缴国库款和应缴财政专户款的核算。
3. 简述事业单位应缴增值税的核算。
4. 事业单位长期借款和短期借款的账务处理有何不同？

练习题

(一) 单项选择题

1. 下列项目中，关于“短期借款”账户的说法错误的是（　　）。
   A. 本账户应当按照贷款单位和贷款种类进行明细核算
   B. 本账户期末贷方余额，反映事业单位尚未偿还的短期借款本金
   C. 本账户核算事业单位借入的期限在1年内(不含1年)的各种借款
   D. 银行承兑汇票到期，本单位无力支付票款的，按照银行承兑汇票的票面金额，借记“应付票据”账户，贷记本账户。
2. 下列项目中，关于“长期借款”账户的说法错误的是（　　）。
   A. 本账户期末贷方余额，反映事业单位尚未偿还的长期借款本金
   B. 本账户核算事业单位借入的期限超过1年(不含1年)的各种借款
   C. 本账户应当按照贷款单位和贷款种类进行明细核算。对于基建项目借款，还应按具体项目进行明细核算
   D. 为购建固定资产支付的专门借款利息，属于工程项目建设期间支付的，计入当期支出但不计入工程成本。
3. 下列各项中，不属于事业单位应缴国库款的有（　　）。
   A. 行政性收费收入　　B. 罚没收入
   C. 预算外资金　　D. 政府性基金收入
4. 下列项目中，关于“应付票据”账户的说法错误的是（　　）。
   A. 本账户应当按照债权单位进行明细核算
   B. 本账户期末贷方余额，反映事业单位开出、承兑的尚未到期的商业汇票票面金额
   C. 支付银行承兑汇票的手续费时，借记“其他支出”账户，贷记“银行存款”等科目
   D. 本账户核算事业单位因购买材料、物资等而开出、承兑的商业汇票，包括银行承兑汇票和商业承兑汇票
5. 下列项目中，关于“应缴税费”账户的说法错误的是（　　）。

A. 事业单位代扣代缴的个人所得税，要通过本账户核算

B. 本账户核算事业单位按照税法等规定计算应缴纳的各种税费，包括营业税、增值税、车船税、房产税、印花税、企业所得税等

C. 本账户期末借方余额，反映事业单位多缴纳的税费金额；本账户期末贷方余额，反映事业单位应缴未缴的税费金额

D. 本账户应当按照应缴纳的税费种类进行明细核算。属于增值税一般纳税人的事业单位，其应缴增值税明细账中应设置"进项税额""已交税金""销项税额""进项税额转出"等专栏

6. 银行承兑汇票到期，本单位无力支付票款，按照银行承兑汇票的票面金额(　　)。

A. 借记"应付票据"账户，贷记"应付账款"账户

B. 借记"应付票据"账户，贷记"短期借款"账户

C. 借记"应付账款"账户，贷记"短期借款"账户

D. 借记"应付票据"账户，贷记"其他应付款"账户

7. 事业单位借款，一般来说主要是向(　　)借款。

A. 金融机构　　B. 财政部门　　C. 主管部门　　D. 同级事业单位

8. 事业单位从事专业业务活动借款所支付的利息应列入(　　)账户。

A. "事业支出"　　B. "经营支出"　　C. "其他支出"　　D. "专项支出"

(二) 多项选择题

1. 下列项目中，关于"财政应返还额度"账户说法正确的有(　　)。

A. 本账户为负债类科目

B. 本账户期末贷方余额，反映事业单位应收财政返还的资金额度

C. 本账户核算实行国库集中支付的事业单位应收财政返还的资金额度

D. 本账户应设置"财政直接支付""财政授权支付"两个明细科目，进行明细核算

2. 事业单位的负债不包括(　　)。

A. "预付账款"　　B. "应付账款"　　C. "预收账款"　　D. "其他应收款"

3. 属于增值税一般纳税人的事业单位为进行应缴增值税的核算，在应缴增值税明细账中应设置(　　)。

A. 进项税额　　B. 销项税额　　C. 已交税金　　D. 进项税额转出

4. 其他应付款是指事业单位应付、暂收其他单位或个人的款项，下列哪些业务项目可在其他应付款账户中核算(　　)。

A. 个人交存的住房公积金　　B. 单位交的住房基金

C. 租入固定资产的租金　　D. 存入保证金

5. 事业单位的应付职工薪酬包括(　　)。

A. 基本工资　　B. 津贴补贴　　C. 社会保险费　　D. 应付统筹退休金

(三) 判断题

1. 事业单位借入款项，一般不预计利息支出，实际支付利息时，将其计入事业支出或经营支出。(　　)

2. 无法偿付或债权人豁免偿还的预收账款的账务处理，借记"预收账款"账户，贷记"其他收入"账户。(　　)

3. "应缴财政专户款"账户核算事业单位按规定应缴入财政专户的款项，应当按照应缴

财政专户的各款项类别进行明细核算。（ ）

4. “应缴国库款”账户核算事业单位按规定应缴入国库的款项，包括应缴税费、纳入预算管理的政府性基金、行政性收费、罚款、没收财物变价款、无主财物变价款、赃款和赃物变价款以及事业单位处置资产应上缴国库的款项等。（ ）

5. 其他应付款科目核算事业单位除应缴税费、应缴国库款、应缴财政专户款、应付职工薪酬、应付票据、应付账款、预收账款之外的其他各项偿还期限在1年内(含1年)的应付及暂收款项，如存入保证金等。（ ）

6. 无法偿付或债权人豁免偿还的预收账款的账务处理，借记“预收账款”账户，贷记“其他收入”账户。（ ）

7. 事业单位应缴纳的印花税不需要预提应缴税费，直接通过支出等科目核算，不在应缴税费科目核算。（ ）

(四) 业务处理题

请根据下列资料编制事业单位的会计分录。

1. 练习短期借款、应付及预收款项的核算

(1) 某事业单位从银行借3个月期限的借款100 000元，年利率为6%(做借入款项、支付利息和归还本金的会计分录)。

(2) 某事业单位，2015年8月12日为购买经营用设备生产线向银行借款1 800 000元，利率为6%，借款期限为3年，到期一次性还本付息。

(3) 某事业单位(一般纳税人)从A公司购进自用材料一批，价值50 000元，增值税额为8 500元，款未付。

(4) 用银行存款支付前欠B公司材料款10 000元。

(5) 开出商业承兑汇票一张，抵付前欠A公司货款58 500元。

(6) 某事业单位采用商业承兑汇票结算方式购入一批非自用材料，根据发票账单，购入材料的价款为30 000元，增值税款为5 100元，材料已验收入库。单位开出两个月到期无息的商业承兑汇票(做开出承兑的商业汇票时和票据到期还款时的会计分录)。

(7) 某事业单位2015年5月15日为开展经营活动购入非自用材料一批，材料成本为20 000元，应缴增值税额为3 400元，出具期限为3个月的带息票据一张，年利率为6%(做购入材料、到期支付利息和偿还本金的会计分录)。

(8) 某事业单位接受一批订货合同，按合同规定，货款总额为20 000元，预计3个月完成。订货方预付货款50%，另50%待产品完工发出后再支付(假设该产品为免税产品)，根据上述经济业务做收到预付货款，3个月后发出产品和订货单位补付货款的会计分录。

2. 练习应缴款项的核算

(1) 2015年8月5日，收到行政性收费50万元存入银行。

(2) 8月10日，将上题中的行政性收费上缴国库。

(3) 8月15日，共向个人收取各项规费5 000元，个人均以现金支付，该事业单位第2天将款项交存银行。该项规费纳入财政专户管理。

(4) 该事业单位于8月20日，将上述规费5 000元一次上缴。

(5) 年终时，该事业单位“应缴国库款”账户中仍有贷方余额500元，经查是属于尚未上缴款，该事业单位立刻将此款划归国库。

3. 练习应缴税费的核算

(1) 某实行内部成本核算的事业单位，2015 年 6 月 5 日购入供产品生产使用的材料一批，价款为 50 000 元，增值税额为 8 500 元。货款已支付，材料已验收入库。该事业单位当期销售商品 10 万元(不含应向客户收取的增值税额)，货款尚未收到，该商品的增值税税率为 17%(做购货时、销货时和缴纳增值税时的会计分录)。

(2) 某事业单位 2015 年 3 月，发现非自用材料毁损，账面价值 2 000 元，相应进项税额 340 元。

(3) 某事业单位 2015 年 3 月份销售试制产品一批，销售额为 60 000 元(不含应向购买方收取的增值税)，货款尚未收到，试制品的销售成本为 35 000 元，增值税税率为 17%，消费税税率为 10%(做应向购买方收取的增值税、消费税的会计分录)。

(4) 某事业单位对外提供劳务，收入 50 万元，增值税税率 5%，用银行存款上交增值税 85 000 元。

(5) 年终，某事业单位当年实现结余 250 000 元，按税法规定该单位应缴纳所得税税率为 25%。

第十五章　事业单位收入的核算

学习目标与要求

了解事业单位收入的概念，收入的来源渠道和分类。

理解和掌握事业单位收入的会计核算。

重点

事业单位收入的会计核算。

难点

财政补助收入、上级补助收入、事业收入、经营收入、附属单位收入、其他收入等业务的账务处理。

导读

事业单位收入是指事业单位开展业务及其他活动依法取得的非偿还性资金。包括财政补助收入、事业收入、上级补助收入、附属单位上缴收入、经营收入和其他收入等。事业单位收入以收付实现制为主要确认基础，特定情况下采用权责发生制基础确认。事业单位须加强收入的预算管理，保证收入的合法性与合理性，及时上缴各项财政收入。

第一节　事业单位收入概述

一、事业单位收入的确认与计量

事业单位收入是指事业单位开展业务及其他活动依法取得的非偿还性资金。一般事业单位依法取得的各项资金不需要在未来偿还，即可确认为收入。

根据《事业单位会计制度》的规定，收入以收付实现制为主要确认基础，特定情况下采用权责发生制基础确认。

(1) 在收付实现制基础下，收入应当在收到款项时予以确认，并按照实际收到的金额进行计量。此时，经济利益或服务潜力已经流入事业单位，并且导致事业单位资产增加或者负债减少。事业单位的补助收入、专业业务收入、其他业务收入一般要求按收付实现制基础确认。

(2) 在权责发生制基础下，收入应当在发生时予以确认，并按照实际发生的数额计量。此时，经济利益或服务潜力能够流入事业单位，并且能够导致事业单位资产增加或者负债减少。事业单位的经营业务收入要求按权责发生制基础确认，即提供服务或者发出存货、同时收讫价款或者取得索取价款的凭据时予以确认，并按照实际收到的金额或者有关凭据注明的金额计量。事业单位的经营收入以外的各项收入如果采用权责发生制基础确认，应当符合会计制度的规定。

二、事业单位收入的内容与分类

事业单位收入的来源可以是财政补助资金，也可以是事业单位的业务收费，还可以是社会捐赠等其他渠道的资金。按事业单位收入的取得方式划分，收入分为补助收入、业务活动收入和其他活动收入。具体来说事业单位的收入包括财政补助收入、事业收入、上级补助收入、附属单位上缴收入、经营收入和其他收入等。

(1) 补助收入，是政府财政部门、上级主管部门、其他政府机构给予事业单位的补助，包括财政补助收入和上级补助收入，不包括社会其他机构对事业单位的捐赠。补助收入是一项非交换交易收入，事业单位取得此项收入时不需要向对方支付现金、提供商品或服务，而是以向社会提供公益性服务或其他成果为回报。

(2) 业务活动收入，是事业单位通过向社会提供商品、服务等而按规定收取的商品价款或服务费用，包括事业收入和经营收入。业务活动收入是一项交换交易收入，是事业单位按成本补偿或等价交换的原则取得的收入。事业单位的专业业务活动具有公益属性，但为了补偿其耗费可以按国家规定的价格收取一定数额的费用。事业单位可以开展经营活动，提供的商品或服务可以按市场价格收费，以弥补事业经费的不足。

(3) 其他业务活动收入，是除补助收入、业务活动收入以外的收入，包括附属单位上缴收入和其他收入。事业单位除从事专业业务活动、经营业务活动外，还存在一些非日常性的活动，取得一定数额的收入。例如，事业单位收到附属单位上缴的款项、接受社会捐赠、资产出租收入等。

事业单位的收入按资金性质，分为财政性资金收入、非财政性资金收入；按限定性要求分为基本支出补助和项目支出补助、专项资金收入和非专项资金收入。

三、事业单位收入的财务管理

根据《事业单位财务规则》的要求，事业单位收入财务管理的内容主要包括：

(1) 加强收入的预算管理。事业单位应当将各项收入全部纳入单位预算，统一核算、统一管理。国家对事业单位实行“核定收支、定额或者定项补助、超支不补、结转和结余按规定使用”的预算管理办法。事业单位参考以前年度预算执行情况，根据预算年度的收入增减因素和措施，以及以前年度结转和结余情况，测算编制收入预算。事业单位预算应当自求收支平衡，不得编制赤字预算。

(2) 保证收入的合法性与合理性。事业单位的各项收入应当依法取得，符合国家有关法律、法规和规章制度的规定，各收费项目、收费范围和收费标准必须按照法定程序审批，取得收费许可后方可实施。事业单位是公益性社会组织，必须保证其收费的合理性，准确测算服务收费补偿标准，正确处理经济效益与社会效益的关系，将社会效益放在首位。

(3) 及时上缴各项财政收入。事业单位履行或代行政府职能，依照国家法律、法规收取的财政预算资金或专户资金，不能确认为事业单位的收入。事业单位对按照规定上缴国库或者财政专户的资金，应当按照国库集中收缴的有关规定及时足额上缴，不得隐瞒、滞留、截留、挪用和坐支。

第二节 补助收入的核算

事业单位补助收入包括财政补助收入和上级补助收入。

一、财政补助收入

(一) 财政补助收入的内容

财政补助收入是指事业单位按照部门预算隶属关系从同级财政部门取得的补助款项。财政补助收入来源于国家财政预算资金，是国家按预算安排给予事业单位的补助，用来弥补其事业经费的不足，促使事业单位更好地开展公益性服务活动。

事业单位当按照批准的年度部门预算和月度用款计划申请取得财政经费，并按照部门预算的管理要求使用经费。事业单位的财政经费，一般由财政部门拨到主管会计单位，并逐级下拨。实行国库集中收付制度的事业单位，财政经费由国库单一账户统一拨付。

(二) 财政补助收入的分类

(1) 按照部门预算管理的要求划分，财政补助收入分为基本支出补助和项目支出补助。

基本支出补助是事业单位用于维持正常运行和完成日常工作任务所需要的补助经费；项目支出补助是事业单位在基本经费以外完成特定任务所需要的补助经费。事业单位的基本支出补助又可进一步划分为人员经费和日常公用经费，人员经费是指用于事业单位人员方面开支的经费，日常公用经费是指用于事业单位日常公务活动开支的经费。

(2) 按照预算科目的要求，财政补助收入需要进行功能分类。

根据《政府收支分类科目》，财政补助收入需要按财政预算支出的功能进行分类，设置类、款、项三级预算科目。事业单位的所有收入，包括财政补助收入以外的各项收入，均需要进行支出功能分类。按预算科目设置明细科目，为预算管理服务。

(三) 账户设置

事业单位设置“财政补助收入”账户，核算从同级财政部门取得的各类财政拨款，包括基本支出补助和项目支出补助。本账户贷方登记财政补助收入发生数，借方登记转出数。期末结账后，本账户应无余额。

本账户应当设置“基本支出”和“项目支出”两个一级明细账户；在“基本支出”明细科目下设置“人员经费”和“日常公用经费”两个二级明细核算，在“项目支出”明细账户下按照具体项目设置二级明细核算，再按照《政府收支分类科目》中“支出功能分类”的相关科目按类、款、项设置三级及以下明细科目核算。具体明细科目设置见表 15-1。

表 15-1　　财政补助收入明细科目设置

总账科目	一级明细科目	二级明细科目	三级及以下明细科目
财政补助收入	基本支出	人员经费	功能类、款、项
		日常公用经费	功能类、款、项
	项目支出	项目名称	功能类、款、项
		……	功能类、款、项

（四）主要账务处理

财政补助收入需要分别按照财政直接支付、财政授权支付和财政实拨资金三种支付方式进行不同的账务处理。

(1) 在财政直接支付方式下，对财政直接支付的支出，事业单位根据财政国库支付执行机构委托代理银行转来的"财政直接支付入账通知书"及原始凭证，按照通知书中的直接支付入账金额，借记有关账户，贷记"财政补助收入"账户。

【例 15-1】 某事业单位实行国库集中支付制度，单位购办公用品一批，价值 20 000 元，依据收到财政国库支付执行机构委托代理银行转来的"财政直接支付入账通知书"及原始凭证，该笔款项已经完成支付，该批办公用品已验收入库。

借：存货——办公用品　　20 000
　贷：财政补助收入——基本支出——日常公用经费——办公费　　20 000

【例 15-2】 某事业单位实行国库集中支付制度，收到财政国库支付执行机构委托代理银行转来的"财政直接支付入账通知书"及原始凭证，该单位的一笔培训费用 50 000 元已完成支付。

借：事业支出——财政补助支出——基本支出　　50 000
　贷：财政补助收入——基本支出——日常公用经费——培训费　　50 000

【例 15-3】 某事业单位实行国库集中支付制度，收到财政国库支付执行机构委托代理银行转来的"财政直接支付入账通知书"及原始凭证，财政部门通过直接支付方式为事业单位支付了一项技术开发费 30 000 元，此款为项目经费，专门用于专业技术改造。

借：事业支出——财政补助支出——项目支出　　30 000
　贷：财政补助收入——项目支出——技术改造项目——开发费　　30 000

(2) 在财政授权支付方式下，事业单位根据代理银行转来的"授权支付到账通知书"，按照通知书中的授权支付额度，借记"零余额账户用款额度"账户，贷记"财政补助收入"账户。

【例 15-4】 某事业单位实行国库集中支付制度，单位收到代理银行转来的"授权支付到账通知书"，本月下达的单位财政授权支付额度为 150 000 元，其中基本支出补助为 100 000 元，项目支出补助 50 000 元。

借：零余额账户用款额度　　150 000

　　贷：财政补助收入——基本支出　　100 000

　　　　　　　　　　——项目支出　　50 000

（3）在财政实拨资金方式下，实际收到财政补助收入时，按照实际收到的金额，借记“银行存款”等科目，贷记“财政补助收入”账户。

财政实拨资金是财政部门的国库支付执行机构按照批复的部门预算和资金使用计划，开出拨款凭证将财政补助款项划转到事业单位在商业银行开设的存款账户。财政实拨资金主要适用于未实行国库集中收付制度的事业单位，以及一些特殊财政补助款项的拨付。

【例 15-5】 某事业单位收到开户银行转来的“到账通知书”，财政部门拨付的项目经费100 000元已到账。

借：银行存款　　100 000

　　贷：财政补助收入——项目支出　　100 000

（4）因购货退回等发生国库直接支付款项退回的，属于以前年度支付的款项按照退回金额，借记“财政应返还额度”账户，贷记“财政补助结转”“财政补助结余”“存货”等有关账户；属于本年度支付的款项，按照退回金额，借记“财政补助收入”账户，贷记“事业支出”“存货”等有关账户。

【例 15-6】 某事业单位所购材料发生退货，于当年退回 10 000 元，次年退回20 000 元。

当年退回的：

借：财政补助收入——基本支出　　10 000

　　贷：存货　　10 000

次年退回的：

借：财政应返还额度　　20 000

　　贷：存货　　20 000

（5）期末，应将“财政补助收入”账户本期发生额转入“财政补助结转”账户，借记“财政补助收入”账户，贷记“财政补助结转”账户。期末结账后，“财政补助收入”账户应无余额。

【例 15-7】 期末，将“财政补助收入”账户本期发生额 500 000 元转入“财政补助结转”账户。

借：财政补助收入　　500 000

　　贷：财政补助结转　　500 000

二、上级补助收入

（一）上级补助收入的内容

上级补助收入是事业单位收到主管部门或上级单位拨入的非财政补助资金。根据事业单位的管理体制，每个事业单位均有主管部门或上级单位，主管部门或上级单位可以利用自身的收入或集中的收入，对所属事业单位给予补助，以调剂事业单位的资金余缺。上级补助收入不同于财政补助收入,上级补助收入并非来源于财政部门,也不是财政部门安排的财政预算资金,而是由主管部门或上级单位拨入的非财政性资金。上级补助收入并不是事业单位的常规性收入,主管部门或上级单位一般根据自身的资金情况和事业单位的需要进行拨付。上级补助收入通常采用实拨资金的方式拨付,按收付实现制基础确认,按实际收到的金额计量。

(二)上级补助收入的分类

上级补助收入是事业单位的非财政补助资金,需要按照主管部门或上级单位的要求来进行管理,按规定的用途安排使用。按照使用要求的不同,上级补助收入分为专项资金收入和非专项资金收入。

(1) 专项资金收入,是主管部门或上级单位拨入的用于完成特定任务的款项。专项资金收入应当专款专用、单独核算,并按照规定向主管部门或上级单位报送专项资金使用情况;项目完成后,应当报送专项资金支出决算和使用效果的书面报告,接受主管部门或上级单位的检查、验收。当年未完成的项目资金结转到年继续使用。已经完成项目结余的资金,按规定缴回原拨款单位,或留归事业单位转入事业基金。

(2) 非专项资金收入,是主管部门或上级单位拨入用于维持正常运行和完成日常工作任务的款项。非专项资金收入无限定的用途,年度结余的资金可以转入事业结余并进行分配。

(三)账户设置

事业单位设置"上级补助收入"账户,核算从主管部门和上级单位取得的非财政补助收入。本账户贷方登记上级补助收入发生数,借方登记转出数,期末结账后,本账户应无余额。

"上级补助收入"账户应当按照发放补助单位、补助项目、《政府收支分类科目》中"支出功能分类"相关账户等进行明细核算。上级补助收入中如有专项资金收入,还应按具体项目进行明细核算。

(四)主要账务处理

收到上级补助收入时,按照实际收到的金额,借记"银行存款"等科目,贷记"上级补助收入"账户。

【例 15-8】 某事业单位收到主管单位拨来的补助款 100 000 元,已到账。该款项是对本单位基本支出进行调剂。

借:银行存款　　　　100 000

　贷:上级补助收入——主管部门——基本支出　　　　100 000

【例 15-9】 某事业单位收到上级单位拨来的补助款 10 000 元,已到账。此款项是资助事业单位所开展的一项课题研究。

借:银行存款　　　　10 000

　贷:上级补助收入——上级单位——课题研究　　　　10 000

期末,应将"上级补助收入"账户本期发生额中的专项资金收入结转入"非财政补助结转"账户,借记"上级补助收入"各专项资金收入明细科目,贷记"非财政补助结转"账户;将

“上级补助收入”账户本期发生额中的非专项资金收入结转入“事业结余”账户，借记“上级补助收入”账户下各非专项资金收入明细科目，贷记“事业结余”账户。

第三节 业务活动收入的核算

事业单位业务活动收入包括事业收入和经营收入。

一、事业收入

(一) 事业收入的内容

事业收入是事业单位开展专业活动及辅助活动取得的收入。事业收入是事业单位的业务收入，包括提供服务取得的收入和销售商品取得的收入。专业活动是事业单位的主要业务事项，是事业单位为了实现其宗旨所开展的业务活动。辅助活动是与专业活动相关的，为专业业务提供支持的活动。事业收入是一种有偿收入，以提供各项服务(或商品)为前提，是事业单位在业务活动中通过收费等方式取得的。

(二) 事业收入的分类

按管理方式的不同，事业收入分为财政专户返还收入和其他事业收入两种类型。

(1) 财政专户返还收入，是采用财政专户返还方式管理的事业收入。承担政府规定的社会公益性服务任务的事业单位，面向社会提供的公益服务是无偿的，或只按政府指导价格收取部分费用，其事业收费需要纳入财政专户管理。如果事业单位的某项事业收费纳入了财政专户管理，事业收入需要按“收支两条线”的方式管理。在这种管理方式下，事业单位取得的各项事业性收费不能立即安排支出，需要上缴同级财政部门设立的财政资金专户，支出时由同级财政部门按资金收支计划从财政专户中拨付。事业单位经过审批取得从财政专户核拨的款项时，方可确认事业收入。

(2) 其他事业收入，是未采用财政专户返还方式管理的普通事业收入。许多事业单位的业务活动具有公益属性，在国家政策的支持下可以通过事业收费正常运转，提供的公益性服务不以盈利为目的，但需要按成本补偿的原则制定价格并收取服务费用，其事业收费不需要纳入财政专户管理。如果事业单位的某项事业收费没有纳入财政专户管理，事业单位在收取各项服务收费时即可确认事业收入。

需要注意的是，事业单位业务活动中的各项收费并非均属于事业收入。事业单位因代行政府职能而收取的款项需要上缴国库，形成政府的财政收入。事业单位收取的纳入财政专户管理的各项收入需要上缴财政专户，核拨后形成事业单位的财政专户返还收入。事业单位应当根据预算管理的要求，正确区分某项事业收费是属于事业收入，还是应缴国库款或应缴财政专户款。

(三) 账户设置

事业单位设置“事业收入”账户，核算开展专业业务活动及其辅助活动取得的收入。本账户贷方登记收入数，借方登记转出数，期末结账后，本账户应无余额。本账户应当按照事业收入类别、项目、《政府收支分类科目》中“支出功能分类”相关账户等进行明细核算。事业收入中如有专项资金收入，还应按具体项目进行明细核算。

（四）主要账务处理

1. 采用财政专户返还方式管理的事业收入

采用财政返还方式管理的事业收入也称为财政专户返还收入，是财政部门通过财政专户返还事业单位的业务收入，这项收入是事业单位的业务收入，同时也属于财政资金。事业单位应当正确区分财政专户返还收入和普通事业收入，如果一项事业收费是代行政府职能，已经纳入财政专户管理的收费目录，应确认为财政专户返还收入。

(1) 收到应上缴财政专户的事业收入时，按照收到的款项金额，借记“银行存款”“库存现金”等科目，贷记“应缴财政专户款”账户。

【例 15－10】 某事业单位收到事业服务费 20 000 元，存入银行。此款项纳入财政专户管理。

借：银行存款　　20 000
　贷：应缴财政专户款　　20 000

(2) 向财政专户上缴款项时，按照实际上缴的款项金额，借记“应缴财政专户款”账户，贷记“银行存款”等科目。

【例 15－11】 接[例 15－10]，单位将应上缴财政专户的事业收入 20 000 元，上缴财政专户。

借：应缴财政专户款　　20 000
　贷：银行存款　　20 000

(3) 收到从财政专户返还的事业收入时，按照实际收到的返还金额，借记“银行存款”等科目，贷记“事业收入”账户。

【例 15－12】 某事业单位收到代理银行转来的“授权支付到账通知书”，财政部门通过授权方式核拨的财政专户管理资金 10 000 元已下达。此款项是事业单位上缴的技术咨询服务费，限定用于支付课题经费。

借：零余额账户用款额度　　10 000
　贷：事业收入——科技咨询业务——××收费项目(课题经费)　　10 000

2. 其他事业收入

收到其他事业收入时，按照收到的款项金额，借记“银行存款”“库存现金”等科目，贷记“事业收入”账户。

【例 15－13】 某事业单位为培训中心，为企业举办培训，收到培训费 20 000 元，存入银行。

借：银行存款　　20 000
　贷：事业收入——培训业务——学费收入　　20 000

事业单位的事业收入需要缴纳增值税的，属于增值税小规模纳税人的事业单位应当按照出售价款扣除增值税额后的金额确认事业收入；属于增值税一般纳税人的事业单位应当按照扣除增值税销项税额后的价款金额确认事业收入。涉及增值税业务的，相关账务处理参照“经营收入”的核算。

3. 期末，将本账户本期发生额中的专项资金收入结转入非财政补助结转

借记“事业收入”账户下各专项资金收入明细科目，贷记“非财政补助结转”账户；将本账户本期发生额中的非专项资金收入结转入“事业结余”，借记“事业收入”账户下各非专项资金收入明细科目，贷记“事业结余”账户。

二、经营收入

（一）经营收入的内容

经营收入是事业单位在专业业务活动及辅助活动之外开展非独立核算经营活动取得的收入。经营收入是一种有偿收入，以提供各项服务或商品为前提，是事业单位在经营活动中通过收费等方式取得的。事业单位的主要业务活动是专业业务活动，在专业业务活动及辅助活动以外开展的各项业务活动即为经营活动。事业单位开展经营活动的目的是通过经营活动获取一定的收入，来弥补事业经费的不足。

事业单位经营收入的确认，有两个条件：一是经营收入是事业单位在专业业务活动之外取得的收入；二是经营收入是事业单位非独立核算单位取得的收入。一个收入事项同时具备以上两个条件方能确认为经营收入。事业单位所属独立核算单位的各项收入，由所属独立核算单位自行组织核算，上级单位不进行记录。事业单位收到所属独立核算单位上缴的收入，通过“附属单位上缴收入”账户核算。

（二）经营收入的分类

按经营业务类型的不同，分为服务收入、销售收入、租赁收入和其他经营收入。服务收入是事业单位非独立核算部门对外提供经营服务取得的收入。销售收入是事业单位非独立核算部门开展商品生产、加工对外销售商品取得的收入。租赁收入是事业单位对外出租房屋、场地和设备等取得的收入。其他经营收入是除上述收入以外的各项经营类业务收入。

（三）账户设置

事业单位设置“经营收入”账户，核算在专业业务活动及其辅助活动之外开展非独立核算经营活动取得的收入。本账户贷方登记收入增加数，借方登记转出数，期末结账后，本账户应无余额。本账户应当按照经营活动类别、项目、《政府收支分类科目》中“支出功能分类”相关科目等进行明细核算。

（四）主要账务处理

经营收入应当在提供服务或发出存货，同时收讫价款或者取得索取价款的凭据时，按照实际收到或应收的金额确认收入。

（1）实现经营收入时，按照确定的收入金额，借记“银行存款”“应收账款”“应收票据”等科目，贷记“经营收入”账户。

【例 15－14】 某环保事业单位的环境检测服务部(非独立核算)向社会公众提供家庭装修污染检测服务，取得检测服务费 2 000 元，存入银行。

借：银行存款　　2 000
　贷：经营收入——检测业务——检测费　　2 000

(2) 属于增值税小规模纳税人的事业单位实现经营收入，按实际出售价款，借记“银行存款”“应收账款”“应收票据”等科目，按出售价款扣除增值税税额后的金额，贷记“经营收入”账户，按应缴增值税税额，贷记“应缴税费——应缴增值税”账户。属于增值税一般纳税人的事业单位实现经营收入，按包含增值税的价款总额，借记“银行存款”“应收账款”“应收票据”等科目，按扣除增值税销项税额后的价款金额，贷记“经营收入”账户，按增值税专用发票上注明的增值税金额，贷记“应缴税费——应缴增值税(销项税额)”账户。

【例 15－15】 某事业单位属于增值税小规模纳税人，出售货物取得销售价款 30 000 元，该批货物承担的增值税额为 874 元。

借：银行存款　　30 000
　贷：经营收入　　29 126
　　应缴税费——应缴增值税　　874

【例 15－16】 某事业单位属于增值税一般纳税人，单位对外提供应纳增值税劳务实现经营收入，含税价为 46 800 元，适用增值税率为 17%，款项尚未收到。

借：应收账款　　46 800
　贷：经营收入　　40 000
　　应缴税费——应缴增值税(销项税额)　　6 800

(3) 期末，将“经营收入”账户本期发生额转入“经营结余”账户，借记“经营收入”账户，贷记“经营结余”账户。期末结账之后，“经营收入”账户无余额。

第四节　其他收入的核算

事业单位的其他活动收入包括附属单位上缴收入和其他收入。

一、附属单位上缴收入

(一) 附属单位上缴收入的内容

附属单位上缴收入是事业单位附属的独立核算单位按照规定标准或比例上缴的各项收入。所谓附属单位是指事业单位内部设立的，实行独立核算的下级单位，与上级单位存在一定的体制关系，事业单位与附属单位之间的往来款项，不通过“附属单位上缴收入”账户核算。

(二) 账户设置

事业单位设置“附属单位上缴收入”账户来核算附属独立核算单位按照有关规定上缴的

收入，本账户贷方登记收到的附属单位上缴金额，借方登记转出数，期末结账后，无余额。本账户应当按照附属单位、缴款项目、《政府收支分类科目》中“支出功能分类科目”等进行明细核算。附属单位上缴收入中如有专项资金收入，还应按具体项目进行明细核算。

(三) 主要账务处理

(1) 收到附属单位缴来款项时，按照实际收到金额，借记“银行存款”等科目，贷记“附属单位上缴收入”账户。

【例 15－17】 某事业单位的影印部位独立核算单位，按事业单位与影印部所签订的收入分配办法规定，20×5 年末事业单位收到该影印部缴纳收入分成款 30 000 元。存入银行。

借：银行存款　　30 000

　贷：附属单位上缴收入　　30 000

(2) 期末，将“附属单位上缴收入”账户本期发生额中的专项资金收入结转入“非财政补助结转”账户，借记“附属单位上缴收入”账户下各专项资金收入明细科目，贷记“非财政补助结转”账户；将“附属单位上缴收入”账户本期发生额中的的非专项资金收入结转入“事业结余”账户，借记“附属单位上缴收入”账户下各非专项资金收入明细目，贷记“事业结余”账户。期末结账之后，本账户无余额。

二、其他收入

(一) 其他收入的内容

事业单位其他收入是指除财政补助收入、事业收入、经营收入、上级补助收入、附属单位上缴收入以外的各项收入，包括投资收益、银行存款利息收入、租金收入、捐赠收入、现金盘盈收入、存货盘盈收入、收回已核销应收及预付款项、无法偿付的应付及预收款项等。

(二) 账户设置

事业单位设置“其他收入”账户，核算除财政补助收入、事业收入、经营收入、上级补助收入、附属单位上缴收入以外的各项收入。本账户贷方登记其他收入发生数，借方登记转出数，期末结账后，本账户应无余额。本账户应当按照其他收入的类别、《政府收支分类科目》中“支出功能分类”相关科目等进行明细核算。其他收入中如有专项资金收入(如限定用途的捐款)，还应按具体项目进行明细核算。

(三) 主要账务处理

事业单位现金盘盈收入、收回已核销应收及预付款项、无法偿付的应付及预收款项、存货盘盈收入、对外投资获得的投资收益等的账务处理见第二章“资产核算”的有关内容，本节主要讲解银行存款利息收入、租金收入、捐赠收入的账务处理。

1. 银行存款利息收入与租金收入

事业单位收到银行存款利息、资产承租人支付的租金，按照实际收到的金额，借记“银行存款”等科目，贷记“其他收入”账户。

【例 15－18】 某事业单位收到出租空置仓库的租金收入 20 000 元，存入银行。

借：银行存款　　20 000
　贷：其他收入——租金收入　　20 000

【例 15－19】 某事业单位收到开户银行转来的利息收入通知书，结算的利息收入 2 000 元已到账。

借：银行存款　　2 000
　贷：其他收入——利息收入　　2 000

2. 捐赠收入

事业单位接受社会机构或个人捐赠的现款、物资等通过“其他收入——捐赠收入”核算。接受捐赠固定资产、无形资产等非流动资产，不通过本账户核算（具体业务处理见第二章资产核算的有关内容）。收到主管单位、上级部门的补助款也不通本账户核算（具体业务处理见本章第二节“上级补助收入”核算的有关内容）。

（1）接受捐赠现金资产，按照实际收到的金额，借记“银行存款”等科目，贷记“其他收入——捐赠收入”账户。

【例 15－20】 某事业单位接受捐赠现金 100 000 元，并存入银行。

借：银行存款　　100 000
　贷：其他收入——捐赠收入　　100 000

（2）接受捐赠的存货验收入库，按照确定的成本，借记“存货”账户，按照发生的相关税费、运输费等，贷记“银行存款”等科目，按照其差额，贷记“其他收入——捐赠收入”账户。

【例 15－21】 某事业单位将接受捐赠的材料验收入库，参照市场价格，该批材料估价 10 000 元。

借：存货　　10 000
　贷：其他收入——捐赠收入　　10 000

（3）期末，将“其他收入”账户本期发生额中的专项资金收入结转入“非财政补助结转”账户，借记“其他收入”账户下各专项资金收入明细科目，贷记“非财政补助结转”账户；将本账户本期发生额中的非专项资金收入结转入“事业结余”账户，借记“其他收入”账户下各非专项资金收入明细科目，贷记“事业结余”账户。期末结账后，本账户无余额。

本章小结

收入是指事业单位开展业务及其他活动依法取得的非偿还性资金。事业单位收入的来源可以是财政补助资金，也可以是事业单位的业务收费，还可以是社会捐赠等其他渠道的资金。事业单位收入以收付实现制为主要确认基础，特定情况下采用权责发生制基础确认。事业单位的收入包括财政补助收入、事业收入、上级补助收入、附属单位上缴收入、经营收入和其他收入等。按事业单位收入的取得方式划分，收入分为补助收入、业务活动收入和其他活动收入。事业单位收入核算的方法，包括各项收入的内容、科目设置和主要账务处理。

关键术语

财政补助收入、事业收入、上级补助收入、附属单位上缴收入、经营收入、其他收入

思考题

1. 简述国库集中支付制度下事业单位财政补助收入的管理与核算。
2. 简述事业单位事业收入与经营收入的区别。
3. 简述事业单位上级补助收入的核算。
4. 简述事业单位事业附属单位上缴收入的管理与核算。
5. 简述事业单位专项资金的核算。
6. 简述事业单位其他收入的管理与核算。

练习题

(一) 单项选择题

1. 下列项目中,关于“事业收入”账户的说法错误的是(　　)。

A. 期末结账后,本账户应有贷方余额

B. 本账户核算事业单位开展专业业务活动及其辅助活动取得的收入

C. 本账户应当按照事业收入类别、项目、《政府收支分类科目》中“支出功能分类”相关科目等进行明细核算

D. 事业收入中如有专项资金收入,还应按具体项目进行明细核算

2. 下列项目中,关于经营收入科目的说法错误的是(　　)。

A. 期末,将本账户本期发生额转入经营结余,借记本账户,贷记“经营结余”账户

B. 本账户核算事业单位在专业业务活动及其辅助活动中开展的非独立核算业务活动取得的收入

C. 本账户应当按照经营活动类别、项目、《政府收支分类科目》中“支出功能分类”相关科目等进行明细核算

D. 经营收入应当在提供服务或发出存货,同时收讫价款或者取得索取价款的凭据时,按照实际收到或应收的金额确认收入

3. 事业单位取得的无主财物变价收入,在会计处理时应贷记的会计科目是(　　)。

A. “事业收入”　B. “其他收入”　C. “经营收入”　D. “应缴国库款”

4. 下列事业单位会计的收入事项中,采用权责发生制确认基础的是(　　)。

A. 取得财政补助收入　B. 取得事业收入

C. 取得专项收入　D. 取得经营收入

5. 下列项目中,关于“财政补助收入”账户的说法错误的是(　　)。

A. 期末结账后,本账户应无余额

B. 本账户应当设置“基本支出”和“项目支出”两个明细科目;两个明细科目下按照《政府收支分类科目》中“支出功能分类”的相关科目进行明细核算

C. 在“项目支出”明细科目下按照“人员经费”和“日常公用经费”进行明细核算

D. 本账户核算事业单位从同级财政部门取得的各类财政拨款,包括基本支出补助和项目支出补助。

6. 事业单位收到上级单位拨入本月正常经费,应列入(　　)。

A. “财政补助收入”　　B. “上级补助收入”

C. “事业收入”　　D. “拨款收入”

7. 收到财政专户核拨的预算资金收入,应列入(　　)。

A. “财政补助收入”　　B. “上级补助收入”

C. “事业收入”　　D. “拨入经费”

8. 收到附属的独立核算单位缴纳的收入,应列入(　　)。

A. “事业收入”　　B. “经营收入”

C. “应缴财政专户款”　　D. “附属单位上缴收入”

9. 收到上级单位用自身组织的收入给予的补助时,应记入(　　)。

A. “事业收入”　B. “财政补助收入”　C. “上级补助收入”　D. “拨入专款”

10. 收到外单位捐赠的未限定用途的现金,应记入(　　)。

A. “事业收入”　B. “经营收入”　C. “其他收入”　D. “拨入专款”

11. 事业单位收到的罚款收入,应纳入(　　)。

A. “事业收入”　B. “经营收入”　C. “其他收入”　D. “应缴国库款”

12. 属于经营收入范围的是(　　)。

A. 出租、出借的固定资产收入　　B. 出租礼堂收入

C. 学校非独立核算的食堂收入　　D. 独立核算车队收入

13. 事业单位的“其他收入”账户核算的范围是(　　)。

A. 上级拨入基建专款　　B. 财政部门拨入的款项

C. 对外投资收益　　D. 业务费收入

14. 不属于事业单位其他收入的内容是(　　)。

A. 投资收益　　B. 附属单位上缴收入

C. 现金盘盈收入　　D. 租金收入

15. 某事业单位收回一笔已核销的应收账款,应贷记(　　)账户。

A. “应收账款”　B. “坏账准备”　C. “其他收入”　D. “其他应收款”

16. 事业单位清理报废固定资产取得的变价收入,应计入(　　)账户。

A. “事业收入”　　B. “其他收入”

C. “经营收入”　　D. “待处置资产损溢”

17. 事业单位收到承租单位交来的押金时,应列入(　　)账户。

A. “应付账款”　B. “上级补助收入”　C. “其他收入”　D. “其他应付款”

18. 上级补助收入是指事业单位从主管部门和上级单位取得的(　　)。

A. 财政补助收入　B. 非财政补助收入　C. 基本建设拨款　D. 附属单位缴款

19. 某事业单位于2015年2月份收到财政部门拨入的事业经费200万元。该单位收到该笔款项时,应记入的科目为(　　)。

A. “事业基金”　　B. “事业收入”

C. “财政补助收入”　　D. “上级补助收入”

20. 某事业单位开展学术活动取得收入30 000元，存入银行，则该单位的账务处理为(　　)。

A. 借：银行存款
　　贷：经营收入

B. 借：银行存款
　　贷：事业收入

C. 借：银行存款
　　贷：财政补助收入

D. 借：银行存款
　　贷：其他收入

21. 事业单位应当将各项收入(　　)。

A. 统一核算，统一管理　　B. 分别核算，分别管理
C. 统一核算，分别管理　　D. 分别核算，统一管理

(二) 多项选择题

1. 下列哪些属于事业收入核算的内容(　　)。

A. 开展专业业务活动所取得的收入　　B. 从财政专户核拨的预算资金
C. 开展辅助活动所取得的收入　　D. 应缴财政专户的预算外资金

2. 事业单位的收入包括(　　)。

A. 事业收入　　B. 财政补助收入　　C. 上级补助收入　　D. 应缴预算收入

3. 年终转账后应无余额的账户有(　　)。

A. 事业收入　　B. 经营收入
C. 上级补助收入　　D. 附属单位上缴收入

4. 事业单位对财政直接支付方式购置固定资产的账务处理，涉及的会计账户有(　　)。

A. 经营收入　　B. 事业支出　　C. 财政补助收入　　D. 非流动资产基金

5. 经营收入必须具备的条件有(　　)。

A. 事业业务活动取得的　　B. 经营活动取得的
C. 实行独立核算　　D. 实行非独立核算

6. 下列属于事业单位其他收入的有(　　)。

A. 上级拨入的补助款　　B. 附属单位上缴收入
C. 固定资产租金收入　　D. 债券利息收入

7. 下列属于事业单位经营收入的包括(　　)。

A. 学校的学费收入　　B. 学校非独立核算的电影院收入
C. 学校非独立核算的招待所收入　　D. 学校电脑培训收入

(三) 判断题

1. 附属单位上缴收入科目核算事业单位附属非独立核算单位按照有关规定上缴的收入。　　(　　)

2. 期末，将事业收入、上级补助收入、附属单位上缴收入、其他收入本期发生额中的专项资金收入结转入“非财政补助结转”账户，借记“事业收入”“上级补助收入”“附属单位上缴收入”“其他收入”账户下各专项资金收入明细科目，贷记“非财政补助结转”账户。　　(　　)

3. 因购货退回等发生国库直接支付款项退回的，属于以前年度支付的款项，按照退回金额，借记“财政补助收入”账户，贷记“事业支出”“存货”等有关账户；属于本年度支付的款项，按照退回金额，借记“财政应返还额度”账户，贷记“财政补助结转”“财政补助结余”“存货”等有关账户。　　(　　)

4. 接受捐赠固定资产、无形资产等非流动资产,要通过"其他收入"账户核算。（　）

5. 按照国家有关规定应当上缴国库或者财政专用的资金,不计入事业收入。（　）

6. 财政补助收入应按预算级次拨款,严禁垂直拨款、跨级拨款和对没有预算关系的单位拨款。（　）

7. 有财政补助收入的事业单位,其财政补助资金必须按拟定的用途使用,不得自行改变资金用途。（　）

8. "财政补助收入"账户年终转账后应无余额。（　）

9. 事业单位从财政部门取得的资金属于事业单位的上级补助收入。（　）

10. 事业单位的校办工厂、印刷厂收入等属于经营收入。（　）

11. 经营收入是事业单位在专业业务活动及辅助活动之外开展独立核算经营活动取得的收入。（　）

12. 经营收入主要包括投资收益、固定资产租金收入、捐赠收入。（　）

13. 某事业单位收到所属报销单位缴来的收入,应列入"附属单位上缴收入"账户。（　）

14. 对于采用权责发生制的单位取得的经营收入是在收取价款时予以确认。（　）

15. 某事业单位收到上级单位转拨财政部门的事业经费,计入"上级补助收入"。（　）

16. 事业单位实行国库集中收付制度,在使用财政授权支付额度时确认财政补助收入。（　）

(四) 业务处理题

请根据下列资料编制事业单位的会计分录。

1. 收到财政部门拨入的事业经费补助 12 万元。

2. 收到上级用其自有资金拨入的补助款 5 万元。

3. 经单位申请,财政部门批准,本月财政授权支付额度为 30 万元。

4. 非独立核算单位的车队向外单位提供服务,获得收入 3 万元,存入银行。

5. 收到所属独立核算单位通过银行上缴的款项 4 万元。

6. 开展生产活动,对外销售产品一批,价款 40 000 元,增值税 6 800 元,该批产品成本为 30 000 元,款项通过银行划转收到。

7. 收到专业活动取得的收入 5 万元,存入银行。

8. 收到某投资单位分得的利润 80 000 元,存入银行。

9. 开展非专业业务活动,取得收入 1 万元,按规定交纳增值税 1 700 元。

10. 收到固定资产租金收入 6 000 元,存入银行。

11. 某广播电视台拍摄广告,按协议获得收入 150 万元,已存入银行。

12. 收到其他单位的限定用途的捐赠收入 50 000 元,已存入银行。

13. 收回已核销的应收账款 1.5 万元,款项存入银行。

第十六章　事业单位支出的核算

学习目标与要求

了解事业单位支出的概念，内容和分类。

理解和掌握事业单位支出的会计核算方法。

重点

事业单位支出的会计核算。

难点

事业支出、对附属单位补助支出、上缴上级支出、经营支出、其他支出等业务的账务处理。

导读

事业单位支出是指事业单位开展业务及其他活动发生的资金耗费和损失。包括事业支出、对附属单位补助支出、上缴上级支出、经营支出和其他支出等。事业单位的支出应当分类管理，按类型进行会计核算。

事业单位的事业业务支出、其他业务支出一般按收付实现制基础确认。事业单位的经营业务支出应当以权责发生制为基础确认，与经营收入相配比。事业单位的经营支出以外的各项支出如果采用权责发生制基础确认，应当符合会计制度的规定。

第一节　事业单位支出概述

一、事业单位支出的确认与计量

事业单位支出是指事业单位开展业务及其他活动发生的资金耗费和损失。

事业单位的支出可以表现为经济利益的流出或者服务潜力的流出，导致本期净资产的减少。支出一般在经济利益或者服务潜力能够流出从而导致事业单位资产减少或者负债增加，并且当经济利益或者服务潜力的流出额能够可靠计量时才能予以确认。

事业单位的支出存在以下两种确认方式：

(1) 在收付实现制基础下，事业单位的支出应当在其实际支付时予以确认，并按照实际支付金额计量。事业单位的事业业务支出、其他业务支出一般按收付实现制基础确认。

(2) 在权责发生制基础下，事业单位的支出应当在其发生时予以确认，并按照实际发生额进行计量。事业单位的经营业务支出应当以权责发生制为基础确认，与经营收入相配比。事业单位的经营支出以外的各项支出如果采用权责发生制基础确认，应当符合会计制度的规定。

二、事业单位支出的内容与分类

事业单位的支出包括事业支出、对附属单位补助支出、上缴上级支出、经营支出和其他支出等。事业单位的支出应当分类管理，按类型进行会计核算。

(1) 按发生的环节，事业单位的支出分为业务活动支出和其他活动支出。业务活动支出是事业单位开展专业业务活动、经营业务活动及其相关辅助活动发生的支出，包括事业支出和经营支出。其他活动支出是事业单位业务活动支出以外的各项支出，主要包括对附属单位补助支出、上缴上级支出和其他支出。

(2) 按支出资金的性质，事业单位的支出分为财政补助支出和非财政补助支出。财政补助支出是事业单位用财政补助收入安排的各项支出，主要发生在事业单位的事业支出中。非财政补助支出是事业单位用财政补助收入以外的资金安排的支出，包括用事业收入、上级补助收入、附属单位上缴收入、经营收入和其他收入安排的支出。对附属单位补助支出、上缴上级支出、经营支出、其他支出属于非财政支出，事业支出既包括财政补助支出又包括非财政补助支出。

(3) 按支出资金的限定性，事业单位的支出分为限定性支出和非限定性支出。限定性支出是用限定性收入安排的支出，非限定性支出是用非限定性收入安排的支出。政补助支出一般区分为基本支出和项目支出，非财政补助支出一般区分为专项资金支出和非专项资金支出(其他资金支出)。

三、事业单位支出的财务管理

根据《事业单位财务规则》及相关行业事业单位财务制度的要求，事业单位支出财务管理的内容主要包括：

(1) 加强支出的预算管理。事业单位应当将各项支出全部纳入单位预算，建立健全支出管理制度。事业单位根据年度事业发展目标和计划以及预算编制的规定，提出预算建议数，经主管部门审核汇总报财政部门。事业单位根据财政部门下达的预算控制数编制预算，由主管部门审核汇总报财政部门，经法定程序审核批复后执行。事业单位应当严格执行批准的支出预算。

(2) 加强支出的规范性管理。事业单位的支出应当严格执行国家有关财务规章制度规定的开支范围及开支标准；国家有关财务规章制度没有统一规定的由事业单位规定，报主管部门和财政部门备案。事业单位的规定违反法律制度和国家政策的，主管部门和财政部门应当责令改正。事业单位应当严格执行国库集中支付制度和政府采购制度等有关规定。事业单位应当依法加强各类票据管理，确保票据来源合法、内容真实、使用正确，不得使用虚假票据。

(3) 加强专项资金管理。事业单位从财政部门和主管部门取得的有指定项目和用途的专项资金,应当专款专用、单独核算,并按照规定向财政部门或者主管部门报送专项资金使用情况。项目完成后,应当报送专项资金支出决算和使用效果的书面报告,接受财政部门或者主管部门的检查、验收。对于不同来源的项目资金,应当按照国家有关规定或者合同要求进行管理,不得截留、挤占、挪用和违反规定转拨资金,不得虚列支出,不得以任何形式谋取私利。

(4) 加强支出的绩效管理。事业单位应当加强支出的绩效管理,提高资金使用的有效性。事业单位应当加强经济核算,可以根据开展业务活动及其他活动的实际需要,实行内部成本核算办法。事业单位在开展非独立核算经营活动时,应当正确归集实际发生的各项费用数额,不能归集的,应当按照规定的比例合理分摊。

第二节　业务活动支出的核算

事业单位的业务活动支出包括事业支出和经营支出。

一、事业支出

(一) 事业支出的内容

事业支出指事业单位开展各项专业业务活动及辅助活动发生的支出,包括基本支出和项目支出。事业支出与事业收入相对应,是事业单位支出的核心内容。事业单位活动的领域不同,事业支出的内容也有所不同。

事业单位应当将事业支出纳入单位预算管理,严格执行国家财政制度和财经纪律,建立健全支出的管理与控制制度,在保证专业业务活动需要的前提下,尽可能减少事业支出,以提高财政资金和业务资金的使用效益。

(二) 事业支出的分类

1. 按经费的性质,事业支出分为财政补助支出和非财政补助支出两类

(1) 财政补助支出是事业单位用财政补助收入款项安排的事业支出。财政补助收入是事业单位从财政部门取得的款项,是财政部门根据预算安排,通过国库拨入事业单位的纳入预算管理的资金。财政补助支出按部门预算管理的要求应当区分为基本支出和项目支出。

(2) 非财政补助支出是事业单位使用除财政补助以外的款项安排的事业支出。事业单位的收入除财政补助收入外,还有事业收入、经营收入、上级补助收入、附属单位上缴收入、其他收入等。使用这些收入形成的款项安排的支出为非财政补助支出。按资金使用要求的不同,非财政补助支出分为专项资金支出和非专项资金支出。

2. 按部门预算管理的要求,事业支出分为基本支出和项目支出两类

(1) 基本支出是事业单位为了保障其正常运转、完成日常工作任务而发生的支出,包括

人员经费支出和日常公用经费支出。

(2) 项目支出是事业单位为了完成特定工作任务和事业发展目标，在基本支出之外发生的支出。

3. 按预算科目的要求，事业支出需要进行经济分类

事业单位支出的经济分类主要反映支出的经济性质和具体用途，根据《政府收入支出分类科目》事业支出的经济分类设类、款两级预算科目。

4. 按支出的经济事项，事业支出分为人员经费支出和日常公用经费支出

(1) 人员经费支出，是指用于事业单位人员方面的事业支出，主要是《政府收支分类科目》中的"工资福利支出"和对"个人和家庭的补助"类别的具体款项。

(2) 日常公用经费支出，是用于事业单位日常公务活动的经费支出，主要是《政府收支分类科目》中的"商品和服务支出"和"基本建设支出"类别的具体款项。

(三) 账户设置

事业单位设置"事业支出"账户，核算开展专业业务活动及其辅助活动发生的基本支出和项目支出。本账户借方登记支出发生额，贷方登记结转额，期末结账后，本账户应无余额。本账户应当按照"基本支出"和"项目支出""财政补助支出""非财政专项资金支出"和"其他资金支出"等层级进行明细核算，并按照《政府收支分类科目》中"支出功能分类"相关科目进行明细核算；"基本支出"和"项目支出"明细账户下应当按照《政府收支分类科目》中"支出经济分类"的款级科目进行明细核算；同时在"项目支出"明细账户下按照具体项目进行明细核算。据此，事业支出的明细科目设置有两种方法，第一种方法是按事业支出的资金性质设置第一层次的明细科目(见表 16－1)，第二种方法是按部门预算管理要求设置第一层次的明细科目(见表 16－2)。

表 16－1　　事业支出明细科目表(一)

总账科目	一级明细	二级明细	三级明细	预算科目
事业支出	财政补助支出	基本支出	人员经费	功能分类 经济分类
			日常公用经费	
		项目支出	项目名称	
			……	
	非财政专项资金支出	项目支出	项目名称	
			……	
	其他资金支出	基本支出	人员经费	
			日常公用经费	
		项目支出	项目名称	
			……	

表 16－2　**事业支出明细科目表(二)**

总账科目	一级明细	二级明细	三级明细	预算科目
事业支出	基本支出	财政补助支出	人员经费	功能分类 经济分类
			日常公用经费	
		其他资金支出	人员经费	
			日常公用经费	
	项目支出	财政补助支出	项目名称	
			……	
		非财政专项资金支出	项目名称	
			……	
		其他资金支出	项目名称	
			……	

(四) 主要账务处理

1. 货币资金支付

直接以货币资金支付的人员经费、公用经费、在实际支付时按支付的金额确认为事业支出,借记“事业支出”账户,贷记“银行存款”“库存现金”等科目。

【例 16－1】 某事业单位用银行存款支付一笔员工培训费 20 000 元。所付款项为非财政补助、非专项资金。

借: 事业支出——其他资金支出——基本支出　　20 000
　贷: 银行存款　　20 000

2. 财政直接支付

财政直接支付方式发生的支出,事业单位在收到国库支付执行机构委托代理银行转来的“财政直接支付入账通知书”及原始凭证后确认事业支出,借记“事业支出”账户,贷记“财政补助收入”等科目。

【例 16－2】 某事业单位收到国库支付执行机构委托代理银行转来的“财政直接支付入账通知书”及原始凭证,为事业单位支付了一项政府委托的课题项目调研费 10 000 元。

借: 事业支出——财政补助支出——项目支出——××课题调研费　　10 000
　贷: 财政补助收入——项目支出——××课题调研费　　10 000

3. 财政授权支付

以财政授权方式发生的支出,事业单位开出“授权支付凭证”使用授权额度时确认事业支出,借记“事业支出”账户,贷记“零余额账户用款额度”账户。

【例 16－3】 某事业单位从零余额账户中支付本季度物业管理费 5 000 元。

借：事业支出——基本支出——财政补助支出——商品和服务支出——物业管理费 5 000

贷：零余额账户用款额度 5 000

4. 其他方式

事业单位的事业支出还包括计提职工薪酬、领用库存材料、购入固定资产、无形资产、计提修购基金等。为从事专业业务活动及其辅助活动人员集体的薪酬，在计提时确认事业支出；事业业务领用入库管理的存货，在发出存货时确认事业支出；购入事业用固定资产、无形资产，在购入并支付价款时确认事业支出；从事业收入中计提修购基金，在计提时确认事业支出。涉及计提职工薪酬、领用库存材料、购入固定资产、无形资产的支出业务处理见第十三章和第十四章的有关内容，计提修购基金的支出业务处理，将在第十七章净资产的核算中讲解。

5. 期末，将"事业支出——财政补助支出"账户本期发生额结转入"财政补助结转"账户，将"事业支出——非财政专项资金支出"账户本期发生额结转入"非财政补助结转"账户；将"事业支出——其他资金支出"账户本期发生额结转入"事业结余"账户。期末结账后，"事业支出"账户无余额。

二、经营支出

（一）经营支出的内容

经营支出是指事业单位在专业业务活动及辅助活动之外开展非独立核算经营活动发生的支出。事业单位的经营业务，可以实行内部成本核算，也可以不实行内部成本核算。

(1) 对于不实行内部成本核算的经营业务，发生的所有业务支出均通过"经营支出"账户核算，包括材料费用、人工费用及相关税费。

(2) 对于实行内部成本核算的经营业务，应当对发生的业务费用进行归集分配，准确计算产品的生产成本，在结转已销存货实际成本时确认经营支出。事业单位在开展非独立核算经营活动，应当正确归集实际发生的各项费用数；不能归集的，应当按照规定的比例合理分摊。

（二）经营支出的确认

经营支出按权责发生制基础确认，并与经营收入配比。确认条件有两个：一是在专业服务和辅助服务活动之外所发生的支出；二是非独立核算单位发生的支出。独立核算附属单位的经营活动，应按会计制度规定单独进行核算，不通过事业单位的"经营支出"账户反映。独立核算附属单位上缴上级单位款项所形成的支出为"上缴上级支出"。如果事业单位的生产、加工经营业务实行内部成本核算，则经营支出为已销产品的实际成本。有经营活动的事业单位应正确划分事业支出和经营支出的界限。

（三）账户设置

事业单位设置"经营支出"账户，核算事业单位在专业业务活动及其辅助活动之外开展非独立核算经营活动发生的支出，本账户借方登记经营支出发生数，贷方登记转出数，期末结账后，本账户应无余额。"经营支出"账户应当按照经营活动类别、项目、《政府收支分类科目》中"支出功能分类"相关账户等进行明细核算。

（四）主要账务处理

1. 经营业务不实行内部成本核算

如果事业单位的经营业务不实行内部成本核算，经营支出在发生时按实际发生的数额确认。

（1）为开展非独立核算经营活动人员计提的薪酬，借记"经营支出"账户，贷记"应付职工薪酬"等科目。

【例 16-4】 某事业单位为在专业业务活动及其辅助活动之外开展非独立核算经营活动人员计提本月薪酬，基本工资 150 000 元，岗位津贴 15 000 元，绩效工资 225 346 元，共计 390 346 元。

借：经营支出——工资福利支出　　390 346

　贷：应付职工薪酬——基本工资　　150 000

　　　　　　　　——岗位津贴　　15 000

　　　　　　　　——绩效工资　　225 346

（2）在专业业务活动及其辅助活动之外开展非独立核算经营活动领用、发出的存货，按领用、发出存货的实际成本，借记"经营支出"账户，贷记"存货"账户。

【例 16-5】 某事业单位在专业业务活动及其辅助活动之外开展非独立核算经营活动领用物资一批，价值 8 000 元。

借：经营支出——商品与劳务支出——专用材料费　　8 000

　贷：存货——××物资　　8 000

（3）在专业业务活动及其辅助活动之外开展非独立核算经营活动中发生的其他各项支出，借记"经营支出"账户，贷记"库存现金""银行存款""应缴税费"等科目。

【例 16-6】 某事业单位在专业业务活动及其辅助活动之外开展非独立核算经营活动中发生水费 2 500 元，以银行存款支付。

借：经营支出——商品与劳务支出——水费　　2 500

　贷：银行存款　　2 500

2. 经营业务实行内部成本核算

如果事业单位的生产、加工经营业务实行内部成本核算，需要通过"存货成本——生产成本"等科目归集生产费用，计算产品生产成本，在结转已销存货实际成本时确认经营支出。生产成本的核算，主要包括两个环节：一是成本费用的归集与分配，将发生的各项费用计入相应的成本对象中；二是完工产品成本的结转，将成本费用转入相应的产品成本中。

【例 16-7】 某事业单位为技术研究所，开展一项技术产品生产经营业务，没有实行独立核算，但要求实行内部成本核算。现生产甲产品领用 A 材料，价值 8 000 元。

借：存货——生产成本——直接材料（甲产品）　　8 000

　贷：存货——A 材料　　8 000

【例 16-8】 接[例 16-7]，根据工资分配计算单，甲产品分配的人工费用为 6 000 元。

借：存货——生产成本——直接人工（甲产品）　　6 000

　贷：应付职工薪酬　　6 000

【例 16-9】 接[例 16-7]甲产品发生制造费用 3 000 元，以银行存款支付。

借：存货——生产成本——制造费用(甲产品)　　3 000
　贷：银行存款　　3 000

【例 16－10】 接[例 16－7]、[例 16－8]、[例 16－9]月末甲产品全部完工共 170 件，结转甲产品完工成本。

借：存货——甲产品　　17 000
　贷：存货——生产成本——直接材料(甲产品)　　8 000
　　　　　　　　　　——直接人工(甲产品)　　6 000
　　　　　　　　　　——制造费用(甲产品)　　3 000

【例 16－11】 月末结转已销甲产品成本。本月共销售甲产品 70 件，单位成本为 100 元/件。

借：经营支出——技术产品业务——销售成本结转　　7 000
　贷：存货——甲产品　　7 000

3. 期末，将“经营支出”账户本期发生额转入“经营结余”账户，期末结账之后，“经营支出”账户无余额。

第三节　其他活动支出的核算

事业单位其他活动支出包括上缴上级支出、对附属单位补助支出和其他支出。

一、上缴上级支出

(一) 上缴上级支出的内容

上缴上级支出是指事业单位按照财政部门和主管部门的规定上缴上级单位的支出。有上缴上级支出的事业单位是实行独立核算并附属于上级单位的事业单位。根据本单位与上级之间的体制安排，事业单位取得的各项收入应当按规定的标准或比例上缴上级单位，形成事业单位的上缴上级支出。上缴上级支出属于非财政性资金支出，事业单位需要上缴上级单位的款项通常来源于事业单位的事业收入、经营收入和其他收入。

(二) 账户设置

事业单位设置“上缴上级支出”账户，核算按照财政部门和主管部门的规定上缴上级单位的支出。本账户借方登记上缴上级支出的发生额，贷方记转出额，期末结账后，本账户应无余额。本账户应当按照收缴款项单位、缴款项目、《政府收支分类科目》中“支出功能分类”相关科目等进行明细核算。

(三) 主要账务处理

(1) 按规定将款项上缴上级单位的，按照实际上缴的金额，借记“上缴上级支出”账户，贷记“银行存款”等科目。

【例 16－12】 某事业单位按规定上缴上级单位款项 180 000 元，以银行存款支付。

借：上缴上级支出 180 000
　贷：银行存款 180 000

(2) 期末，将“上缴上级支出”账户本期发生额转入事业结余，借记“事业结余”账户，贷记“上缴上级支出”账户。期末结账后，“上缴上级支出”无余额。

二、对附属单位补助支出

(一) 对附属单位补助支出的内容

对附属单位补助支出是指事业单位用财政补助收入之外的收入对附属单位补助发生的支出。附属单位是指实行独立核算的下级单位。事业单位作为上级单位，可以使用自有经费对下属单位进行各项补助，支持所属单位事业的发展。对附属单位补助支出属于非财政性资金支出，事业单位不能用财政补助收入对附属单位进行补助，可以用事业收入、经营收入、其他收入等非财政性资金对附属单位给予补助。

(二) 账户设置

事业单位设置“对附属单位补助支出”账户，核算事业单位用财政补助收入之外的收入对附属单位补助发生的支出。本账户借方登记对附属单位补助支出发生额，贷方登记转出额，期末结账后，本账户应无余额。本账户应当按照接受补助单位、补助项目、《政府收支分类科目》中“支出功能分类”相关科目等进行明细核算。

(三) 主要账务处理

(1) 发生对附属单位补助支出的，按照实际支出的金额，借记“对附属单位补助支出”账户，贷记“银行存款”等科目。

【例 16－13】 某事业单位用自有经费对附属单位进行补助 120 000 元，以银行存款支付。

借：对附属单位补助支出 120 000
　贷：银行存款 120 000

(2) 期末，将“对附属单位补助支出”账户本期发生额转入“事业结余”账户，借记“事业结余”账户，贷记“对附属单位补助支出”账户。期末结账后，“对附属单位补助支出”账户无余额。

三、其他支出

(一) 其他支出的内容

其他支出是事业单位除事业支出、上缴上级支出、对附属单位补助支出、经营支出以外的各项支出，包括利息支出、捐赠支出、现金盘亏损失、资产处置损失、接受捐赠（调入）非流动资产发生的税费支出等。

（二）账户设置

事业单位设置“其他支出”账户，核算除事业支出、上缴上级支出、对附属单位补助支出、经营支出以外的各项支出。本账户借方登记其他支出发生额，贷方登记转出额，期末结账后，本账户应无余额。本账户应当按照其他支出的类别、《政府收支分类科目》中“支出功能分类”相关科目等进行明细核算。其他支出中如有专项资金支出，还应按具体项目进行明细核算。

（三）主要账务处理

1. 利息支出

事业单位支付银行短期借款、长期借款利息时，借记“其他支出”账户，贷记“银行存款”账户。

【例 16－14】 某事业单位以银行存款支付本月应承担的长期借款利息 5 000 元。

借：其他支出　　5 000
　贷：银行存款　　5 000

2. 捐赠支出

(1) 对外捐赠货币资金时，借记“其他支出”账户，贷记“库存现金”“银行存款”等科目。

【例 16－15】 某事业单位对外捐赠现金 3 000 元。

借：其他支出——捐赠支出　　3 000
　贷：库存现金　　3 000

(2) 对外捐赠存货的，应先将捐出存货转入“待处置资产损溢”账户，实际捐出存货时，借记“其他支出——捐赠支出”账户，贷记“待处置资产损溢”账户。对外捐赠固定资产、无形资产等非流动资产，不通过“其他支出”账户核算，而是应当冲减其对应的非流动资产资金。

【例 16－16】 某事业单位对外捐出材料一批，价值 3 000 元。

将材料转入待处置资产损溢时：

借：待处置资产损溢——待处置资产价值　　3 000
　贷：存货　　3 000

实际捐出时：

借：其他支出　　3 000
　贷：待处置资产损溢——待处置资产价值　　3 000

3. 现金盘亏损失。

每日现金账款核对中如发现现金短缺，属于无法查明原因的部分，报经批准后，借记“其他支出——现金盘亏损失”账户，贷记“库存现金”账户。

【例 16－17】 某事业单位在每日现金账款核对中发现短缺现金 100 元，无法查明原因，报领导批准后予以核销。

借：其他支出——现金盘亏损失　　　　100
　贷：库存现金　　　　100

4. 资产处置损失

报经领导批准核销应收及预付款项、盘亏、毁损或者报废的存货时，借记“其他支出”账户，贷记“待处置资产损溢”账户

【例 16－18】 某事业单位报经批准核销预期 3 年无法收回应收账款 5 000 元。

将应收账款转入待处置资产损溢时：

借：待处置资产损溢——待处置资产价值　　　　5 000
　贷：应收账款　　　　5 000

核销时：

借：其他支出　　　　5 000
　贷：待处置资产损溢——待处置资产价值　　　　5 000

5. 接受捐赠（或无偿调入）非流动资产发生的税费支出

接受捐赠、无偿调入非流动资产发生的相关税费、运输费等，借记“其他支出”账户，贷记“银行存款”等科目。

【例 16－19】 某事业单位无偿调入设备 1 台，发生运输设备的费用 300 元，以现金支付。

借：其他支出——运费　　　　300
　贷：库存现金　　　　300

以固定资产、无形资产取得长期股权投资，所发生的相关税费计入“其他支出”账户。具体账务处理参见“长期投资”的核算。

期末，将“其他支出”账户本期发生额中的专项资金支出结转入“非财政补助结转”账户，借记“非财政补助结转”账户，贷记“其他支出”账户下各专项资金支出明细科目；将“其他支出”账户本期发生额中的非专项资金支出结转入“事业结余”账户，借记“事业结余”账户，贷记“其他支出”账户下各非专项资金支出明细科目。

本章小结

事业单位支出是指事业单位开展业务及其他活动发生的资金耗费和损失。事业单位的支出存在收付实现制和权责发生制两种确认方式。事业单位的支出包括事业支出、对附属单位补助支出、上缴上级支出、经营支出和其他支出等。事业单位的支出应当分类管理，按类型进行会计核算。

关键术语

事业支出、对附属单位补助支出、上缴上级支出、经营支出、其他支出

思考题

1. 事业支出明细科目如何设置?
2. 简述经营支出的账务处理方法。
3. 简述上缴上级支出的账务处理方法。
4. 简述对附属单位补助支出的账务处理方法。
5. 简述其他支出的核算内容。

练习题

(一)单项选择题

1. 事业单位使用财政或上级拨入的指定项目或用途,并需要单独报账的资金所发生的支出计入(　　)。

A. "拨出专款"　　B. "事业支出"　　C. "专款支出"　　D. "专用基金"

2. 下列项目中,关于"经营支出"账户的说法错误的是(　　)。

A. 事业单位的经营支出与经营收入应当配比

B. 本账户应当按照经营活动类别、项目、《政府收支分类科目》中"支出功能分类"相关科目等进行明细核算

C. 本账户核算事业单位在专业业务活动及其辅助活动中所开展非独立核算经营活动发生的支出

D. 事业单位开展非独立核算经营活动的,应当正确归集开展经营活动发生的各项费用数;无法直接归集的,应当按照规定的标准或比例合理分摊

3. 下列项目中,关于"其他支出"账户说法错误的是(　　)。

A. 期末结账后,本账户应为借方余额

B. 支付银行借款利息时,借记本账户,贷记"银行存款"账户

C. 本账户应当按照其他支出的类别、《政府收支分类科目》中"支出功能分类"相关科目等进行明细核算

D. 期末,将本账户本期发生额中的专项资金支出结转入非财政补助结转,借记"非财政补助结转"账户,贷记本账户下各专项资金支出明细

4. 支出功能分类反映政府支出的内容和方向,事业单位应分类设置科目的级别数是(　　)。

A. 2级　　B. 3级　　C. 4级　　D. 5级

5. 购入办公用品可直接列报支出,购入其他各种材料可在(　　)列报支出。

A. 购入付款时　　B. 到达入库时　　C. 经验收后　　D. 投入使用时

6. 事业单位以自有资金给附属单位的一次性补助款,应借记(　　)科目。

A. "事业支出"　　B. "对附属单位补助支出"

C. "上缴上级支出"　　D. "其他支出"

7. 事业单位处置存货的损失应记入(　　)科目。

A. "其他支出"　　B. "营业外支出"　　C. "事业支出"　　D. "经营支出"

8. 对于由财政直接支付的从事专业业务活动的人员工资，事业单位应借记的账户为(　　)。

A. “其他支出”　　B. “事业支出”　　C. “经营支出”　　D. “上缴上级支出”

9. 接受捐赠无偿调入非流动资产发生的相关税费、运输费等，借记(　　)科目。

A. “其他支出”　　B. “事业支出”　　C. “经营支出”　　D. “上缴上级支出”

10. 事业单位收回当年支出后，一般应直接记入(　　)账户贷方，但国家有专门规定的，从其规定。

A. “事业收入”　　B. “事业基金”　　C. “事业结余”　　D. “事业支出”

11. 事业单位从事专业业务活动借款所支付的利息应列入(　　)账户。

A. “事业支出”　　B. “经营支出”　　C. “专款支出”　　D. “管理费用”

12. 某事业单位工作人员出差向单位借款，回来报销时的会计处理是(　　)。

A. 借：经费支出
　　贷：其他应收款

B. 借：经费支出
　　贷：暂付款

C. 借：事业支出
　　贷：其他应收款

D. 借：事业支出
　　贷：库存现金

13. 事业单位为开展经营业务活动而借入的款项，其实际发生的利息支出应记入(　　)科目。

A. “事业支出”　　B. “经营支出”　　C. “成本费用”　　D. “财务费用”

14. 事业单位从事专业业务活动借款所支付的利息列入(　　)账户。

A. “事业支出”　　B. “经营支出”　　C. “其他支出”　　D. “专款支出”

15. 下列不属于事业单位其他支出的核算内容的是(　　)。

A. 对附属单位的补助支出　　B. 捐赠支出

C. 利息支出　　D. 现金盘亏损失

16. 实行国库集中支付后，对于由财政直接支付的工资，事业单位应借记(　　)科目，贷记“财政补助收入”账户。

A. “工资支出”　　B. “经营支出”　　C. “其他支出”　　D. “事业支出”

17. 用本单位自有资金对附属单位补助应列入(　　)账户

A. “事业支出”　　B. “拨出专款”

C. “对附属单位补助支出”　　D. “拨出专款”

18. 下列事业支出中不属于公用经费的是(　　)。

A. 培训费　　B. 招待费　　C. 维修费　　D. 医疗费

19. 事业单位的基本支出中，不包括(　　)支出。

A. 医疗费用　　B. 津贴补助　　C. 电费　　D. 房屋建筑物购建

20. 事业单位在专业业务活动及其辅助活动之外开展非独立核算经营活动发生的支出是事业单位的(　　)。

A. “其他支出”　　B. “对附属单位补助支出”

C.“经营支出” D.“事业支出”

21. 事业单位按规定上缴上级单位专用款项,贷记“银行存款”账户,借记(　　)账户。

A.“事业支出” B.“上缴上级支出”

C.“拨出专款” D.“对附属单位补助”

22. 事业单位转让无形资产所有权所取得的收入应(　　)。

A. 冲减经营支出 B. 冲减事业支出

C. 冲减待处置资产损溢 D. 直接确认为收入

23. 事业单位开展各项专业活动而发生的各项支出中,不计入事业支出的是(　　)。

A.“支付的业务费” B.“支付给职工的工资”

C.“拨出的经费” D.“支付的办公费”

24. 事业单位对无形资产的摊销应借记(　　)科目,贷记累计摊销。

A.“非流动资产基金” B.“事业支出”

C.“其他支出” D.“经营支出”

25. 某事业单位通过银行向中国红十字会捐赠100 000元,会计处理为(　　)。

A. 借:事业支出
　　贷:银行存款

B. 借:经营支出
　　贷:银行存款

C. 借:其他支出
　　贷:银行存款

D. 借:待处置财产损溢
　　贷:银行存款

26. 年终,将“事业支出——其他资金支出”账户的借方余额全数转入(　　)科目。

A.“经营结余” B.“事业结余” C.“事业基金” D.“财政补助结转”

27. 事业单位开展专业业务活动及其辅助活动发生的基本支出和项目支出,指的是(　　)。

A.“事业支出” B.“经营支出” C.“其他支出” D.“财政补助支出”

(二)多项选择题

1. 下列项目中,关于“事业支出”账户说法正确的有(　　)。

A. 本账户核算事业单位开展专业业务活动及其辅助活动发生的基本支出和项目支出

B. 为从事专业业务活动及其辅助活动人员计提的薪酬等,借记本账户,贷记“应付职工薪酬”等科目

C. 本账户应当按照“基本支出”和“项目支出”,“财政补助支出”“非财政专项资金支出”和“其他资金支出”等层级进行明细核算

D. 开展专业业务活动及其辅助活动中发生的其他各项支出,借记本账户,贷记“库存现金”“银行存款”“零余额账户用款额度”“财政补助收入”等科目

2. 事业单位支出是指为了本单位的业务需要而发生的各种支出,包括(　　)。

A. 对附属单位拨款 B. 拨出经费

C. 上缴上级支出 D. 人员经费支出和公用经费支出

3. 年终可以将余额转入“事业结余”的科目有(　　)。
A. “事业支出(财政补助支出)” B. “经营支出”
C. “对附属单位补助支出” D. “上缴上级支出”
4. 年末结账后无余额的支出类科目有(　　)。
A. “其他支出” B. “事业支出”
C. “经营支出” D. “上缴上级支出”
5. 下列账户中,属于支出类账户的有(　　)。
A. “事业支出” B. “经营结余”
C. “待处置资产损溢” D. “其他支出”
6. 下列支出中属于事业支出的有(　　)。
A. 固定资产购置费 B. 对个人的补助支出
C. 办公费 D. 利息支出
7. 其他支出核算的内容包括(　　)。
A. 利息支出 B. 现金盘亏损失 C. 资产处置损失 D. 捐赠支出

(三) 判断题

1. 经营支出是事业单位在专业业务活动之外开展经营活动而发生的支出。(　　)
2. 对“附属单位补助支出”账户核算事业单位用财政补助收入对附属单位补助发生的支出,本账户应当按照接受补助单位、补助项目、《政府收支分类科目》中“支出功能分类”相关科目等进行明细核算。(　　)
3. “上缴上级支出”账户核算事业单位按照财政部门和主管部门的规定上缴上级单位的支出,按规定将款项上缴上级单位的,按照实际上缴的金额,借记“上缴上级支出”账户,贷记“银行存款”等科目。(　　)
4. 经营支出是事业单位支出的主要内容,也是考核事业成果和资金使用效果的重要依据。(　　)
5. 事业单位非独立核算的经营活动发生的支出作为事业单位经营支出进行反映。(　　)
6. 事业单位的各项支出除经营性支出可以采用权责发生制进行核算外,一般均采用收付实现制进行核算。(　　)
7. 事业单位购入国债时发生的佣金及手续费计入事业支出。(　　)
8. 发给个人的工资、津贴、补助和抚恤救济费等,应根据实有人数和实发金额列报支出。(　　)
9. 事业支出中的其他费用属于公用经费。(　　)
10. 财政补助收入只能用于事业支出,不得用于经营活动的支出。(　　)
11. 对附属单位补助和上缴上级支出属于调剂性支出,不是单位开展业务及其他活动的开支。(　　)
12. 对附属单位补助支出是指事业单位用取得的收入对附属单位补助所发生的支出。(　　)
13. 经营支出是指事业单位在专业业务活动及辅助活动之外开展经营活动发生的支出。(　　)
14. 事业单位会计不需要进行成本核算。(　　)

(四) 业务处理题

某事业单位发生以下经济业务，根据业务编制会计分录。

1. 计算应发放职工工资 25 万元，应付津贴 5 万元，并从应付工资中代扣房租 4 000 元，扣回水电费 800 元。职工工资采用财政直接支付方式支付。

2. 通过零余额账户支付购入一套公用文件柜 5 000 元。

3. 开出转账支票，购买业务用资料 1 000 元。

4. 修办公楼用转账支票支付修缮费 16 000 元。

5. 工作人员李某出差回来报销差旅费 2 000 元，原借款 1 500 元，补以现金 500 元。

6. 以银行存款支付本月银行借款利息 2 000 元。

7. 从仓库领用材料一批，价款 5 万元，用于实行内部成本核算的 A 产品生产。

8. 通过银行上缴本单位利润分成款给上级单位 100 000 元。

9. 从仓库领用材料一批，价款 6 000 元，用于经营活动。

10. 以银行存款支付水电费 2 000 元。

11. 出售 A 产品，收到价款 80 000 元，增值税 13 600 元，款项存入银行。A 产品成本 56 000 元。

12. 开展经营活动，取得应税收入 50 000 元，适用的增值税税率为 17%，收入已存入银行。

13. 通过银行交纳上题中的增值税。

14. 用自有资金拨付给附属单位一次性补助 30 000 元。

第十七章　事业单位净资产的核算

学习目标与要求

了解事业单位净资产的定义、会计科目。

理解各种净资产的内容和区别。

熟悉和掌握各种净资产的账务处理。

重点

事业单位各种净资产的账务处理。

难点

事业基金、非流动资产基金、专用基金、财政补助结转、财政补助结余、非财政补助结转、事业结余、经营结余、非财政补助结余分配等业务的账务处理。

导读

事业单位的净资产是指事业单位资产扣除负债后的余额。包括事业基金、非流动资产基金、专用基金、财政补助结转结余、非财政补助结转结余等。净资产是事业单位某一时点的资产净额，其确认与计量依赖于资产和负债两个会计要素的确认与计量。事业单位一般在会计期末进行收入、支出的结转、提取各项基金，确认本期增加或减少的净资产，事业单位的净资产的会计核算包括基金和结转(余)两个部分。

第一节　事业单位净资产概述

一、净资产的含义和内容

事业单位的净资产是指事业单位资产扣除负债后的余额。事业单位的净资产包括事业基金、非流动资产基金、专用基金、财政补助结转结余、非财政补助结转结余等。

净资产是事业单位某一时点的资产净额，其确认与计量依赖于资产和负债两个会计要素的确认与计量。事业单位一般在会计期末进行收入、支出的结转、提取各项基金，确认本期增加或减少的净资产，从内容上看，事业单位的净资产包括基金和结转(余)两个部分。

二、净资产的分类与会计科目设置

（一）基金类净资产

基金一般是指一组具有专门的来源及规定用途的财务资源。事业单位的基金类净资产包括事业基金、非流动资产基金、专用基金。

（二）结转和结余类净资产

结转和结余是指事业单位一定期间收入与支出相抵后的余额。事业单位不以盈利为目的，并不追求结余的数额，所以结转（余）的数额不能过大，应当控制在当期收入总额的一定比例之内。事业单位的结转和结余包括财政补助结转、财政补助结余、事业结余、经营结余、非财政补助结转、非财政补助结余分配。

（三）会计科目设置

依据事业单位净资产的内容，设置的会计科目及分类见表 17－1。

表 17－1　　事业单位净资产类会计科目分类

类型	会计科目	性质		用途
基金类	3001 事业基金	非限定性		事业资金周转
	3101 非流动资产基金	限定性		非流动资产占用
	3201 专用基金			职工福利、固定资产修购
结转、结余类	3301 财政补助结转	财政补助	结转资金	转入下期继续使用
	3302 财政补助结余		结余资金	上缴或注销
	3401 非财政补助结转	非财政补助	结转资金	转入下期继续使用
	3402 事业结余		结余资金	转入结余分配
	3403 经营结余			转入结余分配
	3404 非财政补助结余分配		分配资金	职工福利与事业基金

三、净资产的财务管理

事业单位净资产财务管理的主要内容包括：

（1）加强基金的管理。事业单位应当按规定提取各项基金，保证基金资源的稳定性。各项基金的提取比例和管理办法，国家有统一规定的，按照统一规定执行，没有统一规定的，由主管部门会同同级财政部门确定。事业单位应当加强事业基金的管理，遵循收支平衡的原则，统筹安排、合理使用，支出不得超出基金规模。事业单位应当结合固定资产、在建工程、无形资产、长期投资的情况，合理配置各项非流动资产基金。事业单位的专用基金应当遵循先提后用、收支平衡、专款专用的原则。

(2) 加强财政补助结转(余)资金的管理。财政补助结转和结余的管理,应当按照同级财政部门的规定执行。基本支出结转资金转入下期,用于维持事业单位的正常运转。项目支出结转资金转入下期,继续按原用途使用。项目结余资金按规定上缴或注销,并向财政部门或者主管部门报送项目资金支出决算和使用效果的书面报告,接受财政部门或者主管部门的检查、验收。

(3) 加强非财政补助结转(余)的管理。非财政补助结转按照规定结转下一年度继续使用。本期事业结余应转入结余分配,如果本期事业业务发生亏损可用事业基金弥补。经营结余应当单独反映。如果本期经营业务有盈余,应当转入结余分配;如果本期经营业务发生亏损,应留待以后期间的经营盈余弥补,不得用事业基金弥补经营亏损。

第二节 基金的核算

事业单位的基金包括事业基金、非流动资产基金和专用基金。

一、事业基金的核算

(一) 事业基金的内容

事业基金来源于非财政补助结余扣除结余分配后滚存的金额。年终结余分配后,需将年度非财政补助结余的余额转入事业基金。已经完成项目的非财政补助专项资金有剩余,若按规定留归本单位使用,也应当转入事业基金。

事业基金是一项非限定用途的净资产,可以用于事业发展和弥补事业亏损。事业基金一般对应于事业单位的流动资产,当事业单位以货币资金对外长期投资时,应将其转为非流动资产基金。收回货币资金的长期投资时,再将其转回事业基金。

(二) 账户设置

事业单位设置“事业基金”账户,核算事业单位拥有的非限定用途的净资产。本账户贷方登记非限定用途的净资产的增加额,借方登记减少额。本账户期末贷方余额,反映事业单位历年积存的非限定用途净资产的金额。本账户不进行明细核算。

(三) 主要账务处理

1. 非财政补助结余的转入

年末,将“非财政补助结余分配”账户余额转入事业基金,借记或贷记“非财政补助结余分配”账户,贷记或借记“事业基金”账户。

【例 17-1】 年末,某事业单位将“非财政补助结余分配”账户贷方余额 35 402 元转入事业基金。

借:非财政补助结余分配　　35 402
　贷:事业基金　　35 402

2. 非财政补助结转的转入

年末，留归本单位使用的非财政补助专项（项目已完成）剩余资金转入事业基金，借记“非财政补助结转——××项目”账户，贷记“事业基金”账户。

【例 17－2】 年末，某事业单位将留归本单位使用的非财政补助专项（项目已完成）剩余资金 5 200 元转入事业基金。

借：非财政补助结转——××项目　　5 200
　贷：事业基金　　5 200

3. 以货币资金对外长期投资

(1) 以货币资金取得长期股权投资、长期债券投资，按照实际支付的全部价款（包括购买价款以及税金、手续费等相关税费）作为投资成本，借记“长期投资”账户，贷记“银行存款”等科目；同时，按照投资成本金额，借记“事业基金”账户，贷记“非流动资产基金——长期投资”账户。

【例 17－3】 某事业单位以银行存款购买 C 公司的长期债券，投资成本 150 000 元。

借：长期投资——长期债券投资——C 公司　　150 000
　贷：银行存款　　150 000

同时，

借：事业基金　　150 000
　贷：非流动资产基金——长期债券投资　　150 000

(2) 对外转让或到期收回长期债券投资本息，按照实际收到的金额，借记“银行存款”等科目，按照收回长期投资的成本，贷记“长期投资”账户，按照其差额记“其他收入——投资收益”账户；同时，按照收回长期投资对应的非流动资产基金，借记“非流动资产基金——长期投资”账户，贷记“事业基金”账户。

【例 17－4】 接[例 17－3]，到期收回长期债券技资本金 150 000 元，利息 20 000 元，存入银行。

借：银行存款　　170 000
　贷：长期投资——长期债券投资——C 公司　　150 000
　　其他收入——投资收益　　20 000

同时，

借：非流动资产基金——长期投资　　150 000
　贷：事业基金　　150 000

4. 事业单位发生需要调整以前年度非财政补助结余的事项，通过“事业基金”账户核算。国家另有规定的，从其规定。

【例 17－5】 某事业单位在核对上一年度的会计报表时发现，经营业务的以下预收账款 3 000 元，已经提供了相应的服务，因会计人员疏忽未进行经营收入确认的账务处理。

借：预收账款　　3 000
　贷：事业基金　　3 000

二、非流动资产基金的核算

（一）非流动资产基金的内容

非流动资产基金是事业单位非流动资产占用的资金，包括长期投资、固定资产、在建工程、无形资产等非流动资产占用的金额。

（二）账户设置

事业单位设置"非流动资产基金"账户，核算长期投资、固定资产、在建工程、无形资产等非流动资产占用的金额，本账户贷方登记非流动资产占用的增加数，借方登记减少数，期末余额在贷方，反映事业单位非流动资产占用的金额。本账户应当设置"长期投资""固定资产""在建工程""无形资产"等明细账户，进行明细核算。

主要账务处理见第十三章资产的核算的有关内容。

三、专用基金的核算

（一）专用基金的内容

专用基金是指事业单位按规定提取或者设置的具有专门用途的净资产，主要包括修购基金、职工福利基金、其他基金等。专用基金应按规定提取，按规定用途使用。

（二）账户设置

事业单位设置"专用基金"账户，核算按规定提取的具有专门用途的净资产。本账户贷方登记专用基金的增加额，借方登记减少额，期末余额在贷方，反映事业单位专用基金余额。本账户按照专用基金的类别进行明细核算。

（三）主要账务处理

1. 修购基金

(1) 按规定提取修购基金的，按照提取金额，借记"事业支出"账户，贷记"专用基金——修购基金"账户。

【例 17－6】 某事业单位没有建立固定资产的折旧制度，按规定提取本月的固定资产修购基金 600 元。

借：事业支出	600	
贷：专用基金——修购基金		600

(2) 按规定使用专用基金时，借记"专用基金——修购基金"账户，贷记"银行存款"等科目。形成固定资产的，还应借记"固定资产"账户，贷记"非流动资产基金——固定资产"账户。

【例 17－7】 事业单位按照规定使用固定资产修购基金购置设备，以银行存款支付价款 4 500 元。

借：专用基金——修购基金 4 500

贷：银行存款 4 500

同时，

借：固定资产——××设备 4 500

贷：非流动资产基金——固定资产 4 500

2. 职工福利基金

(1) 年末，按规定从本年度非财政补助结余中提取职工福利基金的，按照提取金额，借记"非财政补助结余分配"账户，贷记"专用基金——职工福利基金"账户。

【例 17－8】 年末，事业单位按 30% 的比例从非财政补助结余中提取职工福利基金 85 000 元。

借：非财政补助结余分配 85 000

贷：专用基金——职工福利基金 85 000

(2) 按规定使用专用基金时，借记"专用基金——职工福利基金"账户，贷记"银行存款"等科目。

【例 17－9】 某事业单位使用职工福利基金支付职工福利开支 8 000 元，款项以银行存款支付。

借：专用基金——职工福利基金 8 000

贷：银行存款 8 000

3. 其他专用基金

事业单位若有按规定设置的其他专用基金，按照实际收到的基金金额，借记"银行存款"等科目，贷记"专用基金——××基金"账户，若有按规定提取的其他专用基金，按照提取的金额，借记有关支出科目或"非财政补助结余分配"等科目，贷记"专用基金——××基金"账户。按规定使用专用基金时，借记"专用基金——××基金"账户，贷记"银行存款"等科目。

【例 17－10】 年末，某文化事业单位提取职工教育基金 10 000 元。

借：非财政补助结余分配 10 000

贷：专用基金——职工教育基金 10 000

【例 17－11】 某文化事业单位使用职工教育基金支付职工安全教育培训费 5 000 元，款项以银行存款支付。

借：专用基金——职工教育基金 5 000

贷：银行存款 5 000

第三节 结转和结余的核算

事业单位的结转和结余包括财政补助结转、财政补助结余、非财政补助结转、事业结余、经营结余、非财政补助结余分配。

一、财政补助结转

（一）财政补助结转的内容

财政补助结转是结转到下一年度按原用途继续使用的财政补助资金，包括基本支出结转和项目支出结转。

1. 基本支出结转

基本支出结转是事业单位本期财政基本补助收入与财政基本补助支出的差额。财政基本补助收入的数额为本期“财政补助收入——基本支出”明细科目的发生额；财政基本补助支出的数额为本期“事业支出——财政补助支出（基本支出）”明细科目的发生额。事业单位的基本经费收支应当在期末（如月末）进行结转。

2. 项目支出结转

项目支出结转是事业单位本期财政项目补助收入与财政项目补助支出的差额。财政项目补助收入的数额为本期“财政补助收入——项目支出”明细科目的发生额；财政项目补助支出的数额为本期“事业支出——财政补助支出（项目支出）”明细科目的发生额。事业单位的项目经费收支应当在期末进行结转，年末应当对项目的执行情况进行分析，转出符合财政补助结余性质的项目金额。

（二）账户设置

事业单位设置“财政补助结转”账户，核算事业单位滚存的财政补助结转资金，包括基本支出结转和项目支出结转，本账户贷方登记从收入类账户转入数，借方登记从支出类账户转入数，期末贷方余额，反映事业单位财政补助结转资金数额。

本账户应当设置“基本支出结转”“项目支出结转”两个明细科目，并在“基本支出结转”明细科目下按照“人员经费”“日常公用经费”进行明细核算，在“项目支出结转”明细科目下按照具体项目进行明细核算；本账户还应按照《政府收支分类科目》中“支出功能分类科目”的相关科目进行明细核算。事业单位发生需要调整以前年度财政补助结转的事项，通过本账户核算。

（三）主要账务处理

（1）期末，将财政补助收入本期发生额结转入本账户，借记“财政补助收入——基本支出”“财政补助收入——项目支出”账户，贷记“财政补助结转”账户（基本支出结转、项目支出结转）；将事业支出（财政补助支出）本期发生额结转入“财政补助结转”账户，借记“财政补助结转”账户（基本支出结转、项目支出结转），贷记“事业支出——财政补助支出（基本支出、项目支出）”或“事业支出——基本支出（财政补助支出）”“事业支出——项目支出（财政补助支出）”账户。

【例 17－12】 期末，某事业单位将“财政补助收入——基本支出”本期发生额 100 000 元、“财政补助收入——项目支出”本期发生额 60 000 元转入“财政补助结转”账户。

借：财政补助收入——基本支出	100 000
——项目支出	60 000

贷：财政补助结转——基本支出结转　　100 000
——项目支出结转　　60 000

【例 17-13】 期末，单位将"事业支出——财政补助支出——基本支出"本期发生额 82 540元、"事业支出——财政补助支出——项目支出"本期发生额 39 500 元转入"财政补助结转"账户。

借：财政补补助结转——基本支出结转　　82 540
——项目支出结算　　39 500
贷：事业支出——财政补助支出——基本支出　　82 540
——财政补助支出——项目支出　　39 500

(2) 年末，完成上述结转后，应当对财政补助各明细项目执行情况进行分析，按照有关规定将符合财政补助结余性质的项目余额转入财政补助结余，借记或贷记"财政补助结转"账户(项目支出结转——××项目)，贷记或借记"财政补助结余"账户。

【例 17-14】 年末，单位完成"财政补助结转"后，对财政补助各明细项目执行情况分析，按照有关规定将符合财政补助结余性质的项目余额 20 500 元转入"财政补助结余"。

借：财政补助结转——项目支出结转——××项目　　20 500
贷：财政补助结余　　20 500

(3) 按规定上缴财政补助结转资金或注销财政补助结转额度的，按照实际上缴资金数额或注销的资金额度数额，借记"财政补助结转"账户，贷记"财政应返还额度""零余额账户用款额度""银行存款"等科目。取得主管部门归集调入财政补助结转资金或额度的，作相反会计分录。

【例 17-15】 某事业单位按规定上缴财政补助结转资金 10 250 元，从零余额账户划款。

借：财政补助结转——项目支出结转　　10 250
贷：零余额账户用款额度　　10 250

二、财政补助结余的核算

(一) 财政补助结余的内容

财政补助结余是事业单位年度财政项目补助收支差额中符合财政补助结余资金性质的数额。财政补助结余只在年末进行处理，平时不需要核算。财政补助结余资金不参与事业单位的结余分配、不转入事业基金。年度结余的财政补助资金，或按规定上缴，或注销额度，或经批准转为其他用途。

(二) 账户设置

事业单位设置"财政补助结余"账户，核算滚存的财政补助项目支出结余资金。本账户贷方登记从"财政补助结转"贷方转入数，借方登记从"财政补助结转"借方转入数。本账户期末贷方余额，反映事业单位财政补助结余资金数额。本账户应当按照《政府收支分类科目》中"支出功能分类科目"的相关账户进行明细核算。事业单位发生需要调整以前年度财政补助结余的事项，通过本账户核算。

(三) 主要账务处理

(1) 年末，对财政补助各明细项目执行情况进行分析，按照有关规定将符合财政补助结余性质的项目余额转入财政补助结余，借记或贷记"财政补助结转——项目支出结转(××项目)"账户，贷记或借记"财政补助结余"账户。

【例 17-16】 年末，某事业单位对财政补助各明细项目执行情况进行分析，按照有关规定将符合财政补助结余性质的项目支出余额 5 000 元转入"财政补助结余"账户。

借：财政补助结转——项目支出结转——××项目　　5 000
　贷：财政补助结余　　5 000

(2) 按规定上缴财政补助结余资金或注销财政补助结余额度的，按照实际上缴资金数额或注销的资金额度数额，借记"财政补助结余"账户，贷记"财政应返还额度""零余额账户用款额度""银行存款"等科目。取得主管部门归集调入财政补助结余资金或额度的，作相反会计分录。

【例 17-17】 某事业单位承担的某一项目完工，年末，按规定上缴财政补助结余资金 10 000 元。

借：财政补助结余　　10 000
　贷：银行存款　　10 000

(3) 事业单位发生需要调整以前年度财政补助结余的事项，通过"财政补助结余"账户核算，根据调整事项的内容，借记(或贷记)有关账户，贷记(或借记)"财政补助结余"账户。

三、非财政补助结转的核算

(一) 非财政补助结转的内容

非财政补助结转是事业单位财政补助资金以外的各专项资金收支相抵后的差额。事业单位的非财政补助结转，应当在期末进行处理；年末需要对项目的执行情况进行分析，剩余资金按项目要求进行处理。事业单位的非财政补助结转资金，应区分未完成项目和已经完成项目。未完成项目的结转资金结转下一年度继续使用，已完成项目的剩余资金按项目规定处理，或缴回原专项资金拨款单位，或转入事业基金留归本单位使用。

(二) 账户设置

事业单位设置"非财政补助结转"账户，核算除财政补助收支以外的各专项资金收入与其相关支出相抵后剩余滚存的、须按规定用途使用的结转资金。本账户贷方登记从收入转入数，借方登记从支出转入数。本账户期末贷方余额，反应事业单位非财政补助专项结转资金数额。本账户应当按照非财政专项资金的具体项目进行明细核算。事业单位发生需要调整以前年度非财政补助结转的事项，通过本账户核算。

（三）主要账务处理

(1) 期末，将事业收入、上级补助收入、附属单位上缴收入、其他收入本期发生额中的专项资金收入结转入本账户，借记“事业收入”“上级补助收入”“附属单位上缴收入”“其他收入”账户下各专项资金收入明细科目，贷记“非财政补助结转”账户；将事业支出、其他支出本期发生额中的非财政专项资金支出结转入本账户，借记“非财政补助结转”账户，贷记“事业支出——非财政专项资金支出”或“事业支出——项目支出(非财政专项资金支出)”“其他支出”账户下各专项资金支出明细科目。

【例 17－18】 期末，某事业单位将“事业收入——财政专项资金收入”本期发生额 87 000 元、“上级补助收入——财政专项资金收入”本期发生额 76 500 元、附“属单位上缴收入——财政专项资金收入”本期发生额 20 000 元、“其他收入——财政专项资金收入”本期发生额 4 000 元，结转入“非财政补助结转”账户。

借：事业收入——财政专项资金收入　87 000
　　上级补助收入——财政专项资金收入　76 500
　　附属单位上缴收入——财政专项资金收入　20 000
　　其他收入——财政专项资金收入　4 000
　贷：非财政补助结转　187 500

【例 17－19】 期末，某事业单位将“事业支出——项目支出——非财政专项资金支出”本期发生额 147 300 元、“其他支出——非财政专项资金支出”本期发生额 10 000 元，结转入“非财政补助结转”账户。

借：非财政补助结转　157 300
　贷：事业支出——项目支出——非财政专项资金支出　147 300
　　　其他支出——非财政专项资金支出　10 000

(2) 年末，完成上述结转后，应当对非财政补助专项结转资金各项目情况进行分析，将已完成项目的项目剩余资金区分以下情况处理：缴回原专项资金拨入单位的，借记“非财政补助结转”账户(××项目)，贷记“银行存款”等科目；留归本单位使用的，借记“非财政补助结转”账户(××项目)，贷记“事业基金”账户。

【例 17－20】 年末，某事业单位对非财政补助专项结转资金各项目情况进行分析，将已完成项目的项目剩余资金进行区分，需要缴回原专项资金拨入单位的资金为 10 200 元，留归本单位使用的资金为 8 300 元。

借：非财政补助结转　18 500
　贷：银行存款　10 200
　　　事业基金　8 300

四、事业结余的核算

（一）事业结余的内容

事业结余是事业单位一定期间事业类收入与支出相抵后的余额，反映事业单位专业业务的收支平衡情况。事业单位的财政补助收支、非财政专项资金收支和经营收支不转入事业结余，其他各项收支应当转入事业结余中。事业结余一般在期末进行结转。事业结余是非财政补助性质的结余，年末，应当将本年度累计形成的事业结余转入非财政补助结余分配。

（二）账户设置

事业单位设置“事业结余”账户，核算一定期间除财政补助收支、非财政专项资金收支和经营收支以外各项收支相抵后的余额。本账户贷方登记从收入转入数，借方登记从支出转入数。本账户期末如为贷方余额，反映事业单位自年初至报告期末累计实现的事业结余；如为借方余额，反映事业单位自年初至报告期末累计发生的事业亏损。年末结账后，本账户应无余额。

（三）主要账务处理

(1) 期末，将事业收入、上级补助收入、附属单位上缴收入、其他收入本其发生额中的非专项资金收入结转入“事业结余”账户，借记“事业收入”“上级补助收入”“附属单位上缴收入”“其他收入”账户下各非专项资金收入明细科目，贷记“事业结余”账户；将事业支出、其他支出本期发生额中的非财政、非专项资金支出，以及对附属单位补助支出、上缴上级支出的本期发生额结转入“事业结余”账户，借记“事业结余”账户，贷记“事业支出——其他资金支出”或“事业支出——基本支出(其他资金支出)”“事业支出——项目支出(其他资金支出)”账户、“其他支出”账户下各非专项资金支出明细科目、“对附属单位补助支出”“上缴上级支出”账户。

【例 17－21】 期末，某事业单位将“事业收入——非专项资金收入”本期发生额 1 000 150 元、“上级补助收入——非专项资金收入”本期发生额 40 000 元、“附属单位上缴收入——非专项资金收入”本期发生额 120 000 元、“其他收入——非专项资金收入”本期发生额 1 000 元，结转入“事业结余”账户。

借：事业收入——非专项资金收入　　1 000 150
　　上级补助收入——非专项资金收入　　40 000
　　附属单位上缴收入——非专项资金收入　　120 000
　　其他收入——非专项资金收入　　1 000
　贷：事业结余　　1 161 150

【例 17－22】 期末，事业单位将“事业支出——基本支出——其他资金支出”，本期发生额 793 500 元、“事业支出——项目支出——其他资金支出”本期发生额 43 000 元、“其他支出——其他资金支出”本期发生额 2 000 元、“对附属单位补助支出——其他资金支出”本期发生额 120 000 元、“上缴上级支出——其他资金支出”本期发生额 100 000 元，结转入“事业结余”账户。

借：事业结余　　1 058 500
　贷：事业支出——基本支出——其他资金支出　　793 500
　　　　　　——项目支出——其他资金支出　　43 000
　　其他支出——其他资金支出　　2 000

对附属单位补助支出——其他资金支出　　120 000

上缴上级支出——其他资金支出　　100 000

(2) 年末,完成上述结转后,将“事业结余”账户余额结转入“非财政补助结余分配”账户,借记或贷记“事业结余”账户,贷记或借记“非财政补助结余分配”账户。

【例 17-23】 接[例 17-21]和[例 17-22],年末,单位将“事业结余”账户贷方余额 102 650 元转入“非财政补助结余分配”账户。

借:事业结余　　102 650

　贷:非财政补助结余分配　　102 650

五、经营结余的核算

(一) 经营结余的内容

经营结余是事业单位一定期间经营类收入与支出相抵后的余额,反映事业单位经营业务的成果。经营结余在弥补以前年度亏损后,应转入非财政补助结余分配。经营业务的亏损,留待以后年度的经营盈利弥补。

(二) 账户设置

事业单位设置“经营结余”账户,核算一定期间各项经营收支相抵后余额。本账户贷方登记从收入转入数,借方登记从支出转入数。本账户期末如为贷方余额,反映事业单位自年初至报告期末累计实现的经营结余弥补以前年度经营亏损后的经营结余;如为借方余额,反映事业单位截至报告期末累计发生的经营亏损。年末结账后,本账户一般无余额,如为借方余额,反映事业单位累计发生的经营亏损。

(三) 主要账务处理

(1) 期末,将经营收入本期发生额结转入“经营结余”账户,借记“经营收入”,贷记“经营结余”账户;将经营支出本期发生额结转入“经营结余”账户,借记“经营结余”账户,贷记“经营支出”账户。

【例 17-24】 期末,某事业单位将“经营收入”本期发生额 543 000 元,结转入“经营结余”账户。

借:经营收入　　543 000

　贷:经营结余　　543 000

【例 17-25】 期末,事业单位将“经营支出”本期发生额 425 000 元,结转入“经营结余”账户。

借:经营结余　　425 000

　贷:经营支出　　425 000

(2) 年末,完成上述结转后,如本账户为贷方余额,将本账户余额结转入“非财政补助结余分配”账户,借记“经营结余”账户,贷记“非财政补助结余分配”账户;如本账户为借方余额，为经营亏损，不予结转。

【例 17－26】 接[例 17－24]和[例 17－25]，年末，该事业单位将“经营结余”账户贷方余额 118 000 元，结转入“非财政补助结余分配”账户。

借：经营结余　　118 000

　贷：非财政补助结余分配　　118 000

六、非财政补助结余分配的核算

(一) 非财政补助结余分配的内容

非财政补助结余分配账户金额是非财政补助结余资金年末转入的金额。事业单位年末进行分配的结余资金，主要是年度事业结余(或亏损)和经营结余(不包括亏损)。财政补助形成的结余资金不得转入分配，各项结转资金也不得进行分配。

(二) 账户设置

事业单位设置“非财政补助结余分配”账户，该账户核算本年度非财政补助结余分配的情况和结果，年末结账后，本账户应无余额。

(三) 主要账务处理

(1) 年末，将“事业结余”账户余额结转入本账户，借记或贷记“事业结余”账户，贷记或借记“非财政补助结余分配”账户；将“经营结余”账户贷方余额结转入本账户，借记“经营结余”，贷记“非财政补助结余分配”账户。

【例 17－27】 年末，事业单位将“事业结余”贷方余额 102 650 元、“经营结余”账户贷方余额 118 000 元，转入“非财政补助结余分配”账户贷方。

借：事业结余　　102 650

　　经营结余　　118 000

　贷：非财政补助结余分配　　220 650

(2) 有企业所得税缴纳义务的事业单位计算出应缴纳的企业所得税，借记“非财政补助结余分配”账户，贷记“应缴税费——应缴企业所得税”账户。

【例 17－28】 接[例 17－27]，年末，该单位计算应缴纳的企业所得税(仅对经营结余征税)，税率为 25%。

经营结余应缴企业所得税＝118 000×25%＝29 500(元)

借：非财政补助结余分配　　29 500

　贷：应缴税费——应缴企业所得税　　29 500

(3) 按照有关规定提取职工福利基金的，按提取的金额，借记“非财政补助结余分配”账户，贷记“专用基金——职工福利基金”账户。

【例 17－29】 接[例 17－28]，年末，按照有关规定提取职工福利基金，提取金额为单位事业结余和经营结余扣除应缴企业所得税后余额的 20%。

应提职工福利基金额＝(102 650＋118 000－29 500)×20％＝38 230(元)

借：非财政补助结余分配　　38 230
　贷：专用基金——职工福利基金　　38 230

(4) 年末，按规定完成上述(1)至(3)项处理后，将本账户余额结转入事业基金，借记或贷记"非财政补助结余分配"账户，贷记或借记"事业基金"账户。

【例 17－30】 接[例 17－29]，年末，单位将缴纳企业所得税、提取职工福利基金后的"非财政补助结余分配"账户贷方余额转入"事业基金"账户。

"非财政补助结余分配"账户贷方余额为 102 650＋118 000－29 500－38 230＝152 920(元)

借：非财政补助结余分配　　152 920
　贷：事业基金　　152 920

本章小结

事业单位的净资产是指事业单位资产扣除负债后的余额。其确认与计量依赖于资产和负债两个会计要素的确认与计量，从数量上看，净资产是资产与负债相抵后的余额。从内容上看，事业单位的净资产包括基金和结转(余)两个部分。基金一般是指一组具有专门的来源及规定用途的财务资源。事业单位的基金类净资产包括事业基金、非流动资产基金、专用基金。结转和结余是指事业单位一定期间收入与支出相抵后的余额。事业单位的结转和结余包括财政补助结转、财政补助结余、事业结余、经营结余、非财政补助结转、非财政补助结余分配。

事业单位净资产核算的方法，包括各项净资产的内容、科目设置和主要账务处理。

关键术语

事业基金、非流动资产基金、专用基金、财政补助结转、财政补助结余、事业结余、经营结余、非财政补助结转、非财政补助结余分配

思考题

1. 事业单位的净资产包括哪些内容?
2. 简述事业单位事业基金的核算。
3. 简述事业单位的非流动资产基金核算。
4. 简述事业单位专用基金的核算。
5. 简述事业单位财政补助结转的核算。
6. 简述事业单位财政补助结余的核算。
7. 简述事业单位事业结余的核算。

8. 简述事业单位经营结余的核算。

9. 简述非财政补助结转的核算。

10. 简述事业单位非财政补助结余分配的核算。

练 习 题

(一) 单选题

1. 下列项目中,关于“财政补助结余”账户的说法错误的是(　　)。

A. 本账户期末借方余额,反映事业单位财政补助结余资金数额

B. 事业单位发生需要调整以前年度财政补助结余的事项,通过本账户核算

C. 本账户应当按照《政府收支分类科目》中“支出功能分类科目”的相关科目进行明细核算

D. 财政拨款结余资金是指支出预算工作目标已完成,或由于受政策变化、计划调整等因素影响工作终止,当年剩余的财政拨款资金

2. 下列项目中,关于“非流动资产基金”账户的说法错误的是(　　)。

A. 本账户期末借方余额,反映事业单位非流动资产占用的金额

B. 本账户应当设置“长期投资”“固定资产”“在建工程”“无形资产”等明细科目,进行明细核算

C. 本账户核算事业单位长期投资、固定资产、在建工程、无形资产等非流动资产占用的金额

D. 非流动资产基金应当在取得长期投资、固定资产、在建工程、无形资产等非流动资产或发生相关支出时予以确认

3. 事业单位的下列科目中,年终结账后可能有余额的是(　　)。

A. 事业结余　　B. 经营结余　　C. 结余分配　　D. 拨出经费

4. 某事业单位2015年年初事业基金中,一般基金结余为450万元。2015年该事业单位收入为5 300万元,事业支出为4 800万元;拨入专项资金款为800万元,专项资金款支出为700万元,该项目年末尚未最后完成;对外长期投资为600万元。假定不考虑计算交纳所得税和计提专用基金,则该单位2015年年末事业基金中,一般基金结余为(　　)万元。

A. 450　　B. 550　　C. 350　　D. 300

5. 使用专项资金的事业单位发生的下列交易或事项中,不会引起事业基金增减变化的是(　　)。

A. 转入拨入专款结余　　B. 用固定资产对外投资

C. 支付固定资产维修费用　　D. 收回对外投资收到固定资产

6. 某事业单位当年取得事业收入55 000元,取得债券利息收入10 000元,发生事业支出50 000元,收到拨入专项资金款8 000元,发生专项资金款支出7 000元,该项目尚未完工。该事业单位当年的事业结余为(　　)元。

A. 7 000　　B. 15 000　　C. 13 000　　D. 12 000

7. 以下收入中,不应计入事业单位“其他收入”的是(　　)。

A. 固定资产出租收入　　B. 接受外单位捐赠未限定用途的财物

C. 对外投资收益　　D. 销售产品收入

8. 事业单位年终结账时，下列各类结余科目的余额，不应转入“非财政补助结余分配”账户的是(　　)。

A. “事业结余”账户借方余额　　B. “事业结余”账户贷方余额

C. “经营结余”账户借方余额　　D. “经营结余”账户贷方余额

9. 某事业单位2014年年末“事业基金”账户的贷方余额为6 500 000元，“经营结余”账户的借方余额为150 000元。该事业单位2015年的有关资料如下：收到财政补助收入500 000元，向所属单位拨出经费400 000元；取得事业收入800 000元，发生事业支出850 000元；取得经营收入750 000元，发生经营支出550 000元；收到拨入项目资金款300 000元，发生项目资金支出180 000元，该项目在2015年底尚未完工；该单位按规定从结余中提取了专用基金20 000元。如不考虑有关税金，该事业单位在2002年年末的事业基金余额为(　　)元。

A. 6 750 000　　B. 6 600 000　　C. 6 780 000　　D. 6 580 000

10. 某事业单位当年实现事业结余200 000元，经营结余300 000元。假设该单位经营结余应按25%的税率缴纳所得税，按当年事业结余和经营结余的10%提取专用基金。则结转到“事业基金”的未分配结余为(　　)元。

A. 401 000　　B. 375 000　　C. 450 000　　D. 500 000

11. 事业单位下列固定资产增加的业务中，不能同时增加固定资产和固定基金的是(　　)。

A. 接收捐赠的固定资产　　B. 融资租入的固定资产

C. 盘盈的固定资产　　D. 购置的固定资产

12. 事业单位在一定期间各项收入与支出相抵后的余额是(　　)。

A. 结余　　B. 净资产　　C. 事业结余　　D. 经营结余

13. 下列不属于事业单位专用基金的内容是(　　)。

A. 职工福利基金　　B. 投资基金　　C. 修购基金　D其他基金

14. 事业单位的非财政补助结余扣除结余分配后滚存的金额，应在(　　)科目中核算。

A. “事业结余”　　B. “专用基金”　　C. “结余分配”　　D. “事业基金”

15. 事业单位职工福利基金的形成是(　　)。

A. 从当年结余中按一定比例提取　　B. 按事业收入的一定比例提取

C. 按经营收入的一定比例提取　　D. 按职工工资总额的一定比例提取

16. “非流动资产基金”属于(　　)科目。

A. 资产类　　B. 负债类　　C. 净资产类　　D. 收入类

17. 事业单位拥有的非限定用途的净资产是(　　)。

A. 事业基金　　B. 专用基金　　C. 非流动资产基金　D. 修购基金

18. 下列各项，不会引起事业单位事业结余发生增减变化的有(　　)。

A. 事业收入　　B. 经营收入　　C. 上缴上级支出　　D. 应缴财政专户款

19. 下列只能用于事业单位固定资产维修和购置的专用基金是(　　)。

A. 职工福利基金　　B. 修购基金　　C. 医疗基金　　D. 住房基金

20. 事业单位提取职工福利基金时，正确的账务处理是(　　)。

A. 借记“非财政补助结余分配”，贷记“专用基金——职工福利基金”

B. 借记“专用基金——职工福利基金”，贷记“拨入专款”

C. 借记“专用基金——职工福利基金”，贷记“结余分配——提取职工福利基金”

D. 借记“非财政补助结余分配”，贷记“银行存款”

21. 终结转时，应将“上级补助收入”账户的贷方余额全数转入(　　)账户。

A. “事业结余”　B. “经营结余”　C. “结余分配”　D. “事业基金”

22. 事业单位年终结账后，发生需要调整以前年度财政补助结余的事项，通过年(　　)进行核算。

A. “财政补助结转”　B. “财政补助结余”　C. “事业结余”　D. “经营结余”

23. 专款结余按规定留归本单位使用部分，形成事业单位(　　)。

A. “一般基金”　B. “非流动资产基金”

C. “专用基金”　D. “项目基金”

24. 年终结转时，应将“其他收入”账户的贷方余额全数转入(　　)账户。

A. “事业基金”　B. “经营结余”　C. “结余分配”　D. “事业结余”

25. 事业基金是一种最典型的(　　)。

A. 限定用途的基金　B. 未限定用途的基金

C. 专用基金　D. 任意基金

26. 年终结转时，应将“附属单位上缴收入”账户的贷方余额全数转入(　　)账户。

A. “事业结余”　B. “经营结余”　C. “结余分配”　D. “事业基金”

27. 下列账户年终不应转入“事业结余”账户的有(　　)。

A. “附属单位上缴收入”　B. “其他收入”

C. “事业收入”　D. “经营收入”

28. 某事业单位2010年取得经营收入500 000元，取得其他收入100 000元，发生经营支出120 000元，发生销售税金总额为130 000元，其中由经营业务负担的销售税金为90 000元。则不考虑其他因素，该事业单位当年的经营结余为(　　)元。

A. 250 000　B. 290 000　C. 300 000　D. 350 000

(二) 多项选择题

1. 下列各项中，影响事业单位经营结余的因素有(　　)。

A. 经营支出　B. 上级补助收入

C. 经营业务负担的销售税金　D. 经营收入

2. 事业单位的下列各项中，可能引起专用基金发生增减变化的有(　　)。

A. 单位为职工代交的住房公积　B. 修缮固定资产

C. 兴建职工集体福利设施　D. 支付职工生活补助

3. 下列各项中，不属于事业单位事业基金的有(　　)。

A. 修购基金　B. 完工项目剩余的专项基金

C. 职工福利基金　D. 非流动资产基金

4. 下列各科目中，年终转入“事业结余”账户的有(　　)科目。

A. “拨出经费”　B. “财政补助收入”　C. “事业支出”　D. “拨入专款”

5. 事业单位收到的下列款项中，能引起事业结余增减变化的有(　　)。

A. 收到财政部门核拨的预算外资金　B. 收到财政部门核拨的事业经费

C. 收到财政部门核拨的专项资金　D. 收到债券投资的利息收入

6. 事业单位年终结账后，下列会计科目最终应转入事业结余，无余额的有(　　)。

A. “财政补助收入” B. “事业收入” C. “经营收入” D. “其他收入”

7. 下列账户中，年终转账后没有余额的有(　　)。

A. “事业收入” B. “事业结余” C. “事业基金” D. “事业支出”

8. 下列账户年终应转入“事业结余”账户的有(　　)。

A. “经营收入” B. “其他收入”

C. “财政补助收入” D. “附属单位上缴收入”

9. 修购基金的适用范围有(　　)。

A. 固定资产购置 B. 补充住房基金

C. 补充职工福利基金 D. 固定资产维修

10. 非财政补助结余分配的去向有(　　)。

A. 提取职工福利基金 B. 提取修购基金

C. 提取医疗基金 D. 缴纳企业所得税

11. 下列各项中，属于事业单位的净资产的有(　　)。

A. 非流动资产基金 B. 事业结余

C. 事业基金 D. 专用基金

12. 关于事业单位的“经营结余”，说法正确的有(　　)。

A. 完成年终结转后，若为贷方余额，则将余额转入“费财政补助结余分配”

B. 完成年终结转后，若为借方余额，为经营亏损，不予结转

C. 年末结账后，本账户一般无余额

D. 年末应把其他收入也转入“经营结余”

13. 事业单位的结转结余按照资金的来源，可分为(　　)。

A. 财政补助结转结余 B. 非财政补助结转结余

C. 直接支付 D. 授权支付

14. 事业结余是指除(　　)之外的各项收支相抵后的余额。

A. 除财政补助收支 B. 除非财政专项资金收支

C. 经营收支 D. 事业收支

15. 关于事业单位结转和结余，说法正确的是(　　)。

A. 结转和结余是指事业单位年度收入与支出相抵后的余额

B. 按照资金的来源，分为财政补助结转结余和非财政补助结转结余

C. 结转结余=资产−负债

D. 结转结余属于事业单位的净资产

16. 下列账户中，年终应将其余额转入“事业结余”借方的账户是(　　)。

A. 经营支出 B. 事业支出

C. 其他支出 D. 对附属单位补助支出

17. 下列关于事业单位的事业基金，表述正确的是(　　)。

A. 事业基金没有限定的用途

B. 事业基金不直接安排各项支出

C. 事业基金用于弥补以后年度事业单位的收支差额

D. 事业基金可调节年度间的收支平衡

18. 事业单位事业基金，其主要来源有(　　)。

A. 从非财政补助结余扣除结余分配后的滚存金额中转入

B. 用无形资产对外投资时从投资基金中转入

C. 盘盈的固定资产

D. 从拨入专款形成的剩余资金中按规定留归本单位使用的金额转入

19. 事业单位收购基金来源于(　　)。

A. 事业收入　　B. 事业结余　　C. 经营收入　　D. 其他收入

20. 下列账户中,年终转账后没有余额的有(　　)。

A. "事业收入"　　B. "事业结余"　　C. "事业基金"　　D. "事业支出"

(三) 判断题

1. 事业单位的修购基金是按事业结余和经营结余的一定比例提取的,因此,修购基金属于结余分配的内容。(　　)

2. 事业单位的一般基金主要有两个来源:一是从本单位当期未分配结余转入;二是从拨入专款结余中按规定留归本单位使用的金额转入。(　　)

3. 期末,将事业收入、上级补助收入、附属单位上缴收入、其他收入本期发生额中的专项资金收入结转入"非财政补助结转"账户,借记"事业收入""上级补助收入""附属单位上缴收入""其他收入"账户下各专项资金收入明细科目,贷记"非财政补助结转"账户。(　　)

4. 年末,将"事业结余"账户余额结转入"非财政补助结余分配"账户,借记或贷记"事业结余"账户,贷记或借记"非财政补助结余分配"账户;将"经营结余"账户贷方余额结转入"非财政补助结余分配"账户,借记"经营结余"账户,贷记"非财政补助结余分配"账户。(　　)

5. 因购货退回等发生国库直接支付款项退回的,属于以前年度支付的款项,按照退回金额,借记"财政补助收入"账户,贷记"事业支出""存货"等有关账户;属于本年度支付的款项,按照退回金额,借记"财政应返还额度"账户,贷记"财政补助结转""财政补助结余""存货"等有关账户。(　　)

6. 期末,将"事业收入"账户本期发生额中的专项资金收入结转入非财政补助结转,借记本账户下各专项资金收入明细科目,贷记"非财政补助结转"账户;将本账户本期发生额中的非专项资金收入结转入事业结余,借记本账户下各非专项资金收入明细科目,贷记"事业结余"账户。(　　)

7. 处置长期投资、固定资产、无形资产,以及以固定资产、无形资产对外投资时,应当冲销该资产对应的非流动资产基金。(　　)

8. 非财政拨款结余可以按照国家有关规定提取职工福利基金,剩余部分作为事业基金用于弥补以后年度单位收支差额。(　　)

9. 事业单位的收购基金一般按照事业收入和经营收入的一定比例计提。(　　)

10. 一般而言,事业结余不需缴纳企业所得税,而经营结余需缴纳企业所得税。(　　)

11. 事业单位职工福利基金是按税后的工资总额按一定比例计提的专门用于职工福利的资金。(　　)

12. 事业单位会计中,专项收支不转入结余及结余分配账户中。(　　)

13. 事业单位会计中,修购基金和职工福利基金属于专用基金。(　　)

(四) 业务处理题

请根据下列资料编制事业单位的会计分录。

1. 练习事业单位基金有关业务的核算

(1) 报废发电机一台,残值收入 5 000 元,其账面原值为 170 000 元,已计提折旧 150 000 元。

(2) 根据该月取得的事业收入 180 000 元和经营收入 250 000 元,分别按 3%和 4%的比例提取修购基金。

(3) 用一台设备对外投资,该设备账面价值 500 000 元,已提折旧 300 000 元,评估价为 250 000 元,以银行存款支付相关税费 3 000 元。

(4) 单位职工报销医药费 2 000 元,以现金付讫。

(5) 动用修购基金 50 000 元购入设备一台,款项已通过银行付款,已验收入库。

(6) 甲专项项目完工,工程资金来源于非财政补助专项,按规定将专项结余资金 50 000 元,留归本单位使用。

(7) 事业单位以财政直接支付方式支付乙工程的款项 100 000 元。

(8) 兑付 2 年前购买的国库券,本金 200 000 元,利息为 9 000 元。

2. 练习事业单位财政补助结余的核算

(1) 某事业单位 2014 年结账前有关会计账户的余额如下(单位: 元):

财政补助收入——基本支出	300 000
——项目支出	30 000
事业支出——财政补助支出——基本支出	280 000
——财政补助支出——项目支出	25 000

财政部门要求将多余补助款项缴回财政部门,根据上述资料进行相关会计处理。

(2) 某事业单位不存在财政补助资金,年终各收入支出账户余额如下(单位: 元):

上级补助收入——生活补助	25 000
附属单位上缴收入	6 500
事业收入——演出收入	150 000
其他收入——投资收益	30 000
经营收入	400 000
事业支出——其他资金支出	75 000
其他支出——手续费支出	3 500
上缴上级支出	17 500
对附属单位补助支出	15 000
经营支出	330 000

该事业单位按照 25%的税率计算缴纳所得税,按结余 30%计提职工福利基金,请根据上述资料编制会计分录。

第十八章　事业单位财务会计报告

学习目标与要求

了解事业单位财务报告的含义、构成、编制要求及财务分析的指标。

熟悉资产负债表、收入支出表、财政补助收入支出表的结构。

理解和掌握资产负债表、收入支出表的编制。

重点

资产负债表、收入支出表的编制方法。

难点

资产负债表、收入支出表的编制业务处理。

导读

事业单位财务报告是反映事业单位某一特定日期的财务状况和某一会计期间的事业成果、预算执行等会计信息的文件。由会计报表、会计报表附注和财务情况说明书组成。事业单位的会计报表主要包括资产负债表、收入支出表、财政补助收入支出表以及有关附表。事业单位财务报表应当根据登记完整、核对无误的账簿记录和其他有关资料编制，做到内容真实、形式规范、报送及时、责任明确。

第一节　事业单位财务会计报告概述

一、事业单位财务报告的含义

财务报告是反映事业单位某一特定日期的财务状况和某一会计期间的事业成果、预算执行等会计信息的文件。

事业单位需要定期编制财务报告，向财务报告使用者提供与事业单位财务状况、事业成果、预算执行等有关的会计信息，反映事业单位受托责任的履行情况，为财务报告使用者合理配置资源、进行社会及经济决策服务。事业单位财务报告是各级政府和上级部门了解事业单位预算执行情况的依据，也是事业单位内部管理的基础资料。

二、事业单位财务报告的构成

事业单位财务报告由会计报表、会计报表附注和财务情况说明书组成。会计报表和会计报表附注构成财务报表。

会计报表是以表格形式反映事业单位的财务状况、收入支出情况和其他会计信息，是财务报告的重要组成部分。事业单位的会计报表主要包括资产负债表、收入支出表、财政补助收入支出表以及有关附表。另外事业单位为全面反映各项收入、支出的构成还需要编制一些明细表，主要包括事业支出明细表、基本支出明细表、项目支出明细表等。

财务报表附注是指对在会计报表中列示项目的文字描述或明细资料，以及对未能在会计报表中列示项目的说明等。会计报表附注至少应当披露下列内容：①遵循《事业单位会计准则》《事业单位会计制度》的声明；②单位整体财务状况、业务活动情况的说明；③会计报表中列示的重要项目的进一步说明，包括其主要构成、增减变动等情况；④重要资产处置情况的说明；⑤重大投资、借款活动的说明；⑥以名义金额计量的资产名称、数量等情况，以及以名义金额计量理由的说明；⑦以前年度结转、结余调整情况的说明；⑧有助于理解和分析会计报表需要说明的其他事项。

财务情况说明书是对事业单位财务状况、事业成果的变动情况及原因所做的文字阐述。主要说明事业单位收入及其支出、结转、结余及其分配、资产负债变动、对外投资、资产出租出借、资产处置、固定资产投资、绩效考评的情况，对本期或者下期财务状况发生重大影响的事项，以及需要说明的其他事项。

三、事业单位财务报告的编制要求

事业单位的财务报表应当按照月度和年度编制。不得违反会计制度规定，随意改变财务报表的编制基础、编制依据，编制原则和方法，不得随意改变《事业单位会计制度》规定的财务报表有关数据的会计口径。事业单位财务报表应当根据登记完整、核对无误的账簿记录和其他有关资料编制，做到数字真实、计算准确、内容完整、报送及时。事业单位财务报表应当由单位负责人和主管会计工作的负责人、会计机构负责人(会计主管人员)签名并盖章。

四、事业单位会计报表的审核与汇总

事业单位会计报表按编报层次分类，包括本级报表和汇总报表。主管事业单位除需要编制本级单位会计报表外，还应根据本级会计报表和经审查过的所属单位会计报表，编制汇总会计报表，以反映事业单位的总体情况。

(一) 会计报表的审核

事业单位会计编制汇总会计报表前，需要对所属单位上报的会计报表进行审核。会计报表审核包括政策性审核和技术性审核两项内容。政策性审核的重点是审查所属单位的各项经济业务活动是否符合国家有关的法律、法规和财务制度的规定。技术性审核是利用会计技术手段审查所属单位会计核算的正确性，如所属单位的会计报表存在问题，应当及时进行调整。

(二) 会计报表的汇总

对所属单位会计报表进行审核后，事业单位还需要编制汇总会计报表，以全面反映事业单位的总体情况。需要汇总编制的会计报表主要包括汇总资产负债表、汇总收入支出表和汇总财政补助收入支出表等。在编制汇总会计报表时，对于绝大多数的报表项目，可以直接将本级单位会计报表的数字与所属下级单位会计报表的数字相加，填列到汇总会计报表的相应项目中。但需要注意的是，上下级单位之间发生的转拨款项、补助款项、上缴款项、债权债务等应当予以冲销，不填列在汇总会计报表中，以避免重复列报。

（三）部门决算报表

事业单位在完成了对所属单位报表的审核、汇总后，即可编制部门决算报表，反映事业单位年度预算的最终执行结果。事业单位的部门决算报表由许多相互联系的报表组成，主要包括收入支出决算总表、收入决算表、支出决算表、基本支出决算明细表、项目支出决算明细表等。

第二节　资产负债表

一、资产负债表的含义

资产负债表是反映事业单位在某一特定日期财务状况的报表，反映事业单位在某一特定日期全部资产、负债和净资产的情况。

二、资产负债表的格式与内容

事业单位的资产负债表由表首标题和报表主体构成。报表主体部分包括编报项目和金额。具体格式见表 18－1。

表 18－1　　**事业单位资产负债表**

资产负债表

会事业 01 表

编制单位：　　　　＿＿＿＿年＿＿＿＿月＿＿＿＿日　　　　单位：元

资　产	期末余额	年初余额	负债和净资产	期末余额	年初余额
流动资产：			**流动负债：**		
货币资金			短期借款		
短期投资			应缴税费		
财政应返还额度			应缴国库款		
应收票据			应缴财政专户款		
应收账款			应付职工薪酬		
预付账款			应付票据		
其他应收款			应付账款		

（续表）

资　产	期末余额	年初余额	负债和净资产	期末余额	年初余额
存货			预收账款		
其他流动资产			其他应付款		
流动资产合计			其他流动负债		
非流动资产：			流动负债合计		
长期投资			**非流动负债：**		
固定资产			长期借款		
固定资产原价			长期应付款		
减：累计折旧			非流动负债合计		
在建工程			**负债合计**		
无形资产			**净资产：**		
无形资产原价			事业基金		
减：累计摊销			非流动资产基金		
待处置资产损溢			专用基金		
非流动资产合计			财政补助结转		
			财政补助结余		
			非财政补助结转		
			非财政补助结余		
			1. 事业结余		
			2. 经营结余		
			净资产合计		
资产总计			**负债和净资产总计**		

单位负责人：　　　　会计机构负责人：　　　　审核：　　　　制表：

三、资产负债表的编制方法

（一）年初余额的填列方法

本表“年初余额”栏内各项数字，应当根据上年年末资产负债表“期末余额”栏内数字填列。如果本年度资产负债表规定的各个项目的名称和内容同上年度不相一致，应对上年年末资产负债表各项目的名称和数字按照本年度的规定进行调整，填入本表“年初余额”栏。

（二）期末余额的填列方法

1. 资产类项目

（1）“货币资金”项目，反映事业单位期末库存现金、银行存款和零余额账户用款额度的合计数。本项目应当根据“库存现金”“银行存款”“零余额账户用款额度”账户的期末余额合计填列。

(2)“短期投资”项目,反映事业单位期末持有的短期投资成本。本项目应当根据“短期投资”账户的期末余额填列。

(3)“财政应返还额度”项目,反映事业单位期末财政应返还额度的金额。本项目应根据“财政应返还额度”账户的期末余额填列。

(4)“应收票据”项目,反映事业单位期末持有的应收票据的票面金额。本项目应根据“应收票据”账户的期末余额填列。

(5)“应收账款”项目,反映事业单位期末尚未收回的应收账款余额。本项目应当根据“应收账款”账户的期末余额填列。

(6)“预付账款”项目,反映事业单位预付给商品或者劳务供应单位的款项。本项目应当根据“预付账款”账户的期末余额填列。

(7)“其他应收款”项目,反映事业单位期末尚未收回的其他应收款余额。本项目应根据“其他应收款”账户的期末余额填列。

(8)“存货”项目,反映事业单位期末为开展业务活动及其他活动耗用而储存的各种材料、燃料、包装物、低值易耗品及达不到固定资产标准的用具、装具、动植物等的实际成本。本项目应当根据“存货”账户的期末余额填列。

(9)“其他流动资产”项目,反映事业单位除上述各项之外的其他流动资产,如将在1年内(含1年)到期的长期债券投资。本项目应当根据“长期投资”等科目的期末余额分析填列。

(10)“长期投资”项目,反映事业单位持有时间超过1年(不含1年)的股权和债权性质的投资。本项目应当根据“长期投资”账户期末余额减去其中将于1年内(含1年)到期的长期债券投资余额后的金额填列。

(11)“固定资产”项目,反映事业单位期末各项固定资产的账面价值。本项目应当根据“固定资产”账户期末余额减去“累计折旧”账户期末余额后的金额填列。

“固定资产原价”项目,反映事业单位期末各项固定资产的原价。本项目应当根据“固定资产”账户的期末余额填列。

“累计折旧”项目,反映事业单位期末各项固定资产的累计折旧。本项目应当根据“累计折旧”账户的期末余额填列。

(12)“在建工程”项目,反映事业单位期末尚未完工交付使用的在建工程发生的实际成本。本项目应当根据“在建工程”账户的期末余额填列。

(13)“无形资产”项目,反映事业单位期末持有的各项无形资产的账面价值本项目应当根据“无形资产”账户期末余额减去“累计摊销”账户期末余额后的金额填列。

“无形资产原价”项目,反映事业单位期末持有的各项无形资产的原价。本项目应当根据“无形资产”账户的期末余额填列。

“累计摊销”项目,反映事业单位期末各项无形资产的累计摊销。本项应当根据“累计摊销”账户的期末余额填列。

(14)“待处置资产损溢”项目,反映事业单位期末待处置资产的价值及处置损溢。本项目应当根据“待处置资产损溢”账户的期末借方余额填列;如“待处置资产损溢”账户期末为贷方余额,则以“—”号填列。

(15)"非流动资产合计"项目,按照"长期投资""固定资产""在建工程""无形资产""待处置资产损溢"项目金额的合计数填列。

2. 负债类项目

(1)"短期借款"项目,反映事业单位借入的期限在1年内(含1年)的各种借款。本项目应当根据"短期借款"账户的期末余额填列。

(2)"应缴税费"项目,反映事业单位应缴未缴的各种税费。本项目应当根据"应缴税费"账户的期末贷方余额填列;如"应缴税费"账户期末为借方余额则以"一"号填列。

(3)"应缴国库款"项目,反映事业单位按规定应缴入国库的款项(应缴税费除外)。本项目应当根据"应缴国库款"账户的期末余额填列。

(4)"应缴财政专户款"项目,反映事业单位按规定应缴入财政专户的款项本项目应当根据"应缴财政专户款"账户的期末余额填列。

(5)"应付职工薪酬"项目,反映事业单位按有关规定应付给职工支付的各种薪酬。本项目应当根据"应付职工薪酬"账户的期末余额填列。

(6)"应付票据"项目,反映事业单位期末应付票据的金额。本项目应当根据"应付票据"账户的期末余额填列。

(7)"应付账款"项目,反映事业单位期末尚未支付的应付账款的金额。本项目应当根据"应付账款"账户的期末余额填列。

(8)"预收账款"项目,反映事业单位期末按合同规定预收但尚未实际结算的款项。本项目应当根据"预收账款"账户的期末余额填列。

(9)"其他应付款"项目,反映事业单位期末应付未付的其他各项应付及暂收款项。本项目应当根据"其他应付款"账户的期末余额填列。

(10)"其他流动负债"项目,反映事业单位除上述各项之外的其他流动负债,如承担的将于1年内(含1年)偿还的长期负债。本项目应当根据"长期借款""长期应付款"等科目的期末余额分析填列。

(11)"长期借款"项目,反映事业单位借人的期限超过1年(不含1年)的各项借款本金。本项目应当根据"长期借款"账户的期末余额减去其中将于1年内(含1年)到期的长期借款余额后的金额填列。

(12)"长期应付款"项目,反映事业单位发生的偿还期限超过1年(不含1年)的各种应付款项。本项目应当根据"长期应付款"账户的期末余额减去其中将于1年内(含1年)到期的长期应付款余额后的金额填列。

3. 净资产项目

(1)"事业基金"项目,反映事业单位期末拥有的非限定用途的净资产。本项目应当根据"事业基金"账户的期末余额填列。

(2)"非流动资产基金"项目,反映事业单位期末非流动资产占用的金额。本项目根据"非流动资产基金"账户的期末余额填列。

(3)"专用基金"项目,反映事业单位按规定设置或提取的具有专门用途的净资产,本项目应当根据"专用基金"账户的期末余额填列。

(4)"财政补助结转"项目,反映事业单位滚存的财政补助结转资金。本项目应当根据"财政补助结转"账户的期末余额填列。

(5)"财政补助结余"项目,反映事业单位滚存的财政补助项目支出结余资金,本项目根据“财政补助结余”账户的期末余额填列。

(6)“非财政补助结转”项目，反映事业单位滚存的非财政补助专项结转资金。本项目应当根据“非财政补助结转”账户的期末余额填列。

(7)“非财政补助结余”项目，反映事业单位自年初至报告期末累计实现的非财政补助结余弥补以前年度经营亏损后的余额。本项目应当根据“事业结余”“经营结余”账户的期末余额合计填列；如“事业结余”“经营结余”账户的期末余额合计为亏损数，则以“－”号填列。在编制年度资产负债表时，本项目金额一般应为“0”；若不为“0”，本项目金额应为“经营结余”账户的期末借方余额(以“－”号填列)。

“事业结余”项目，反映事业单位自年初至报告期末累计实现的事业结余。本项目应当根据“事业结余”账户的期末余额填列；如“事业结余”账户的期末余额为亏损数，则以“－”号填列。在编制年度资产负债表时，本项目金额应为“0”。

“经营结余”项目，反映事业单位自年初至报告期末累计实现的经营结余弥补以前年度经营亏损后的余额。本项目应当根据“经营结余”账户的期末余额填列；如“经营结余”账户的期末余额为亏损数，则以“－”号填列。在编制年度资产负债表时，本项目金额一般应为“0”；若不为“0”，本项目金额应为“经营结余”账户的期末借方余额(以“－”号填列)。

【例 18－1】 某事业单位 20×5 年 12 月 31 日结账后各科目的余额如表 18－2 所示，同时，经过分析，长期投资项目中含有将在 1 年内到期的长期债券投资 30 000 元，长期借款项目中含有将在 1 年内偿还的借款 60 000 元。请据此资料编制该事业单位的资产负债表。

表 18－2 **会计科目余额表**

20×5 年 12 月 31 日

金额：元

资产部类	借方余额	负债部类	贷方余额
一、资产类		**二、负债类**	
库存现金	5 000	短期借款	127 000
银行存款	161 000	应缴税款	0
零余额账户用款额度	0	应缴国库款	0
短期投资	42 500	应缴财政专户款	0
财政应返还额度	36 000	应付职工薪酬	0
其中：财政直接支付	20 000	应付票据	0
财政授权支付	16 000	应付账款	6 000
应收票据	18 000	预收账款	3 000
应收账款	40 000	其他应付款	2 000
预付账款	12 000	长期借款	282 000
其他应收款	2 200	长期应付款	0
存货	302 000	**三、净资产类**	
长期投资	181 000	事业基金	107 000
固定资产	2 057 500	非流动资产基金	1 949 000

（续表）

资产部类	借方余额	负债部类	贷方余额
累计折旧	－557 500	长期投资	
在建工程	68 000	固定资产	
无形资产	252 000	在建工程	
累计摊销	－52 000	无形资产	
待处置资产损益	45 000	专用基金	64 000
		财政补助结转	34 000
		其中：基本支出结转	27 000
		项目支出结转	7 000
		财政补助结余	16 700
		非财政补助结转	22 000
		事业结余	0
		经营结余	0
		非财政补助结余分配	0
资产合计：	2 612 700	**负债与净资产合计：**	2 612 700

12 月 31 日编制年末资产负债表时，“年初数字”栏内各项数字，应根据上年年末资产负债表的“期末余额”栏内数字填列。“期末余额”栏内各项数字根据各账户的期末余额直接填列、合并填列或分析填列。本例题中省略了“年初余额”，“年末余额”栏中主要项目的填列说明如下：

(1) 货币资金项目货币资金项目的数额为库存现金、银行存款和零余额账户用款额度账户的期末余额的合计数。货币资金 ＝ 5 000＋161 000＋0 ＝ 166 000(元)

(2) 长期投资项目长期投资项目中含有将在 1 年内到期的长期债券投资 30 000 元，应列入其他流动资产项目。因此，长期投资 ＝ 181 000－30 000 ＝ 151 000(元)，其他流动资产 ＝ 30 000(元)。

(3) 固定资产项目固定资产项目依据固定资产账户的期末余额扣除累计折旧后的数额填列。因此，固定资产 ＝ 2 057 500－557 500 ＝ 1 500 000(元)

(4) 无形资产项目无形资产项目依据无形资产账户的期末余额扣除累计摊销后的数额填列。因此，无形资产 ＝ 252 000－52 000 ＝ 200 000(元)。

(5) 长期借款项目长期借款项目中含有将在 1 年内偿还的借款 60 000 元，应将其列入其他流动负债项目。因此，长期借款 ＝ 282 000－60 000 ＝ 222 000(元)，其他流动负债 ＝ 60 000(元)。

(6) 其他项目其他项目均可根据各账户的期末余额直接填列。流动资产合计、非流动资产合计、资产合计、流动负债合计、非流动负债合计、负债合计、净资产合计以及负债和净资产总计等项目的数额按其内容汇总后填列。编制完成的该事业单位 20×5 年的资产负债表见表 18－3。

表 18-3　　资产负债表

会事业 01 表

编制单位：　　20×5 年 12 月 31 日　　单位：元

资产	期末余额	年初余额	负债和净资产	期末余额	年初余额
流动资产：			**流动负债：**		
货币资金	166 000		短期借款	127 000	
短期投资	42 500		应缴税费	0	
财政应返还额度	36 000		应缴国库款	0	
应收票据	18 000		应缴财政专户款	0	
应收账款	40 000		应付职工薪酬	0	
预付账款	12 000		应付票据	0	
其他应收款	2 200		应付账款	6 000	
存货	302 000		预收账款	3 000	
其他流动资产	30 000		其他应付款	2 000	
流动资产合计	648 700		其他流动负债	60 000	
非流动资产：			流动负债合计	198 000	
长期投资	151 000		**非流动负债：**		
固定资产	1 500 000		长期借款	222 000	
固定资产原价	2 057 500		长期应付款		
减：累计折旧	557 500		非流动负债合计	222 000	
在建工程	68 000		**负债合计**	420 000	
无形资产	200 000		**净资产：**		
无形资产原价	252 000		事业基金	107 000	
减：累计摊销	−52 000		非流动资产基金	1 949 000	
待处置资产损溢	45 000		专用基金	64 000	
非流动资产合计	1 964 000		财政补助结转	34 000	
			财政补助结余	16 700	
			非财政补助结转	22 000	
			非财政补助结余		
			1. 事业结余		
			2. 经营结余		
			净资产合计	2 192 700	
资产总计	2 612 700		**负债和净资产总计**	2 612 700	

第三节　收入支出表

一、收入支出表的含义

收入支出表是反映事业单位在某一会计期间的事业成果及其分配的会计报表，反映事业单位在某一会计期间内各项收入、支出和结转结余情况，以及年末非财政补助结余的分配情况。

二、收入支出表的格式与内容

事业单位的收入支出表由表首标题和报表主体构成。报表主体部分包括编报项目和金额。具体格式见表 18 - 4。

表 18 - 4　　**事业单位收入支出表**

收入支出表

会事业 02 表

编表单位：　　　　年　月　日　　　　单位：元

项　目	本月数	本年累计数
一、本期财政补助结转结余		
财政补助收入		
减：事业支出(财政补助支出)		
二、本期事业结转结余		
(一) 事业类收入		
1. 事业收入		
2. 上级补助收入		
3. 附属单位上缴收入		
4. 其他收入		
其中：捐赠收入		
减：(二) 事业类支出		
1. 事业支出(非财政补助支出)		
2. 上缴上级支出		
3. 对附属单位补助支出		
4. 其他支出		
三、本期经营结余		
经营收入		

（续表）

项　目	本月数	本年累计数
减：经营支出		
四、弥补以前年度亏损后的经营结余		
五、本年非财政补助结转结余		
减：非财政补助结转		
六、本年非财政补助结余		
减：应缴企业所得税		
减：提取专用基金		
七、转入事业基金		

单位负责人：　　　　会计机构负责人：　　　　审核：　　　　制表：

三、收入支出表的编制方法

本表“本月数”栏反映各项目的本月实际发生数。在编制年度收入支出表时，应当将本栏改为“上年数”栏，反映上年度各项目的实际发生数；如果本年度收入支出表规定的各个项目的名称和内容同上年度不一致，应对上年度收入支出表各项目的名称和数字按照本年度的规定进行调整，填入本年度收入支出表的“上年数”栏。本表“本年累计数”栏反映各项目自年初起至报告期末止的累计实际发生数。编制年度收入支出表时，应当将本栏改为本年数。

（一）本期财政补助结转结余

（1）“本期财政补助结转结余”项目，反映事业单位本期财政补助收入与财政补助支出相抵后的余额。本项目应当按照本表中“财政补助收入”项目金额减去“事业支出（财政补助支出）”项目金额后的余额填列。

（2）“财政补助收入”项目，反映事业单位本期从同级财政部门取得的各类财政拨款。本项目应当根据“财政补助收入”账户的本期发生额填列。

（3）“事业支出（财政补助支出）”项目，反映事业单位本期使用财政补助收入发生的各项事业支出。本项目应当根据“事业支出——财政补助支出”账户的本期发生额填列，或者根据“事业支出——基本支出（财政补助支出）”“事业支出——项目支出（财政补助支出）”账户的本期发生额合计填列。

（二）本期事业结转结余

（1）“本期事业结转结余”项目，反映事业单位本期除财政补助收支、经营收支以外的各项收支相抵后的余额。本项目应当按照本表中“事业类收入”项目金额减去“事业类支出”项目金额后的余额填列；如为负数，以“－”号填列。

（2）“事业类收入”项目，反映事业单位本期事业收入、上级补助收入、附属单位上缴收入、其他收入的合计数。本项目应当按照本表中“事业收入”“上级补助收入”“附属单位上缴收入”“其他收入”项目金额的合计数填列。

“事业收入”项目，反映事业单位开展专业业务活动及其辅助活动取得的收入。本项目应当根据“事业收入”账户的本期发生额填列。

“上级补助收入”项目，反映事业单位从主管部门和上级单位取得的非财政补助收入。本项目应当根据“上级补助收入”账户的本期发生额填列。

“附属单位上缴收入”项目，反映事业单位附属独立核算单位按照有关规定上缴的收入。本项目应当根据“附属单位上缴收入”账户的本期发生额填列。

“其他收入”项目，反映事业单位除财政补助收入、事业收入、上级补助收入、附属单位上缴收入、经营收入以外的其他收入。本项目应当根据“其他收入”账户的本期发生额填列。

“捐赠收入”项目，反映事业单位接受现金、存货捐赠取得的收入。本项目应当根据“其他收入”账户所属相关明细科目的本期发生额填列。

(3) “事业类支出”项目，反映事业单位本期事业支出(非财政补助支出)上缴上级支出、对附属单位补助支出、其他支出的合计数。本项目应当按照本表中“事业支出(非财政补助支出)”“上缴上级支出”“对附属单位补助支出”“其他支出”项目金额的合计数填列。

“事业支出(非财政补助支出)”项目，反映事业单位使用财政补助以外的资金发生的各项事业支出。本项目应当根据“事业支出——非财政专项资金支出”“事业支出——其他资金支出”账户的本期发生额合计填列，或者根据“事业支出——基本支出(其他资金支出)”“事业支出——项目支出(非财政专项资金支出、其他资金支出)”账户的本期发生额合计填列。

“上缴上级支出”项目，反映事业单位按照财政部门和主管部门的规定上缴上级单位的支出。本项目应当根据“上缴上级支出”账户的本期发生额填列。

“对附属单位补助支出”项目，反映事业单位用财政补助收入之外的收入对附属单位补助发生的支出。本项目应当根据“对附属单位补助支出”账户的本期发生额填列。

“其他支出”项目，反映事业单位除事业支出、上缴上级支出、对附属单位补助支出、经营支出以外的其他支出。本项目应当根据“其他支出”账户的本期发生额填列。

(三) 本期经营结余

(1) “本期经营结余”项目，反映事业单位本期经营收支相抵后的余额。本项目应当按照本表中“经营收入”项目金额减去“经营支出”项目金额后的余额填列；如为负数，以“－”号填列。

(2) “经营收入”项目，反映事业单位在专业业务活动及其辅助活动之外开展非独立核算经营活动取得的收入。本项目应当根据“经营收入”账户的本期发生额填列。

(3) “经营支出”项目，反映事业单位在专业业务活动及其辅助活动之外开展非独立核算经营活动发生的支出。本项目应当根据“经营支出”账户的本期发生额填列。

(四) 弥补以前年度亏损后的经营结余

(1) “弥补以前年度亏损后的经营结余”项目，反映事业单位本年度实现的经营结余扣除本年初未弥补经营亏损后的余额。本项目应当根据“经营结余”账户年末转入“非财政补助结余分配”账户前的余额填列；如该年末余额为借方余额，以“－”号填列。

（五）本年非财政补助结转结余

（1）“本年非财政补助结转结余”项目，反映事业单位本年除财政补助结转结余之外的结转结余金额。如本表中“弥补以前年度亏损后的经营结余”项目为正数，本项目应当按照本表中“本期事业结转结余”“弥补以前年度亏损后的经营结余”项目金额的合计数填列；如为负数，以“－”号填列。如本表中“弥补以前年度亏损后的经营结余”项目为负数，本项目应当按照本表中“本期事业结转结余”项目金额填列；如为负数，以“－”号填列。

（2）“非财政补助结转”项目，反映事业单位本年除财政补助收支外的各专项收入减去各专项资金支出后的余额。本项目应当根据“非财政补助结转”账户本年贷方发生额中专项资金收入转入金额合计数减去本年借方发生额中专项资支出转入金额合计数后的余额填列。

（六）本年非财政补助结余

（1）“本年非财政补助结余”项目，反映事业单位本年除财政补助之外的其他结余金额。本项目应当按照本表中“本年非财政补助结转结余”项目金额减去“非财政补助结转”项目金额后的金额填列；如为负数，以“－”号填列。

（2）“应缴企业所得税”项目，反映事业单位按照税法规定应缴纳的企业所得税金额。本项目应当根据“非财政补助结余分配”账户的本年发生额分析填列。

（3）“提取专用基金”项目，反映事业单位本年按规定提取的专用基金金额。本项目应当根据“非财政补助结余分配”账户的本年发生额分析填列。

（七）转入事业基金

编制月度收入支出表时，可以不设置此项目，只有在编制年度收入支出表时才填列。

（1）“转入事业基金”项目，反映事业单位本年按规定转入事业基金的非财政补助结余资金。本项目应当按照本表中“本年非财政补助结余”项目金额减去“应缴企业所得税”、“提取专用基金”项目金额后的余额填列；如为负数，以“－”号填列。

【例 18－2】 某事业单位 20×5 年收支科目发生额如表 18－5。其他相关资料如下：

（1）该事业单位“非财政补助结转”账户本年贷方发生额中专项资金收入转入金额合计数位 308 000 元，本年借方发生额中专项资金支出转入金额合计数为 268 000 元。

（2）该事业单位无所得税纳税义务，按财务制度规定以 30％的比例从本年非财政补助结余中提取职工福利基金，其余数额转入事业基金。

请根据以上资料编制该事业单位的收入支出表。

表 18－5　　收入、支出类科目发生额表

支出类	本年累计数	收入类	本年累计数
事业支出	14 000 000	财政补助收入	10 200 000
其中：财政补助支出——基本支出	7 050 000	其中：基本支出	8 600 000
——项目支出	1 350 000	项目支出	1 600 000
非财政专项资金支出	240 000	事业收入	6 200 000
其他资金支出	5 360 000	上级补助收入	1 825 000

（续表）

支出类	本年累计数	收入类	本年累计数
上缴上级支出	873 000	附属单位上缴收入	400 000
对附属单位补助	1 611 000	经营收入	262 000
经营支出	152 000	其他收入	153 000
其他支出	64 000	其中：捐赠收入	73 000
其中：非财政专项资金支出	18 000		
其他资金支出	46 000		
支出合计	16 700 000	**收入合计**	19 040 000

编制该事业单位的收入支出表时，省略了“上年数”一列的数额。“本年数”列的数字主要项目的填列说明如下：

（1）本期财政补助结转结余＝10 200 000－(7 050 000＋1 350 000)＝1 800 000(元)

（2）本期事业结转结余

本期事业类收入＝6 200 000＋1 825 000＋400 000＋153 000＝8 578 000(元)

本期事业类支出＝(240 000＋5 360 000)＋873 000＋1 611 000＋64 000＝8 148 000(元)

本期事业结转结余＝8 578 000－8 148 000＝430 000(元)

（3）本期经营结余＝262 000－152 000＝110 000(元)

（4）弥补以前年度亏损后的经营结余＝110 000(元)(因该单位前期经营活动无亏损，无需弥补亏损。)

（5）本年非财政补助结转结余＝430 000＋110 000＝540 000(元)

（6）非财政补助结转＝308 000－268 000＝40 000(元)

（7）本年非财政补助结余＝540 000－40 000＝500 000(元)

（8）应缴所得税＝0

（9）提取专用基金＝500 000×30%＝150 000(元)

（10）转入事业基金＝500 000－150 000＝350 000(元)

编制完成的事业单位 20×5 年度收入支出表见表 18－6。

表 18－6　　收入支出表

会事业 02 表

编表单位：　　20×5 年度　　单位：元

项　目	上年数	本年累计数
一、本期财政补助结转结余		**1 800 000**
财政补助收入		10 200 000
减：事业支出(财政补助支出)		8 400 000
二、本期事业结转结余		**430 000**
（一）事业类收入		**8 578 000**

（续表）

项　目	上年数	本年累计数
1. 事业收入		6 200 000
2. 上级补助收入		1 825 000
3. 附属单位上缴收入		400 000
4. 其他收入		153 000
其中：捐赠收入		73 000
减：（二）事业类支出		**8 148 000**
1. 事业支出（非财政补助支出）		5 600 000
2. 上缴上级支出		873 000
3. 对附属单位补助支出		1 611 000
4. 其他支出		64 000
三、本期经营结余		**110 000**
经营收入		262 000
减：经营支出		152 000
四、弥补以前年度亏损后的经营结余		**110 000**
五、本年非财政补助结转结余		**540 000**
减：非财政补助结转		40 000
六、本年非财政补助结余		**500 000**
减：应缴企业所得税		0
减：提取专用基金		150 000
七、转入事业基金		**350 000**

第四节　财政补助收入支出表

一、财政补助收入支出表的含义

财政补助收入表反映事业单位某一会计年度财政补助收入、支出、结转及结余情况的会计报表。

二、财政补助收入支出表的格式与内容

事业单位的财政补助收入支出表由表首标题和报表主体构成。报表主体部分包括编报项目和金额。具体格式见表 18 - 7。

表 18－7

事业单位财政补助收入支出表

财政补助收入支出表

会事业 03 表

编制单位：　　　　　　　　　　＿＿＿＿年度　　　　　　　　　　单位：元

项　目	本年数	上年数
一、年初财政补助结转结余		
（一）基本支出结转		
1. 人员经费		
2. 日常公用经费		
（二）项目支出结转		
××项目		
（三）项目支出结余		
二、调整年初财政补助结转结余		
（一）基本支出结转		
1. 人员经费		
2. 日常公用经费		
（二）项目支出结转		
××项目		
（三）项目支出结余		
三、本年归集调入财政补助结转结余		
（一）基本支出结转		
1. 人员经费		
2. 日常公用经费		
（二）项目支出结转		
××项目		
（三）项目支出结余		
四、本年上缴财政补助结转结余		
（一）基本支出结转		
1. 人员经费		
2. 日常公用经费		
（二）项目支出结转		
××项目		
（三）项目支出结余		
五、本年财政补助收入		
（一）基本支出		

（续表）

项　目	本年数	上年数
1. 人员经费		
2. 日常公用经费		
（二）项目支出		
××项目		
六、本年财政补助支出		
（一）基本支出		
1. 人员经费		
2. 日常公用经费		
（二）项目支出		
××项目		
七、年末财政补助结转结余		
（一）基本支出结转		
1. 人员经费		
2. 日常公用经费		
（二）项目支出结转		
××项目		
（三）项目支出结余		

单位负责人：会计机构负责人：　　审核：　　制表：

三、财政补助收入支出表的编制方法

本表"上年数"栏内各项数字，应当根据上年度财政补助收入表"本年数"栏内数字填列。

本表"本年数"栏各项目的内容和填列方法如下：

（1）"年初财政补助结转结余"项目及其所属各明细项目，反映事业单位本年初财政补助结转和结余余额。各项目应当根据上年度财政补助收入支出表中"年末财政补助结转结余"项目及其所属各明细项目"本年数"栏的数字填列。

（2）"调整年初财政补助结转结余"项目及其所属各明细项目，反映事业单位因本年发生需要调整以前年度财政补助结转结余的事项，而对年初财政补助结转结余的调整金额。各项目应当根据"财政补助结转""财政补助结余"账户及其所属明细科目的本年发生额分析填列。如调整减少年初财政补助结转结余，以"－"号填列。

（3）"本年归集调入财政补助结转结余"项目及其所属各明细项目，反映事业单位本年度取得主管部门归集调入的财政补助结转结余资金或额度金额。各项目应当根据"财政补助结转"、"财政补助结余"账户及其所属明细科目的本年发生额分析填列。

（4）"本年上缴财政补助结转结余"项目及其所属各明细项目，反映事业单位本年度按规定实际上缴的财政补助结转结余资金或额度金额。各项目应当根据“财政补助结转”“财政补助结余”账户及其所属明细科目的本年发生额分析。

（5）“本年财政补助收入”项目及其所属各明细项目，反映事业单位本年度从同级财政部门取得的各类财政拨款金额。各项目应当根据“财政补助收入”账户及其所属明细科目的本年发生额填列。

（6）“本年财政补助支出”项目及其所属各明细项目，反映事业单位本年度发生的财政补助支出金额。各项目应当根据“事业支出”账户所属明细科目本年发生额中的财政补助支出数填列。

（7）“年末财政补助结转结余”项目及其所属各明细项目，反映事业单位截至本年末的财政补助结转和结余余额。各项目应当根据“财政补助结转”“财政补助结余”“科目及其所属明细科目的年末余额填列。

第五节　事业单位的财务分析

一、事业单位财务分析的内容

（一）财务分析的含义

财务分析是以财务报表及其他相关资料为依据，采用一系列专门的分析技术和方法，对事业单位的预算执行情况、资产使用情况和收入支出情况进行剖析和评价的过程。

（二）财务分析的内容

事业单位财务分析的内容，主要包括事业单位的预算编制与执行情况、资产使用情况和收入支出情况。预算编制与执行情况分析，是将事业单位实际完成的预算指标与财政部门下达的预算指导相比较，考核事业单位的预算编制的质量和预算实际执行的情况。资产使用情况分析，是将事业单位的资产数额与其产生的事业发展成果进行比较，考核事业单位资产的利用效率和利用效果。收入支出情况分析，对事业单位的收入、支出的变动及构成情况进行分析，考核事业单位收入、支出的合理性。

（三）财务分析的意义

事业单位的财务分析报告是财政部门、上级主管部门、事业单位管理者及其他报告使用者了解事业发展情况的重要依据，是编制下年度部门预算和财务计划的基础，对于加强事业单位的预算管理、财务管理有着重要的意义。编制财务决算报表后，事业单位应当对财务活动进行分析，发现财务管理中存在的问题，分析问题产生的原因，总结经验与教训。

二、财务分析的指标

事业单位的财务分析主要采用财务比率分析法，主要分析指标如下：

（一）预算收入和支出完成率

预算收入和支出完成率是衡量事业单位收入和支出总预算及分项预算完成的程度。计算公式为：

（1）预算收入完成率 ＝ 年终执行数 ÷（年初预算数 ± 年中预算调整数）× 100％

式中，年终执行数是年度实际取得的预算收入的数额，不含上年结转和结余收入数。年初预算数是财政部门年初下达的预算收入的数额；年中预算调整数是预算执行过程中报经财政部门批准的预算收入调增或调减的数额。

（2）预算支出完成率 ＝ 年终执行数 ÷（年初预算数 ± 年中预算调整数）× 100％

式中，年终执行数是年度实际发生的预算支出的数额，不含上年结转和结余支出数。年初预算数是财政部门年初批准预算支出的控制数额；年中预算调整数是预算执行过程中报经财政部门批准的预算支出调增或调减的数额。

（二）人员支出、公用支出占事业支出的比率

人员支出、公用支出占事业支出的比率，衡量事业单位事业支出结构。计算公式为：

（1）人员支出占事业支出的比率 ＝ 人员支出 ÷ 事业支出 × 100％

式中，人员支出是事业支出中人员经费支出的数额，根据部门决算表中“事业支出”中的“人员经费支出”的数额确定。

（2）公用支出占事业支出的比率 ＝ 公用支出 ÷ 事业支出 × 100％

式中，公用支出是事业支出中日常公用经费支出的数额，根据部门决算表”“事业支出”中的“日常公用经费支出”的数额确定。

（三）人均基本支出

人均基本支出，衡量事业单位按照实际在编人数平均的基本支出水平。计算公式为：

人均基本支出＝（基本支出－离退休人员支出）÷实际在编人数

式中，基本支出根据部门决算表中“事业支出”中的“基本支出”的数额确定；离退休人员支出是发放给离退休人员的离休费、退休费及其他方面的支出；实际在编人数是事业单位编制人数的平均数。

（四）资产负债率

资产负债率，衡量事业单位利用债权人提供资金开展业务活动的能力，以及反映债权人提供资金的安全保障程度。计算公式为：

资产负债率＝负债总额÷资产总额×100％

式中，负债总额与资产总额根据事业单位资产负债表中年末余额栏的“负债总计”和“资产总计”的数额确定。

本章小结

财务报告是反映事业单位某一特定日期的财务状况和某一会计期间的事业成果、预算

执行等会计信息的文件。

事业单位需要定期编制财务报告，向财务报告使用者提供与事业单位财务状况、事业成果、预算执行等有关的会计信息，反映事业单位受托责任的履行情况，为财务报告使用者合理配置资源、进行社会及经济决策服务。

事业单位财务报告由会计报表、会计报表附注和财务情况说明书组成。事业单位的会计报表主要包括资产负债表、收入支出表、财政补助收入支出表以及有关附表。另外事业单位为全面反映各项收入、支出的构成还需要编制一些明细表，主要包括事业支出明细表、基本支出明细表、项目支出明细表等。

资产负债表是反映事业单位在某一特定日期财务状况的报表，反映事业单位在某一特定日期全部资产、负债和净资产的情况；收入支出表是反映事业单位在某一会计期间的事业成果及其分配的会计报表，反映事业单位在某一会计期间内各项收入、支出和结转结余情况，以及年末非财政补助结余的分配情况；财政补助收入表反映事业单位某一会计年度财政补助收入、支出、结转及结余情况的会计报表。

事业单位的财务报表应当按照月度和年度编制，做到数字真实、计算准确、内容完整、报送及时。

财务分析是以财务报表及其他相关资料为依据，采用一系列专门的分析技术和方法，对事业单位的预算执行情况、资产使用情况和收入支出情况进行剖析和评价的过程。

事业单位财务分析的内容，主要包括事业单位的预算编制与执行情况、资产使用情况和收入支出情况。

关键术语

资产负债表、收入支出表、财政补助收入支出表、预算收入和支出完成率、人员支出、公用支出占事业支出的比率、人均基本支出、资产负债率

思考题

1. 简述事业单位资产负债表的编制。
2. 简述事业单位收入支出表的编制。
3. 简述事业单位财政补助收入支出表的编制。
4. 事业单位财务分析指标有哪些？

练习题

(一) 单项选择题

1. 事业单位资产负债表建立的理论依据是(　　)。

   A. 资产＝负债＋经营结余　　B. 资产＝负债＋所有者权益

   C. 资金来源－资金运用＝资金结存　　D. 资产＝负债＋净资产

2. 反映事业单位在一定期间的收支结余及其分配情况的报表是(　　)。

   A. 资产负债表　　B. 收入支出表　　C. 基建投资表　　D. 事业支出明细表

3. (　　)构成事业单位的财务报告

A. 事业单位会计报表和财务情况说明书　B. 会计报表主表和会计报表附表

C. 会计报表附注和财务情况说明书　D. 会计报表主表和财务情况说明书

4. 按照(　　),事业单位会计报表可分为月份报表、季度报表、和年度报表

A. 编制单位　B. 编报时间　C. 报送对象　D. 编制方法

5. 在编制报表前的准备工作中,首先要做的是(　　)。

A. 年终结账　B. 结清旧账　C. 记入新账　D. 年终清理结算

6. 反映事业单位在某一特定日期财务状况的会计报表是(　　)。

A. 收入支出总表　B. 资产负债表

C. 经费支出明细表　D. 预算外资金收入明细表

7. 事业单位会计进行报表分析时,常用的方法是(　　)。

A. 比率分析法　B. 因素分析法　C. 差额分析法　D. 替代分析法

8. 事业单位资产负债表中"货币资金"项目的填列依据是(　　)。

A. 根据"库存现金""银行存款""零余额账户用款额度"账户的期末余额合计填列

B. 根据"库存现金""银行存款"账户的期末余额合计填列

C. 根据"库存现金""银行存款""财政应返还"账户的期末余额合计填列

D. 根据"库存现金"账户的期末余额合计填列

9. 下列项目中,关于资产负债表中净资产类项目"期末余额"栏的内容及填列方法,说法错误的是(　　)。

A. "财政补助结转"项目,反映事业单位滚存的财政补助结转资金

B. "事业基金"项目,反映事业单位期末拥有的非限定用途的净资产

C. "专用基金"项目,反映事业单位按规定设置或提取的具有专门用途的净资产

D. "非财政补助结余"项目,反映事业单位自年初至报告期末累计实现的非财政补助结余弥补以前年度经营亏损前的余额

10. 下列项目中,关于资产负债表中资产类项目"期末余额"栏的内容及填列方法,说法错误的是(　　)。

A. "财政应返还额度"项目,反映事业单位期末财政应返还额度的金额

B. "固定资产"项目,反映事业单位期末各项固定资产的原价

C. "货币资金"项目,反映事业单位期末库存现金、银行存款和零余额账户用款额度的合计数

D. "存货"项目,反映事业单位期末为开展业务活动及其他活动耗用而储存的各种材料、燃料、包装物、低值易耗品及达不到固定资产标准的用具、装具、动植物等的实际成本

11. 资产负债表中"无形资产"项目填列方法正确的是(　　)。

A. 应根据"无形资产"账户余额填列

B. 应根据"累计摊销"账户余额填列

C. 应根据"无形资产"账户余额减去"累计摊销"账户期末余额后的金额填列

D. 应根据"无形资产"账户借方发生额减去"累计摊销"贷方发生额填列

12. 下列项目中应根据自身项目期末余额填列于财务报表的是(　　)。

A. "无形资产"　B. "累计折旧"　C. "长期借款"　D. "非流动资产"

13. 下列项目中,关于财政补助收入支出表“本年数”栏各项目的内容和填列方法,说法错误的是(　　)。

A. “年初财政补助结转结余”项目及其所属各明细项目,反映事业单位本年初财政补助结转和结余余额

B. “本年财政补助收入”项目及其所属各明细项目,反映事业单位本年度从上级财政部门取得的各类财政拨款金额

C. “本年归集调入财政补助结转结余”项目及其所属各明细项目,反映事业单位本年度取得主管部门归集调入的财政补助结转结余资金或额度金额

D. “调整年初财政补助结转结余”项目及其所属各明细项目,反映事业单位因本年发生需要调整以前年度财政补助结转结余的事项,而对年初财政补助结转结余的调整金额

14. 下列项目中,关于财政补助收入支出表编制说明,说法错误的是(　　)。

A. 本表反映事业单位某一会计年度财政补助收入、支出、结转及结余情况

B. 本表“上年数”栏内各项数字,应当根据上年度财政补助收入支出表“本年数”栏内数字填列

C. “本年财政补助收入”项目及其所属各明细项目,反映事业单位本年度从同级财政部门取得的各类财政拨款金额

D. “本年财政补助支出”项目及其所属各明细项目,反映事业单位本年度向同级财政部门支出的金额

15. 下列项目中,关于收入支出表中“事业类支出”项目的填列方法,说法错误的是(　　)。

A. “事业支出”项目,反映事业单位使用财政补助的资金发生的各项事业支出

B. “上缴上级支出”项目,反映事业单位按照财政部门和主管部门的规定上缴上级单位的支出

C. “对附属单位补助支出”项目,反映事业单位用财政补助收入之外的收入对附属单位补助发生的支出

D. “其他支出”项目,反映事业单位除事业支出、上缴上级支出、对附属单位补助支出、经营支出以外的其他支出

16. 下列项目应该根据“事业支出”明细科目分析填列的是(　　)。

A. 本年归集调入财政补助结转结余　　B. 本年上缴财政补助结转结余

C. 本年财政补助支出　　D. 本年财政补助收入

17. 收入支出表中“提取专用基金”项目,反映事业单位本年按规定提取的专用基金金额。下列关于本项目填列方法正确的是(　　)。

A. 应根据“本期事业结转结余”账户本年发生额分析填列。

B. 应根据“经营结余”账户的本年发生额分析填列。

C. 应根据“非财政补助结余分配”账户的余额分析填列。

D. 应根据“非财政补助结余分配”账户的本年发生额分析填列。

18. 某事业单位2015年基本支出为879 000元,其中离退休人员支出为121 000元,事业单位在编人员为20人,则人均基本支出为(　　)元。

A. 27 900　　B. 37 900　　C. 35 000　　D. 38 500

(二) 多项选择题

1. 事业单位的会计报表主要包括(　　)。

A. 资产负债表　　B. 收入支出表

C. 财政补助收入支出表　　D. 现金流量表

2. 事业单位财务报表应当根据登记完整、核对无误的账簿记录和其他有关资料编制,做到(　　)。

A. 报送及时　　B. 数字真实　　C. 计算准确　　D. 内容完整

3. 下列项目中,关于收入支出表中“事业类支出”项目的填列方法,说法正确的有(　　)。

A. “本期经营结余”项目,反映事业单位本期经营收支相抵后的余额

B. “本期经营结余”项目应当按照本表中“经营收入”项目金额减去“经营支出”项目金额后的余额填列;如为负数,以“—”号填列

C. “经营收入”项目,反映事业单位在专业业务活动及其辅助活动之外开展非独立核算经营活动取得的收入

D. “经营支出”项目,反映事业单位在专业业务活动及其辅助活动之外开展非独立核算经营活动发生的支出

4. 事业单位资产负债表资产类项目包括(　　)等。

A. “货币资金”　　B. “预付账款”　　C. “应付账款”　　D. “应收账款”

5. 事业单位资产负债表中的“货币资金”包括(　　)。

A. 银行存款　　B. 库存现金

C. 零余额账户用款额度　　D. 财政应返还额度

6. 事业单位收入支出表提供的项目包括(　　)。

A. 事业结余　　B. 经营结余　　C. 专款结余　　D. 专用基金结余

7. 下列事项属于事业单位会计报表附注披露的内容有(　　)。

A. 单位整体财务状况　　B. 业务活动情况说明

C. 重要资产处置说明　　D. 重大投资、借款活动的说明

8. 事业单位财务分析的内容主要有(　　)。

A. 事业计划完成情况分析　　B. 事业收支情况分析

C. 财务状况分析　　D. 事业支出预算的执行情况分析

(三) 判断题

1. 事业单位资产负债表中除包括资产、负债和净资产项目外,还包括收入和支出项目。(　　)

2. 事业单位资产负债表是反映事业单位在某一特定日期财务状况的报表。因此,在这一报表中不会反映事业单位的收入和支出项目。(　　)

3. 事业单位在编制汇总会计报表时,直接将本级会计报表的数字与所属单位会计报表的数字相加即可形成汇总会计报表。(　　)

4. 财政补助收入支出表反映事业单位在某一会计期间内各项收入、支出和结转结余情况,以及年末非财政补助结余的分配情况。本表“上年数”栏内各项数字,应当根据上年度财政补助收入支出表“本年数”栏内数字填列。(　　)

5. 资产负债表反映事业单位在某一特定日期全部资产、负债和净资产的情况。本表“年初余额”栏内各项数字,应当根据上年年末资产负债表“期末余额”栏内数字填列。(　　)

6. “年末财政补助结转结余”项目及其所属各明细项目，反映事业单位截至本年末的财政补助结转和结余余额。各项目应当根据“财政补助结转”“财政补助结余”账户及其所属明细科目的年末余额填列。（　）

7. “本年非财政补助结转结余”项目，反映事业单位本年除财政补助结转结余之外的结转结余金额。如本表中“弥补以前年度亏损后的经营结余”项目为正数，本项目应当按照本表中“本期事业结转结余”“弥补以前年度亏损后的经营结余”项目金额的合计数填列；如为负数，以“一”号填列。如本表中“弥补以前年度亏损后的经营结余”项目为负数，本项目应当按照本表中“本期事业结转结余”项目金额填列；如为负数，以“一”号填列。（　）

8. “弥补以前年度亏损后的经营结余”项目、“本年非财政补助结转结余”项目、“非财政补助结转”项目，在编制年度收入支出表、月度收入支出表时都要填列清楚。（　）

9. 比较事业单位结账前的资产负债表和结账后的资产负债表，可以发现结账后的资产负债表大部分收入和支出科目均无余额，一般都是进行了期末结转。（　）

10. 收入支出表是反映事业单位在一定期间的收支结余及其分配情况的报表，根据“收入一支出＝结余”的等式编制。（　）

11. 人均基本支出是衡量事业单位事业支出结构的指标。（　）

(四) 业务处理题

1. 练习资产负债表的编制

某事业单位20×5年12月31日结账后各科目的余额如表18-8所示，同时，经过分析，长期投资项目中含有将在1年内到期的长期债券投资15 000元，长期借款项目中含有将在1年内偿还的借款30 000元。请据此资料编制该事业单位的资产负债表。

表18-8　**各账户余额表**　单位：元

资产部类	借方余额	负债部类	贷方余额
一、资产类		**二、负债类**	
库存现金	2 500	短期借款	63 500
银行存款	80 500	应缴税款	
零余额账户用款额度	0	应缴国库款	
短期投资	21 250	应缴财政专户款	
财政应返还额度	18 000	应付职工薪酬	
其中：财政直接支付	10 000	应付票据	
财政授权支付	8 000	应付账款	3 000
应收票据	9 000	预收账款	1 500
应收账款	20 000	其他应付款	1 000
预付账款	6 000	长期借款	141 000
其他应收款	1 100	长期应付款	0
存货	151 000	**三、净资产类**	0
长期投资	90 500	事业基金	53 500

(续表)

资产部类	借方余额	负债部类	贷方余额
固定资产	1 028 750	非流动资产基金	974 500
累计折旧	−278 750	长期投资	
在建工程	34 000	固定资产	
无形资产	126 000	在建工程	
累计摊销	−26 000	无形资产	
待处置资产损益	22 500	专用基金	32 000
		财政补助结转	17 000
		其中：基本支出结转	13 500
		项目支出结转	3 500
		财政补助结余	8 350
		非财政补助结转	11 000
		事业结余	
		经营结余	
		非财政补助结余分配	
资产合计：	1 306 350	**负债与净资产合计：**	1 306 350

2. 练习事业单位收入支出表的编制。

某事业单位20×5年收支科目发生额如表18－9所示。其他相关资料如下：

(1) 该事业单位“非财政补助结转”账户本年贷方发生额中专项资金收入转入金额合计数位154 000元，本年借方发生额中专项资金支出转入金额合计数为134 000元。

(2) 该事业单位无所得税纳税义务，按财务制度规定以30%的比例从本年非财政补助结余中提取职工福利基金，其余数额转入事业基金。

请根据以上资料编制该事业单位的收入支出表。

表18－9　　收入、支出类科目发生额表

支出类	本年累计数	收入类	本年累计数
事业支出	7 000 000	财政补助收入	5 100 000
其中：财政补助支出——基本支出	3 525 000	其中：基本支出	4 300 000
——项目支出	675 000	项目支出	800 000
非财政专项资金支出	120 000	事业收入	3 100 000
其他资金支出	2 680 000	上级补助收入	912 500
上缴上级支出	436 500	附属单位上缴收入	200 000
对附属单位补助	805 500	经营收入	131 000
经营支出	76 000	其他收入	76 500

（续表）

支出类	本年累计数	收入类	本年累计数
其他支出	32 000	其中：捐赠收入	36 500
其中：非财政专项资金支出	9 000		
其他资金支出	23 000		
支出合计	8 350 000	**收入合计**	9 520 000

参考文献

[1] 事业单位会计制度研究组：事业单位会计制度讲解，大连：东北财经大学出版社，2013
[2] 行政单位会计制度研究组：行政单位会计制度讲解，大连：东北财经大学出版社，2014
[3] 贺蕊莉：政府与非营利组织会计，大连：东北财经大学出版社，2014
[4] 赵建勇：政府与非营利组织会计(第二版)，北京：中国人民大学出版社，2015
[5] 常丽，何东平：政府与非营利组织会计(第三版)，大连：东北财经大学出版社，2015